Mark Zahel

Klettersteige

Dolomiten · Brenta · Gardasee

80 ausgewählte Klettersteigtouren
zwischen Sexten und Riva

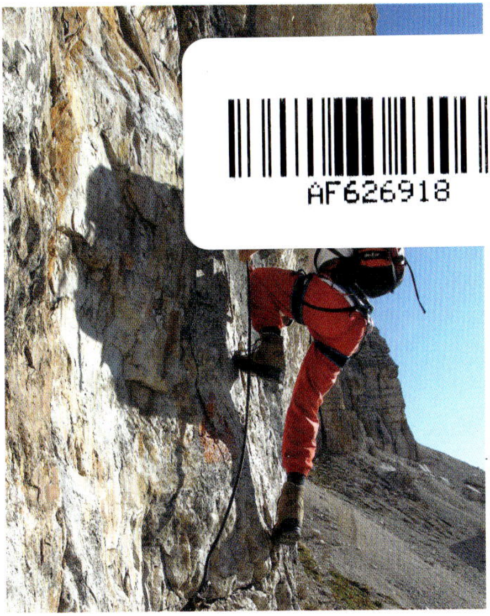

ROTHER
BERGVERLAG

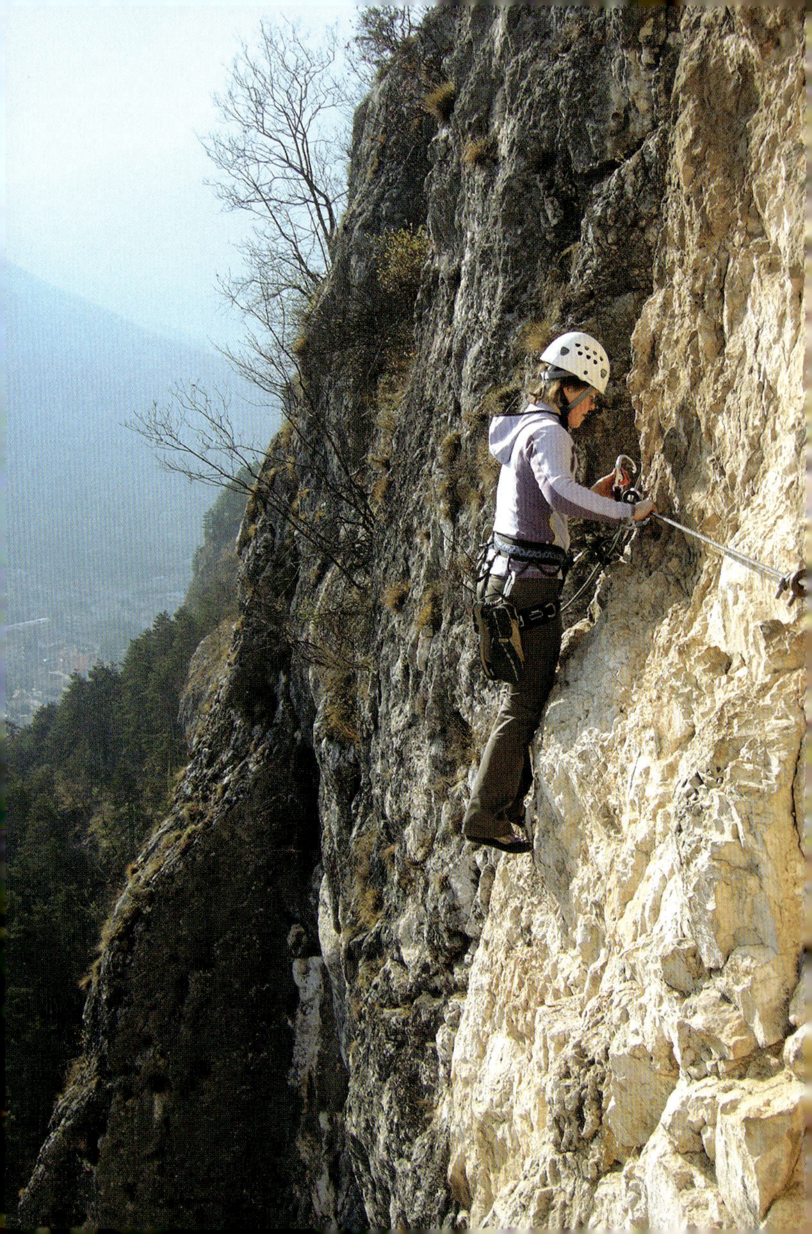

Vorwort

Der Klettersteigboom, ausgelöst durch eine Vielzahl spannender Routen, die in den 1960er- und 1970er-Jahren vor allem in den Dolomiten eröffnet wurden, hat in jüngerer Zeit ungeahnte Dimensionen erreicht. »Vie ferrate« sind in aller Munde und zur festen Größe im Touristikgeschäft avanciert – man kann längst von einer eigenständigen Spielart des Bergsteigens sprechen. Auch wenn im Gebiet zwischen Eisack und Piave nicht mehr so oft Novitäten aus der Taufe gehoben werden wie andernorts in den Alpen, liegt hier nach wie vor das klassische und wohl auch beliebteste Klettersteigdorado überhaupt. Womit nicht nur auf die historisch gewachsene Bedeutung abgezielt sei, sondern auch auf den »Stil« der Routen: In den Dolomiten besitzt Klettersteiggehen fast immer einen (hoch)alpinen Anstrich, fügt sich die sportliche Aktion in einen größeren Rahmen, der vor allem von der unvergleichlichen Landschaft getragen wird. Echte Eisenwege stehen hier gleich dutzendweise zur Auswahl, hinzu kommen noch zahlreiche abschnittsweise gesicherte Steige, woraus eine unübertroffene »Routendichte« resultiert. Passionierte Ferratisti fühlen sich einfach wie im Schlaraffenland.
Dabei nehmen wir in diesem Führer auch die Brenta mit dem legendären Bocchetteweg sowie als südliches Anhängsel die Gardaseeberge mit ihren sportlich ausgerichteten Steigen ausführlich in den Blick. In den Dolomiten selbst gehen viele Routen bekanntermaßen auf alte Frontsteige aus dem Ersten Weltkrieg zurück, die später ausgebaut und gesichert wurden. Die düstere Geschichte spielt dort also immer wieder mit hinein, doch grundsätzlich ist das Klettersteiggehen wie alle Aktivitäten im Gebirge ja eine erheiternde und erfüllende Sache, weil uns dabei nicht nur großartige Landschaftseindrücke, sondern auch positive persönliche Erfahrungen beschert werden. Von leichten bis sehr schwierigen Steigen wird auch jeder das Passende finden.
Die 6. Auflage (2013) des Rother-Klettersteigführers »Dolomiten – Brenta – Gardasee« hat eine komplette Neubearbeitung erfahren. Sämtliche Beschreibungen sind durch den Autorenwechsel neu verfasst, oft präzisiert und nach Möglichkeit auch großzügiger illustriert. Zudem erfolgte eine Umstellung auf das mittlerweile weithin akzeptierte Schwierigkeitssystem der »Buchstabenskala« (A bis E). Mein besonderer Dank gebührt Jochen Hemmleb, der einige Sportklettersteige aus der Gardaseeregion beigetragen hat. In der nun vorliegenden 9. Auflage ist der Inhalt auf den neuesten Stand gebracht.
Bleibt mir nur noch, allen Lesern mit diesem Büchlein einen treuen, nützlichen Begleiter und viel Freude unterwegs auf den Klettersteigen zu wünschen.

Im Sommer 2023 — Mark Zahel

Am Monte Albano: Quergang über bodenloser Tiefe (Tour 79).

Inhaltsverzeichnis

Unterwegs am Sentiero del Cacciatore, einem Abenteuerpfad in der Palagruppe.

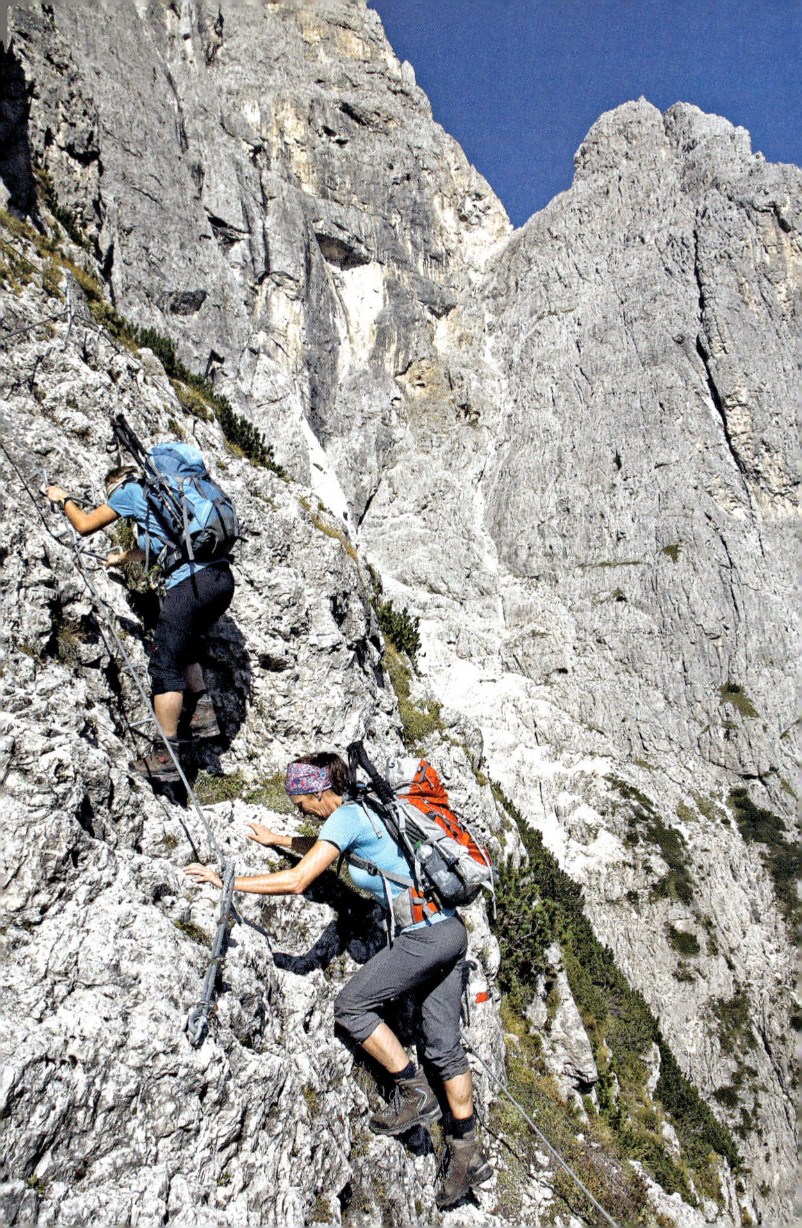

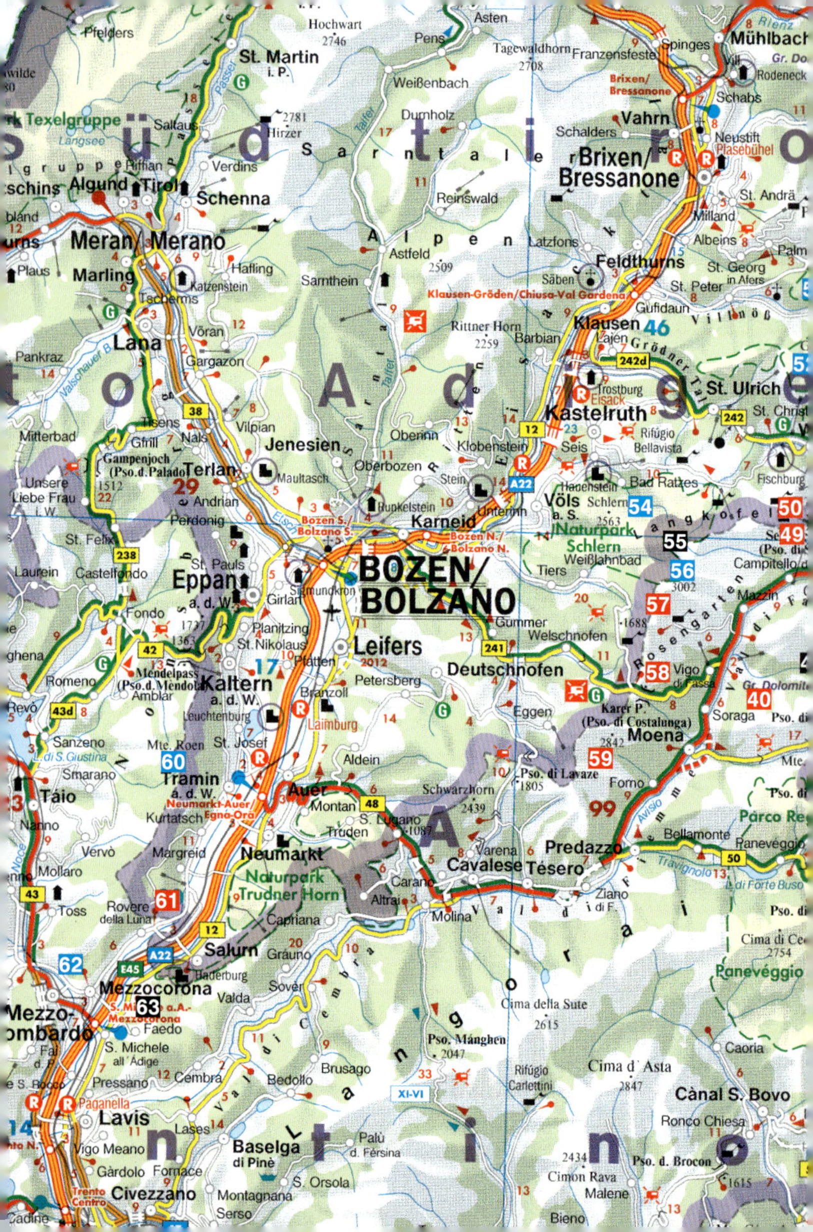

Pfelders
Hochwart
2746
Asten
Pens
Tagewaldhorn
2708
Franzensfeste
Spinges
Mühlbach
St. Martin
i. P.
Weißenbach
Rodeneck
Schabs
Texelgruppe
Saltaus
2781
Hirzer
Durnholz
Vahrn
Brixen/
Bressanone
Schalders
Neustift
Plasebühel
Langsee
Verdins
Sarntal
Riffian
Algund
Tirol
Schenna
Reinswald
St. Andrä
Milland
Meran/ Merano
Alpen
Latzfons
Albeins
Plaus
Marling
Hafling
Astfeld
2509
Feldthurns
St. Georg
in Afers
Katzenstein
Tscherms
Sarnthein
Säben
St. Peter
Klausen-Gröden/Chiusa-Val Gardena
Gufidaun
Villnöß
Lana
Vöran
Rittner Horn
2259
Barbian
Klausen
Lajen
Grödner Tal
St. Pankraz
Gargazon
242d
Trostburg
Eisack
St. Ulrich
St. Christ
Tisens
Vilpian
Kastelruth
Rifúgio
Bellavista
Mitterbad
Gfrill
Nals
Oberinn
Klobenstein
Seis
Gampenjoch
(Pso.d.Palade)
1512
Jenesien
Oberbozen
Fischburg
Unsere
Liebe Frau
i. W.
Terlan
Maultasch
Stein
Hadenstein
Bad Ratzes
Andrian
Rupkelstein
Unterinn
Völs
Schlern
Perdonig
Bozen S./
Bolzano S.
Karneid
a. S.
2563
Langkofel
St. Felix
Bozen N./
Bolzano N.
Naturpark
Schlern
Weißlahnbad
St. Pauls
Laurein
Castelfondo
Eppan
a. d. W.
Girlan
Sigmundskron
BOZEN/
BOLZANO
Tiers
Campitello
3002
Mazzin
Rosengarten
Fondo
1737
Planitzing
Gummer
Welschnofen
St. Nikolaus
Leifers
2012
1688
Pfatten
Deutschnofen
Vigo
di Fassa
Romeno
Mendelpass
(Pso.d. Mendola)
Kaltern
a. d. W.
Amblar
Branzoll
Petersberg
Gr. Dolomit
Revò
Leuchtenburg
Laimburg
Eggen
Karer P.
(Pso. di Costalunga)
Soraga
Sanzeno
Mte. Roen
St. Josef
2842
Moena
L. di S.Giustina
Aldein
Smarano
Tramin
a. d. W.
Pso. di Lavaze
1805
Forno
Taio
Neumarkt-Auer/
Egna-Ora
Auer
Schwarzhorn
Kurtatsch
Montan
2439
Nanno
S. Lugano
1087
Parco Re
Truden
Bellamonte
Vervò
Margreid
Neumarkt
Varena
Predazzo
Paneveggio
Mollaro
Cavalese
Tesero
Travignolo
Naturpark
Trudner Horn
Carano
Ziano
L. di Forte Buso
Toss
Rovere
della Luna
Altrei
Val di Fiemme
Capriana
Molina
Salurn
Grauno
Cima di Ce
2754
Paneveggio
Haderburg
Mezzocorona
Valda
Sover
S. Michele a.A.-
Mezzocorona
Cima della Sute
2615
Mezzo-
lombardo
Faedo
S. Michele
all' Adige
Pso. Manghen
2047
Caoria
Cembra
Pressano
Val di Cembra
Brusago
Cima d' Asta
2847
Bedollo
Rifúgio
Carlettini
Paganella
Lavis
Cànal S. Bovo
Lases
Ronco Chiesa
Baselga
di Pinè
Palù
d. Fersina
Vigo Meano
2434
Pso. d. Brocon
Gàrdolo
Fornace
Cimon Rava
1615
Trento
Centro
Civezzano
S. Orsola
Malene
Montagnana
Serso
Bieno
Cadine
Südtirol
Alto Adige
Lagorai
Trentino
A22
E45

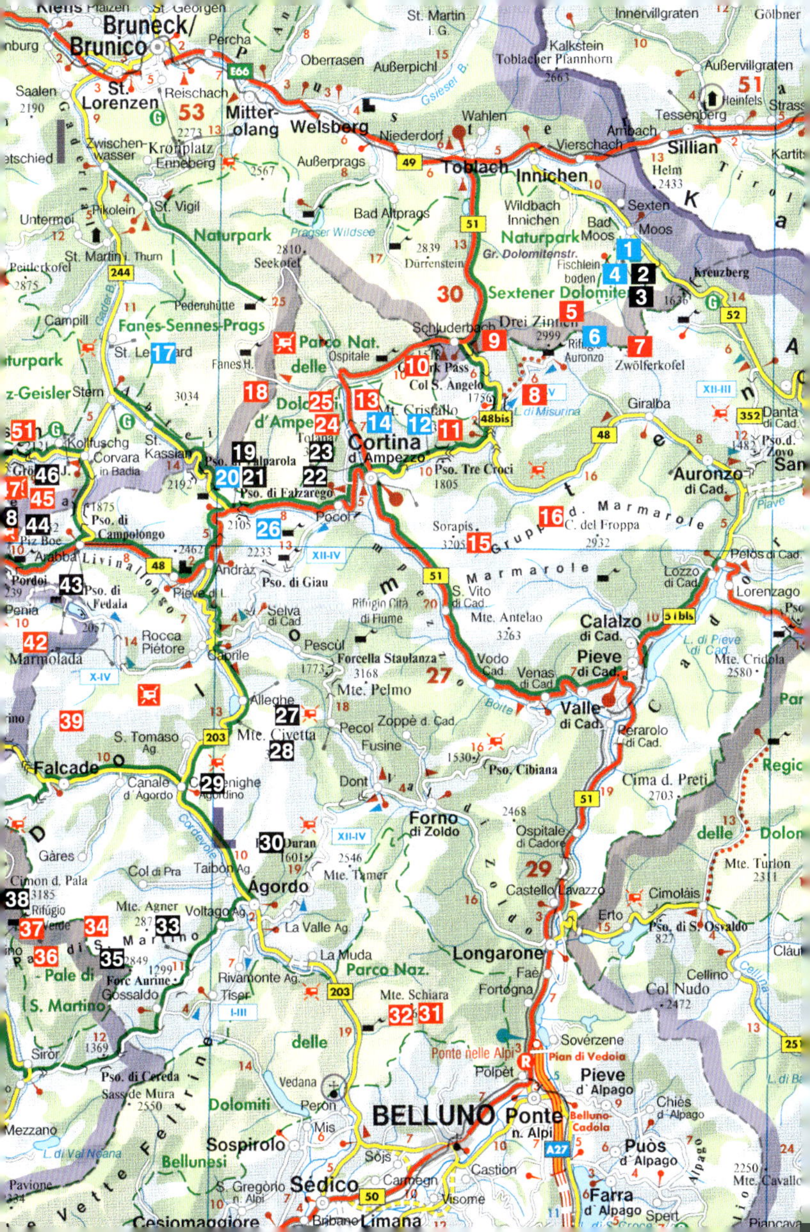

Bruneck/Brunico
St. Lorenzen
Mitterolang
Welsberg
Toblach
Innichen
Sillian
Naturpark Sextener Dolomiten
Fanes-Sennes-Prags
Parco Nat. delle Dolomiti d'Ampezzo
Cortina d'Ampezzo
Pso. di Falzarego
Pso. di Giau
Pso. Tre Croci
Auronzo di Cad.
Calalzo di Cad.
Pieve di Cad.
Valle di Cad.
Alleghe
Mte. Civetta
Mte. Pelmo
Forno di Zoldo
Falcade
Agordo
Longarone
Parco Naz. delle Dolomiti Bellunesi
BELLUNO
Ponte n. Alpi
Sédico
Pieve d'Alpago
Marmolada
Pso. di Campolongo
Corvara in Badia

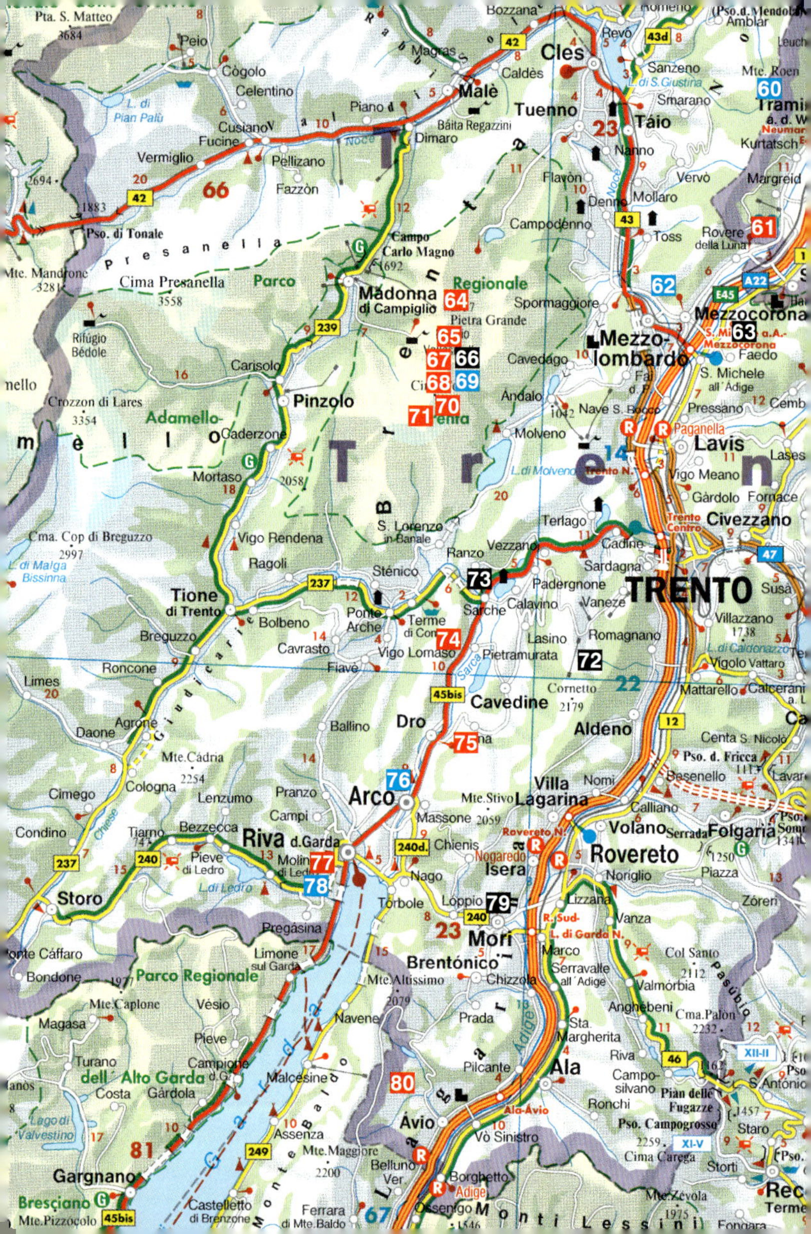

Pta. S. Matteo
3684
Peio
Cògolo
Celentino
Bozzana
Magras
Malè
Caldès
Cles
Revò
Romeno
(Pso.d. Mendola)
Amblar
Sanzeno
L. di S.Giustina
Smarano
Mte. Roen
60
Tramin
a. d. W.
Neumarkt
Kurtatsch
L. di Pian Palù
Cusiano
Fucine
Piano
Bàita Regazzini
Dimaro
Noce
Tuenno
Tàio
23
Vermiglio
Pellizano
Fazzòn
66
42
2694
1883
Pso. di Tonale
Nanno
Flavòn
Denno
Vervò
Margreid
Mollaro
43
Toss
Campodenno
Rovere della Luna
61
Campo Carlo Magno
1692
Presanella
Mte. Mandrone
3281
Cima Presanella
3558
Parco
Regionale
Madonna di Campiglio
64
Pietra Grande
Spormaggiore
62
A22
E45
Mezzocorona
63
Rifùgio Bèdole
239
65
66
67
68
69
70
71
Mezzo-lombardo
S. Michele all' Adige
Faedo
Cavedago
Carisolo
Pinzolo
16
Crozzon di Lares
3354
Adamello-
Andalo
1042
Nave S. Rocco
Pressano
Cembra
Caderzone
Molveno
Paganella
Lavis
Lases
Trento N.
14
L. di Molveno
Vigo Meano
Gàrdolo
Fornace
Trentino
Mortaso
2058
Terlago
Trento Centro
Civezzano
Vigo Rendena
S. Lorenzo in Banale
Cadine
47
Cma. Cop di Breguzzo
2997
L. di Malga Bissina
Ragoli
Ranzo
Vezzano
Sardagna
73
Padergnone
TRENTO
Susà
Sténico
237
Tione di Trento
Bolbeno
Ponte Arche
Terme di Comano
Sarche
Calavino
Vaneze
74
Villazzano
1738
Breguzzo
Cavrasto
Vigo Lomaso
Lasino
Romagnano
L. di Caldonazzo
Pietramurata
72
Vigolo Vattaro
Roncone
Fiavè
Sarca
Limes
Cornetto
2179
22
Mattarello
Calceranica
45bis
Cavedine
Agrone
Giudicarie
Daone
Ballino
Dro
Aldeno
12
75
Mte. Cádria
2254
Centa S. Nicolò
Pso. d. Fricca
Besenello
Lavarone
76
Cologna
Cimego
Lenzumo
Pranzo
Arco
Villa Lagarina
Nomi
Calliano
Mte. Stivo
2059
Massone
Condino
Campi
Tiarno
Bezzecca
Riva d. Garda
Chienis
Rovereto N.
Volano
Serrada
Folgaria
Pso. Sommo
1341
Chiese
240
Pieve di Ledro
Molina di Ledro
77
240d.
Nogaredo
Isera
Rovereto
1250
Noriglio
Piazza
237
L. di Ledro
78
Nago
Storo
Tòrbole
Lòppio
79
Lizzana
Zòreri
Pregásina
240
R. Sud-
L. di Garda N.
Vanza
Mori
Ponte Cáffaro
Limone sul Garda
Brentónico
Marco
Col Santo
2112
Bondone
1977
Parco Regionale
Mte. Altissimo
2079
Chizzola
Serravalle all' Adige
Valmórbia
Pasubio
Mte. Caplone
Vèsio
Navene
Anghèbeni
Cma. Palon
2232
Magasa
Prada
Adige
Sta. Margherita
Pieve
Riva
XII-II
Turano
Campione d. G.
Malcésine
Pilcante
Ala
Campo-silvano
46
dell' Alto Garda
Costa
Gàrdola
80
Piàn delle Fugazze
S. Antonio
1162
Ronchi
1457
Lago di Valvestino
Ala-Avio
Àvio
Pso. Campogrosso
Staro
Assenza
Vò Sinistro
2259
XI-V
81
249
Mte. Maggiore
2200
Belluno Ver.
Cima Carega
Storti
Pso. Xomo
Gargnano
Garda
Monte Baldo
Borghetto
Adige
Recoaro Terme
Bresciano
Castelletto di Brenzone
Ferrara di Mte. Baldo
67
Ossenigo
Mte. Zevola
1975
Mte. Pizzocolo
45bis
Monti Lessini
Fongara

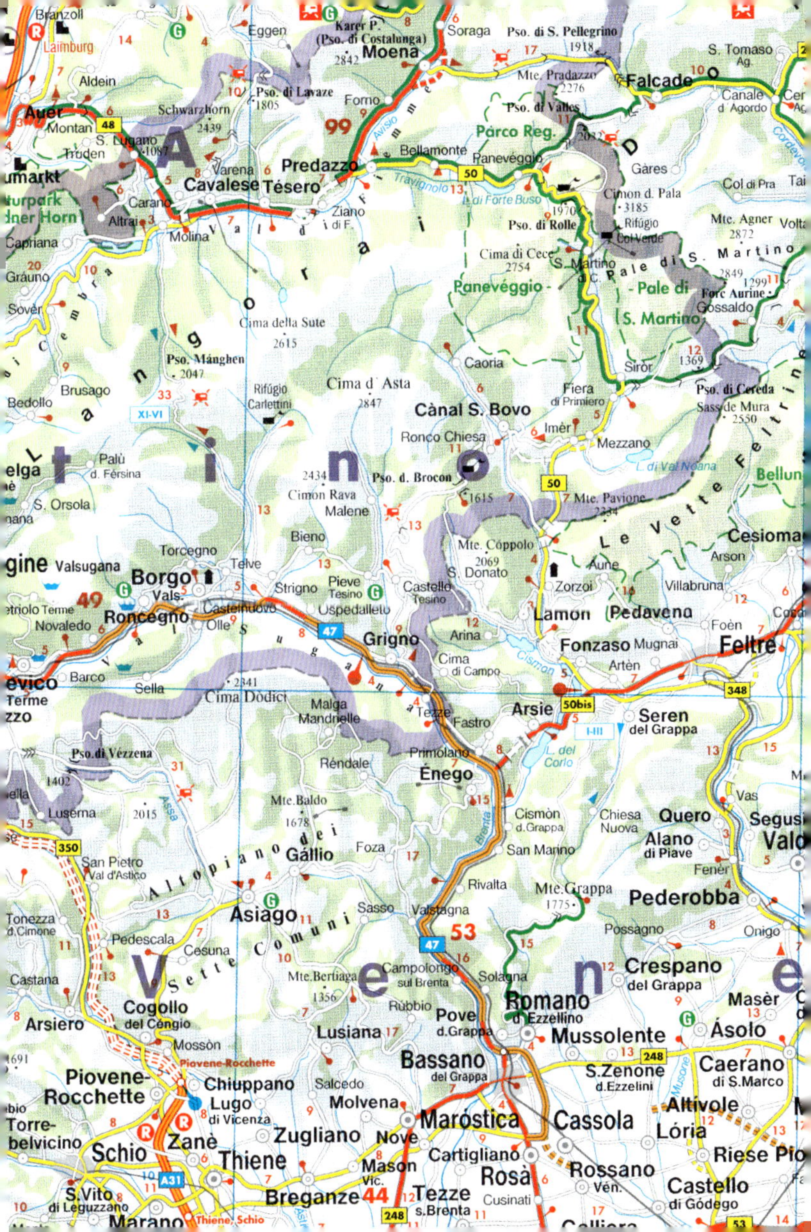

Branzoll
Laimburg
Eggen
Karer P.
(Pso. di Costalunga)
Moena
Soraga
Pso. di S. Pellegrino
1918
S. Tomaso Ag.
Aldein
Pso. di Lavaze
1805
Forno
Mte. Pradazzo
2276
Falcade
Canale d' Agordo
Auer
Montan
Schwarzhorn
2439
99
Pso. di Valles
Parco Reg.
S. Lugano
1087
Truden
Bellamonte
Paneveggio
Gares
Varena
Predazzo
50
Travignolo
L. di Forte Buso
Col di Pra
Cavalese
Tesero
Ziano di F.
Cimon d. Pala
3185
Carano
Altrei
Rifugio Col Verde
Mte. Agner
2872
Molina
Val di Fiemme
Pso. di Rolle
1970
Capriana
Grauno
Cima di Cece
2754
S. Martino d. C.
Pale di S. Martino
Paneveggio - Pale di S. Martino
2849
1299
Forc Aurine
Gosaldo
Sover
Val di Cembra
Cima della Sute
2615
Pso. Manghen
2047
Lagorai
Caoria
Siror
1369
Rifugio Carlettini
Cima d' Asta
2847
Fiera di Primiero
Pso. di Cereda
Sass de Mura
2550
Bedollo
Brusago
XI-VI
Canal S. Bovo
Imer
Mezzano
Ronco Chiesa
Trentino
Palu d. Fersina
2434
Cimon Rava
Pso. d. Brocon
1615
L. di Val Noana
Le Vette Feltrine
Bellun
S. Orsola
Malene
Mte. Pavione
2334
Bieno
Mte. Coppolo
2069
Cesiomag
Torcegno
S. Donato
Arson
Valsugana
Borgo Vals.
Telve
Strigno
Pieve Tesino
Castello Tesino
Zorzoi
Aune
Villabruna
Roncegno
Castelnuovo
Ospedaletto
Lamon
Pedavena
Foen
Novaledo
Olle
Valsugana
47
Grigno
Arina
Fonzaso
Mugnai
Feltre
Cima di Campo
Cismon
Arten
Barco
Sella
2341
Cima Dodici
Malga Mandrielle
Tezze
Fastro
Arsie
50bis
348
Seren del Grappa
I-III
Pso. di Vezzena
Rendale
Primolano
L. del Corlo
1402
Enego
Luserna
2015
Assa
Mte. Baldo
1678
Brenta
Cismon d. Grappa
Chiesa Nuova
Quero
Vas
Segusi
350
Altopiano dei Sette Comuni
Gallio
Foza
San Marino
Alano di Piave
San Pietro Val d'Astico
Fener
Rivalta
Mte. Grappa
1775
Pederobba
Asiago
Sasso
Valstagna
Tonezza d. Cimone
Pedescala
53
Possagno
Onigo
47
Cesuna
Castana
Mte. Bertiaga
1356
Campolongo sul Brenta
Solagna
Crespano del Grappa
Veneto
Cogollo del Cengio
Rubbio
Pove d. Grappa
Romano d'Ezzelino
Maser
Arsiero
Lusiana
Mussolente
Asolo
Mosson
Bassano del Grappa
S. Zenone d. Ezzelini
248
Caerano di S. Marco
Piovene-Rocchette
Piovene-Rocchette
Chiuppano
Salcedo
Musone
Lugo di Vicenza
Molvena
Altivole
Marostica
Cassola
Loria
Torrebelvicino
Zugliano
Nove
Riese Pio
Schio
Zane
Thiene
Cartigliano
Mason Vic.
Rosa
Rossano Ven.
Castello di Godego
S. Vito di Leguzzano
A31
Breganze
44
Tezze s. Brenta
Cusinati
Marano
Thiene, Schio
248
53

Schwierigkeitsbewertung

Eine essenzielle Frage, die sich jeder Begeher von Klettersteigen stellt, lautet: Wie schwierig ist die betreffende Tour eigentlich? Deshalb muss ein möglichst einfaches, aber doch ausreichend differenziertes Bewertungssystem her. Aufgrund der ausgeprägten Regionalisierung in den Alpen wurden schon mehrere entworfen, doch scheint sich zumindest im Ostalpenraum inzwischen immer mehr die »Österreichische Skala« durchzusetzen, die nun auch in diesem Führer zur Anwendung kommen soll. Sie ist in fünf volle Grade (A bis E) unterteilt, wobei Zwischenstufen (z. B. C/D) ein »Feintuning« erlauben. Nachfolgend eine Definition der technischen Schwierigkeit:

Schwierigkeitsskala

A (wenig schwierig):

Übergang von reinem Wandergelände zu abschüssigerem Fels- und Schrofenterrain, das solide Trittsicherheit und erhöhtes Koordinationsvermögen voraussetzt. Trasse eventuell noch vorhanden. Die Hände kommen meist zum Gleichgewichthalten am Drahtseil zum Einsatz, eine Selbstsicherung ist für halbwegs Routinierte noch nicht unbedingt erforderlich.

B (mäßig schwierig):

Der Fels wird bereits deutlich steiler, ist aber in der Regel gut gestuft und kletterfreundlich. Falls nicht, finden sich in großzügigem Maß künstliche Hilfsmittel wie Leitern und Trittbügel. Die Anwendung des Klettersteigsets wird auf jeden Fall empfohlen, nur sehr Versierte begehen auch diese Passagen mitunter noch frei.

C (schwierig):

Das Gelände geht nun teilweise in die Vertikale (Leitern sogar leicht überhängend) und verlangt elementares Klettern können sowie einen gewissen Kraftaufwand. Rastpunkte sind meist noch ausreichend, Sicherungen verhältnismäßig großzügig bemessen, bei nicht ganz so steilen Passagen hingegen schon sparsam. Die Ausgesetztheit ist deutlich spürbar und bereits eine wichtige Komponente im subjektiven Anforderungsgefühl. Selbstsicherung unerlässlich.

D (sehr schwierig):

Im Allgemeinen senkrecht oder leicht überhängend und ziemlich trittarm, oft nur per Drahtseil gesichert. Bereits ausgefeilte Klettertechnik bzw. hoher Krafteinsatz erforderlich, dazu sehr exponiert, was ein stabiles Nervenkostüm erfordert. Einschlägige Klettersteigerfahrung wichtig, kein Terrain für Anfänger!

E (extrem schwierig):

Passagen in Überhängen bzw. im glatten, senkrechten Fels, die keine oder wenig Tritthilfen aufweisen. Ohne günstige Rastpunkte sehr kraftraubend und psychisch anspruchsvoll. Besser nur für Klettererfahrene und ggf. in Seilschaft zu begehen.

Es sei darauf hingewiesen, dass auf die Gesamtschwierigkeit einer Tour auch andere Faktoren Einfluss nehmen. Das sind in erster Linie die alpinen

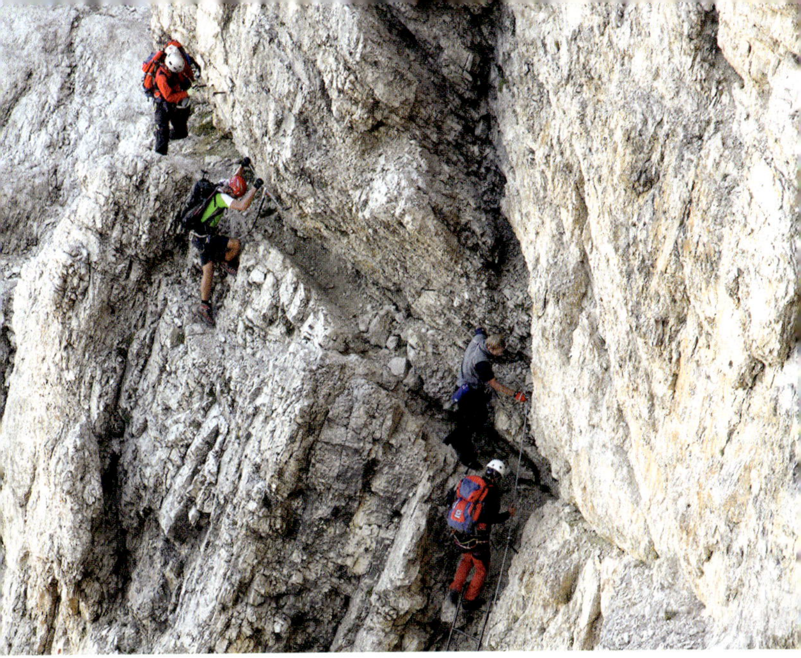

Leichtere Bändertraverse (A/B) am Kesselkogel (Tour 56).

Rahmenbedingungen, etwa die Beschaffenheit des Geländes und die Qualität des Gesteins, das etwaige Auftreten von ungesicherten Kletterstellen, Schnee- oder Eisfeldern, aber auch Höhenlage, Exposition und Ähnliches mehr. Die Ausgesetztheit einer Route bestimmt in nicht unerheblichem Maße das subjektive Schwierigkeitsgefühl. Nicht zu vergessen die konditionellen Anforderungen, bestehen doch zwischen einem kurzen Sportklettersteig und einer langen alpinen Tour auf einen Dreitausender diesbezüglich enorme Unterschiede. All diese Fakten finden sich unter diversen Stichpunkten kompakt zusammengefasst im jeweiligen Beschreibungskopf, der damit die wichtige Planungsgrundlage bildet. Zur schnellen Orientierung über die Anforderungen der einzelnen Klettersteige wurden die Tourennummern im Inhaltsverzeichnis und bei den Beschreibungen farbig unterschieden. Die Farben bedeuten:

Leicht Geringe bis mäßige technische Schwierigkeit des Klettersteigs (A bis B), dabei keine besonderen alpinen Anforderungen. Grundlegende Trittsicherheit und Schwindelfreiheit dennoch obligatorisch.

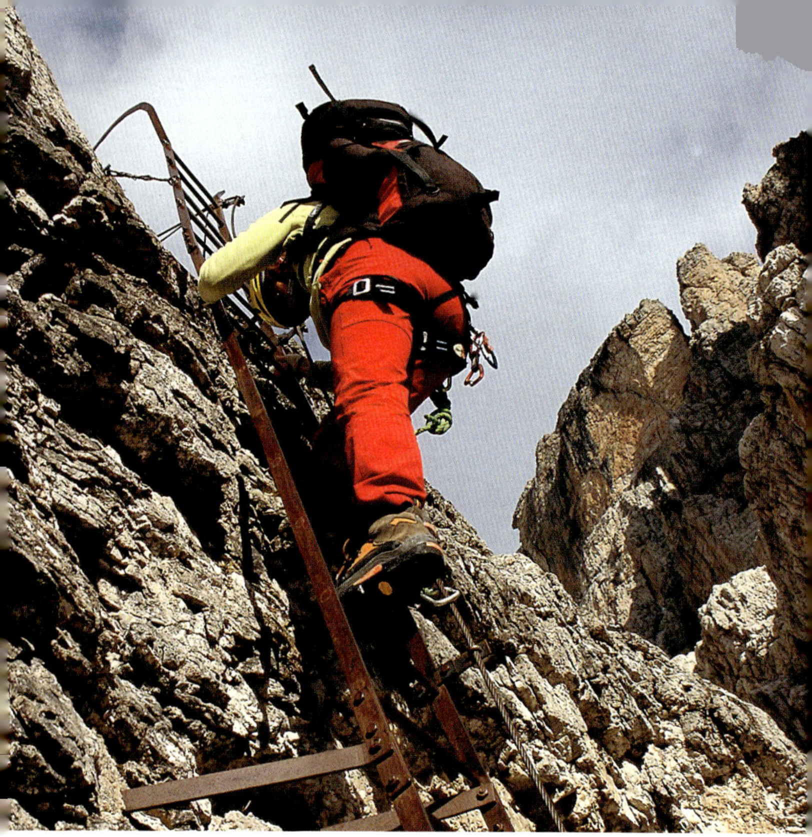

Die Brentasteige sind bekannt für ihre vielen Leitern.

Mittel Mittlere technische Anforderungen am Klettersteig (um C) und eventuell etwas erschwerte alpine Rahmenbedingungen (falls prekär, auch bei eigentlichen B-Touren). Gewisse Erfahrung auf Klettersteigen sowie in hochalpinem Gelände erforderlich.

Schwierig Hohe bis sehr hohe Anforderungen am Klettersteig (D bis E), unabhängig von den alpinen Rahmenbedingungen. Sind diese besonders relevant, können auch C-Touren in die Kategorie »schwarz« eingestuft werden. Nur für sehr routinierte Klettersteiggeher geeignet, je nach Tour ist umfassende alpine Erfahrung unerlässlich.

Sicherheit

Ausrüstung

Für die Begehung eines Klettersteigs wird zusätzlich zur üblichen Bergausrüstung spezifisches Material benötigt. Kernstück ist das **Klettersteigset**, bestehend aus zwei ergonomisch geformten Schnappkarabinern mit Handballensicherung, zwei möglichst elastischen Armen und einem Bremssystem, welches den bei einem allfälligen Sturz auftretenden Fangstoß ohne ausgeprägte Kraftspitze absorbiert. Letzteres ist von elementarer Bedeutung, da die wirkenden Kräfte erhebliches Verletzungspotenzial bergen. Bei neueren Sets übernehmen meist genähte »Bandfalldämpfer« diese Funktion und haben die klassischen Bremsplatten mit Seildurchzug damit weitgehend abgelöst. Das komplett vernähte Set wird schließlich über seine Schlaufe per Ankerstich mit einem Hüft- oder einem Kombigurt verbunden. Lästiges, fehleranfälliges Knoten ist bei modernen Ausführungen nicht mehr nötig. Vor allem bei kraftraubenden Passagen ist die Möglichkeit einer zusätzlichen Kurzfixierung über eine Schlinge am Set sehr nützlich.

Kletterspaß an der Rotwand im Rosengarten (Tour 58).

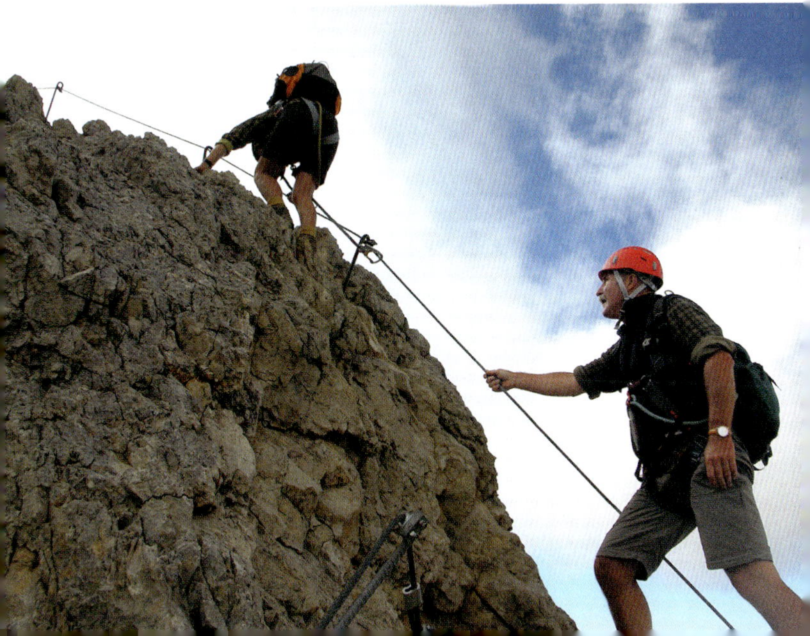

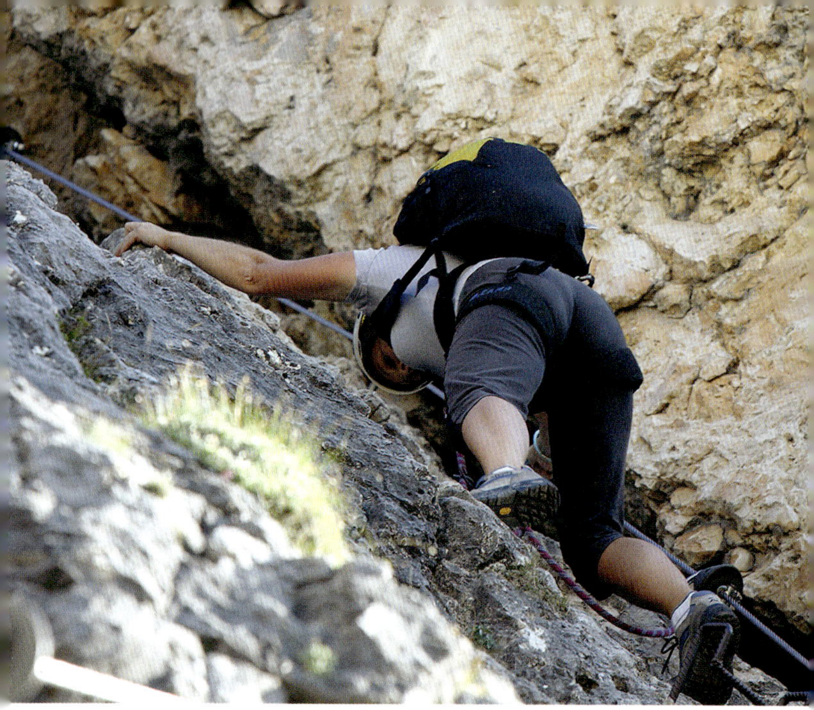

Anspruchsvolle Verschneidung (C/D) in der Via ferrata della Piramida (Tour 21).

Wegen der hohen Steinschlaggefahr gehört auf Klettersteigen ein **Helm** zur Pflichtausrüstung. Man achte auf gute Polsterung und Belüftung. Für ein besseres Greifgefühl, besonders aber zur Vermeidung von Verletzungen durch abstehende Drahtseillitzen haben sich spezielle, eng anliegende **Handschuhe** mit freien Fingerkuppen bewährt. Bauarbeitermodelle sind freilich kein adäquater Ersatz. Auf alpinen Klettersteigen wird man im Regelfall mit robusten, möglichst leichten **Allround-Bergschuhen** unterwegs sein, die ja auch für Zu- und Abstieg geeignet sein müssen. Die Outdoor-Industrie bietet heute aber auch schon auf die spezifischen Anforderungen zugeschnittenes Schuhwerk mit besonders hohem Grip an. Wer sich öfter auf schwierigen Steigen tummelt, ist damit eventuell gut beraten.
Übrigens: An notwendiger Ausrüstung (etwa der Trinkflasche und allem Sicherheitsrelevanten) darf natürlich nicht gespart werden, doch richtig steile Klettersteige machen sich mit schwerem Rucksack nicht wirklich gut. Spätestens im Überhang wird man's merken …

Top-Klettersteige Dolomiten, Brenta und Gardasee

Alpinisteig

Ein Klassiker für ambitionierte Bergwanderer, die sich ins ausgesetzte Felsgelände vorwagen wollen. Die spannende Bänderroute in den Sextener Dolomiten wurde während des Ersten Weltkriegs von Soldaten angelegt und verspricht ein Kraxelabenteuer mit tollen Nahimpressionen (Tour 4).

Via ferrata Giovanni Lipella

Die Tofana di Rozes ist das Schaustück der Falzàregostraße und einer der ganz großen Gipfel der Ampezzaner Dolomiten. Lang, abwechslungsreich und schwierig, aber nie extrem – so lauten die Attribute der beliebten »Lipella«, die alles auszeichnet, was Klettersteige zum Erlebnis macht (Tour 22).

Via ferrata degli Alleghesi

Großer Berg, klassische Linie, gehobenes Schwierigkeitsniveau: Dem Ideal eines Alpinklettersteigs kommt die »Alleghesi« an der Civetta schon sehr, sehr nah. Und wer noch eins draufsetzen möchte, kombiniert sie mit der rassigen »Tissi« (Touren 27 und 28).

Via ferrata Gianni Costantini

Die Super-Ferrata an der Moiazza; was den Gesamtanspruch angeht, nach wie vor ohne Vergleichsstück. Sieben Stunden Felsabenteuer auf hohem Niveau, garniert mit berüchtigter Schlüsselstelle, fantastischer Bändertraverse und stattlicher Gipfeltrophäe. Ganz klar eine Meisterprüfung (Tour 30).

Vie ferrate Zacchi, Berti und Màrmol

Die südöstlichste Bastion der Dolomiten gilt als veritables Klettersteig-Dorado. Bei der Überschreitung der Schiara ist im Auf- und Abstieg geballtes eisernes Vergnügen angesagt. Aber auch das szenische Drumherum weiß voll zu überzeugen (Tour 31).

Via ferrata Bolver-Lugli

Die Palagruppe ist ein Felsenreich von selbst in den Dolomiten außergewöhnlicher Ausstrahlung. Unter den zahlreichen Klettersteigen gebührt der »Bolver-Lugli« die Krone. Ein rassiger Wanddurchstieg in bestem Fels wird hier geboten (Tour 38).

Pisciadù-Klettersteig

Dem kurzen Zustieg, homogenen Schwierigkeiten im mittleren Bereich und der Hütte als Ziel verdankt der Pisciadù-Klettersteig seine enorme Beliebtheit. Dazu kommt eine bei Sella-Touren obligatorische Felsszenerie voller Dramatik (Tour 47).

Masarè- und Rotwand-Klettersteig

Das verspielte Auf und Ab am südlichsten Ausläufer des Rosengartens und die technisch leichtere Überschreitung der Rotwand ergibt eine der vielseitigsten Klettersteig-Kombinationen überhaupt: Kraxelspaß an lustig-luftigen Graten (Tour 58).

Via delle Bocchette

Die Traumtour in der Brenta muss man einfach in Gänze erleben. Sie besteht aus einer Hand voll Teilstücken und verläuft von Hütte zu Hütte – häufig über atemberaubende Bänder und luftige Leitern – wobei auch leichte Varianten offenstehen. Maximale Konzentration erstklassiger Brentabilder bieten die Abschnitte Bocchette Alte und Centrali (Touren 65–71).

Via ferrata »Che« Guevara

Die gelungenste Mischung aus Sport und Landschaft unter der Gardasee-Sonne. Durchstiegen wird der imposante Wandabbruch des Dain Alt mit seinen herrlichen Plattenpassagen. Und oben wartet eine himmlische Gipfelwiese (Tour 74).

Handling am Klettersteig

Der Gebrauch der Selbstsicherung ist prinzipiell nicht kompliziert. Es werden stets beide Karabiner in das Drahtseil eingeklinkt und an einer Verankerung nacheinander umgehängt. Für einen geschmeidigen Ablauf braucht es aber schon etwas Übung, besonders wenn das Gelände schwieriger wird. Zwischen zwei Verankerungen darf sich immer nur ein Kletterer befinden, um im Falle eines Sturzes eine Massenkarambolage zu verhindern. In steinschlaggefährdeten Passagen (z. B. Rinnen mit losem Gestein) sollte man die Abstände aber auch nicht zu groß werden lassen. In freiem Gehgelände achte man darauf, dass die Seilschlaufen nicht zur Stolperfalle werden können.

Besondere Übung verlangen gerade bei Nichtkletterern ökonomische Bewegungsabläufe, neigt man doch rasch dazu, sich hauptsächlich mit Armkraft am Drahtseil hochzuziehen. Das kann für eine kurze senkrechte Stelle mal ganz hilfreich sein, auf Dauer viel effektiver ist jedoch eine gute Fußtechnik. Unter Ausnutzung der natürlichen und zuweilen auch künstlichen Tritte vollzieht man den weitaus größten Teil der Steigarbeit aus den Beinen heraus, während die Hände lediglich unterstützend wirken und vor allem das Gleichgewicht halten. Gerade auf langen, anspruchsvollen Klettersteigtouren kommt es darauf an, sich nicht vorzeitig auszupowern. Sollte die Muskelkraft spürbar erlahmen, muss unbedingt rechtzeitig eine Pause eingelegt werden. Ein kraftintensives Weiterklettern hätte ansonsten unmittelbare Sturzgefahr zu Folge, und diese ist auf Klettersteigen tunlichst zu vermeiden, da ein Sturz stets mit einem hohem Verletzungsrisiko verbunden ist. Die Selbstsicherung ist eigentlich nur dazu da, einen Kapitalabsturz abzuwenden, und nicht um seine persönlichen Grenzen ausloten zu können.

GPS-Tracks und Koordinaten der Ausgangspunkte

Auf **gps.rother.de** stehen zu diesem Klettersteigführer GPS-Tracks und die Koordinaten der Ausgangspunkte zum kostenlosen Download bereit. Dieser QR-Code führt direkt zum Download.
9. Auflage, Passwort: 309609kgx
Die GPS-Tracks können in die **Rother App** importiert werden. In der App kann man unterwegs stets sehen, wo man gerade ist und wo es langgeht. **Anleitungen dazu: rother.de/gps**

Trotz sorgfältiger Prüfung können wir Fehler und zwischenzeitliche Veränderungen nicht ausschließen. Verlassen Sie sich für die Orientierung niemals einzig und allein auf die GPS-Daten, sondern beurteilen Sie die Verhältnisse vor Ort.

Gefahren

Wie immer bei Bergtouren ist dem Punkt »Wetter und Verhältnisse« große Beachtung zu schenken. Bei **Schnee und Vereisung** sollte man äußerst defensiv agieren und in den meisten Fällen wohl eher Verzicht üben. Sind derartige Passagen nur bei Zu- und Abstieg zu erwarten, lässt sich möglicherweise verantwortungsvoll ausrüstungstechnisch vorsorgen (Steigeisen und eventuell Pickel). Im Klettersteig selbst kann **Nässe** bereits ein heikles Problem werden und die Anforderungen beträchtlich erhöhen. Unangenehm ist in diesem Zusammenhang erdiges Gelände, das die Profilsohle verschmiert und den Grip in der nächsten Steilpassage gefährlich herabsetzt.

Im Grunde sind hochalpine Dolomiten-Klettersteige als ausgesprochene Schönwettertouren zu werten. Aber auch an einem sonnigen Sommertag können sich bekanntlich **Gewitter** entwickeln. Dass man dann an einem Blitzableiter nichts zu suchen hat, leuchtet ein. Also: bitte wirklich gründlich planen und bedenken, dass auf vielen Klettersteigen schnelle Rückzüge kaum möglich sind. Ein früher Start ist meistens auch ganz pfiffig, denn Gewitter entstehen ja bevorzugt in der zweiten Tageshälfte.

Ein bedeutender Gefahrenherd im Steilfels ist der **Steinschlag**, wobei rinnenartige Geländestrukturen meist am risikoträchtigsten sind. Günstigerweise sollten Klettersteige so angelegt sein, dass dieses Problem durch Voraussteigende nicht noch übermäßig verschärft wird. Kritische Steige bzw. Passagen sollte man bei Andrang meiden und selbst immer aufmerksam und sauber klettern, sprich keine Steine lostreten. Und natürlich den Helm auf den Kopf setzen! Nicht unerwähnt bleiben soll, dass auch die Sicherungen selbst durch Steinschlag und Witterungseinflüsse beschädigt sein können. Blindes Vertrauen ist daher nicht angebracht.

Neben diesen hauptsächlich objektiven Gefahrenquellen ist die subjektive Komponente zu berücksichtigen, vor allem das Risiko der **Selbstüberschätzung**. Man darf nicht vergessen: Klettersteige sind in jedem Fall eine anspruchsvolle, ernst zu nehmende Sache und für Bergwanderer womöglich schon in ihren unteren Schwierigkeitsgraden ein Limit. In gewissem Umfang lässt sich durch ausgeübte Praxis und dem damit verbundenen Trainings- und Erfahrungsgewinn das persönliche Leistungsvermögen steigern. Die eigenen Grenzen – aufgezeigt durch aufkommende Ängste und tatsächliche physische Überforderung – sind aber in jedem Fall anzuerkennen!

Symbole

- mit Bahn/Bus erreichbar
- Einkehrmöglichkeit unterwegs
- Auf-/Abstiegshilfe

Seite 20/21: Balancierstückchen an luftiger Gratrippe im Sentiero Bocchette Centrale (Tour 68).

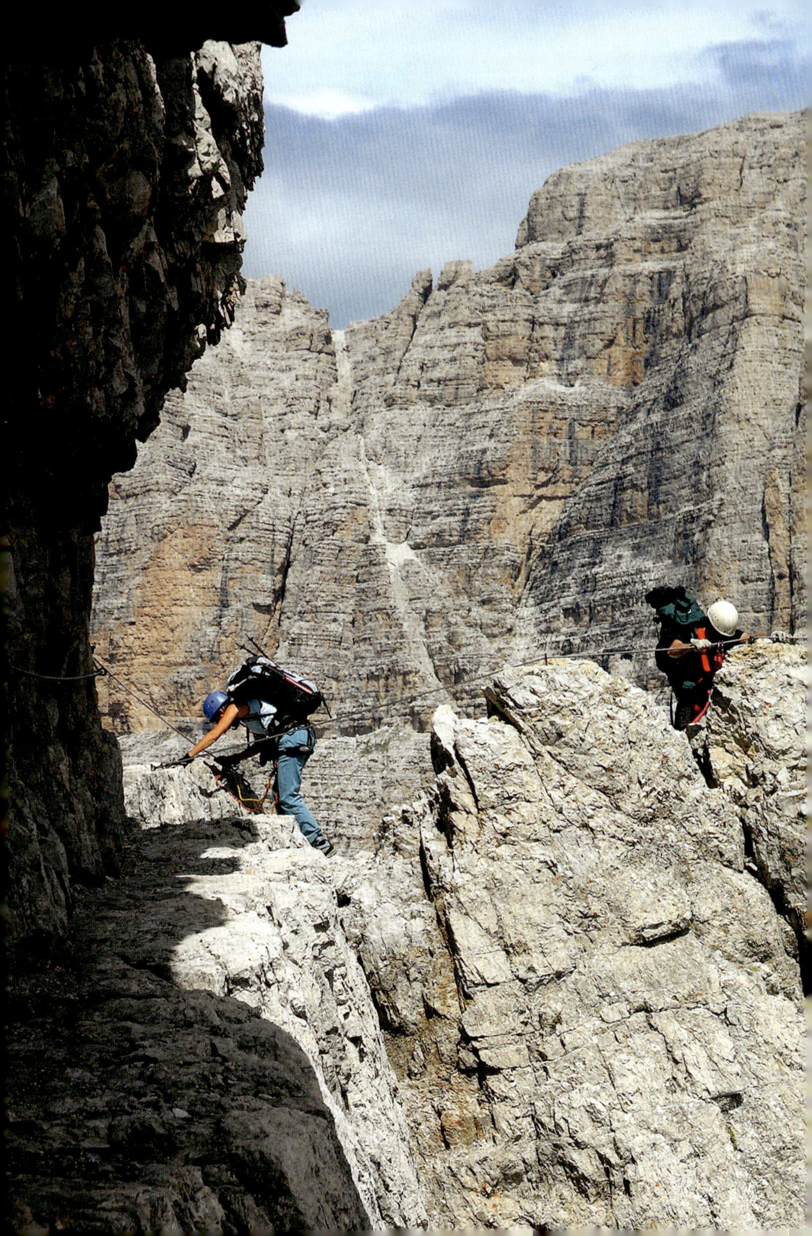

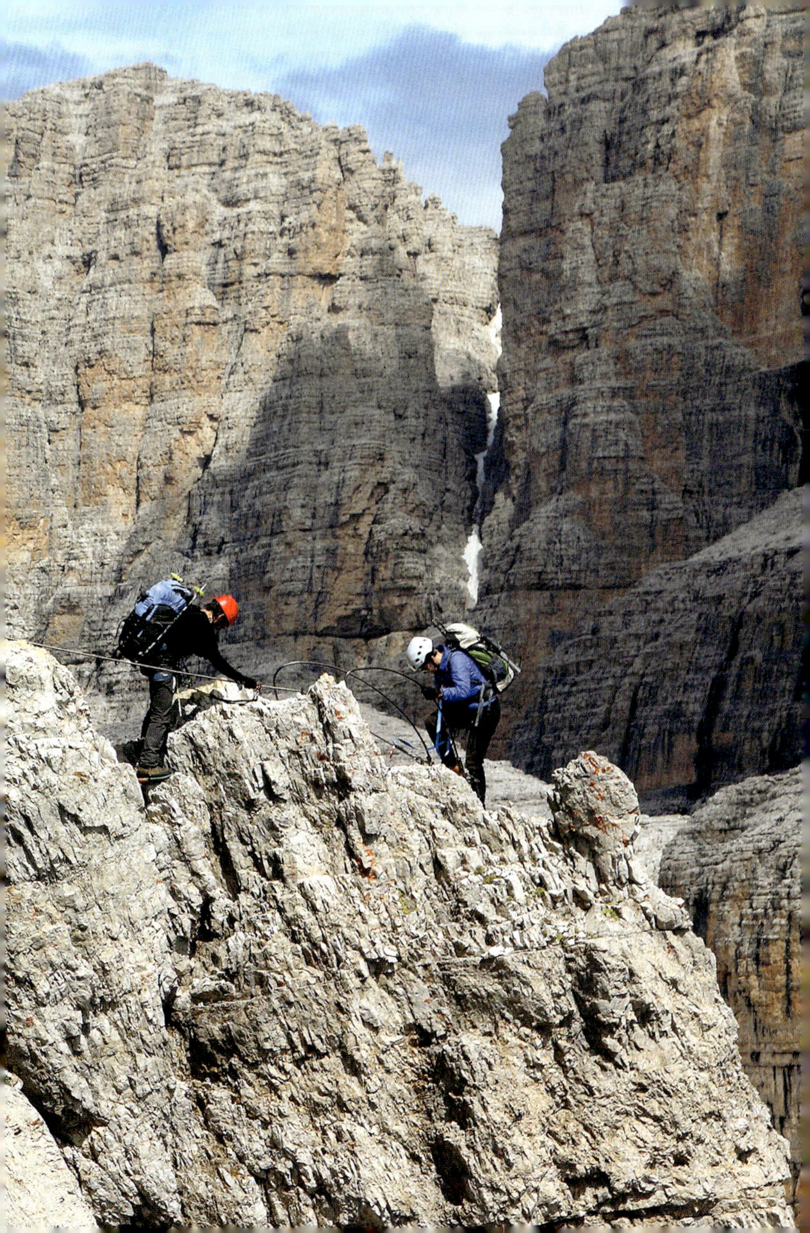

1 Sextener Rotwandsteig

5.30 Std.

Der Normalweg auf den »Zehner« der Sextener Sonnenuhr

Der formgewaltige »Zehner« der berühmten Sextener Sonnenuhr ist ein beliebtes Ziel der Ferratisti, die hier zwischen dem moderaten Nordanstieg und den anspruchsvolleren Steigen auf der Südseite (siehe Tour 2) wählen können. Die militärhistorischen Ursprünge sind wie so oft in den Dolomiten unverkennbar; allenthalben rotten alte Unterstände und Verhaue vor sich hin. Nach dem landschaftlich reizvollen Auftakt an den Rotwandköpfen folgt ein Wechselspiel von leicht prickelnden Steilstufen und gutmütigen Schuttkesseln, ehe wir von der Kanzel des Nordgipfels Umschau halten können: Vom Alpenhauptkamm bis weit hinein in das Reich der Dolomiten erstreckt sich das Panorama, ganz imposant gegenüber die Dreischusterspitze.

Ausgangspunkt: Bergstation des Rotwandwiesenlifts (1914 m) von Sexten-Bad Moos.
Gehzeiten: Rotwandwiesen – Rotwandköpfe 1 Std. – Anderterscharte 1.30 Std. – Sextener Rotwand 0.50 Std. – Rotwandwiesen 2.10 Std.; insgesamt 5.30 Std.
Charakter: Technisch relativ leichter Klettersteig mit längeren Gehpassagen zwischendurch, aufgrund der Höhe jedoch ziemlich alpin.
Schwierigkeit: Maximal B.
Höhenunterschied: 1020 Hm.
Höchster Punkt: Sextener Rotwand, Nordgipfel (2936 m).
Exposition: Nord.
Stützpunkt: Rotwandwiesenhütte (1924 m), Tel. +39 0474 710651.

Gehpassage vor dem Gipfelaufschwung.

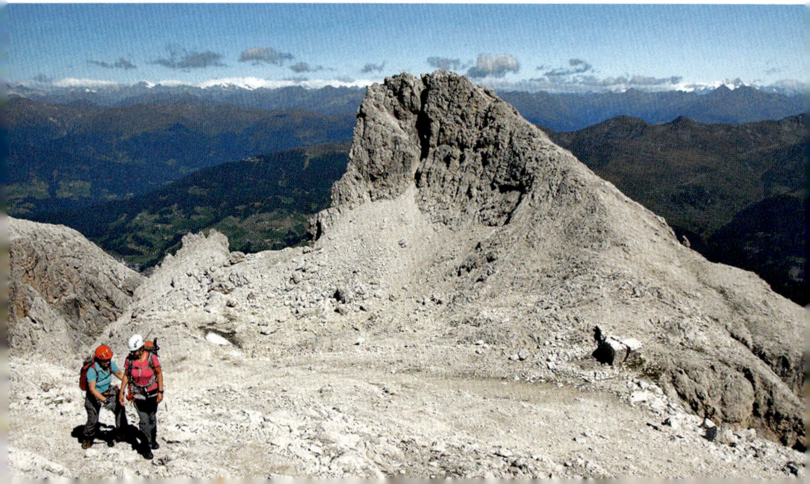

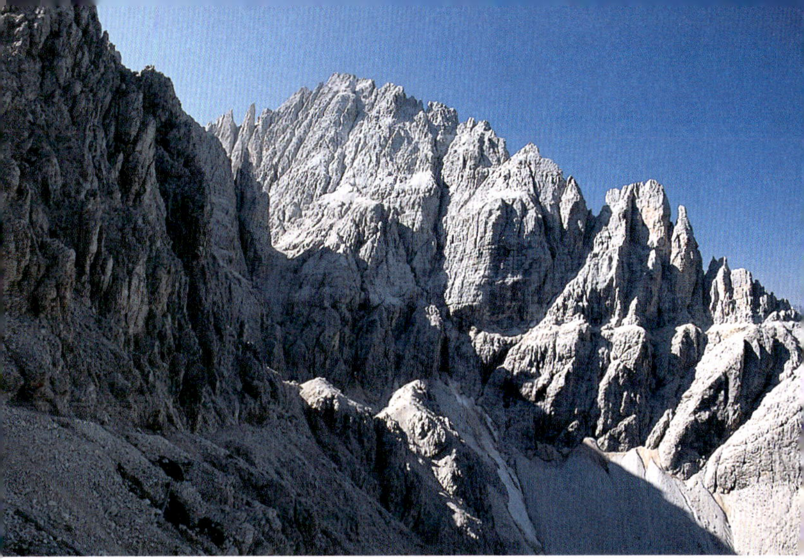

Blick vom Rotwand-Klettersteig zum Elfer, wo der Alpinisteig quert.

Zustieg: Von der Bergstation über einen Wiesenweg in Richtung Rotwandköpfe, deren Ausläufer rechts ausholend erreicht werden. Nun südwärts. Man lässt Weg Nr. 100 in die westseitige Flanke abziehen und folgt dem felsgespickten Kammbereich, bis man am Ende der Rotwandköpfe über eine Einsattelung in ein Minikar und zum Einstieg gelangt.
Klettersteig: Über den ersten Aufschwung mittels Leitern und Drahtseilen (A/B) in einen weiteren Schuttkessel, der von bizarren Felsgebilden flankiert wird. Von links kommt die Variante über den Burgstall dazu. Geröllspuren und felsige Abschnitte leiten bis zur Anderterscharte (2698 m), wobei Sicherungen nur an wenigen Stellen nötig sind, etwa in einer Rinne sowie bei einer westseitigen Bänderquerung hinter den Relikten der österreichischen Wurzbach-Stellung. Die Verbindung zum Alpinisteig ignorierend geht es links an den Gipfelaufbau heran und zwischenzeitlich über etwas steilere Wandpartien (B) bis auf ein gipfelnahes Band (Einmündung der Via ferrata Zandonella). Nach links in Kürze zum Kreuz auf dem Nordgipfel; der höchste Punkt (Vinatzerturm, 2965 m) wird üblicherweise nicht berührt.
Abstieg: Entweder komplett entlang der Aufstiegsroute oder zur Abwechslung über die Burgstall-Variante: Dafür aus dem Kar unter der Wurzbach-Stellung rechts zu einer Scharte und durch eine gesicherte Rinne sowie im Bereich von Schrofenrampen bergab. Beim Sattel dreht man links ein und wandert mit Bezeichnung Nr. 15B schräg abwärts Richtung Rotwandwiesen.

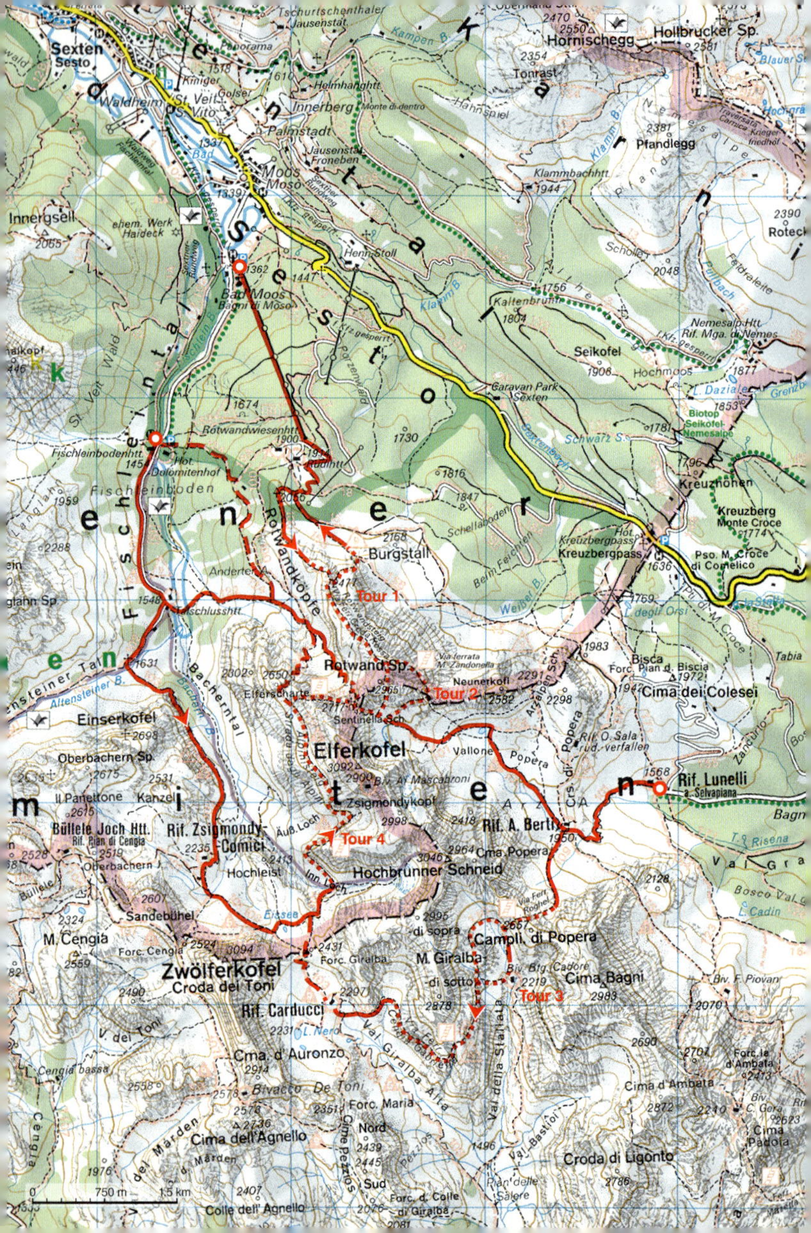

Sexten
Sesto
Moos
Moso
Bad Moos
Bagni di Moso
Fischleinbodenhtt.
Hot. Dolomitenhof
Fischleinboden
Fischlein
Talschlusshtt.
Rotwandwiesenhtt.
Rotwandköpfe
Burgstall
Tour 1
Rotwand Sp.
Neunerkofl
Tour 2
Elferscharte
Sentinella Sch.
Elferkofel
Biv. Al Mascabroni
Zsigmondykopf
Tour 4
Rif. Zsigmondy-Comici
Hochleist
Hochbrunner Schneid
Bacherntal
Einserkofel
Oberbachern Sp.
Il Panettone
Kanzel
Büllele Joch Htt.
Rif. Pian di Cengia
Sandebühel
M. Cengia
Zwölferkofel
Croda dei Toni
Forc. Giralba
Rif. Carducci
L. Nero
Cma. d'Auronzo
Val Giralba Alta
M. Giralba
Campli. di Popera
Tour 3
Biv. Btg. Cadore
Cima Bagni
Val della Stallata
Rif. A. Berti
Cma. Popera
Vallone Popera
Rif. O. Sala
Rif. Lunelli
Cima dei Colesei
Kreuzbergpass
Kreuzberg
Monte Croce
Pso. M. Croce di Comelico
Caravan Park Sexten
Seikofel
Nemesalp Htt.
Rif. Mga. di Nemes
Kaltenbrunn
Klammbachhtt.
Pfandlegg
Hornischegg
Hollbrucker Sp.
Innerberg
Palmstadt
Innergsell
Cima dell'Agnello
Colle dell'Agnello
Croda di Ligonto
Cima d'Ambata
Cima Padola
Forc. Maria
Bivacco De Toni
0 750 m 1,5 km

7.45 Std.

Via ferrata Mario Zandonella 2

Knackiger Rundkurs auf der Südseite der Rotwand

Um die Sextener Rotwand aus dem Vallon Popera über die Via ferrata Zandonella zu besteigen, ist ein deutlich höherer Einsatz gefordert als drüben auf der Nordseite. Der Klettersteig besteht aus zwei vollkommen getrennt geführten Linien, wobei die direkte Südroute üblicherweise für den Aufstieg und die nicht viel leichtere Variante über den Circo Est fürs Bergab gewählt wird. Steile Wandstellen und Bändertraversen gestalten eine packende Tour, bei der die Mischung aus sportivem Einsatz und landschaftlichem Ambiente stimmt. Besonders fasziniert die ringsum wilde Zackenkulisse des Vallon Popera.

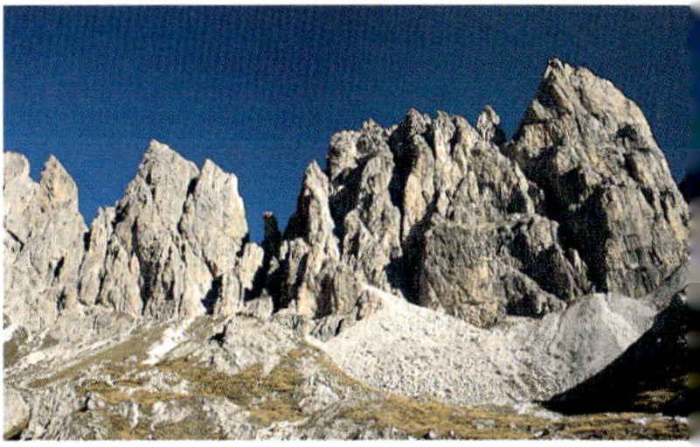

Zackenkulisse über dem Vallon Popera.

Ausgangspunkt: Parkplatz beim Rifugio Lunelli (1568 m); Zufahrt von der Kreuzbergpassstraße über Bagni di Valgrande.
Gehzeiten: Rifugio Lunelli – Rifugio Berti 1 Std. – Einstieg 2 Std. – Sextener Rotwand 1.30 Std. – Vallon Popera 1.15 Std. – Rifugio Lunelli 2 Std.; insgesamt 7.45 Std.
Charakter: Schwierige, hochalpine Klettersteig-Überschreitung, abgesehen von zwei Leitern nur mit Drahtseilen ausgestattet. In Steilwänden meist solider Fels, sonst auch mal brüchig. Schlüsselpassagen an der Südroute, auch die Abstiegsroute ist ein ausgesetzter und recht kniffliger Klettersteig.
Schwierigkeit: Maximal C/D beim Südanstieg, meist zwischen B und C, dies auch beim Abstiegsklettersteig.
Höhenunterschied: Insges. 1400 Hm, jeweils ca. 300 Hm Auf und Ab am Klettersteig.
Höchster Punkt: Sextener Rotwand, Nordgipfel (2936 m).
Exposition: Süd bis Ost.
Stützpunkt: Rifugio Berti (1950 m), Tel. +39 0435 67155.
Tipp: Leichterer Abstieg über die Nordseite (siehe Tour 1); ab Burgstall gelangt man auf einem längeren Flankensteig am Arzalpenkopf vorbei zurück zum Rifugio Lunelli.

Zustieg: Vom Rifugio Lunelli über den Boden »Selvapiana« taleinwärts gegen die steile Felsbarriere, der man links haltend mit einer Reihe von Kehren ausweicht. Oberhalb der Geländeschwelle zum Rifugio Berti und ins Hochtal des Vallon Popera. Auf der rechten Seite an einem kleinen See vorbei, gelangt man nach einer Weile auf die Mittelmoräne des oberen Kars und steigt – wo diese sich im Geröll verliert – etwas mühsam nach rechts bis zum Fuß der Südwände an. Hier von der Sentinella-Route abzweigend mit kurzem Rechtsschwenk zum Einstieg links neben dem Canalone 2°.

Süd-Klettersteig: Über die erste Steilstufe (C) zu einer Bänderquerung nach rechts. In gut gestuftem Steilfels zieht die Route nun in relativ gerader Linie nach oben. Lediglich zwei kurze Leiterpassagen unterbrechen den Kletterrhythmus am straffen Drahtseil. Die steilsten Passagen (C/D) verlaufen nahe der Senkrechten, sind allerdings alle paar Meter durch kleine Absätze gegliedert. Bei verfallenen Kriegsbauten auf ein langes Horizontalband, das man mit Querung kleinerer Rinnen unter den Südtürmen entlang weit nach rechts verfolgt. Schließlich durch eine brüchige Felsrinne (B) zu einem Gratschärtchen, jenseits noch kurz über ein Band abwärts und gemeinsam mit der Normalroute zum nahen Nordgipfel.

Abstieg über Südost-Klettersteig: Wir folgen dem ostwärts gerichteten Grat, der bald in eine gegliederte Wand übergeht. Ebenfalls anhaltend steil über reich gestuftes Gelände tiefer (B bis C), zuletzt über eine luftige Rippe zum Wandfuß, zu dem der Karschotter des Circo Est heranreicht. Schräg absteigend durch die Hochmulde (eventuell Schnee) auf die gegenüberliegende Seite, wo rote Punkte den Wiedereinstieg in die Felsen markieren. Eine gut gesicherte Aufwärtstraverse entlang des Wandabbruchs leitet in die Scharte zwischen zwei Zacken (Forcella A genannt) und noch ein paar fast senkrechte Meter (C) hinauf zu einem markanten Band. Dieses bildet nun die schönste Passage an der Südostroute – ohne besondere Schwierigkeiten horizontal durch die verwinkelte Mauer der wilden »Guglie« Richtung Forcella B. Dann weist ein Pfeil über eine letzte gesicherte Stelle in den Canalone 2° hinab, wo man im losen Schotter bis zum bekannten Steig im oberen Vallon Popera abrutscht. Über das Rifugio Berti schließlich wieder zum Ausgangspunkt zurück.

Rechts: Himmelstrebende Wände zwischen Rotwand und Elfer.
Unten: Die Via ferrata Zandonella verläuft in einer fantastischen Umgebung.

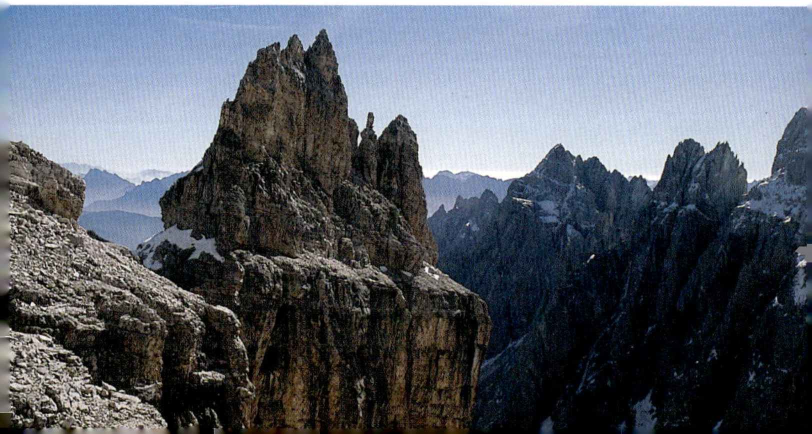

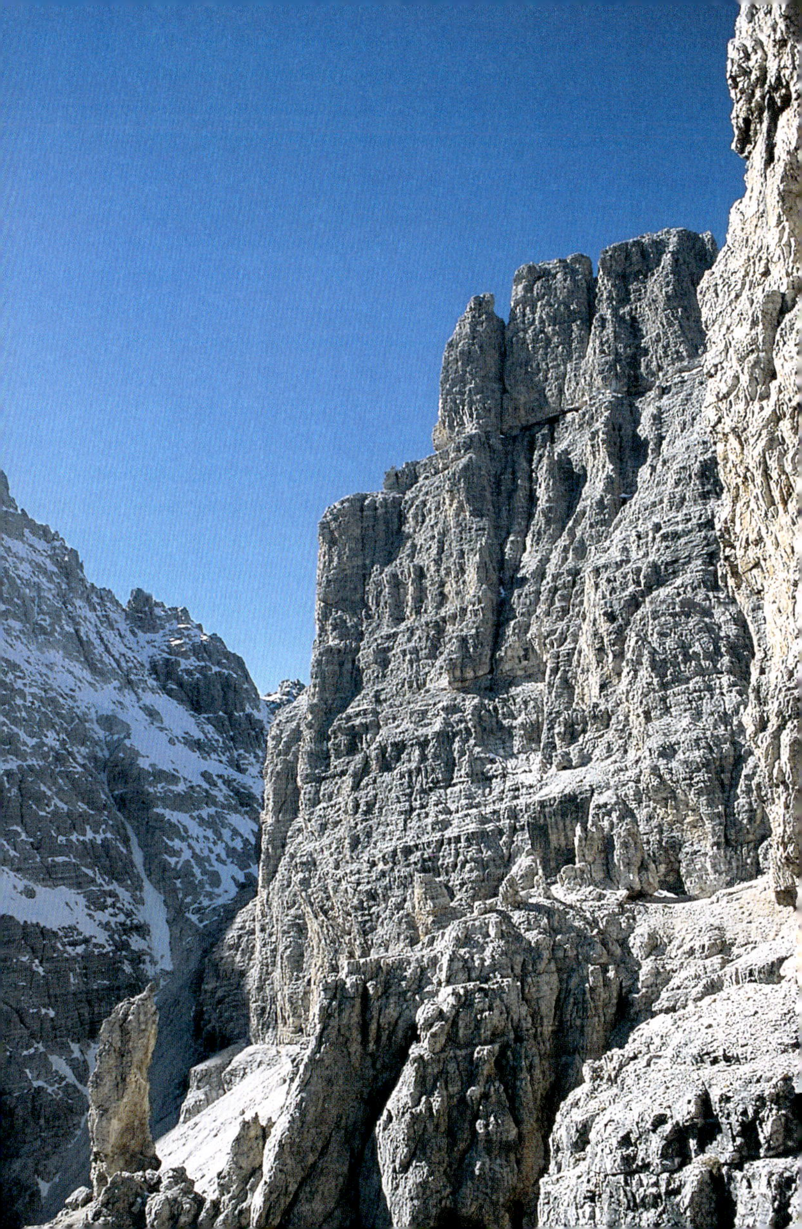

3 Via ferrata Aldo Roghel und Via ferrata Cengia Gabriella

8.00 Std.

Durch die wilden Winkel der Elfergruppe

Die Klettersteige »Roghel« und »Cengia Gabriella« vermitteln einen der spektakulärsten Hüttenübergänge in den Dolomiten, ja in den gesamten Alpen. Verbunden werden die Rifugi Berti und Carducci im Umfeld des brachialen Elfermassivs. Verlauf und Szenerie sind von bestechender Wildheit und wohl am ehesten vergleichbar mit dem berühmten Bocchetteweg in der Brenta. Daran erinnern vor allem die langen Bändertraversen der Cengia Gabriella, die gleichsam den Genussanteil der Route bilden. Quer durch die Wandfluchten des Monte Giralba erwartet uns ein Laufsteg der Extraklasse, immer wieder gewürzt mit nicht sehr schwierigen Klettersteigeinlagen. Da ist die Ferrata Roghel zuvor schon von anderem Kaliber. Die grimmige Schluchtrinne hinauf zur »Scharte zwischen den Türmen« erweist sich als echter Prüfstein auch für Versierte. Nach der Routenverlegung in den 1990er-Jahren ist sie eher noch schwieriger, aber zumindest ein wenig sicherer vor Steinschlag geworden.

Die Abstiegsseite der Via ferrata Roghel.

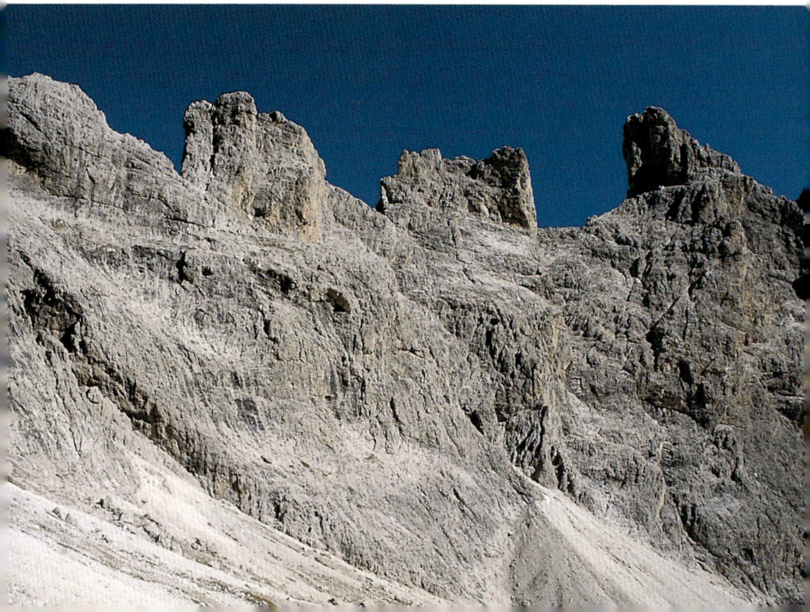

Ausgangspunkt: Parkplatz beim Rifugio Lunelli (1568 m); Zufahrt von der Kreuzbergpassstraße über Bagni di Valgrande.
Endpunkt: Rifugio Carducci (2297 m).
Gehzeiten: Rifugio Lunelli – Einstieg Roghel 2.15 Std. – Forcella fra le Guglie 1.15 Std. – Cadin di Stalata 0.45 Std. – Cengia Gabriella – Rifugio Carducci 3.45 Std.; insgesamt 8 Std.
Charakter: Kombination zweier unterschiedlicher Klettersteige mit sehr langem Aufenthalt in anspruchsvollem Gelände (Wetterlage beachten!). Im ersten Teil sehr schwieriger Durchstieg einer schattseitigen Schluchtrinne; auf der mittelschweren Cengia Gabriella dominieren ausgedehnte, oft exponierte Bändertraversen.
Schwierigkeit: Roghel bis D, Cengia Gabriella maximal B/C.
Höhenunterschied: Zustieg und Ferrata Roghel ca. 1000 Hm, Cengia Gabriella bis Rifugio Carducci ca. 500 Hm.
Höchster Punkt: Forcella fra le Guglie (2560 m).
Exposition: Roghel Nordost; Cengia Gabriella verschieden.
Stützpunkte: Rifugio Berti (1950 m), Tel. +39 0435 67155; Rifugio Carducci (2297 m), Tel. +39 347 6861580; für Notfälle das Bivacco Cadore (2219 m).
Hinweis: Die Cengia Gabriella kann als eigenständige Tour aus dem Val d'Ansiei begangen werden. Ausgangspunkt ist der Wanderparkplatz (962 m) am Eingang ins Val Giralba Bassa. Steiler, teilweise gesicherter Zustieg zum Bivacco Cadore. Gesamtgehzeit über 9 Std.

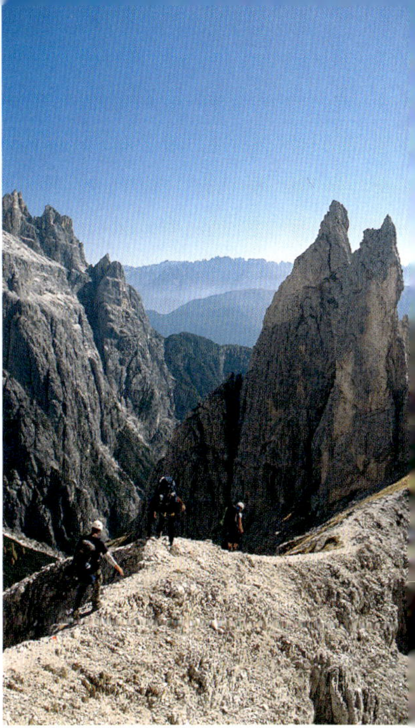

Ein Schaupfad der Extraklasse: die Cengia Gabriella.

Zustieg: Zunächst auf dem Wanderweg Nr. 101 in Richtung Rifugio Berti. Bereits kurz vor der Hütte kann man bei einem Holzsteg links abzweigen und am Geröllhang in Kehren gegen den Wandsockel der Guglie di Stalata aufsteigen. Dort überdauern mitunter länger Schneereste. Die Drahtseile beginnen schließlich auf gut 2300 m Höhe.

Via ferrata Roghel: Anfängliche Plattenpassagen (B) leiten schräg rechts bis unter die markante Kaminrinne. Der Durchstieg erfolgt nun zumeist in den Begrenzungsfelsen zur Rechten, später auch einmal im Schluchtgrund selbst und verlangt uns vollen Einsatz ab. Zwischen nahezu senkrechten Aufschwüngen (mehrmals C bis D bei wenigen Tritthilfen) verschaffen besser gestufte Felsen einen Hauch von Entspannung, doch die Exponiertheit bleibt an einem Klemmblock vorbei bis zum Ausstieg in die Forcella fra le Guglie (ca. 2560 m) enorm. Jenseits der Scharte durch eine schräge, bandartige Rinne zuerst links abwärts, dann mit markantem Richtungswechsel in diagonaler Traverse, später mehr gerade über die geneigte und gutgriffige Wand der Prima Guglia di Stalata hinab (maximal B/C). Die Ferrata endet in einer gerölligen, nach Süden orientierten Schluchtrinne, durch die man ins obere Cadin di Stalata gelangt. Ein gutes Stück tiefer im Kar befindet sich das Bivacco Battaglion Cadore als möglicher Unterschlupf, doch wird man bei guter Verfassung und sicherem Wetter sofort in den nächsten Abschnitt einfädeln.

Via ferrata Cengia Gabriella: Wir gehen also den hinteren Karwinkel auf markierter Geröllspur aus (Wechsel von Nr. 109 zu Nr. 110) und kommen zum Beginn der Sicherungen am Ausgang einer schattigen Rinne. Dieser nach einigen Metern links auf ein Band entsteigen und mit einem etwas luftigen Quergang durch mehrere kleine Nischen (A und B). Dann verbreitert sich das Band in der Ostflanke und dacht als Terrasse schuttreich ab. In südlicher Richtung absteigend einen Kessel ausgehen (Einmündung des steilen direkten Leiternzustiegs vom Bivacco Cadore), ehe die Cengia Gabriella wieder mehrere Einbuchtungen durchläuft (oft Gehgelände). Nach weiterem

Abdrängende Traverse auf der Cengia Gabriella.

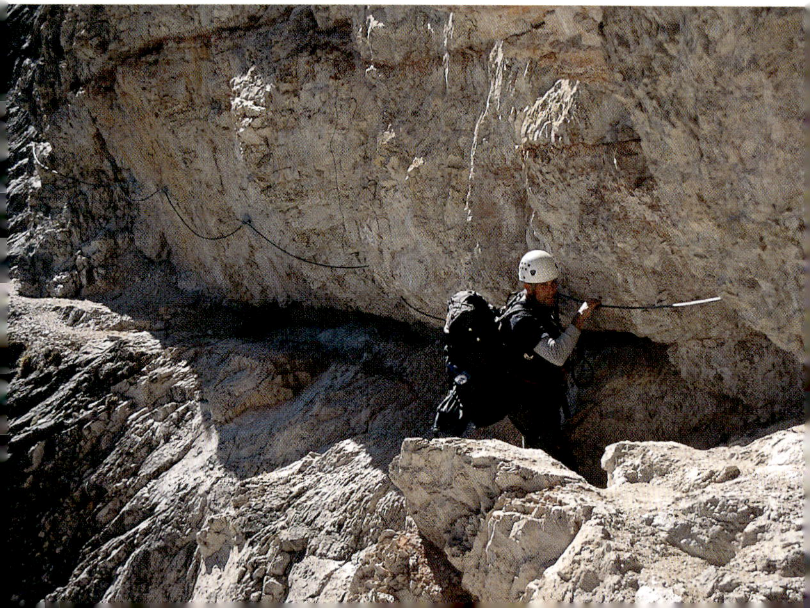

Höhenverlust in einer Rinne gelangen wir zu einem sandigen, überdachten Band (A/B). Dahinter leitet ein Schrofenhang den nächsten Gegenanstieg ein. Rechts an einem markanten Turm vorbei, in verwickelter Routenführung über ein abschüssiges Felsband, das direkt in einen Aufschwung überleitet und zu einer doppelten Schluchtrinne führt, die gequert wird (Stellen B bzw. B/C). Nach weiterer Aufwärtsquerung und einer gutmütigen Wandstelle steigt man auf einen begrünten Hang aus. Hinter einer Ecke tritt jetzt erstmals der mächtige Zwölfer ins Blickfeld. Über ein breites Geröllband wird die nächste Wandeinbuchtung am Monte Giralba di Sotto ausgegangen, ehe nochmals ein längeres Klettersteigfinale – diesmal im Bergab – wartet. Sehr kleinräumig gegliedert hangeln wir uns durch Rinnen, über Absätze und Bänder (meist B) tiefer und steigen von einem Schärtchen in ein nordseitiges, manchmal schneegefülltes Couloir ein (Drahtseile an der felsigen Begrenzung zur Linken). Die Route mündet in das steile Trennkar zwischen beiden Giralba-Gipfeln. Jetzt noch leicht absteigend um den Felsfuß des Monte Giralba di Sopra herum und im Gegenanstieg auf den breiten Hüttenweg im Val Giralba Alta einmündend zum Rifugio Carducci.

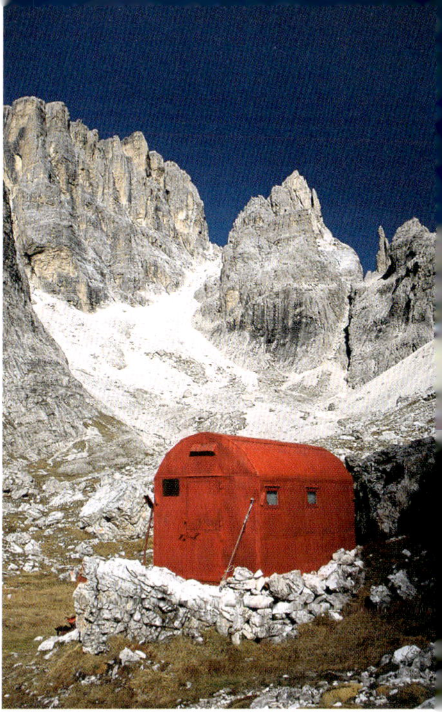

Das Bivacco Cadore, Unterschlupf im Cadin di Stalata.

Fortsetzung: Mit dem Alpinisteig kann die Tour am nächsten Tag zu einer vollständigen Umrundung des Elfermassivs geschlossen werden. Dafür überschreitet man von der Hütte aus zunächst die Forcella Giralba (2431 m) und trifft rechts haltend auf die Trasse, die ins Innere Loch führt und dort als Alpinisteig zur Querung der Wandfluchten ansetzt (siehe Tour 4). Gegen Ende wird der Passo della Sentinella (2717 m) überschritten und durch den Vallon Popera zum Rifugio Berti abgestiegen. Bis zum Parkplatz dauert die Etappe 5.15 Std.

TOP 4 Alpinisteig

8.00 Std.

Traumhafte Bänderroute über dem Fischleintal

»Strada degli Alpini« – so nennen die italienischen Bergfreunde diese atemberaubende Traverse durch die Steilflanken des Elfers. Eine Straße im herkömmlichen Sinn darf man zwar beileibe nicht erwarten, doch wie kühn und dennoch komfortabel die Soldaten hier während des Ersten Weltkriegs trassiert haben, ist schon bemerkenswert. Die ausgesprengten und später gesicherten Bänder erlauben ein zügiges Vorankommen, ohne die adrenalinfördernde Ausgesetztheit vermissen zu lassen. Als echter Traumpfad zählt der Alpinisteig nicht umsonst zu den populärsten Routen seiner Art und lässt sich mit der Ferrata Roghel und der Cengia Gabriella zur Galatour rund um den Elfer verbinden.

Ausgangspunkt: Parkplatz Fischleinboden (1454 m), am Ende der Straße von Sexten.
Gehzeiten: Fischleinboden – Zsigmondyhütte 2.30 Std. – Einstieg 1 Std. – Passo della Sentinella 2.15 Std. – Fischleinboden 2.15 Std.; insgesamt 8 Std.
Charakter: Spannender Panoramaweg mit zahlreichen Klettersteigelementen, technisch nur mäßig schwierig, aber besonders zwischen Elferscharte und Sentinellascharte von ernstem Anstrich (erhöhte Vereisungsgefahr in der Nordwand, im Frühsommer oft noch unbegehbar). Bergerfahrung wichtig!
Schwierigkeit: Etliche Stellen B und sehr häufig A.
Höhenunterschied: Etwa 1350 Hm, davon knapp 400 Hm am Klettersteig.
Höchster Punkt: Passo della Sentinella (2717 m).
Exposition: West und Nord.
Stützpunkt: Talschlusshütte (1548 m), Tel. +39 0474 710606; Zsigmondy-Comici-Hütte (2235 m), Tel. +39 0474 710358.

Zustieg: Im Fischleintal flach einwärts, an der Talschlusshütte vorbei und bei der Gabelung mit Nr. 103 links weiter in den Einschnitt des Bacherntals. Die Route gewinnt am Sockelfels des Einsers an Höhe (hier ereignete sich im Oktober 2007 ein kapitaler Bergsturz) und steuert die Zsigmondyhütte an. Auf der Hangterrasse zu Füßen des zyklopenhaften Zwölfers nun durch Schuttreißen im großen Bogen nach links, über die flache Schwelle zwischen Hoher Leist und Giralbajoch hinweg (Einmündung vom Rifugio Carducci) und mit geringem Höhenverlust in den Karwinkel des Inneren Lochs. An der gegenüberliegenden Wand der Mitria beginnt der eigentliche Alpinisteig mit dem legendären »Salvezzaband«.
Klettersteig: Das Band umkurvt einen ausladenden Wandvorsprung (A), um bald darauf in der düsteren Schluchtnische des »Busento« zu verschwinden (berühmtes Schattenrissmotiv). Anschließend geht man die mitunter schnee-

Am Salvezzaband beginnt der Alpinisteig.

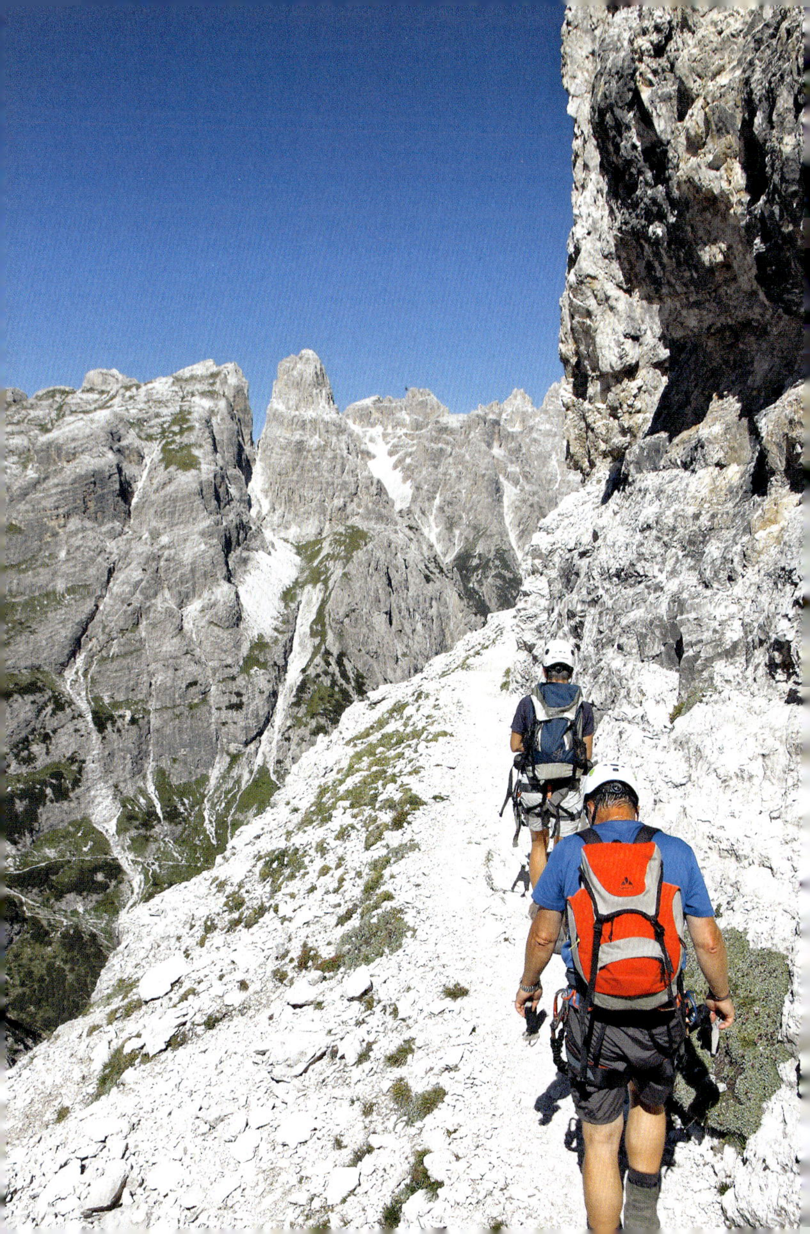

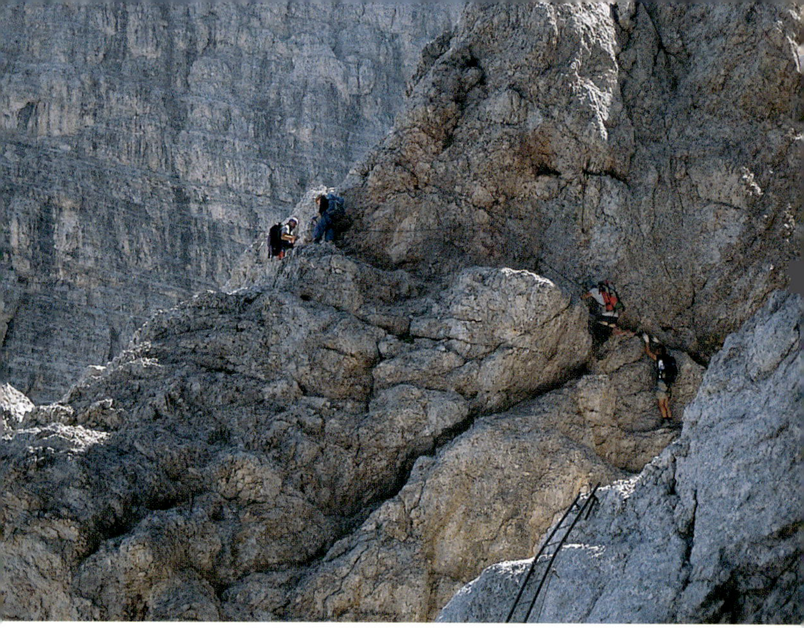

Es geht quer durch eine wilde Felslandschaft.

gefüllte Einbuchtung des Äußeren Lochs aus und gelangt unter dem Elferturm hindurch auf die breite Geröllterrasse in der Westflanke des Elfers. Schräg ansteigend bis auf die Schulter knapp oberhalb der Elferscharte (2610 m, Abstiegsmöglichkeit ins Anderteralpenkar). Hier beginnt der anspruchsvollste Teil des Alpinisteiges, der bei harten Lawinenkegeln oder Vereisung sehr tückisch sein kann. Quer durch die Nordabstürze weiterhin vorwiegend über luftige Bänder, allerdings auch mit einigen Unterbrechungen (schutt- oder schneegefüllte Couloirs wie die »Coutandin-Rinne« und kleinere Wandstufen). Am Ende der Traverse erreicht man den Scheitelpunkt am Passo della Sentinella (2717 m), Übergang ins Vallon Popera.
Abstieg: Bereits ein Stück vor der Scharte wird der Abstieg ins Anderteralpenkar eingeleitet. Über einen steilen Felspfeiler vorerst noch längere Zeit gesichert bergab (um B). Am Sockel angekommen, klinkt man sich aus und verliert auf Steig- und Rutschspuren im Geröll rasch an Höhe. Bei P. 1958 zwei Möglichkeiten: entweder gerade hinunter zur Talschlusshütte oder nach rechts hinaus und mit Nr. 124 schräg hinab Richtung Fischleinboden.

Die berühmte Kriechstelle am »Busento«.

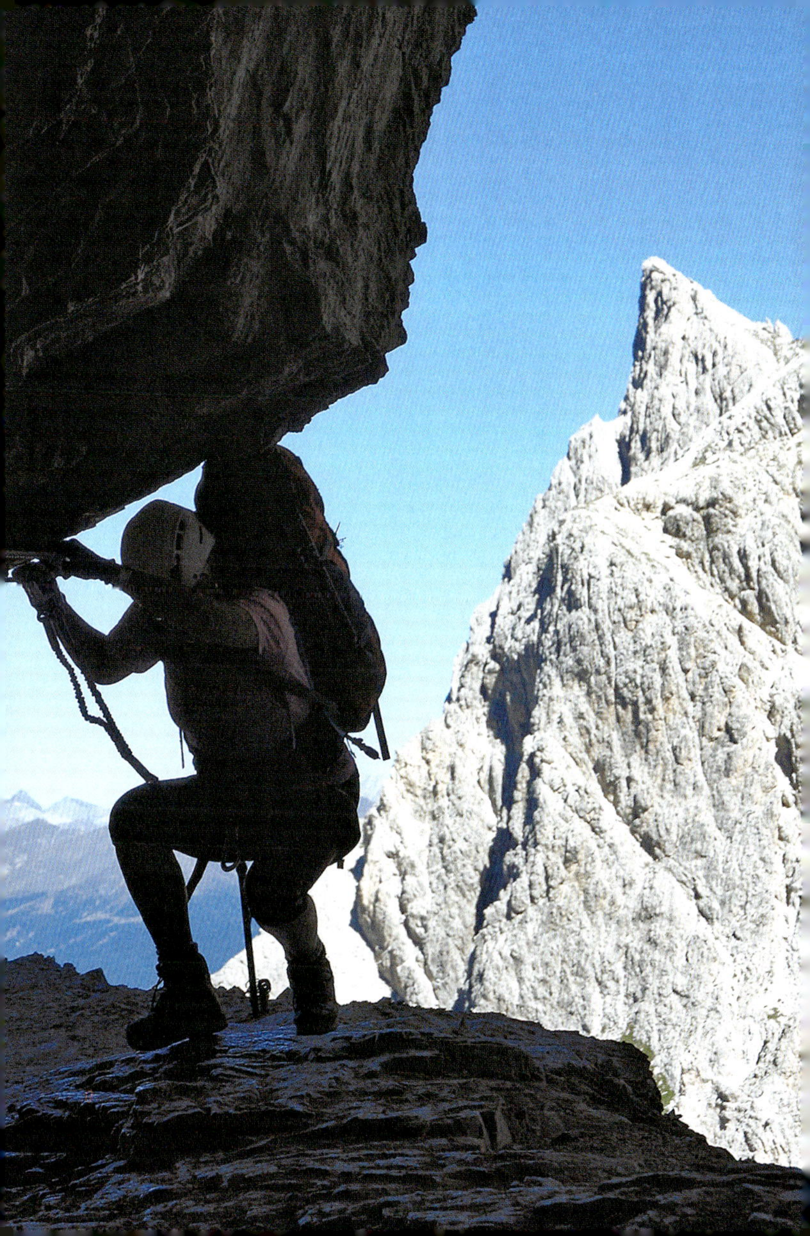

5 Leiternsteig und Feldkurat-Hosp-Steig

6.30 Std.

Die Kriegssteige am kecken Toblinger Knoten

Wie eine bizarre Westernkulisse steht der Toblinger Knoten ziemlich isoliert im Zentrum der Sextener Dolomiten, gar nicht weit weg von den berühmten Drei Zinnen. Der markante Felsturm war im Ersten Weltkrieg von großer strategischer Bedeutung, sodass wir heute auf zwei restaurierte Steige zurückgreifen können. Im Aufstieg erklimmt man die kühne siebzehnteilige Leiternkombination in einem nordseitigen Kamin, während der Feldkurat-Hosp-Steig als Normalroute in allen Belangen leichter ausfällt und generell als erster Schnupperkurs in Sachen Ferrata dienen kann. Von der Drei-Zinnen-Hütte aus ist dieses Unternehmen eh nur ein Kurztrip, den man gegebenenfalls mit dem Paternkofel (Tour 6) kombiniert.

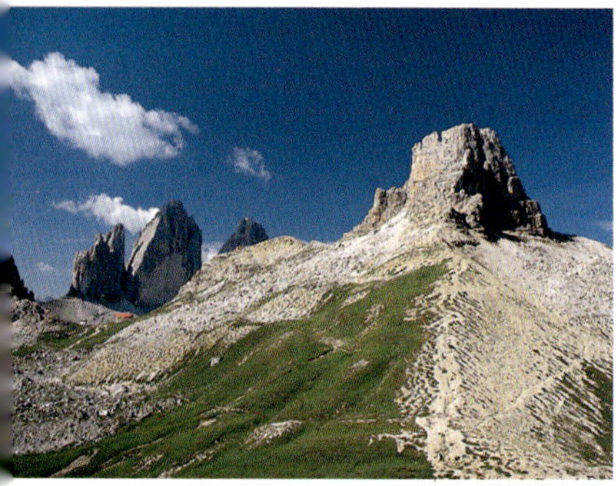

Der Felsstummel des Toblinger Knotens neben den Drei Zinnen.

Ausgangspunkt: Parkplatz Fischleinboden (1454 m), am Ende der Straße von Sexten.
Gehzeiten: Fischleinboden – Drei-Zinnen-Hütte 2.50 Std. – Einstieg 0.20 Std. – Toblinger Knoten 0.40 Std. – Drei-Zinnen-Hütte 0.40 Std. – Fischleinboden 2 Std.; insgesamt 6.30 Std.
Charakter: Herausfordernde, fast senkrechte Leiternaktion im Aufstieg, leichterer gesicherter Steig im Abstieg. Eher kurzes Klettersteigvergnügen in Relation zum Anmarsch.
Schwierigkeit: Leiternsteig C, Feldkurat-Hosp-Steig A/B.
Höhenunterschied: Aus dem Fischleintal insgesamt knapp 1200 Hm; Klettersteig nur gut 100 Hm.
Höchster Punkt: Toblinger Knoten (2617 m).
Exposition: Leiternsteig Nord, Abstieg Ost.
Stützpunkt: Drei-Zinnen-Hütte (2405 m), Tel. +39 389 9076228 (Buchung online); weitere Hütten bei den diversen Zustiegen.
Hinweis: Kürzester Zustieg in 1.45 Std. ab Rifugio Auronzo (2320 m; Mautstraße vom Misurinasee, siehe Tour 6). Weitere Möglichkeit aus dem Innerfeldtal (Parkplatz, 1509 m) über Weg Nr. 105; ca. 3 Std. bis zum Einstieg (landschaftlich sehr lohnend und nicht überlaufen).

Zustieg: Im Fischleintal flach einwärts, an der Talschlusshütte (1548 m) vorbei und zu einer Gabelung unter der Nordwand des Einserkofels. Hier mit Nr. 102 dem rechten Ast des Altensteintals folgen, auf vorbildlich ausgebau-

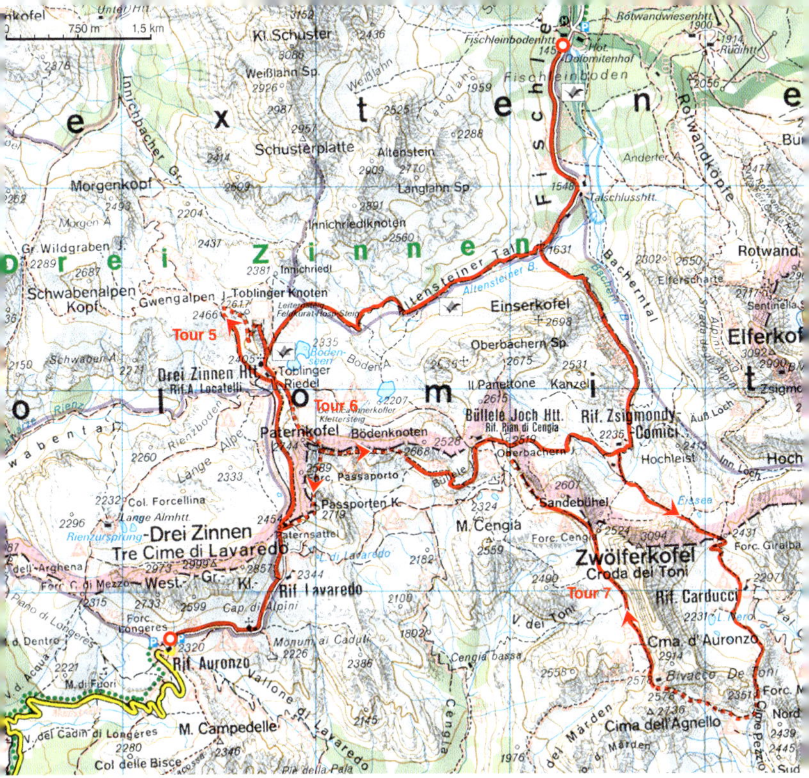

tem Weg ins Gebiet der Bödenalpe und links eindrehend zur Drei-Zinnen-Hütte am Toblinger Riedl. Kurz davor Abzweig in den Sattel zwischen Sextnerstein und Toblinger Knoten, auf der Westseite am Wandfuß entlangqueren und schließlich über ein nordseitiges Band zum Einstieg.

Leiternsteig: Der Name ist Programm. Erste Drahtseile helfen gleich über den sehr steilen Sockelfels empor, ehe in einer Kaminrinne zahlreiche Leitern folgen. Mit Spreizschritten zwischendurch eine Passage hochstemmen. Nach weiteren verschachtelten Leitern aus der Nische links heraus zu einem luftigen Eck und an einer steilen Rippe empor. Nach ingsesamt 17 Leitern mit den letzten Drahtseilstellen zum Gipfel.

Abstieg über Feldkurat-Hosp-Steig: Der Abstieg erfolgt ostseitig über gestuftes Felsgelände, das bis zum Wandfuß ebenfalls meist gesichert ist. Man passiert einige Kriegsstellungen und gelangt unten auf einem Geröllsteig rasch zurück zur Drei-Zinnen-Hütte.

6 Klettersteige am Paternkofel

7.45 Std.

Publikumsliebling im Bannkreis der Drei Zinnen

Direkt gegenüber den Drei Zinnen bietet der Paternkofel eine der schönsten Aussichtskanzeln auf das berühmteste Felstriumvirat der Dolomiten, ohne dass wir die anderen Gipfel im Rund der Sextener darüber vergessen wollen. Grund genug, dem Schicksalsberg des legendären Bergführers Sepp Innerkofler (er ließ dort im Kriegsjahr 1915 bei einem Himmelfahrtskommando sein Leben) aufs profilierte Haupt zu steigen. Das geht über drei ehemalige Kriegspfade, die aus verschiedenen Richtungen bei der Gamsscharte, 100 Meter unterhalb des Gipfels, zusammenkommen und auch für tüchtige Bergwanderer realisierbar erscheinen. Von den beliebigen Kombinationen seien an dieser Stelle zwei Routenvarianten besonders empfohlen: Wer den kurzen Zustieg von der Auronzohütte bevorzugt, verbindet am besten den populären Innerkoflersteig mit dem Abstieg über die Passportenscharte. Stilvoller ist natürlich ein Zustieg aus dem Fischleintal, wobei sich dann nach dem Innerkoflersteig der reizvolle Schartensteig als Abstiegsroute anbietet. Diese Tour vermittelt besonders reichhaltige Eindrücke aus dem Herzen der Sextener Dolomiten und integriert neben der Besteigung des Paternkofels ganz nebenbei auch noch die beliebteste Sextener Hüttenrunde.

Ausgangspunkte: 1) Rifugio Auronzo (2320 m), auf der Südseite der Drei Zinnen; Zufahrt auf teurer Mautstraße von Misurina, auch per Bus möglich.
2) Parkplatz Fischleinboden (1454 m), am Ende der Straße von Sexten.
Gehzeiten: 1) Rifugio Auronzo – Drei-Zinnen-Hütte 1.30 Std. – Paternkofel 1.20 Std. – Paternsattel 1 Std. – Rifugio Auronzo 0.40 Std.; insgesamt 4.30 Std.
2) Fischleinboden – Drei-Zinnen-Hütte 2.50 Std. – Paternkofel 1.20 Std. – Büllelejochhütte 1.20 Std. – Fischleinboden 2.15 Std.; insgesamt 7.45 Std.
Charakter: Restaurierte Kriegssteige von mäßiger Schwierigkeit, am Innerkoflersteig eine längere Tunnelstrecke (eine Lampe ist unverzichtbar!). Drei Varianten sind beliebig miteinander kombinierbar, die gemeinsame Schlüsselstelle befindet sich am Gipfelaufbau des Paternkofels.
Schwierigkeit: Eine Stelle B/C, sonst B und A.
Höhenunterschied: Je nach Variante etwa 600 Hm oder 1300 Hm.
Höchster Punkt: Paternkofel (2744 m).
Exposition: Verschieden.
Stützpunkt: Drei-Zinnen-Hütte (2405 m), Tel. +39 389 9076228 (Buchung online); Büllelejochhütte (2528 m), Tel. +39 337 451517; Rifugio Lavaredo (2344 m), Tel. +39 349 6028675.
Tipp: Die Touren 5 bis 7 lassen sich ideal zu einem mittelschweren Programm für zwei oder drei Tage verbinden; einschließlich der Touren 1 bis 4 könnte man sogar ein ganz großes Klettersteig-Enchaînement durch die Sextener Dolomiten basteln.

Die Drei-Zinnen-Hütte mit dem markanten Paternkofel.

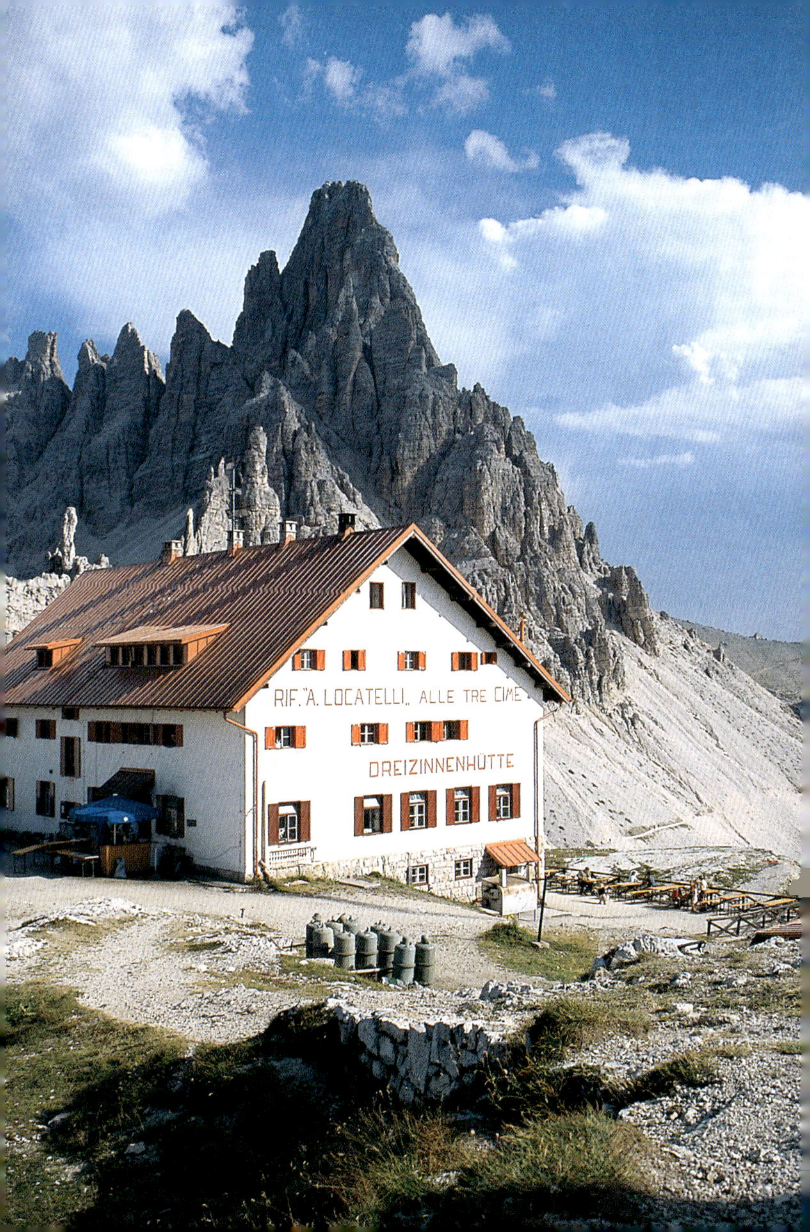
RIF. "A. LOCATELLI„ ALLE TRE CIME
DREIZINNENHÜTTE

Zustieg: Von der Auronzohütte auf der rege begangenen Promenade über den Paternsattel (2454 m), zwischen Drei Zinnen und Paternkofel hindurch, zur Drei-Zinnen-Hütte. Hierher gelangt man auch aus dem Fischleintal, wie bei Tour 5 beschrieben.

Innerkofler-De-Luca-Steig: Hinter dem skurrilen Felsturm des »Frankfurter Würstels« in einen ersten Stollen, der noch durch einige Fenster erhellt wird. In der anschließenden »Galleria Paterna« wird es dann vollkommen finster und auch deutlich steiler (Drahtseillauf). Wo man wieder ans Tageslicht gelangt, setzt sich der Klettersteig links der Steilwände durch band- und rinnenartige Strukturen zur Gamsscharte (2650 m) fort (bis B). Dort nach rechts eine Nische querend und über ein glatt poliertes Wandl (Schlüsselstelle, B/C) auf die geröllbedeckte Gipfelabdachung, wo als letztes Hindernis eine kleine ungesicherte Stufe (I) wartet. Über Schutt zum Sepp-Innerkofler-Gedenkkreuz auf dem Paternkofel.

Unterwegs am Schartensteig.

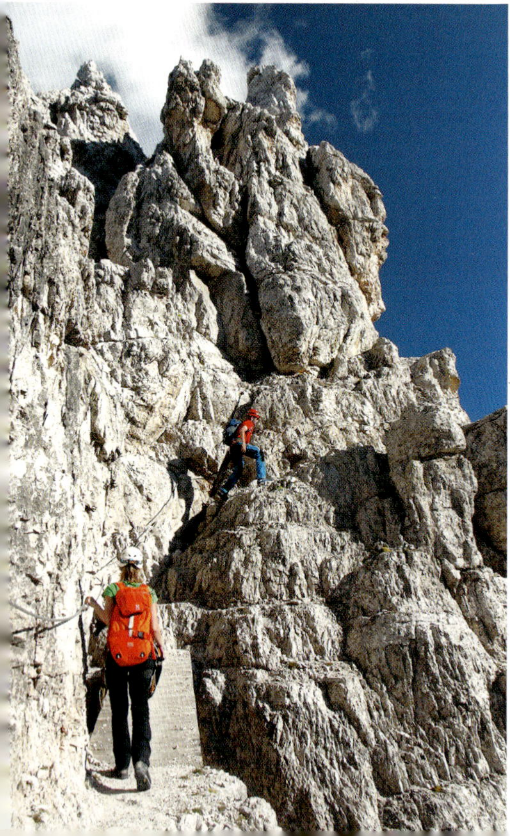

Abstieg über Passportensteig: Aus der Gamsscharte nach Süden über geröllbedeckte Felsabsätze gegen das Kar hinab, dann rechts auf ein ansteigendes Band (A/B) und durch die Passportenscharte auf die Westseite wechseln. Weiter über teils luftige Bänder (schwierigste Stelle an einer Unterbrechung, B) sowie durch kurze Tunnels zum Ende des Klettersteigs oberhalb des Paternsattels. Von dort zurück zur Auronzohütte oder ggf. rechts zur Drei-Zinnen-Hütte.

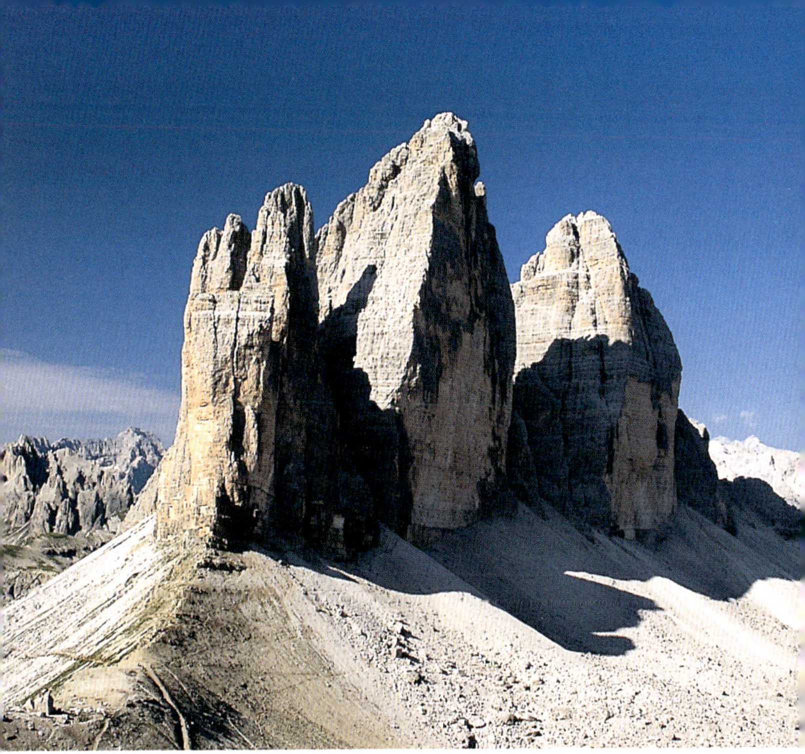

Immer ein Blickfang: die Drei Zinnen.

Abstieg über Schartensteig: Alternativ folgt man ab der Gamsscharte dem deutlich ausgeprägten Bänderweg Richtung Osten. Drahtseile und einige Holzstege überbrücken die eine oder andere Kluft. Auf der Südseite der Gamsspitzen tangiert die Route bis zur Forcella dei Laghi mehrere Gratkerben und muss mitunter von einem Band aufs nächste wechseln (A/B, einmal durch eine recht tiefe Rinne). An jeder Ecke ändert sich die Nahkulisse. Unterhalb der Bödenknoten rechts abbiegend und am Felsfuß hinüber ins Büllelejoch (2522 m). Hier könnte man einen Rückweg zur Drei-Zinnen-Hütte auf der Nordseite des Kammes einschlagen oder das ganze Massiv südseitig umkurven, um zurück zum Rifugio Auronzo zu gelangen. Ansonsten zur nahen Büllelejochhütte hinüber und via Oberbachernjoch abwärts zur Zsigmondy-Comici-Hütte. Von dort schließt sich der Kreis mit dem Abstieg zurück ins Fischleintal (Wege Nr. 101 und 103).

7 Rund um den Zwölferkofel

9.30 Std.

Neue Verbindung zwischen Rifugio Carducci und Büllelejochhütte

Die Sextener Dolomiten gelten gemeinhin als Klettersteigparadies ersten Ranges. Dieser Ruf dürfte durch eine neue bzw. wiederhergestellte Route in den Flanken des Zwölfers noch untermauert werden: die Via ferrata Severino Casara. Initiiert hat sie Beppe Monti, der Wirt des Rifugio Carducci, als Verbindung Richtung Büllelejoch, gesichert auf teils schmalen Felssimsen zwischen Forcella Maria und Forcella de l'Agnel. Im weiteren Verlauf besteht ab Zwölferscharte Anschluss zu einem ebenfalls erst vor ein paar Jahren restaurierten Frontsteig, der noch eine kleine Zugabe des Ferrata-Vergnügens verspricht – Geschichtslektion inklusive. Schlussendlich ergibt sich damit nicht nur eine vollständige Umrundung des wuchtigen Zwölfer-Massivs, sondern auch so manche ungewöhnliche Perspektive aus dem Herz der Sextener Dolomiten. Pfiffige kombinieren die Tour mit anderen Steigen der Region – im Prinzip ist sogar ein umfangreiches »Ferrata-Trekking« von Hütte zu Hütte möglich.

Ausgangspunkt: Parkplatz Fischleinboden (1454 m), am Ende der Straße von Sexten.
Gehzeiten: Fischleinboden – Rifugio Carducci 3 Std. – Bivacco De Toni 2 Std. – Büllelejochhütte 2 Std. – Fischleinboden 2.30 Std.; insgesamt 9.30 Std.
Charakter: Dem Alpinisteig bzw. der Cengia Gabriella vergleichbare Traversen in häufig gebänderten Felsflanken, klettertechnisch nicht schwierig, aber mit luftiger Schlüsselstelle, zwischendurch häufig auch Gehgelände.
Schwierigkeit: Schlüsselstelle C, sonst selten schwieriger als B.
Höhenunterschied: In Summe rund 1550 Hm, im Kernstück zwischen den Hütten 550 Hm Aufstieg und 320 Hm Abstieg.
Höchster Punkt: Bivacco De Toni (2578 m) oder P. 2584 an der Cresta di Cengia.
Exposition: Verschieden.
Stützpunkt: Zsigmondy-Comici-Hütte (2235 m), Tel. +39 0474 710358; Rifugio Carducci (2297 m), Tel. +39 0435 400485; Büllelejochhütte (2528 m), Tel. +39 337 451517; außerdem Bivacco De Toni (2578 m) als Notunterschlupf.

Zustieg: Wie bei Tour 4 beschrieben, nutzen wir zunächst den Weg zur Zsigmondy-Comici-Hütte und überschreiten anschließend die Forcella Giralba (2431 m) zum südseitig gelegenen Rifugio Carducci, dem idealen Stützpunkt. Von dort verliert man noch etwa 100 Hm in die Karmulde und steigt dann gegen die Forcella Maria (2351 m) auf.
Klettersteig: Aus der Scharte hinauf zur ersten kurzen Hängebrücke und auf Bändern zu einer Rinne, durch die man oberhalb auf einen grasigen Rücken gelangt. Wieder absteigend auf das nächste Felsband, das sich zunehmend verschmälert und zur abdrängenden Schlüsselstelle (C) leitet. Über eine Steilstufe (B) erreicht man die zweite, längere Hängebrücke und setzt die

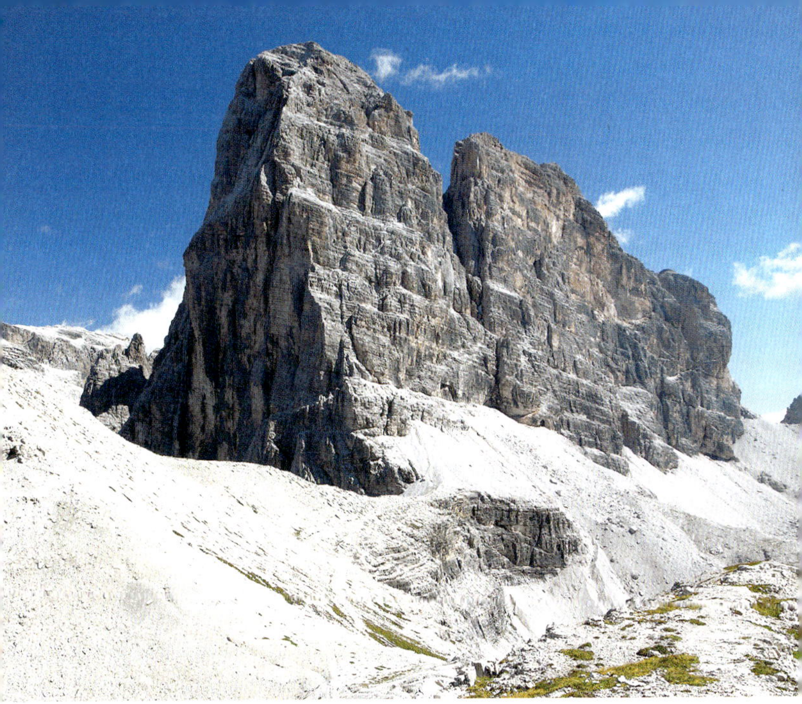

Der formgewaltige Zwölfer steht im Mittelpunkt der Tour.

Traverse hinter dem tiefen Einschnitt bis in die markante Rinne unterhalb der Forcella de l'Agnel fort. Im beschwerlichen Schotter hinauf zum Bivacco De Toni (2578 m). Jenseits der Scharte ein Stück bergab und dann längere Zeit unter dem Westwandsockel des Zwölfers entlang gen Norden (in abgerutschten Bereichen sollte jüngst neu trassiert worden sein). Die Zwölferscharte (2524 m) mit einer direkten Ausstiegsoption zur Zsigmondyhütte tangierend geht es weiter zum Sandebüheljoch und zum Beginn des gesicherten Steiges an der Cresta di Cengia. Auf einer Abfolge von Bändern und zwischengelagerten Treppen in der Westseite passiert man die leicht mitzunehmende Erhebung P. 2584, diverse Kavernen sowie eine Gratscharte, bevor ein steiler, kaminartiger Laufgraben zum Oberbachernjoch (2519 m) hinunterführt. Wenige Minuten entfernt steht die Büllelelejochütte.

Abstieg: Vom Oberbachernjoch auf viel begangenem Weg (Nr. 101) ostwärts zur Zsigmondy-Comici-Hütte und weiter mit Nr. 103 zurück ins Fischleintal.

8 Via ferrata Merlone

5.00 Std.

Leiternserie im Herzen der Cadini

Die Cadini di Misurina, südliche Untergruppe der Sextener, warten mit einem regelrechten Labyrinth verwinkelter Kare und schroffer Spitzen auf, von denen die meisten nur auf Kletterrouten erreichbar sind. Eine einzige, und zwar der Nordostgipfel in der Kette der Cima Cadin di San Lucano, ist auch mit einem Klettersteig erschlossen. Über diese mit langen »Feuerwehrleitern« gespickte Route wird oft ausgiebig gelästert – man käme mit dem natürlichen Fels nicht mehr in Berührung, heißt es da. Deshalb an dieser Stelle die nüchternen Fakten: Die geschmähten Leitern machen in der Tat einen beträchtlichen Anteil aus, vor allem im unteren Bereich der andernfalls schwierig zu durchsteigenden Wand. Weiter oben bietet die Ferrata aber durchaus auch Gelegenheit, sich am Fels zu »vergreifen«. Kritisch zu sehen sind hauptsächlich die Steinschlaggefahr sowie die in manchen Beschreibungen heruntergespielten Anforderungen. Mögen sie im rein klettertechnischen Sinn auch nicht besonders hoch sein, so dürfte die enorme Ausgesetztheit jedoch für reichlich Nervenkitzel sorgen.

Stützpunkt in den Cadini di Misurina: das Rifugio Fonda Savio.

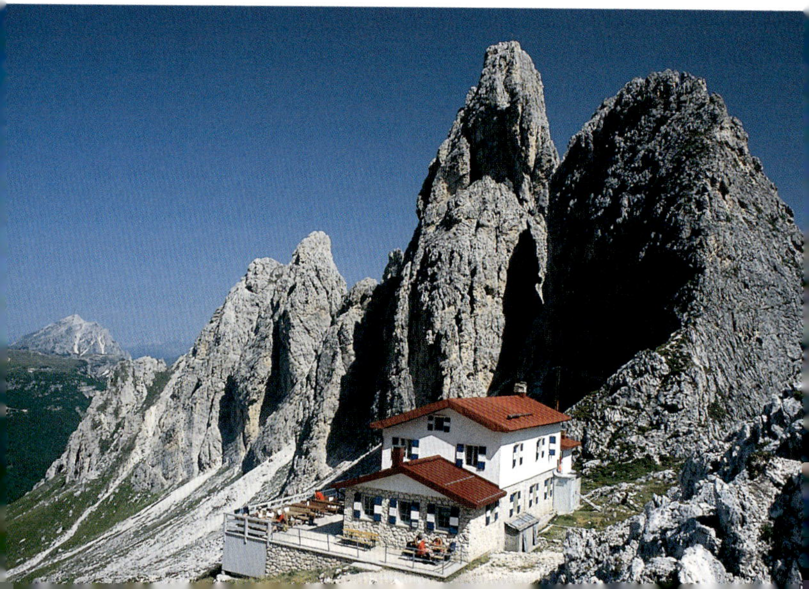

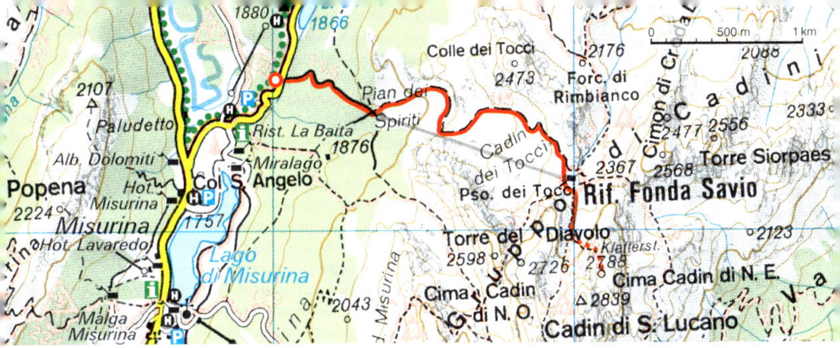

Ausgangspunkt: Hüttenparkplätze an der Drei-Zinnen-Straße (ca. 1830 m) bzw. knapp oberhalb am Pian dei Spiriti (1896 m); Zufahrt über Misurina.

Gehzeiten: Pian dei Spiriti – Rifugio Fonda Savio 1.20 Std. – Cima Cadin Nordest 1.30 Std. – Rifugio Fonda Savio 1.20 Std. – Pian dei Spiriti 0.50 Std.; insgesamt 5 Std.

Charakter: Technisch mittelschwerer Steig, der aufgrund der langen, exponierten Leitern mental jedoch nicht zu unterschätzen ist und enorme Steinschlagproblematik birgt. Muss auch im Abstieg begangen werden!

Schwierigkeit: Maximal B/C, meist B.

Höhenunterschied: 960 Hm, davon knapp 300 Hm am Klettersteig.

Höchster Punkt: Cima Cadin Nordest (2788 m).

Exposition: Nordwest.

Stützpunkt: Rifugio Fonda Savio (2367 m), Tel. +39 0435 39036.

Tipp: Durchquerung der Cadini di Misurina auf dem Sentiero Aldo Bonacossa zwischen Rifugio Auronzo und Rifugio Col de Varda, stellenweise gesichert (maximal B), ca. 5 Std.

Zustieg: Von der obersten Parkmöglichkeit am Pian dei Spiriti auf gutem Wanderweg (Nr. 115) über die Karschwelle des Cadin dei Tocci, hier auf die linke Seite und unter dem Torre Wundt entlang zum Rifugio Fonda Savio am Passo dei Tocci. Nun gegen das Cadin del Nevaio aufwärts, zuerst an einem Block- und Schutthang, dann einer blauen Markierung folgend den schuttreichen, eventuell mit Resteis durchsetzten Karboden nach links queren und zum Einstieg auf rund 2500 m.

Klettersteig: Am Wandvorbau noch kaum gesichert im Zickzack über Absätze höher und zur ersten Leiternreihe. Sie führt in freier Wand kompromisslos nach oben. Mit einer Querung zu den nächsten Leitern, auf die ein weiterer sehr exponierter Linksquergang folgt. Man erreicht einen Kamin und entgeht hier, obwohl anhaltend steil, der unmittelbaren Ausgesetztheit der Westwand. Über die begrenzende Rippe um ein Eck herum und allmählich in etwas leichteres, gestuftes Gelände (vorerst noch gesichert). Schließlich auf das gipfelnahe Schuttfeld (keine Steine abtreten!) und zu einer letzten felsigen Rinne. Kurz darauf enden die blauen Markierungen auf der Cima Cadin Nordest, deren Nachbarzacken im Süden noch etwas höher aufragen.

Abstieg: Nur über den Klettersteig.

9 Hauptmann-Bilgeri-Steig

5.45 Std.

Auf den »Blutberg« über dem Höhlensteintal

Der auffällig abgeplattete Monte Piana gehört nicht unbedingt zu den alpinistisch herausragenden Zielen der Dolomiten, wohl aber zu den stummen Zeugen einer unseligen Geschichtsepoche. Die strategisch wichtige Position über dem Höhlensteintal stempelte ihn zu einem »Blutberg« des Ersten Weltkriegs. Während sich die österreichischen Truppen am Nordgipfel (Monte Piano) verschanzten, hielten die Italiener die Südkuppe besetzt. Die Hochfläche des Berges, inzwischen zu einem großen Freilichtmuseum ausgebaut, ist zerschunden von Befestigungsanlagen, Laufgräben, Kavernen und Feuerstellungen. Von solch bestürzenden, gleichwohl mahnenden Eindrücken können auch die fantastischen Ausblicke nur vorübergehend ablenken: Ringsum stehen die Sextener, Pragser und Ampezzaner Dolomiten mit Schaustücken wie den Drei Zinnen, der Hohen Gaisl oder dem Cristallostock Parade. Eine Überschreitung mit Aufstieg über den kühn trassierten Pionierweg der Österreicher sowie dem Touristensteig als Abstiegsroute ist die interessanteste Option am Monte Piana. Die zünftige Klettersteigeinlage verspricht dabei der Hauptmann-Bilgeri-Steig.

Ausgangspunkt: Parkplätze am Dürrensee oder beim Hotel Drei Zinnen (1406 m) an der SS 51 im Höhlensteintal (Valle di Landro).
Gehzeiten: Hotel Drei Zinnen – Einstieg Bilgeri 2.30 Std. – Monte Piano 0.30 Std. – Touristensteig 2 Std. – Hotel Drei Zinnen 0.45 Std.; insgesamt 5.45 Std.
Charakter: Recht kurzer Klettersteig im Rahmen gut angelegter ehemaliger Kriegssteige; historisch besonders anschaulich. Bis auf eine Kaminpassage nur mäßig schwierig.
Schwierigkeit: Schlüsselstelle C, sonst meist deutlich leichter.
Höhenunterschied: 900 Hm bis zum Monte Piano; auf dem Plateau je nach Gusto ein paar zusätzliche Hm.
Höchster Punkt: Monte Piano (2305 m) bzw. Monte Piana (2324 m).
Exposition: Nord.
Stützpunkt: Eventuell Rifugio Bosi (2205 m), Tel. +39 0435 39034.
Tipp: Mit dem ausgeschilderten »Historischen Rundweg« sowie dem »Heeresbergführersteig« in der Westflanke gibt es am Monte Piana zwei weitere, kürzere Routen mit Sicherungen (maximal B). Sie können in erweiterte Erkundungen des Gipfelplateaus einbezogen werden.

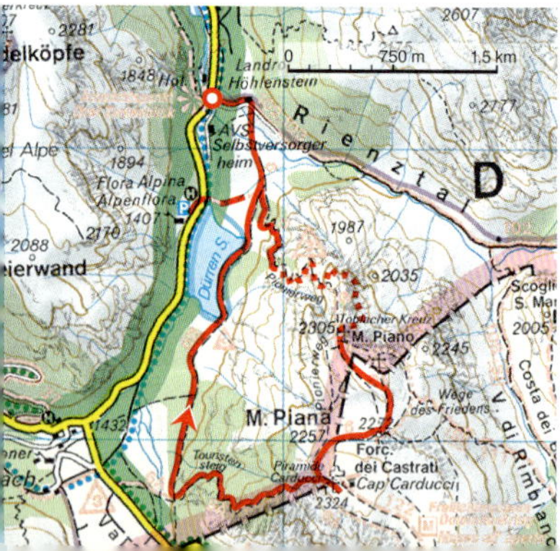

Zustieg: Vom Hotel Drei Zinnen auf dem Schottersträßchen ein Stück gegen das Rienztal und mit Nr. 6 rechts ab. Nach etwa 15 Min. überschreitet man das Schotterbett der

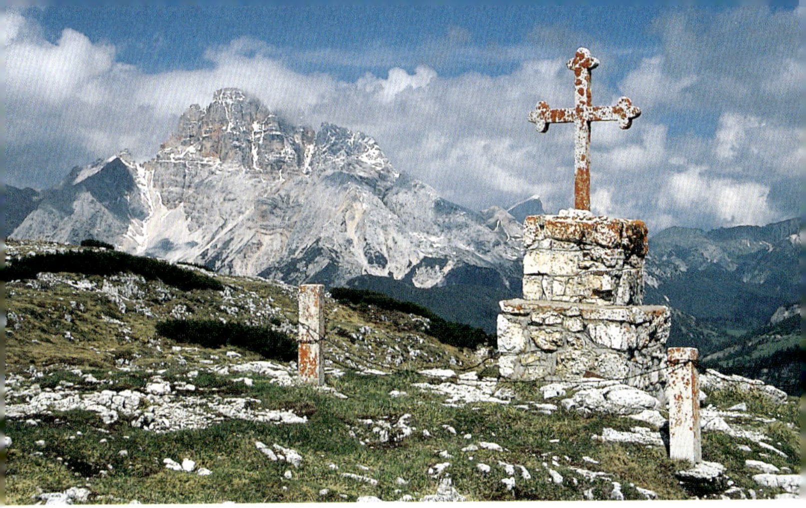

Zeugnisse des Gebirgskriegs auf dem Monte Piana.

Schwarzen Rienz und folgt dem unmittelbar gegenüber einsetzenden »Pionierweg«. Dieser schraubt sich in zahlreichen vorzüglich angelegten Serpentinen in den Wald- und Latschenflanken höher. An wenigen abschüssigen Stellen sind Sicherungen installiert. Man passiert eine Kanzel mit Gedenkkreuzen und gelangt etwas oberhalb zur Verzweigung des Normalweges (nach rechts den Steilabbrüchen ausweichend) und des schwierigeren Hauptmann-Bilgeri-Steiges.

Klettersteig: Bänder und kurze Stufen (A und B) bestimmen hier zunächst das Gelände, ehe nach einigem Hin und Her die Schlüsselstelle in einem Kamin (C) bevorsteht. Sie ist aufgrund ungünstig gesetzter Haken nicht optimal gesichert. Nach einem weiteren Spalt folgt eine Rinne (B), die bereits zum Ausstieg am »Historischen Rundweg« leitet. Wenige Minuten später stehen wir beim Toblacher Kreuz auf dem Monte Piano.

Abstieg: Wir überschreiten das teilweise grasbewachsene, aber allenthalben von Felsstrukturen durchsetzte wellige Hochplateau, flechten von der Forcella dei Castrati (2272 m) vielleicht noch einen Abstecher zur Kuppe des Monte Piana ein und begeben uns über die Geländekante in die Westflanke auf den sogenannten Touristensteig (Nr. 6A nach Schluderbach). Windungsreich tiefer zu einem gewaltigen, sandig-abschüssigen Trichter, der gequert werden muss. Nach kurzem Gegenanstieg über eine Holzstiege weiter in die Latschen- bzw. Waldregion und in vielen Kehren bis in die Talsohle hinab. Den Ort Schluderbach links liegen lassend auf bezeichnetem Weg zum Dürrensee, am Ostufer vorbei und weiter nordwärts zurück zum Ausgangspunkt.

10 Sentiero ferrato Renato De Pol

5.45 Std.

Ehemaliger Kriegssteig am Forame

Auch am Cristallostock standen sich während des Ersten Weltkrieges die verfeindeten Truppen unmittelbar gegenüber, wobei sich die Österreicher in den nördlichen Stellungen an Forame und Schönleitenschneid festsetzten. Mitte der 1970er-Jahre wurde hier mit dem Sentiero Renato De Pol ein alter Frontsteig restauriert und zur Ferrata ausgebaut, allerdings nicht mit vergleichbarem Popularitätsgewinn wie am Sentiero Dibona. In den Schattenwinkeln der Nordseite ist der Sentiero De Pol düsterer, weniger einladend und daher nicht übermäßig frequentiert. Letzteres kann man freilich auch als Vorteil werten.

Ausgangspunkt: Im Gemärk bzw. Cimabanche (1530 m), an der SS 51 zwischen Toblach und Cortina.
Gehzeiten: Im Gemärk – Einstieg 2 Std. – Forame de Inze 1 Std. – Forcella Verde 1 Std. – Im Gemärk 1.45 Std.; insges. 5.45 Std.
Charakter: Alpinsteig mit mäßig schwierigen Klettersteigelementen, mehrheitlich Gehgelände, dabei recht rau und schuttreich.
Schwierigkeit: Schlüsselstelle B/C, meist etwas leichter.
Höhenunterschied: Gut 900 Hm.
Höchster Punkt: Etwa 2400 m.
Exposition: Nord.
Tipp: Ab Forcella Verde Fortsetzung des Aufstiegs über öde Hochkare zur Forcella Grande, wo man auf den Sentiero Ivano Dibona (Tour 12) stößt. Bei dieser Kombination bietet sich als Ausgangspunkt Ospitale (1491 m) etwas weiter westlich an der SS 51 an.

Zustieg: Zuerst geht es in der Talsohle rund 3 km auf dem ehemaligen Bahndamm – heute ein breiter Schotterweg – Richtung Südwesten, bis am Pian del Forame (1495 m) der eigentliche Anstieg abzweigt. Ein ziemlich steiler Pfad zieht im Bergwald empor. Bei einer Gabelung auf knapp 1800 m links haltend; die weiter in den Kessel führende Spur steuert direkt auf die Forcella Verde zu und wird vom Ende des Klettersteigs manchmal im Abstieg begangen. Wir queren indessen eine ganze Weile meist leicht aufsteigend nach links und gelangen auf gut 2000 m entlang dem Wandsockel des Forame (Kavernen) zum Einstieg an der »Parete Nera«.

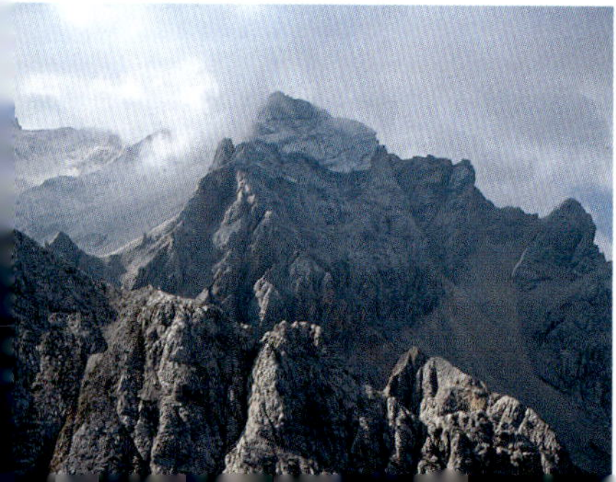

Klettersteig: Die Führe überwindet in abwechslungsreichem Verlauf mehrere Steilstufen, nutzt dazwischen aber auch zweimal leichtere, ungesi-

Felslandschaft am Sentiero De Pol.

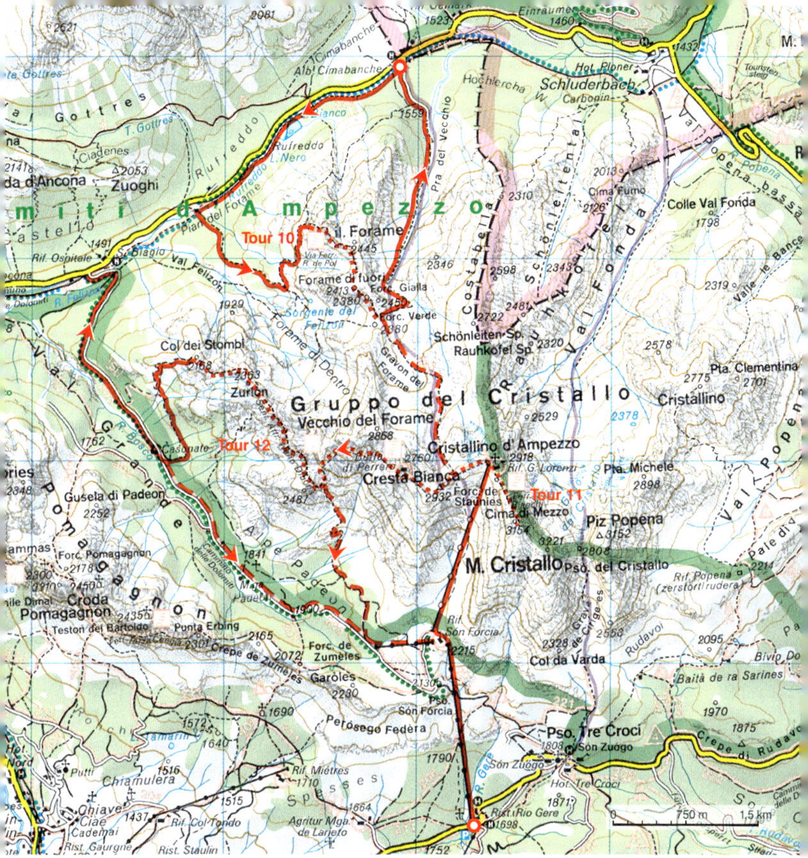

cherte Schuttterrassen (Cengia Bassa bzw. Alta) und berührt immer wieder ehemalige Kampfstellungen in düsteren Nischen. Die schwierigsten Passagen befinden sich in einer kaminartigen Rinne (B/C) sowie kurz vor dem Ausstieg auf eine Kanzel nahe dem Forame de Inze (2385 m). Die erste Erhebung überschreitend an die Wände des Forame-Hauptgipfels heran, der mit Zwischenabstieg auf der Westseite umgangen wird. Über den Kamm des Forame de Fora sowie auf der Fortsetzung der Traverse werden noch zwei kleine Gegenanstiege fällig, ehe bei der begrünten Forcella Verde (2380 m) die gesicherte Route des Sentiero De Pol endet.

Abstieg: Mit Nr. 233 nordostwärts ins Val Pra del Vecchia hinab, das direkt gegen unseren Ausgangspunkt »Im Gemärk« ausläuft.

11 Via ferrata Marino Bianchi

2.30 Std.

Spritztour am Mittelgipfel des Cristallo

Während der Cristallo-Hauptgipfel heute beinahe so einsam ist wie vor 100 Jahren, wimmelt es auf der benachbarten Cima di Mezzo regelmäßig wie auf einem Ameisenhaufen. Grund dafür sind zwei Sorten von Stahlseilen, zum einen das ganz dicke der Cristallo-Lifte und zum anderen jenes der Via ferrata Bianchi. Gemeinsam ermöglichen sie es, einen Dolomiten-Dreitausender im Schnellverfahren einzuheimsen: Seilbahnanschluss bis Kote 2918 – und hinein ins eiserne Vergnügen! Mitunter wird dabei vergessen, dass die Spritztour ins Hochgebirge dennoch kein Spaziergang ist. Aktuell lässt sich die Tour allerdings in relativer Ruhe erleben – zumindest vorübergehend.

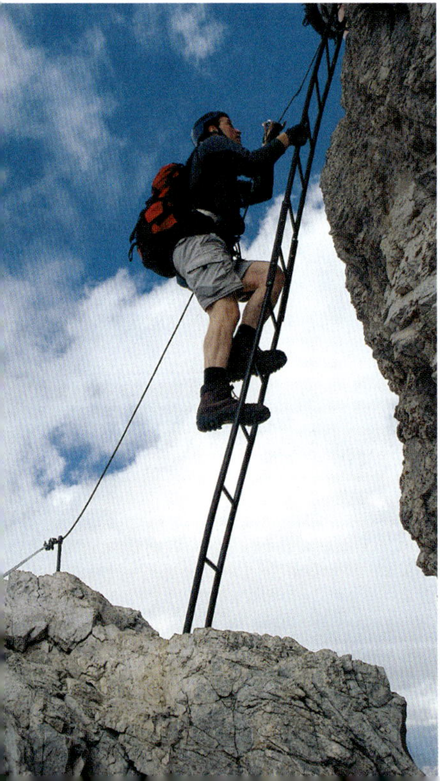

Ausgangspunkt: Forcella Stauniès (2918 m), Bergstation der Cristallo-Lifte (2 Sektionen) von der Tre-Croci-Westrampe (Talstation bei Rio Gere, 1698 m). Achtung: Die obere Sektion ist abgerüstet und neu projektiert, deshalb derzeit Start bei Son Forcia (2215 m).

Gehzeiten: Forcella Stauniès – Cima di Mezzo 1.30 Std. – Forcella Stauniès 1 Std.; insgesamt 2.30 Std. (bis zur Eröffnung einer neuen Seilbahn auf 5.45 Std. erhöht).

Charakter: Ziemlich schwieriger Gratklettersteig in großer Höhe, der wegen der nahen Seilbahn ehemals häufig überlaufen war. Nahezu durchgängig solide Sicherungen inklusive einiger Leitern.

Schwierigkeit: C.

Höhenunterschied: Etwa 300 Hm. Ab Mittelstation 700 Hm zusätzlich.

Höchster Punkt: Cima di Mezzo (3154 m).

Exposition: Nordwest.

Stützpunkt: Rifugio Lorenzi (2932 m), derzeit geschlossen.

Tipp: Vorteilhaft mit dem Sentiero Dibona (Tour 12) zu verbinden.

Eine der Leitern an der Via ferrata Marino Bianchi.

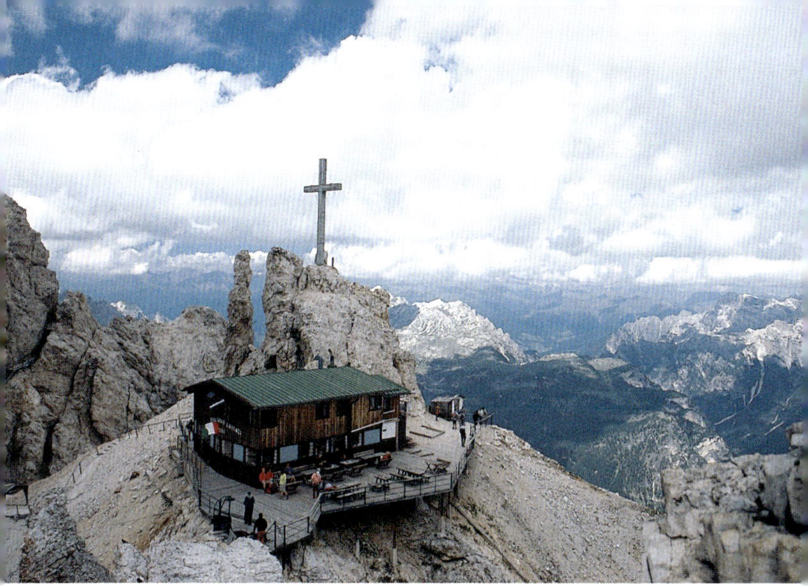

Beim Rifugio Lorenzi geht's los.

Zustieg: Da der Stehgondel-Lift zur Forcella Stauniès abgebaut worden ist, muss man bis auf Weiteres bei der Mittelstation Son Forcia (2215 m) starten und sich binnen 2 Std. durch den steilen Geröllschlauch der Grava di Stauniès hinaufmühen. Von der ehemaligen Bergstation in wenigen Schritten zum Rifugio Lorenzi. Unmittelbar neben der Hüttenterrasse greift man zum ersten Drahtseil.
Klettersteig: Die Route verläuft im Bereich des Nordwestgrates, der von Beginn an einige luftige Passagen (B) bereithält. Nach kurzem Zwischenabstieg durch eine Rinne (B) in die folgende Einschartung erwartet uns bald ein knackiger Aufschwung mit Leiter (C). Danach vorübergehend leichter weiter über einen Schuttabsatz zum nächsten Grataufschwung (die auf das rechtsseitige Band leitenden Spuren weisen die spätere Abstiegsvariante aus). An der folgenden Wandstufe liegt nach der zweiten Leiter die schwierigste Stelle in einem senkrechten Riss (mindestens C). Danach flacht die Gratschneide zwar deutlich ab, bleibt aber durchaus luftig und bringt uns über eine letzte schwierige Felsstufe und eine Einsattelung auf die Cima di Mezzo.
Abstieg: Prinzipiell wieder über den Klettersteig, wobei im oberen Abschnitt jedoch eine sehr sinnvolle Ausweichstrecke über die Schuttbänder am Gratsockel geschaffen wurde (Drahtseillauf). Weiter unten ist (bzw. war normalerweise) mit viel Gegenverkehr zu rechnen.

12 Sentiero Ivano Dibona

6.30 Std.

Schaupfad der Extraklasse am westlichen Cristallo-Ausläufer

Ein abwechslungsreiches Auf und Ab über mehrere Scharten, luftige Bänderquerungen, dazu das Dauerpanorama der Ampezzaner Dolomiten und zeitweilig auch gen Norden bis zum Alpenhauptkamm – all das macht den Sentiero Dibona zu einer der beliebtesten hochalpinen Unternehmungen weit und breit. Auf der Basis ehemaliger Frontsteige ist dies sicher kein reinrassiger Klettersteig, obgleich gerade im höchsten Abschnitt der ausschweifenden Route einige luftige, eisengespickte Passagen sonst nur an typische Wanderwege gewöhnte Aspiranten durchaus auf die Probe stellen.

Ausgangspunkt: Forcella Stauniès (2918 m), Bergstation der Cristallo-Lifte (zwei Sektionen) von der Tre-Croci-Westrampe (Talstation bei Rio Gere, 1698 m). Achtung: Die obere Sektion ist abgerüstet und neu projektiert, deshalb derzeit Start bei der Mittelstation Son Forcia (2215 m).

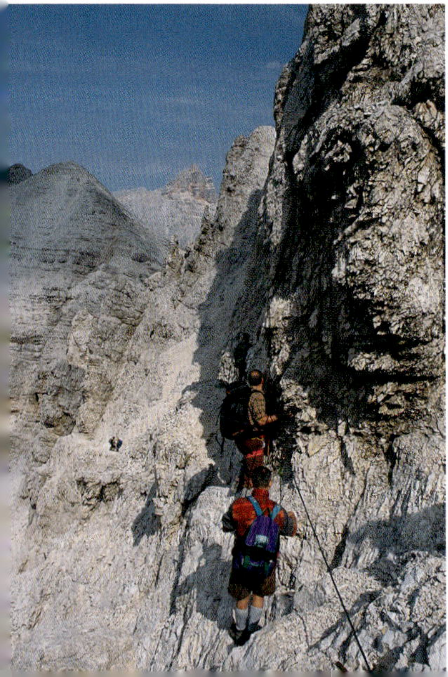

Endpunkt: Ospitale (1490 m), Gasthaus an der SS 51 zwischen Cortina und Toblach.

Gehzeiten: Forcella Stauniès – Forcella Grande 1 Std. – Forcella Alta 2 Std. – Col dei Stombi 2 Std. – Ospitale 1.30 Std.; insgesamt 6.30 Std. (bis auf Weiteres um 2 Std. bis Forcella Stauniès verlängert).

Charakter: Langer, landschaftlich großartiger Alpinsteig mit ausgeprägtem Klettersteigcharakter im ersten (höheren) Teil, später nur noch vereinzelt. Technisch nicht besonders schwierig, aber hochalpin.

Schwierigkeit: B.

Höhenunterschied: 270 Hm Aufstieg (derzeit 700 Hm zusätzlich) und 1700 Hm Abstieg.

Höchster Punkt: Abstecher zum Cristallino d'Ampezzo (3008 m).

Exposition: Unterschiedlich, überwiegend Sektor West.

Stützpunkt: Rifugio Lorenzi (2932 m), aktuell geschlossen.

Hinweis: Rückkehr direkt zum Lift (Mittelstation Son Forcia) möglich, entweder mit 500 Hm Gegensteigung im Val Padèon (ca. 1 Std. Mehraufwand!) oder über den heiklen Abstiegsweg unterhalb der Forcella Alta.

Der Sentiero Ivano Dibona zählt zu den reizvollsten Höhensteigen der Dolomiten.

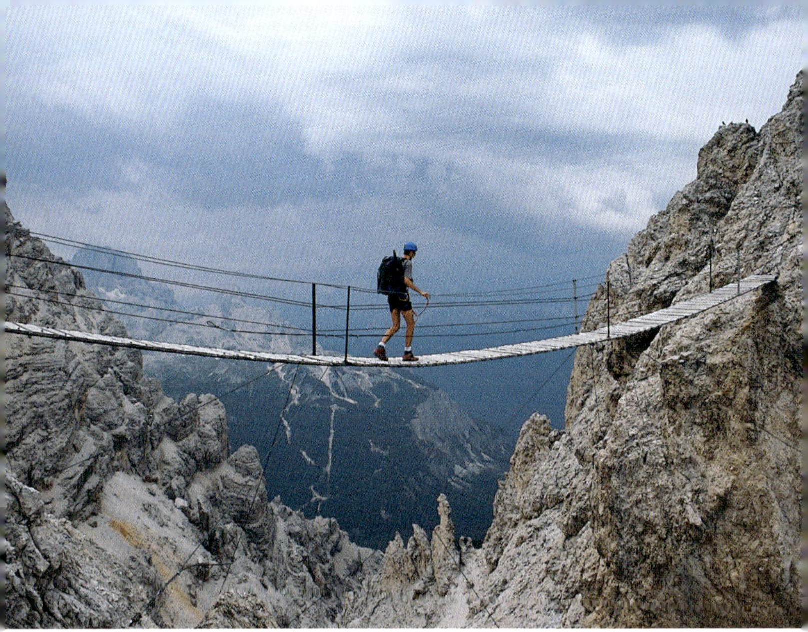

Die berühmte Hängebrücke »Ponte del Cristallo«.

Route: Von Rio Gere per Sesselbahn zur Station Son Forcia, anschließend muss die steile Grava di Stauniès zu Fuß bewältigt werden, solange keine neue Seilbahn bis zur Forcella Stauniès existiert. Auch das Rifugio Lorenzi steht derweil nicht zur Verfügung!
Der Sentiero Dibona beginnt gleich bei der Bergstation ziemlich spektakulär mit einigen Stiegen, einem kurzen Tunnel und Drahtseilpassagen (A) zum berühmten »Ponte Cristallo«, jener schwankenden Hängebrücke über einem tiefen Spalt. Über Leitern auf die Grathöhe und zum Abzweig Richtung Cristallino d'Ampezzo (3008 m), der über einen ebenfalls klettersteigartig ausgebauten Abstecher (A/B) eingebunden werden kann. Anschließend über steilen, gut gestuften Fels fast durchgängig gesichert (bis B, eine Leiter) zum Kreuzungspunkt in der Forcella Grande (2874 m) hinab.
Als Nächstes wird die Cresta Bianca (2932 m) von der Südseite her passiert, ehe schräge Bänder in die Forcella Padeòn (2760 m) und zu einer Kriegsbaracke als Notunterstand hinableiten (meistens A oder Gehgelände). Man bleibt auf der Südseite und quert – nach kurzem Gegenanstieg zu einer Schulter – die bröseligen Steilflanken des Vecchio del Forame entlang markant ausgewitterter, luftiger Schichtbänder (A).

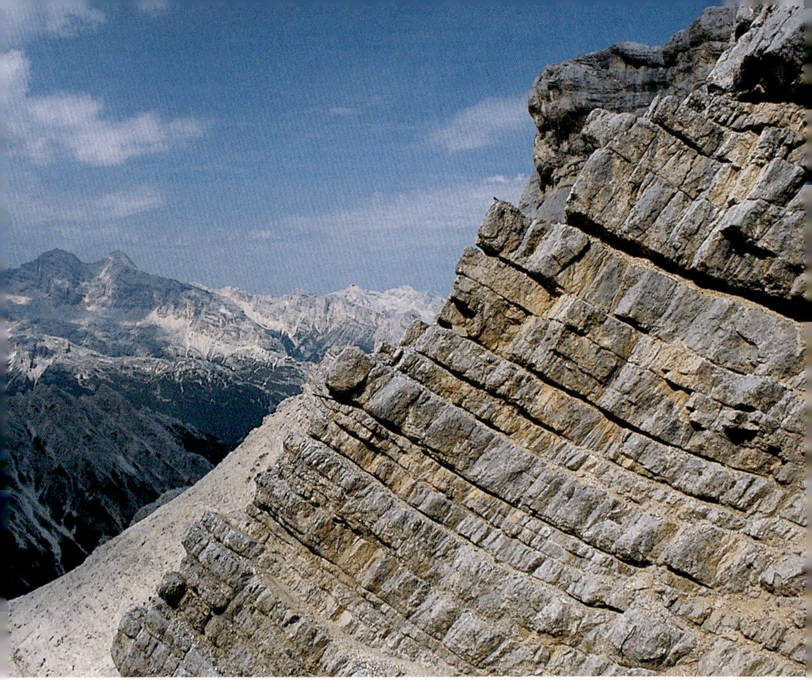

Typische Felsschichtung.

In splittrigem Geröll schräg abwärts und um mehrere Ecken in die Nähe der Forcella Alta (2687 m). Im Bereich einer Rinne folgt ein unangenehm sandiger und ziemlich haltloser Abstieg, der sich weiter unten in einen zwar gangbaren, aber nicht ungefährlichen Fluchtweg talwärts fortsetzt. Auf dem Sentiero Dibona hingegen rechter Hand erneut auf Bändern um eine Kante herum und hinüber zum nächsten Einschnitt an der Forcella Bassa (2417 m). Ein höchst abwechslungsreicher Verlauf bleibt der Route auch in der zerschlissenen Südwestflanke des Zurlonkammes erhalten. Immer wieder geht es leicht auf und ab, zwischendurch nochmals die Grathöhe tangierend und von Zeit zu Zeit an alten Kriegsruinen vorbei. Schließlich über die Forcella Zurlon (2363 m, letzte Sicherungen) auf einen weiteren sandigen Hang, der gegen den Col dei Stombi (2168 m) hinabführt. Von diesem westlichsten Ausläufer des langen Gratzuges auf gutem, kehrenreichem Weg hinunter ins Val Padeòn, wo man auf eine breite Trasse stößt. Mit ihr hinaus nach Ospitale, zuletzt aus dem Bachgraben in kurzem Gegenanstieg zum Gasthaus an der Straße (Bushaltestelle).

5.00 Std.

Via ferrata Michielli Strobel 13

Die schnittige Punta Fiames – Kletterziel mit Eisenweg

Die Zackenphalanx des Pomagagnon – ein beliebtes Kletterdorado – gehört zur unverwechselbaren Kulisse der Dolomitenmetropole Cortina d'Ampezzo. Ganz links sticht die Punta Fiames in den Himmel. An ihr verläuft seit nunmehr über 50 Jahren die Via ferrata »Strobel«, die in der Zunft längst zu einem Evergreen avanciert ist. Anregend steil, aber nicht extrem, dazu mit langer Saison und nicht so grimmig hochalpin wie die Dreitausender-Routen der Umgebung, lauten durchaus geschätzte Attribute. Und eine tolle Aussicht über die Conca d'Ampezzo bietet die Punta Fiames obendrein.

Ausgangspunkt: Albergo Fiames (1293 m), an der SS 51 nördlich von Cortina.
Gehzeiten: Albergo Fiames – Einstieg 1 Std. – Punta Fiames 2 Std. – Forcella del Pomagagnon 0.30 Std. – Albergo Fiames 1.30 Std.; insgesamt 5 Std.
Charakter: Recht sportlicher Klettersteig mit ziemlich schwierigen, exponierten Steilstücken, die durch Gehgelände unterbrochen sind. Guter Fels, in der steilsten Wand ein paar künstliche Steighilfen, sonst nur Drahtseile. Abstieg durch die Grava del Pomagagnon geröllreich und ruppig.
Schwierigkeit: Schlüsselstellen C, meist zwischen B und C.
Höhenunterschied: 950 Hm, davon ca. 500 Hm am Klettersteig.
Höchster Punkt: Punta Fiames (2240 m).
Exposition: West.
Tipp: Verbindung mit der »Terza Cengia« (Tour 14) möglich, indem man am Auslauf der Grava gleich den benachbarten Klettersteig anpeilt; Gesamtgehzeit 8.45 Std.

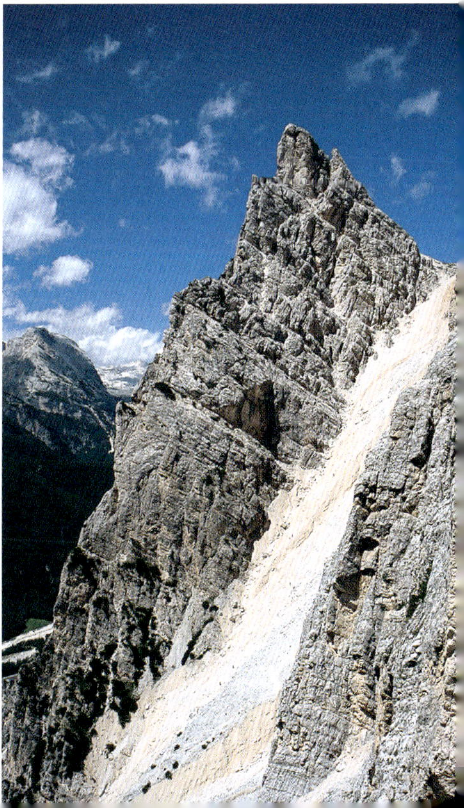

Kühn sticht die Punta Fiames hervor.

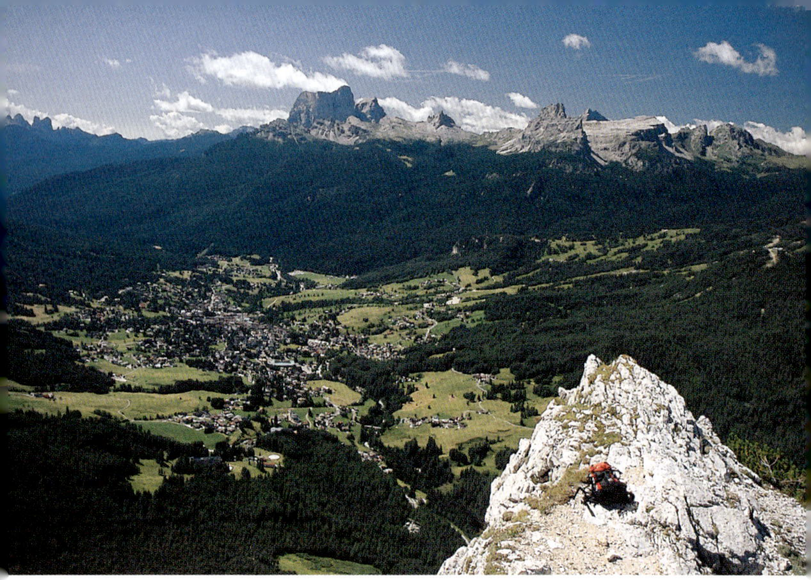

Blick über das Talbecken von Cortina.

Zustieg: Gegenüber dem Albergo Fiames in den Bergwald, zwei geschotterte Fahrwege kreuzend und durch die Latschen am Rande einer großen Geröllreiße aufwärts. Am westseitigen Wandfuß, wo eine Schlucht in besagte Rinne ausläuft, befindet sich die Einstiegstafel. Man steigt rechts noch ohne Sicherungen auf einem Band an, ehe auf gut 1700 m die eigentliche Ferrata beginnt.

Klettersteig: Über eine Folge von Felsstufen, Kaminen und Rissen (B bis C) sogleich steil und animiert aufwärts, unterbrochen nur durch kurze Bänder. Auf einer Latschenböschung gewinnt man vorübergehend leichteres Gelände. Der Pfad zieht zum nächsten Wandansatz hinauf und hält sich danach rechts zu einer Kanzel, die sich als herrlicher Rastpunkt erweist. Weiter über die Rippe links neben einem mächtigen Schluchteinriss und zu einem abgestuften, teils senkrechten Wandaufbau, der mithilfe künstlicher Tritte (einige Klammern und später eine Leiter) überwunden wird (bis C). Manch einer wünscht sich hier vielleicht einige Bügel mehr. Auch die anschließenden Meter sind noch recht knackig, dann legt sich das Gelände zur nächsten schuttdurchzogenen Latschenböschung zurück. Mit den letzten harmlosen Drahtseilpassagen geht es auf den schuttigen Gipfelrücken der Punta Fiames (2240 m), wo wir die Blicke über das Talbecken von Cortina schweifen lassen können.

Abstieg: Knapp unterhalb des Gipfels ostwärts abbiegen, den Nachbarzacken der Punta della Croce nordseitig queren (eine Kletterstelle) und weiter zur Forcella del Pomagagnon (2178 m). Hier mit Nr. 202 südwärts in die breite, aber sehr steile Geröllrinne hinab, wo wir mit Rutschspuren vorliebnehmen müssen. Am Auslauf rechts abdrehen und auf Latschen- bzw. Waldpfaden zum horizontalen Schotterweg, dann rechter Hand zurück zum Albergo Fiames.

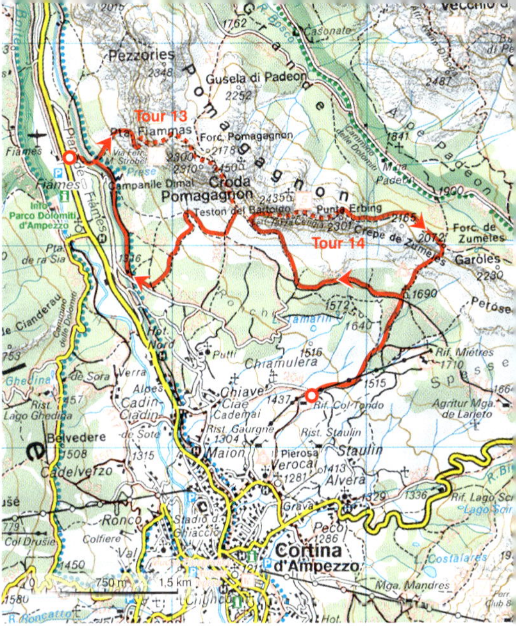

Echt dolomitisch: die Gipfel des Pomagagnon.

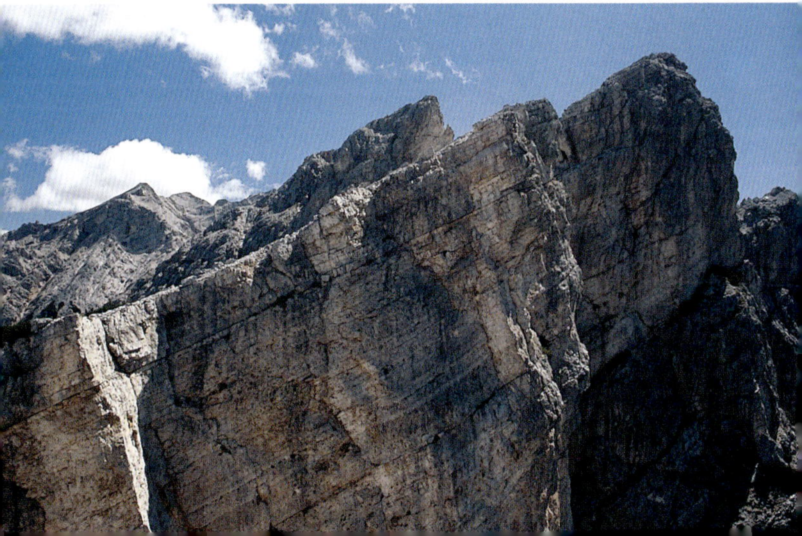

14 Terza Cengia am Pomagagnon

5.00 Std.

Abenteuerliche Südwandtraverse zur Punta Erbing

»Passeggiata della Croda« wird diese Tour in den Südabstürzen des Pomagagnon auch genannt, eine gelinde Untertreibung für eine etwas eigenwillige Tour inmitten senkrechter Wandfluchten. Sie ist sicher kein »Spaziergang« und passt auch sonst irgendwie in kein Schema, lässt sich weder als richtiger Klettersteig noch als Wanderroute charakterisieren, eher als »wilder Weg« für Bergfreunde mit Hang zu Ausgefallenem. Das Geheimnis liegt in einem der Diagonalbänder, die den Pomagagnon durchziehen, namentlich das dritte: die »Terza Cengia«. Sparsam gesichert, muss man sich hier auf seine Allroundfähigkeiten verlassen können, die einem engagierten Dolomitenbergsteiger freilich eh gut zu Gesicht stehen. Krönender Abschluss der Bändertraverse ist der kurze Sprung auf die Punta Erbing, die zwar keinen großen Stellenwert besitzt, aber mit einer stimmungsvollen Aussicht aufwartet.

Ausgangspunkt: Rifugio Col Tondo (1429 m); Zufahrt von Cortina über Chiave, in der Hauptsaison auch per Sessellift erreichbar.
Gehzeiten: Rifugio Col Tondo – Einstieg 1.45 Std. – Punta Erbing 1.30 Std. – Forcella Zumèles 0.45 Std. – Rifugio Col Tondo 1 Std.; insgesamt 5 Std.
Charakter: Teilweise luftige, nur abschnittsweise gesicherte Bänderdiagonale, zwischendrin heikles Gehgelände und stellenweise auch I. Grad. Bergerfahrung wichtiger als Kraft und Technik.
Schwierigkeit: B.
Höhenunterschied: Knapp 1000 Hm.
Höchster Punkt: Punta Erbing (2301 m).
Exposition: Süd.

Die Südwände des Pomagagnon.

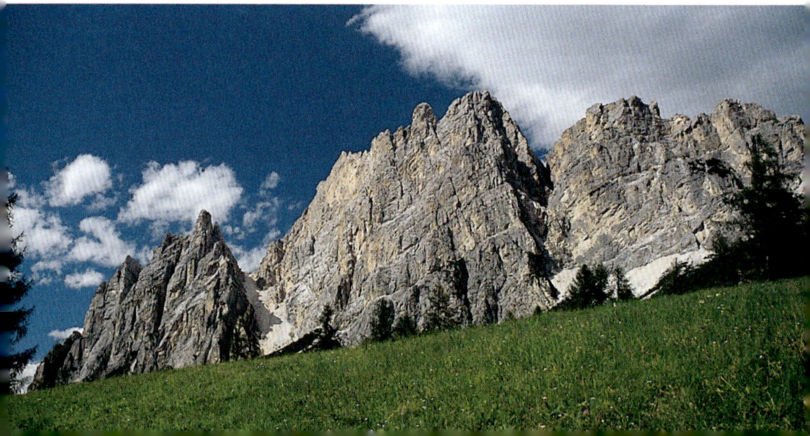

Zustieg: Vom Col Tondo zunächst auf einer Schotterstraße Richtung Miétres aufwärts, dann aber mit Nr. 204 links abzweigend und zu einem anderen Forstweg (Nr. 211), der nach links verfolgt wird. Nach etwas lästigem Höhenverlust von ca. 100 Hm weist ein Schild rechts hinauf zur »Terza Cengia«. Im Schräganstieg durch den Latschengürtel bis unter die Grava del Pomagagnon und auf der rechten Seite etwas beschwerlich über Steilschotter zum Ansatz des »Dritten Bandes«.

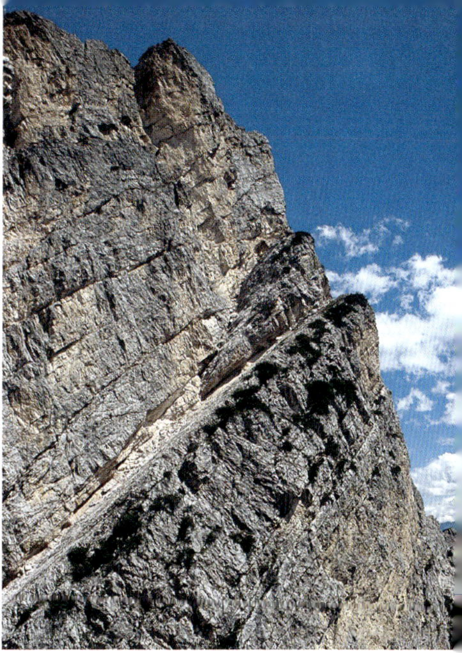

Die »Terza Cengia« als Diagonalrampe.

Klettersteig: Die Terza Cengia formiert sich augenblicklich als steile Rampe, die rechts ansteigt. Statt der unerquicklichen Spuren im wandnahen Schutt sollte man die kompakteren Felsen zur Kante hin nutzen (etwas Kraxelei). Hinter einem Eck verschmälert sich der Absatz zu einem latschengesäumten Band, das nach wie vor diagonal hinaufzieht (erste Drahtseile an ausgesetzten Stellen). Nach einer weiteren Kante kurz in eine Wandeinbuchtung absteigen, dann folgt abermals ein steiles Rampenstück, das sich ziemlich schuttbedeckt präsentiert, doch lässt sich den heikelsten Stellen geschickt über eine Schrofenspur zur Kante hin ausweichen. Im obersten Abschnitt leitet unser Band schließlich mit fast durchgängigem Drahtseillauf in die Scharte neben der Punta Erbing (2301 m), die über Steigspuren in wenigen Minuten zu erreichen ist.

Abstieg: Vom Gipfel kurz zurück und entlang der felsig-schuttigen Nordabdachung Richtung Osten. Durch einen rinnenartigen Abhang in baumbestandenes Terrain und auf einem gutmütigen Weg nahezu horizontal weiter. An der unbedeutenden Kammerhebung der Crepe de Zumèles vorbei zur Forcella Zumèles (2072 m), wo sich der Durchschlupf auf die Südseite öffnet. Mit Nr. 204 geht es auf bestens angelegtem Zickzackweg abwärts und bald schon aus dem steinigen in grasbewachsenes Terrain. Auf einem Wiesenboden kreuzt man Weg Nr. 211 und geht weiter durch Waldwiesen, bis man wieder auf die Fahrpiste zwischen Miétres und Col Tondo stößt.

15 Vie ferrate Francesco Berti und Alfonso Vandelli, Sentiero Carlo Minazio

15.00 Std.

Einmal rund um den Sorapìss-Stock

Am Sorapìss bietet sich die Möglichkeit einer vollständigen Umrundung auf hohen, gesicherten Steigen. Dieser großartige Ring gliedert sich in drei Abschnitte, mit denen sich zwei erlebnisreiche Bergtage füllen lassen: Nach Zustieg zum Bivacco Slataper landen wir als Erstes auf der Via ferrata Berti, die sogleich mit den ernsthaftesten Hürden der Tour aufwartet, später an den hohen Westabstürzen über dem Val Boite entlangzieht (welch ein Panoramaweg!) und schließlich in den hufeisenförmig umschlossenen Circo del Sorapìss einbiegt. Am nächsten Morgen überlisten wir auf der Via ferrata Vandelli die gebänderte Wand hinauf zur Schulter der Croda del Fogo und gelangen jenseits zum romantisch gelegenen Bivacco Comici, wo Anschluss an den Sentiero Minazio besteht. Dieser am latschengesäumten Felssockel der Tre Sorelle verlaufende Pfad mag für reine »Eisenfresser« eher unergiebig sein, dafür kommen Landschaftsästheten umso mehr auf ihre Kosten. Vor uns liegen beinahe die gesamten Marmarole auf dem Präsentierteller, breiten ihre Hochkare und langen, zerklüfteten Gratzüge aus, ein bisschen so wie im Karwendel, nur noch viel urwüchsiger, einsamer und mit südalpinem Flair behaftet. Wie überhaupt der ganze Sorapìssring voller packender Landschaftsbilder steckt und damit ein absolutes Touren-Highlight der Dolomiten bedeutet!

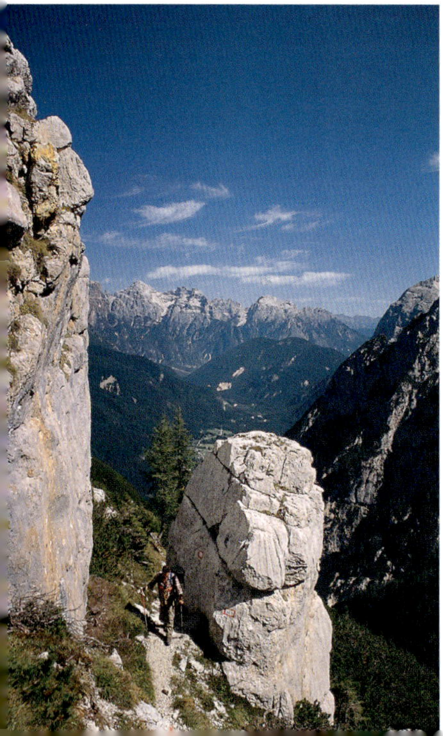

Ausgangspunkt: Rifugio Scotter-Palatini (1580 m), Sessellift von San Vito di Cadore; außerhalb der Betriebszeiten auch Zufahrt über eine schlechte Schotterstraße gestattet (Parkmöglichkeit noch etwas oberhalb des Gasthauses).

Am Sentiero Minazio.

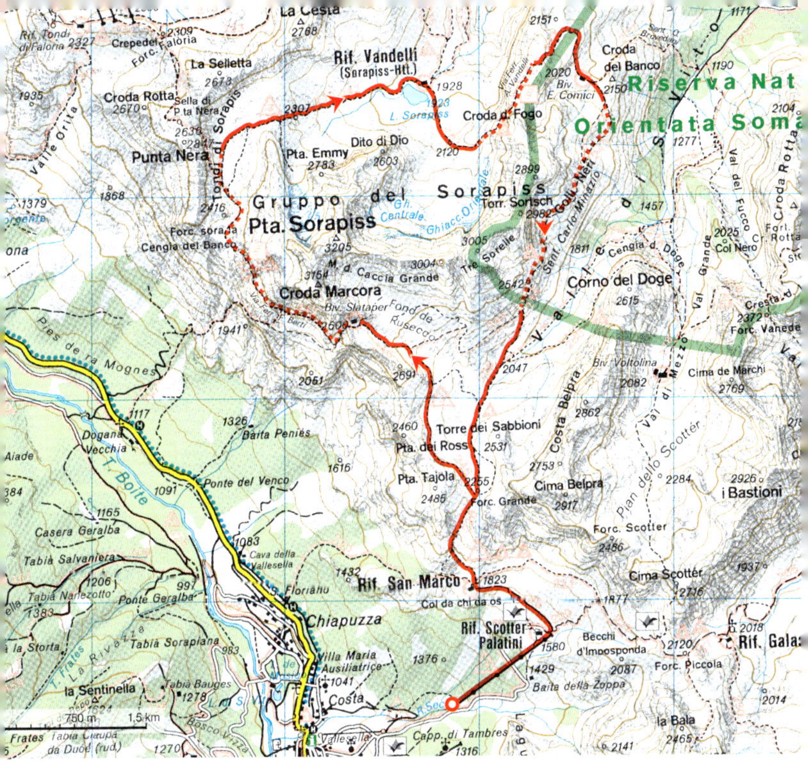

Gehzeiten: Rifugio Scotter – Bivacco Slataper 3 Std. – Rifugio Vandelli 4.30 Std. (Übernachtung) – Ausstieg Croda del Fogo 2 Std. – Bivacco Comici 1 Std. – Forcella Grande 3.20 Std. – Rifugio Scotter 1.10 Std.; insgesamt 15 Std.

Charakter: Alpine Höhenrouten mit längeren Klettersteigstrecken v. a. auf den Ferrate Berti und Vandelli, stellenweise durchaus recht schwierig über luftige Bänder und Steilstufen. Technisch leichter, aber beschwerlich ist der Sentiero Minazio. Versierter Umgang mit rauen Gegebenheiten mindestens ebenso wichtig wie das Klettersteighandling. Für Ausdauernde ideales Zweitageprogramm.

Schwierigkeit: Berti maximal C, Vandelli B/C, Minazio nur A.

Höhenunterschied: In Summe ca. 2300 Hm, davon 1300 Hm Aufstieg am 1. Tag und 1000 Hm am 2. Tag.

Höchster Punkt: Forcella del Bivacco (2670 m).

Exposition: Verschieden, in den schwierigsten Passagen oft West.

Stützpunkte: Rifugio San Marco (1823 m), Tel. +39 0436 9444; Rifugio Vandelli (1928 m), Tel. +39 0435 39015; außerdem Bivacco Slataper (2600 m) und Bivacco Comici (2000 m).

Hinweis: Der Sorapìss-Ring kann auch in umgekehrter Richtung begangen werden. Außerdem kommt ein Zustieg vom Passo Tre Croci (1809 m) zum Rifugio Vandelli in Betracht, 1.45 Std. über Weg Nr. 215.

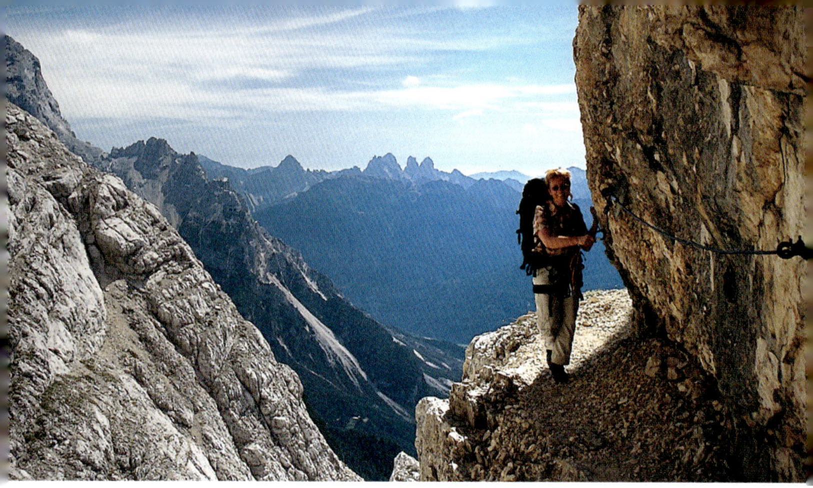

Bänderpassage auf der Via ferrata Berti.

Zustieg: Vom Ende der Schotterstraße oberhalb des Rifugio Scotter (kleiner Parkplatz) gelangt man über einen Waldweg rasch zum Rifugio San Marco (1823 m) und setzt den Aufstieg mit Nr. 226 in den Giou Scuro fort. Der schluchtartige Geländeeinschnitt weitet sich oberhalb zur Forcella Grande (2255 m), wo man sich an den links weiterführenden Pfad Nr. 246 hält, um nach einer Querung an einem Sporn vorbei über etwas unangenehme Geröllhalden zum Bivacco Slataper hochzusteigen. Nun westwärts über flache Steinbänke noch ein kurzes Stück zur Abbruchkante an der Forcella del Bivacco (2670 m) hinauf.

Via ferrata Berti: Ein luftiges Band leitet nach rechts in die Felswand hinein, die mit Drahtseilen sowie diversen Leitern (bis B/C) entschärft ist. An ihrem Fuß durchquert man einen abschüssigen Schuttkessel nach rechts unter einem tiefen Schluchteinriss hindurch zur gegenüberliegenden Wand. Der Steilanstieg zu einem Horizontalband (teils mit Leitern, C) ist die technische Schlüsselstelle der Tour. Anschließend um ein markantes Eck auf die Cengia del Banco (A/B), die als zunehmend breitere Schuttterrasse die Südwestflanke der Croda Marcora durchzieht (bald ohne Sicherungen). Bis zu einer auffälligen Felsschulter müssen wir nochmals spürbar Höhe gewinnen, bevor die Route rechts einschwenkt und sich über schuttbeladene Felsen in den Karbereich unweit der Forcella Sora la Cengia del Banco (2416 m) absenkt. Durch die abgeschiedenen Hochmulden der Tondi di Sorapìss allmählich Richtung Osten, dabei an der Ausmündung des wilden westlichen Sorapìss-Gletscherbeckens vorbei, über eine seichte Karschwelle hinweg und schließlich an einem langen, streckenweise noch etwas unangenehmen

Schutthang bergab bis zum türkisfarbenen Lago di Sorapìss. Gleich dahinter steht das Rifugio Vandelli (1928 m), wo übernachtet wird.

Via ferrata Vandelli: Auf Weg Nr. 243 nähern wir uns über nackte Felsbänke dem nächsten Klettersteigabschnitt mit Einstieg (ca. 2100 m) am Westwandsockel des Corno Sorelle. In Kürze kommt man in einen mit mehreren Leitern gespickten Kamin (B/C) und steigt links an einer Kante noch etwas höher, ehe längere Bänderquerungen beginnen. Lediglich von kurzen Felsstufen und Rinnentraversen unterbrochen, führen sie mal gutmütig breit, mal als ziemlich luftige Leisten weit nach links um diverse Vorsprünge herum (meist A und B, kurze Stellen etwas schwieriger). Schließlich befreit sich die Route aus der schattigen Wand hinauf zur aussichtsreichen Nordschulter der Croda del Fogo, die auf knapp 2400 m einen begrünten Absatz bildet. Auf der Ostseite auf einem leichteren Schrofenpfad abwärts in Richtung eines grasigen Plateaus. Dort scharf links in eine breite Geröllrinne, um weiter unten die Felsabbrüche mit einer großen Rechtsschleife zu umkurven. Über Latschenbänder, Geröllhalden und kurze gesicherte Stellen (A) erreicht man das Bivacco Comici in der Busa del Banco.

Sentiero Minazio und Abstieg: Von der Biwakschachtel noch einige Meter bergab, bis der Sentiero Brovedani talwärts abzweigt, dann Gegenanstieg im Zickzack zur Forcella Bassa del Banco (2128 m). Der Sentiero Minazio quert nun im Bereich der Colli Neri die gesamte Südostflanke über dem Val di San Vito, dabei laufend leicht an- und absteigend. Man bewegt sich am oberen Rand der Latschen, die teilweise bis an den Felssockel heranreichen und meistens ganz gut freigeschlagen sind. Einige abschüssige Strecken auf Bändern gilt es mit Drahtseilunterstützung zu bewältigen (kaum schwieriger als A), ansonsten handelt es sich um einen gewöhnlichen, gleichwohl ruppigen Bergpfad. Wichtiger Richtungsentscheid bei einer undeutlichen Gabelung: Während man geradeaus ins Kar des Fond di Rusecco und im Gegenanstieg zum Bivacco Slataper gelangen würde, steigen wir in die Sohle des Val di San Vito ab und peilen auf Weg Nr. 226 am markanten Torre Sabbioni vorbei die weite Forcella Grande an. Hier schließt sich der Kreis; durch den Giou Scuro hinab zum Rifugio San Marco und weiter zum Parkplatz beim Rifugio Scotter.

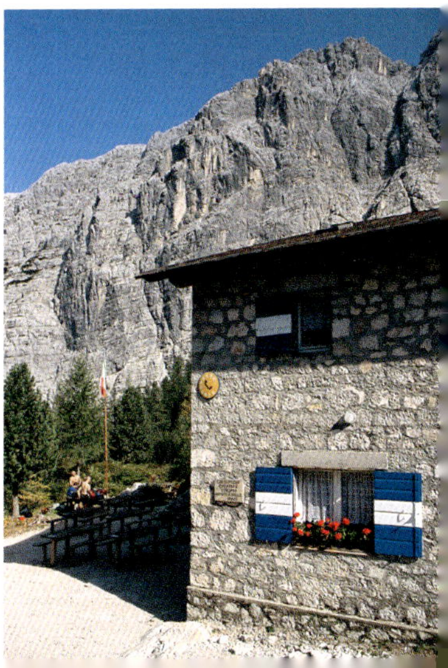

Das Rifugio Vandelli vor der Westwand der Croda del Fogo.

16 Strada Sanmarchi

11.30 Std.

Wilde Abenteuerroute durch die Nordkare der Marmarole

Dolomiten ohne Filter! Die Marmarole zählen zu den einsamsten und urtümlichsten Gegenden zwischen Eisack und Piave, ihre Verhältnisse sind allenthalben rau und schroff, ihr Lockruf verhallt meist ungehört. Auf der Nordseite verbindet eine abwechslungsreiche Höhenroute mehrere Biwakschachteln, die weitab bewirtschafteter Unterkünfte den wenigen Bergsteigern eine Zuflucht gewähren. Diese »Strada Sanmarchi« ist übrigens auch in den Dolomiten-Höhenweg Nr. 5 integriert. Klettersteigfanatiker werden in der geheimnisvollen »Terra Incognita« der Marmarole mangels namhafter Herausforderungen wohl weniger auf ihre Kosten kommen. Wer allerdings einen Hang zu abenteuerlichen Routen vor großer Dolomitenkulisse hat und die Bereitschaft zur zeitweiligen Strapaze mitbringt, kann hier einen besonderen (Erlebnis-)Schatz heben.

Ausgangspunkt: Ponte degli Alberi (1134 m) im Val d'Ansiei; von Auronzo kommend gut 1 km hinter dem Albergo Palus San Marco.

Gehzeiten: Ponte degli Alberi – Bivacco Musatti 3 Std. – Forcella del Mescol 1 Std. – Forcella Croda Rotta 1.45 Std. – Forcella Vanedel 0.45 Std. – Val di Mezzo 1.15 Std. – Val di San Vito 1.15 Std. – Ponte degli Alberi 2.30 Std.; insgesamt 11.30 Std.

Charakter: Raue, abgelegene und nur spärlich ausgetretene Höhensteige mit etlichen Klettersteigpassagen, allerdings auch einzelne Stellen I und oft anspruchsvolles Gehgelände. Bergerfahrung und gute Kondition erforderlich, zu-

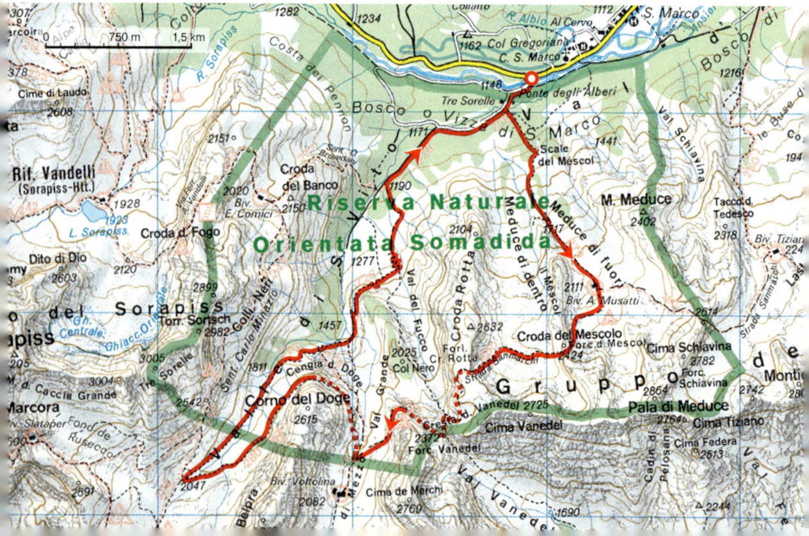

dem stabiles, möglichst nebelfreies Wetter. Eine Übernachtung im Biwak einplanen und reichlich Wasser mitnehmen!
Schwierigkeit: B.
Höhenunterschied: 980 Hm bis Bivacco Musatti, auf der Strada Sanmarchi ca. 800 Hm Aufstieg.
Höchster Punkt: Nahe der Forcella Croda Rotta (2569 m).
Exposition: Oft Nord.
Stützpunkte: Bivacco Musatti (2111 m) und evtl. Bivacco Voltolina (2082 m).
Tipp: Auf der Südseite der Marmarole gibt es mit dem Sentiero degli Alpini (B) einen gesicherten Durchstieg vom Rifugio Chiggiato (1911 m) zur Forcella Jau de la Tana (ca. 2600 m). Wer dann nordseitig über die Lastoni zum Bivacco Tiziano absteigt, anschließend den ersten Übergang der Strada Sanmarchi (ohne Sicherungen) zum Bivacco Musatti und nach der Cengia del Doge noch den großen Bogen via Rifugio San Marco und Rifugio Galassi vollzieht, hat in gut 20 Std. einen bemerkenswerten »Giro delle Marmarole« absolviert.

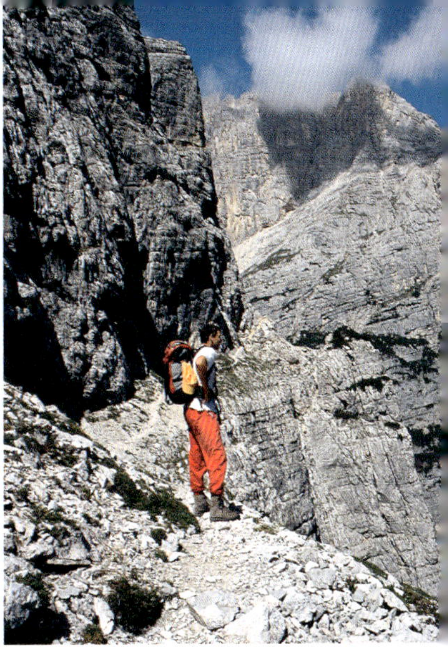
Auf der Cengia del Doge.

Zustieg: Zuerst über den Ansiei zum Ponte Piccolo, wo Weg Nr. 279 links bergwärts abzweigt. Durch Wald in die Latschenzone und anhaltend steil an die Wände des Mescol-Sporns heran. Nun über eine gesicherte Steilstufe (die auf erdigen Tritten unangenehm glitschig sein kann) sowie an einer Quelle vorbei. Oberhalb der Karschwelle des Meduce di Fuori empfängt uns das Bivacco Musatti.
Strada Sanmarchi: Zu Beginn an einem bewachsenen Hang entlang kareinwärts, dann rechter Hand über Steilschrofen (Stellen B) – ziemlich knackig in einer kurzen Rinne – bis unter die Wände des Mescol. Auf einer Grasterrasse schräg links weiter in eine luftige, gesicherte Schichtbandrampe (A) überleitend und zuletzt recht anspruchsvoll (B) hinauf zur Forcella del Mescol (ca. 2360 m). Jenseits auf passabler, nicht so extrem steiler Spur abwärts in die Blockmulde des Meduce di Dentro. Man durchquert das Kar und steigt am Gegenhang wieder an. Eine Kaminrinne wird mittels zehn kurzer Leitern überwunden (A/B, Steinschlaggefahr aus dem Schuttfeld, das man anschließend betritt). Nun auf der linken Seite der zerklüfteten Croda Rotta weiter hoch. Man gewinnt die Forcella Croda Rotta (2569 m), steigt nachfolgend aber noch ein paar Meter bis zu einer Rippe an. Erst dahinter nach kurzer Bänderquerung zu einer engen Lücke am Schutthang bergab. Unterbrochen durch einen kleinen Gegenanstieg links an den Wänden der Cresta

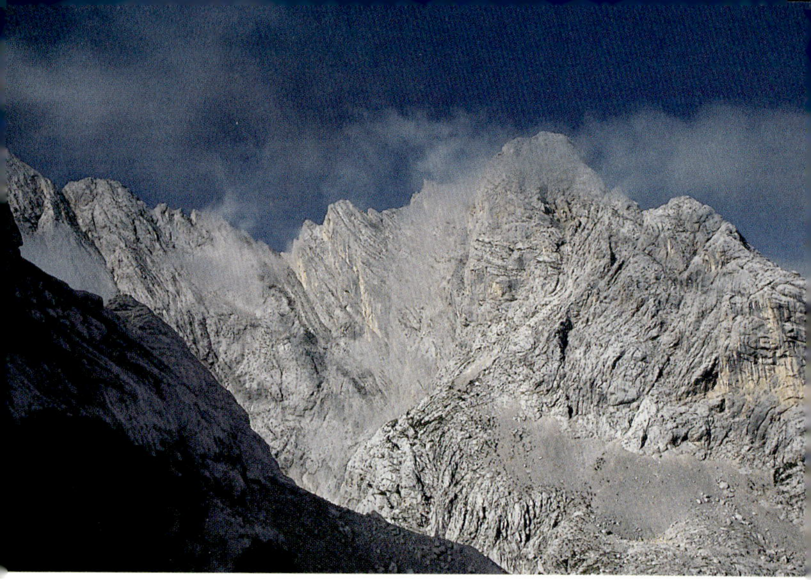

In den wilden, einsamen Marmarole.

Vanedel, wird mit einem gesicherten Steilstück (B) in die enge Forcella Vanedel (2372 m) abgeklettert. Aus dieser über ein ebenfalls gesichertes Wandl (B) heraus und danach immer links der nordwärts hinunterschießenden Rinne über gestuften Fels (A/B) bergab. Später quert man durch den Schutt am oberen Rand einer begrünten Mulde und passiert auf luftigem Gesims den Nordsporn der Croda de Marchi (A/B), um ins Val di Mezzo (auch Val Grande) einzuschwenken. Dort steht etwas oberhalb das Bivacco Voltolina, dessen Zugang aus dem Tal für einen vorzeitigen Abstieg genutzt werden kann (Nr. 278 mit einem gesicherten Felsriegel). Ansonsten mit Nr. 280 durch lichtes Lärchenterrain weiter auf die gegenüberliegende Cengia del Doge. Das reizvolle, vorübergehend schmale und gesicherte Band umkurvt den massigen Corno del Doge nordseitig (Stellen A), setzt sich in breiterer Schuttterrasse fort und läuft im Val di San Vito aus.
Abstieg: Dort mit Nr. 226 anfangs mäßig steil talauswärts, rechts haltend unter den Nordabbruch des Corno del Doge, wo nach steileren Geländepartien die Abkürzung einmündet. Weiter unten im Kessel rechts hinüber (zumal die schluchtartige Verengung nach unten nicht gangbar ist) und mit einer leicht ansteigenden Traverse zwischen Felsabbrüchen hindurch in den Bergwald. Dort kehrenreich hinunter in die Talsohle und noch etwa 2 km auf dem Fahrweg flach hinaus zum Ponte degli Alberi.

6.30 Std.

Kreuzkofelsteig und Zehner-Klettersteig

17

Zwei-Gipfel-Tour hoch über dem Gadertal

Der Heiligkreuzkofel ist eine echte Janusgestalt. Während die Ostseite über der weitläufigen Fanesmulde eher unscheinbar wirkt, bricht der Berg auf der Westseite in senkrechten Mauern gegen die Lärchenwiesen um Heiligkreuz ab und bildet damit das Schaustück des Gadertals, berühmt vor allem für sein Alpenglühen im Licht der Abendsonne. In dieses Format fügt sich auch der benachbarte Zehner ein, wobei hier noch ein schärferer Grataufbau mit markantem Gipfelköpfchen sowie die Plattenschüsse auf der Fanesseite ins Auge springen. Atemberaubende Tiefblicke sind das besondere Merkmal dieser strammen Bergtour, die klettersteigtechnisch freilich eher moderat ausfällt. Nur der finale Felsaufbau am Zehner verlangt etwas Zupacken.

Ausgangspunkt: Bergstation Heiligkreuz (ca. 2000 m); Auffahrt mit dem Sessellift (2 Sektionen) von Pedraces im Gadertal/Val Badia.

Gehzeiten: Heiligkreuz – Kreuzkofelscharte 2 Std. – Heiligkreuzkofel 1 Std. – Zehner 0.45 Std. – Kreuzkofelscharte 1.15 Std. – Bergstation 1.30 Std.; insgesamt 6.30 Std.

Charakter: Wenig schwieriger Felssteig bis zur Kreuzkofelscharte, nur in drei Passagen nennenswert gesichert, meist Gehgelände. Am Gipfelaufbau des Zehners kurzer, exponierter Klettersteig mittlerer Schwierigkeit. Recht lange Tagestour ins Dreitausenderniveau.

Schwierigkeit: Kreuzkofelsteig A/B, Zehner-Klettersteig B/C.

Höhenunterschied: Knapp 1100 Hm.

Höchster Punkt: Zehner (3026 m).

Exposition: Kreuzkofelsteig West, Gipfelklettersteig Südwest.

Stützpunkt: Heiligkreuz-Hospiz (2045 m), Tel. +39 0471 839874.

Hinweis: Auch der benachbarte Neuner weist einen luftigen gesicherten Gratabschnitt (B/C) auf, der vom Antoniusjoch gewonnen wird. Zustieg entweder vom Weiler Spëscia bei Wengen oder von der Lavarellahütte auf der Kleinfanesalm.

Am Kreuzkofelsteig unter dem lotrechten Wandabbruch.

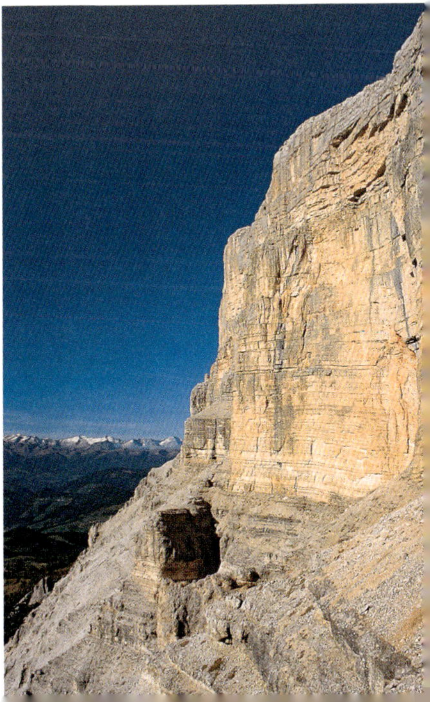

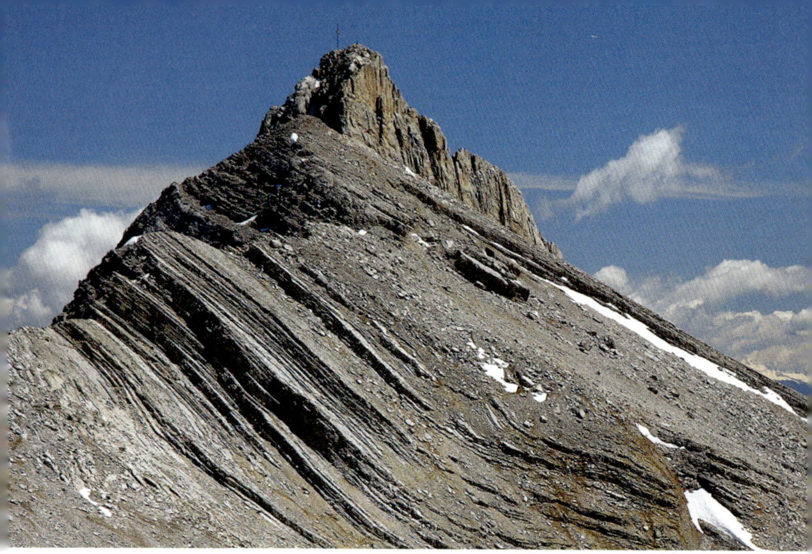

Am Gipfelkopf des Zehners verläuft eine kurze Ferrata.

Kreuzkofelsteig: Von der Liftstation zur fotogenen Wallfahrtskirche Heiligkreuz mit dem angegliederten Schutzhaus. Nun im Schräganstieg durch ein Latschenfeld mit Blockwerk und weiter über die Schutthalde gegen den Wandsockel hinan, wo man zu einer steileren Rinne mit ersten Sicherungen gelangt. An der linken Begrenzung hoch (A), weiter oben die Rinne queren und über gutmütige Bänder und Absätze weiter schräg aufwärts. An diversen Vorsprüngen vorbei kommt die Route nun mit nur vereinzelten Sicherungen aus. Nach längerer Traverse über ein Schuttband folgt etwas steileres,

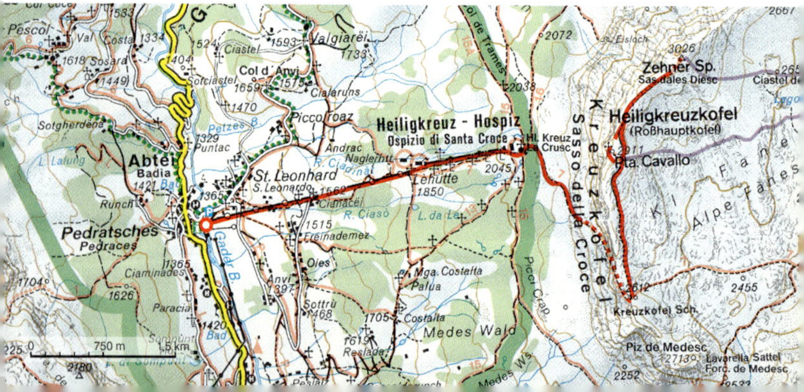

gestuftes Geschröf (A/B, einige Klammern), das gegen senkrechte Wände emporleitet. Dort erneut nach rechts queren, um eine Rippe herum und bis in das Geröllfeld unterhalb der Kreuzkofelscharte (2612 m). Diese wird schließlich etwas mühsam mit Drahtseilhilfe entlang einer niedrigen Barriere erklommen (A). Am Ausstieg scharf nach Norden abbiegen und auf der sanften Fanesseite Richtung Gipfel voran. Vorerst flach zu einer vorspringenden Kanzel, die einen fulminanten Einblick in die lotrechte Westwand gewährt, und später deutlich aufsteilend durch die schuttreiche Südflanke auf den Heiligkreuzkofel (2911 m).

Zehnerspitze: Der Weiterweg zum Zehner zweigt schon ein Stück unterhalb ab, kann aber auch durch Überschreiten des Heiligkreuzkofels wieder aufgenommen werden, indem man nicht markierten Steigspuren kurz bergab folgt. Dann die weite Gratsenke durchmessen und vor schrofferen Felspartien nach rechts in die Flanke ausweichen. Der Pfad führt an einigen kleinen Hindernissen vorbei gegen den Gipfelaufbau empor, der sich als ausgesetzter Grataufschwung entpuppt. Steil und exponiert, aber gut gestuft (maximal B/C) über die Kante und durch einen Spalt zum Gipfel des Zehners.

Abstieg: Auf der gleichen Route zurück nach Heiligkreuz. Alternativ ist ab Kreuzkofelscharte ein Ausholen über die Forcella de Medesc (2533 m) möglich; über 1 Std. länger.

Der bekannte Wallfahrtsort am Fuß des Heiligkreuzkofels.

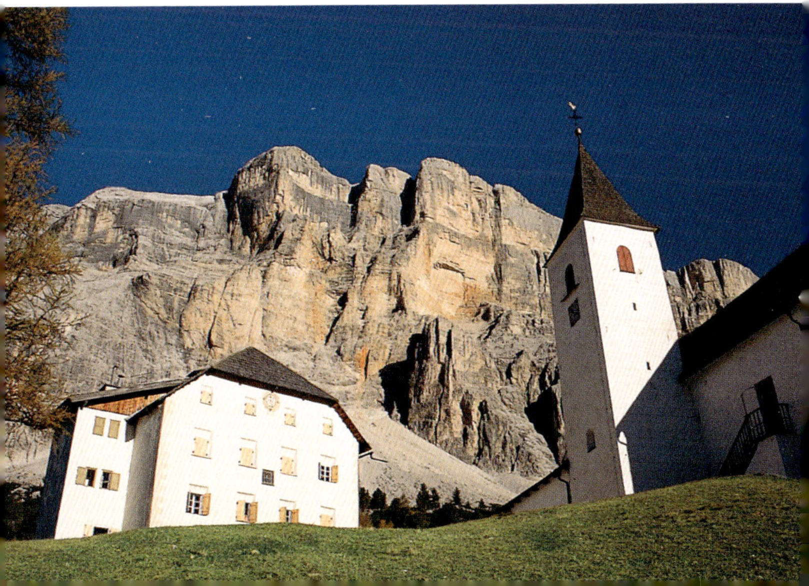

18 Furcia-Rossa-Klettersteig

8.00 Std.

Restaurierte Kriegstrasse mit vielen Leitern

Der lange Kammzug vom Lagazuoi über die Fanisspitzen, den Monte Cavallo und die Furcia-Rossa-Spitzen bis hin zum mächtigen, über dem Zusammenfluss von Rio di Fanes und Rio Travenanzes aufragenden Eckpfeiler des Monte Vallon Bianco war im Ersten Weltkrieg heftig umkämpftes Frontgebiet. In den 1970er-Jahren wurde im Zuge der »Via della Pace« ein Teil der alten militärischen Steiganlagen restauriert und damit ein echtes Schmankerl für die Bergsteiger geschaffen. Das Kernstück ist der Klettersteig über die Furcia Rossa, der mit etlichen Leitern aufwartet und die herbschöne Faneslandschaft zur Geltung bringt.

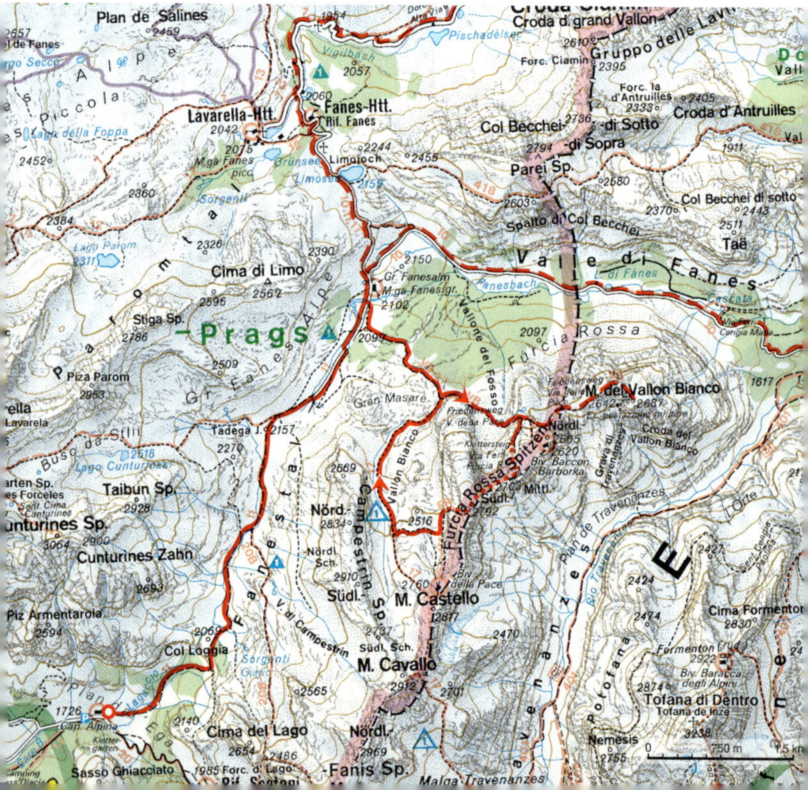

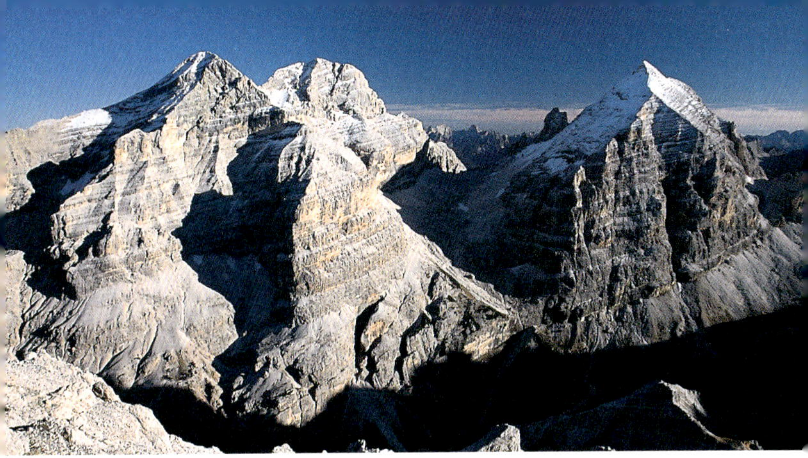

Blick auf die Dreifaltigkeit der Tofane.

Ausgangspunkt: Capanna Alpina (1726 m); Zufahrt durchs St. Kassianer Tal (Hochabtei), zwischen Armentarola und Campingplatz links ab zum Parkplatz.
Gehzeiten: Capanna Alpina – Große Fanesalm 2 Std. – Einstieg 1.20 Std. – Furcia Rossa III 1 Std. – Große Fanesalm 2 Std. – Capanna Alpina 1.40 Std.; insges. 8 Std.
Charakter: Insgesamt mittelschwieriger Klettersteig mit einer knackigeren Vertikalstufe und zahlreichen Leitern, zwischendrin öfter Gehgelände. Von allen Seiten lange Anmärsche.
Schwierigkeit: Schlüsselstelle C, meist um B.
Höhenunterschied: Etwa 1200 Hm.
Höchster Punkt: Furcia Rossa III (2792 m).
Exposition: Teils West, teils Ost.
Stützpunkt: Einkehrmöglichkeit in der Großen Fanesalm (2102 m).
Tipps: 1) Alternative Zustiege ergeben sich von Pederü über die Faneshütte oder vom Centro Visitatori (Lokalität »Felizon«) durchs Val de Fanes; 2.30 bzw. 3 Std. bis Groß Fanes.
2) Vor dem Furcia-Rossa-Klettersteig ist ein Abstecher auf den Monte Vallon Bianco (2687 m) lohnend, ebenfalls über einen alten Kriegssteig, der auf leicht ausgesetzten Bändern gesichert ist (A); hin und zurück zusätzlich 1.30 Std.
3) Einen kurzen Klettersteig gibt es auch am Gipfelaufbau der Conturinesspitze (3064 m), dem höchsten Berg im Fanesgebiet: Abzweig am Tadegajoch ins Hochkar Büsc da Stlü und von Nordwesten zum Gipfel (maximal B); Aufstieg ab Capanna Alpina 4.30 Std.
4) Bei zweifelhaftem Wetter oder als Eingehtour sind die beiden Klettersteige an den Wasserfällen im Val de Fanes interessant (Schwierigkeit B bzw. B/C).

Zustieg: Von der Capanna Alpina mit Nr. 11 über den Plan dal'Ega gegen die steile Geländestufe, der man rechtsseitig hart an den Felsen entlang ausweicht. Am Col de Locia (2069 m) öffnet sich das Hochtal von Groß Fanes. Auf breitem Weg über die kaum wahrnehmbare Wasserscheide des Tadegajochs (Ju dal'Ega, 2157 m) Richtung Große Fanesalm (2102 m). Kurz vor der Hütte verlassen wir den Hauptweg nach rechts und wandern durch baumbe-

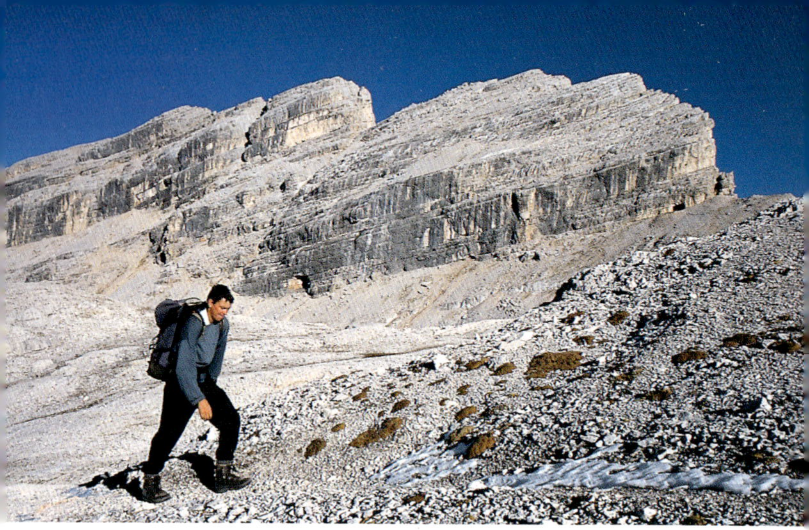

Die Cime Furcia Rossa über dem Vallon Bianco.

standenes, von einigen kleinen Stufen durchzogenes Gelände sachte aufwärts. Bei der Gabelung P. 2250 mit »VB« bezeichnet links weiter (rechts geht es in den Vallon Bianco hinein) und in die Karbucht des Vallon del Fosso, wo sich nach einigen Kehren bei P. 2402 die Routen zum Monte Vallon Bianco und zur Furcia Rossa (»FR«) verzweigen. Auf Schuttbändern am Felssockel der Cima Furcia Rossa II schräg aufwärts zu den ersten Sicherungen.

Klettersteig: Nach einigen Stufen sowie einer Leiternreihe (B) im Abstieg gelangen wir in die Scharte vor dem eigentlichen Wandaufbau, der in zwei Klettersteigabschnitten überwunden wird. Der erste ist wiederum mit Leitern gespickt und relativ leicht (B), der zweite über eine fast senkrechte schwarze Stufe dagegen ziemlich luftig (bis C, Klammern). Man kommt auf einem Schuttfeld heraus und wird hier den kleinen Abstecher zum Gipfel der Cima Furcia Rossa III (2792 m) nicht versäumen. Im nächsten Abstieg (A/B) wird die Scharte zwischen dritter und vierter Spitze tangiert, ehe Bänder zu einer längeren Leiternserie führen. Diese Steilrampe bringt uns nochmals recht exponiert, aber ohne große klettertechnische Hürden (maximal B) zum Wandfuß am Rande des Vallon Bianco.

Abstieg: Hier hält man günstigerweise nach Augenmaß durchs Geröll direkt auf die andere Seite hinüber, um ohne Gegenanstieg auf den markierten Steig zu stoßen (das Bivacco della Pace oberhalb wird also nicht berührt). Nun nordwärts durch das große Kar hinaus und auf die vom Zustieg bekannte Route einmündend zurück zum Ausgangspunkt.

6.15 Std.

Via ferrata Cesco Tomaselli 19

Prüfstein für gestandene Dolomiten-Ferratisti

In der Rangliste der Dolomiten-Klettersteige gebührt der Via ferrata Tomaselli nach wie vor einer der vorderen Plätze. Schon der Anblick des Felsaufbaus der Südlichen Fanisspitze kann nicht über die gesalzenen Anforderungen dieser Route hinwegtäuschen, deren Ursprünge wie so oft auf die Frontlinie im Ersten Weltkrieg zurückgehen. Aber keine Angst: Die maroden Holzleitern, die heute noch in der Wand kleben, sind nicht mehr für uns gedacht. In der jetzigen Form ausgebaut wurde die Ferrata Tomaselli im Jahr 1969, sie avancierte danach rasch zu einem Klassiker. Nach supersteilem Aufstieg über die Südseite des Fast-Dreitausenders ist übrigens auch der jenseitige Abstieg bis zur Selletta Fanis Teil der Klettersteiganlage, die vom Einstieg weg mit einem Füllhorn animierender Einzelstellen aufwartet. Da braucht man nur noch genug Muße, nebenbei auch die herrliche Umgebung zu würdigen. Das massige Triumvirat der Tofane gegenüber gibt zweifellos das eindrücklichste Schaustück ab.

Die Kette der Fanisspitzen, links der Südgipfel, auf den der Tomaselli-Klettersteig führt.

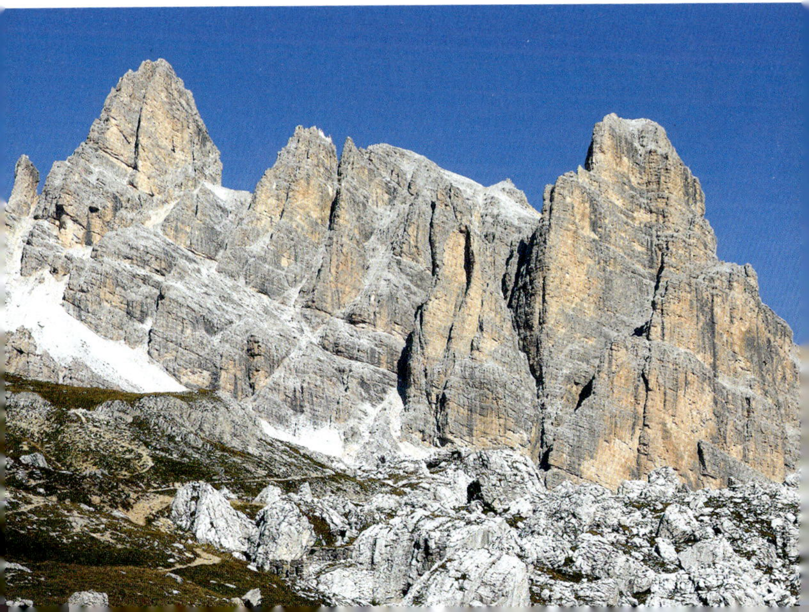

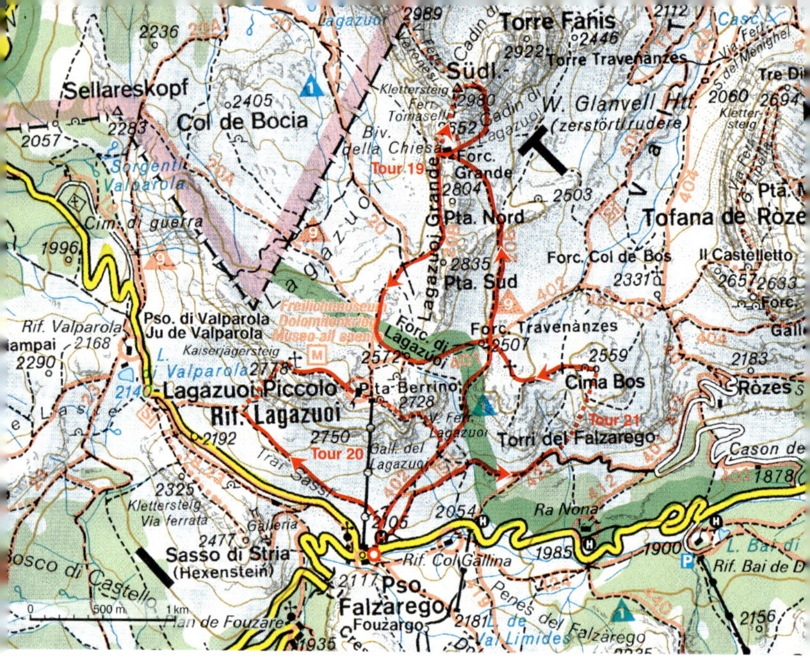

Ausgangspunkt: Passo Falzàrego (2105 m), Straßenverbindung zwischen Cortina und Buchenstein bzw. Agordino.
Gehzeiten: Passo Falzàrego – Einstieg 1.45 Std. – Südliche Fanisspitze 1.45 Std. – Forcella Granda 1 Std. – Forcella Lagazuoi 0.45 Std. – Passo Falzàrego 1 Std.; insgesamt 6.15 Std.
Charakter: Sehr schwieriger und exponierter Gipfelklettersteig in griffigem Fels mit kraftintensiven senkrechten Passagen. Praktisch ohne künstliche Tritte, nur zwischendurch Gehgelände und auch im oberen Teil des Abstiegs noch sehr anspruchsvolle Stellen. Klettergeschick und reichlich Erfahrung auf Dolomiten-Klettersteigen angezeigt.
Schwierigkeit: Mehrere Passagen D, oft um C, nur im mittleren Teil leichter. Abstiegsklettersteig bis C.
Höhenunterschied: Etwa 1000 Hm mit Gegensteigungen beim Rückweg, am Klettersteig gut 300 Hm.
Höchster Punkt: Südliche Fanisspitze (2980 m).
Exposition: Süd in der Hauptroute, aber Nord beim Abstiegsklettersteig.
Tipps: 1) Zustieg mithilfe der Funivia Lagazuoi etwas schneller, aber nicht unbedingt empfehlenswert, da man womöglich in starken Andrang gerät. Lieber früh starten!
2) Am Massiv der Fanisspitzen gibt es noch die weniger bekannte Alta Via Luigi Veronesi, eine nahezu horizontale Bänderroute (maximal B/C, meist nur A). Die Route kreuzt die »Tomaselli« auf halber Höhe und nochmals im Sattel auf der Abstiegsseite (Verbindung zwischen Nordost- und Südwestseite durch einen Felstunnel). Des Weiteren führt sie gegen die Cima Scotoni hinaus und zum viel begangenen Steig über die Forcella del Lago.

Zustieg: Vom Passo Falzàrego unter dem Südabbruch des Kleinen Lagazuoi auf gut angelegtem Serpentinensteig (Nr. 402) aufwärts. Man lässt die Abzweigung zur Galleria links und begibt sich am Wandfuß entlang in die Hangmulde, welche zur Forcella Travenanzes (2507 m) emporleitet. Hier mit Markierung 20B geradeaus weiter und unter der Kette des Lagazuoi Grande queren. Man überschreitet dabei die Forcella Gasser Depot und hält sich links zur Forcella Granda hinauf. Gleich dahinter befinden sich das Bivacco della Chiesa (2652 m, ohne Einrichtung) und der Einstieg am südwestseitigen Wandsockel.
Klettersteig: Die erste diagonale Aufwärtsquerung kommt gleich zur Sache: Am senkrechten, bauchig-trittarmen Fels wird um eine Kante herum die berüchtigte Schlüsselstelle gemeistert (D). Danach weiter sehr steil, aber etwas besser gestuft höher (C/D), ehe eine Passage im Geröll der Cengia Alta Erholung bringt. Hier kreuzen wir die Alta Via Veronesi (Ausstiegsmöglichkeit rechts). Nach einem Stück gemeinsamen Verlaufs (Stelle B/C) geht es auf der »Tomaselli« scharf rechts weiter und über ein Band bis zu einer luftigen Kanzel am Südgrat hinaus. Nun steil an der Kante hinauf, dann wieder in die linksseitige Wand ausweichend, wo kompakter Fels ein anregendes, mitunter auch kräftezehrendes Emporklettern verlangt (anhaltend C bis D). Immerhin sind zwischen den nahezu senkrechten Passagen winzige Absätze eingelagert. Durch eine sehr steile Verschneidung (D) nochmals direkt an die Gratkante, bevor eine sehr luftige, von einem Riss durchzogene raue Platte (C) den Schlussakzent zum Gipfel der Südlichen Fanisspitze setzt.
Abstieg: Wir folgen den Drahtseilen auf der Nordseite über gestuften Steilfels hinab. Nach etlichen Absätzen mehr nach rechts und mit zwei, drei kniffligen Zügen an senkrechten Stellen (C), zuletzt mit einer Abwärtstraverse, in die Selletta Fanis (auch Forcella dei Quaire, ca. 2820 m). Dieser Sattel entbindet uns vom Eisen und leitet in das südseitige Geröllcouloir, an dessen Auslauf zurück in die Forcella Granda gequert wird. Von dort am schnellsten auf dem Hinweg zum Passo Falzàrego, der Abwechslung halber aber interessanter auf der Westseite der Kette insgesamt leicht ansteigend Richtung Lagazuoi Piccolo. Auf den mäßig steilen Hängen unterhalb des Seilbahngipfels links in die Forcella Lagazuoi (2573 m) abdrehen und via Forcella Travenanzes zurück zum Ausgangspunkt.

Die Via ferrata Tomaselli führt fast durchwegs durch Steilgelände.

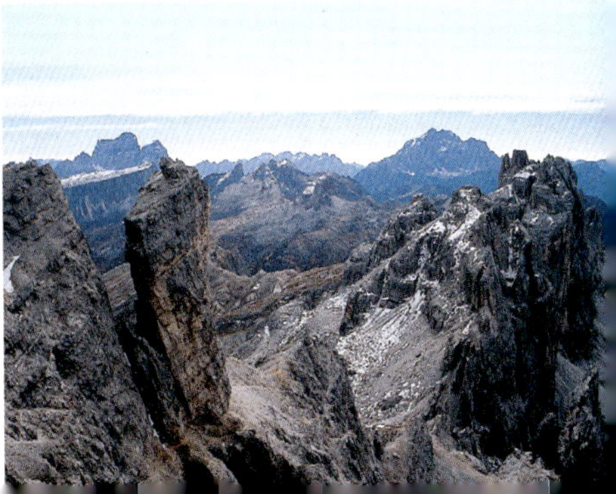

20 Kaiserjägersteig und Galleria Lagazuoi

3.30 Std.

Auf Tuchfühlung mit den bedrückenden Relikten des Gebirgskriegs

Der Kleine Lagazuoi, heute ein populärer Seilbahnberg mit toller Aussicht, führt uns die Schrecken des Ersten Weltkrieges unmittelbar vor Augen. Ein langer, von den Alpini angelegter Spiraltunnel durchzieht die Südostseite des Massivs über dem Falzàregopass und gehört schon seit geraumer Zeit zum festen Inventar der Dolomitentouristen. Mit der zuverlässigen Seilführung gibt es in dem feuchtkalten Loch keine ernsthaften Hindernisse, sofern man einen Helm mit Lampe trägt. Besonders attraktiv ist die Überschreitung des Lagazuoi mit dem wieder instandgesetzten Kaiserjägersteig geworden. Dieser berührt die österreichischen Stellungen weiter westlich und eignet sich für jeden trittsicheren Bergwanderer. Fazit: nur wenig Klettersteigfeeling, aber trotzdem eine außergewöhnliche Tour, Geschichtslektion inbegriffen.

Ausgangspunkt: Passo Falzàrego (2105 m), Straßenverbindung zwischen Cortina und Buchenstein bzw. Agordino.
Gehzeiten: Passo Falzàrego – Lagazuoi Piccolo 2 Std. – Galleria – Passo Falzàrego 1.30 Std.; insgesamt 3.30 Std.
Höhenunterschied: 680 Hm.
Charakter: Leichte, gesicherte Kriegssteige, beim Aufstieg nur stellenweise Drahtseile, einige Eisentritte sowie eine Hängebrücke, beim Abstieg langer Stollen mit durchgängigem Drahtseillauf. Klettersteigsicherung eventuell entbehrlich, nicht aber Helm und Lampe!
Schwierigkeit: A.
Höchster Punkt: Lagazuoi Piccolo (2778 m).
Exposition: Aufstieg Südwest, Abstieg im Berginneren.
Stützpunkt: Rif. Lagazuoi (2752 m), Tel. +39 0436 867303 (neben der Bergstation).
Tipp: Kurz vor dem unteren Ausgang der Galleria kann man der ebenfalls restaurierten Cengia Martini folgen (Sackgasse).

Hängebrücke am Kaiserjägersteig.

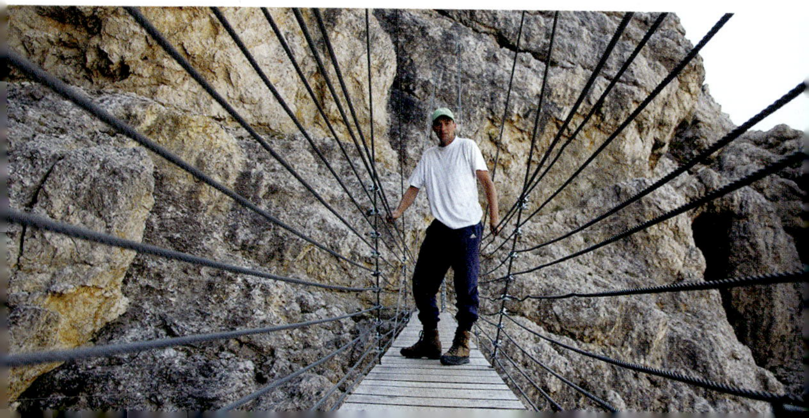

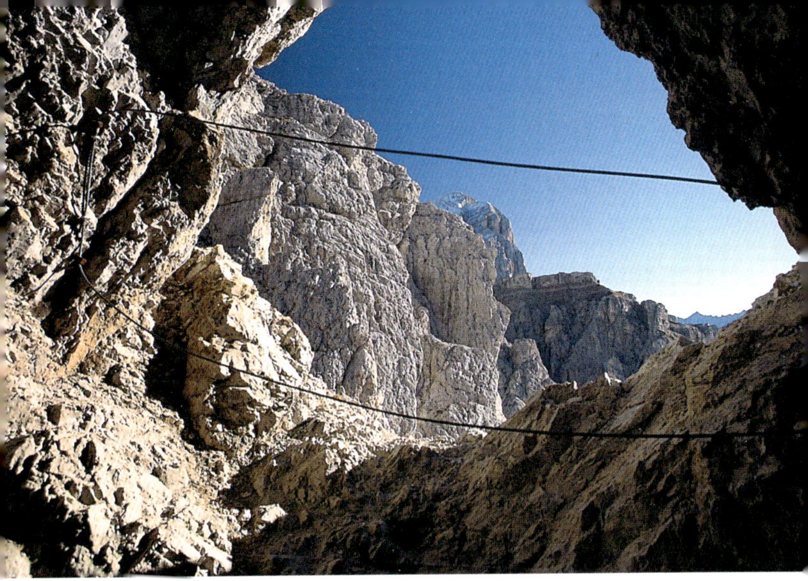

Stollenfenster in der Galleria Lagazuoi.

Aufstieg über Kaiserjägersteig: Vom Parkplatz bei der Seilbahn kurz auf der Hauptroute Richtung Galleria bzw. Forcella Travenanzes, in Kürze aber links ab und schräg aufwärts. Der ordentliche Schuttsteig vollzieht später zahlreiche Kehren an einem steileren Hang und leitet nach rechts über ein Band zur ersten gesicherten Passage in einer Rinne (Holzbalken und Klammern). Ein weiteres Band (A) führt zur Hängebrücke, die eine Schluchtrinne überspannt, und setzt sich dahinter fort. Anschließend kommt man in eine schütter begrünte Hangmulde mit Stellungen. Erst weiter oben folgen nochmals einzelne gesicherte Stellen (A), ehe man auf den Kamm aussteigt und in Kürze nach rechts den höchsten Punkt des Lagazuoi Piccolo erreicht.
Abstieg durch die Galleria Lagazuoi: Mit wenig Höhenverlust hinüber zum Gasthaus und zur Seilbahnstation. Gleich dahinter erfolgt der Zustieg zur Galleria. Man steigt über gestufte Felsen (A) abwärts zu einer Bändertraverse nach links, durchquert einige Schützengräben und findet an einem Felsgrat den Einstieg in den Stollen. Durchwegs mit Drahtseil versehen führt er rund 300 m tiefer und ist dabei nur selten von einigen Durchbrüchen erhellt (manch überraschende Perspektive nach draußen). Nahe dem Abzweig der Cengia Martini (2434 m) treten wir wieder ins Freie. Man geht noch über ein gesichertes Band sowie durch einen kurzen Tunnel und bewältigt die letzten Stufen (A) bis auf den Wanderweg, der zurück zum Passo Falzàrego führt.

21 Via ferrata della Piramida

3.15 Std.

Neuerer, sportlicher Steig über der Falzàregostraße

Die Hochzeit des Ferratabaus scheint in den Dolomiten (im Gegensatz zu anderen Destinationen) vorbei, dennoch gibt es ab und zu Novitäten. Zum Beispiel die Via ferrata della Piramida, nach ihrem Gipfelziel auch Via ferrata Col dei Bos (oder auch Via ferrata degli Alpini) genannt. Dieser abgerundete Buckel steht zwischen dem Lagazuoi und der mächtigen Tofana di Rozes, gleich neben den bei Kletterern so beliebten kantigen Falzàregotürmen. In dem durchaus respektablen Südabbruch des Col dei Bos bohrten einheimische Bergführer eine spannende Linie ein, die in der »Szene« sofort begeistert aufgenommen wurde. Bereits im unteren Drittel werden die Maßstäbe gesetzt, ehe nach einem entspannteren Mittelteil gegen Ende nochmals ein paar animierende Aktionen warten.

Ausgangspunkt: Passo Falzàrego (2105 m), Straßenverbindung zwischen Cortina und Buchenstein bzw. Agordino. Alternativ kann man auch bei der Bar Strobel oder beim geschlossenen Gasthaus Ra Nona an der Ostrampe starten.
Gehzeiten: Passo Falzàrego – Einstieg 0.40 Std. – Col dei Bos 1.20 Std. – Passo Falzàrego 1.15 Std.; insgesamt 3.15 Std.
Charakter: Schwieriger, modern angelegter Klettersteig mit kurzem Zustieg. In steilen Passagen guter Fels und vorbildliche Sicherungen (kurze Verankerungsabstände, vielfach mit Gummipuffern), dabei aber nur wenige Tritthilfen. Halbtagestour, für die Übung im Steilfels nötig ist.
Schwierigkeit: Schlüsselstellen C/D, sonst meist B bis C.
Höhenunterschied: 540 Hm, davon 330 Hm am Klettersteig.
Höchster Punkt: Col dei Bos (2559 m).
Exposition: Süd.

Gratabschnitt im Mittelteil.

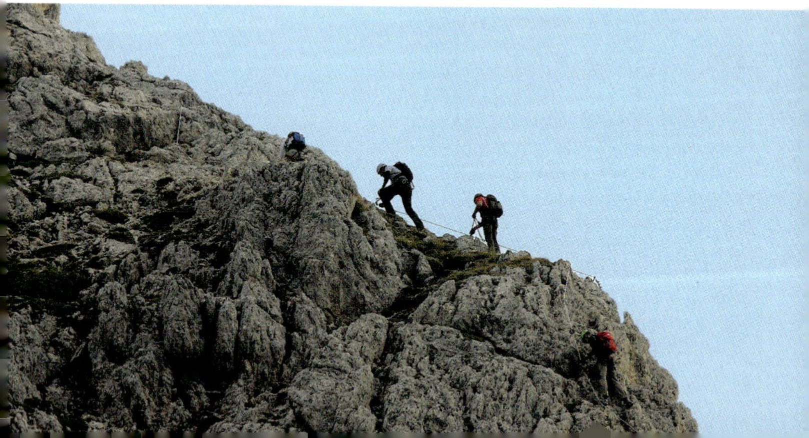

Zustieg: Vom Passo Falzàrego mit Nr. 423 nur wenig ansteigend bis unter die Torri del Falzàrego queren, an Stellungen vorbei den Auslauf der Abstiegsrinne kreuzen und hinüber zum Einstieg auf knapp 2200 m.

Klettersteig: Sogleich schwierig ist der Auftakt an einer Wandstufe, die in eine steile Verschneidung überleitet (C/D). Nach einer leichteren Bänderdiagonale folgt die Schlüsselstelle in Form eines Überhangs (C/D), der mit Klammern entschärft ist. Noch kurz steil weiter, dann durch leichteres Schrofengelände zum Grasband mit der ersten Ausstiegsmöglichkeit nach links. Weitere Schrofen führen zu einem exponierten Quergang (C). Der Mittelteil weist ansonsten geringere Schwierigkeiten auf, da der Gratpfeiler – an dem man sich meist linksseitig bewegt – hier deutlicher geneigt ist und trittreichen Fels aufweist (B). Über den flachen Gratabsatz auf der Höhe des Pfeilers (A) weiter zum zweiten Notausstieg unter der Gipfelwand. Diese wird schräg links angegangen und verlangt wieder kräftigeres Zugreifen, vor allem in einer Steilstufe (C), ehe die Schwierigkeiten bald wieder abnehmen und der Klettersteig unspektakulär auf einem grasigen Plateau endet. Auch wenn eine Spur links sofort zur Abstiegsroute quert, wird man die wenigen Meter zum Gipfel des Col dei Bos noch absolvieren.

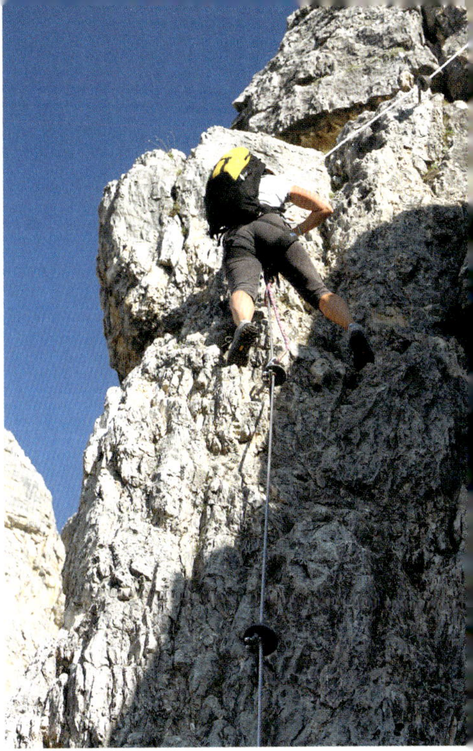

Am Beginn der Via ferrata della Piramida.

Abstieg: Westwärts zum Ansatzpunkt der Abstiegsrinne, die auf der Südseite wieder zu den Stellungen unweit des Einstiegs hinableitet. Landschaftlich interessanter und kaum länger gestaltet sich die Überschreitung der plateauartigen Cima del Falzàrego (2563 m) hinüber zur Forcella Travenanzes, von wo ein guter Bergweg zurück zum Passo Falzàrego genommen wird.

TOP 22 Via ferrata Giovanni Lipella

7.30 Std.

Von Band zu Band durch eine Riesenflanke

Im weiten Rund der Conca d'Ampezzo ordnen sich einige der höchsten Dolomitengipfel an, jeder für sich ein unverwechselbares Unikum. Ein besonderes Schaustück ist die Tofana di Rozes, die sich mit ihrer pfeilerbewehrten Südwand unmittelbar über der Falzàregostraße wirkungsvoll in Szene setzt. Mit der geschickt durch den gebänderten Westabsturz lavierenden Via ferrata Lipella finden wir dort einen der großen Dolomiten-Klassiker, der in puncto Länge und Schwierigkeit eine gehörige Herausforderung darstellt. Weil der gebankte Dolomit mit seinen Schichten leicht nach Norden einfällt, werden die in den »Etagenwechseln« gewonnenen Höhenmeter fast unmerklich wieder zunichtegemacht. Somit springt bis zu den Tre Dita zumindest eine höchst anregende Traverse durch die gesamte Westwand des Berges heraus, ehe die »Lipella« in ihrem oberen Teil nochmals an Schärfe gewinnt. Als Krönung dürfen wir von einem Dolomiten-Dreitausender ein wahrhaft überwältigendes Panorama abnehmen.

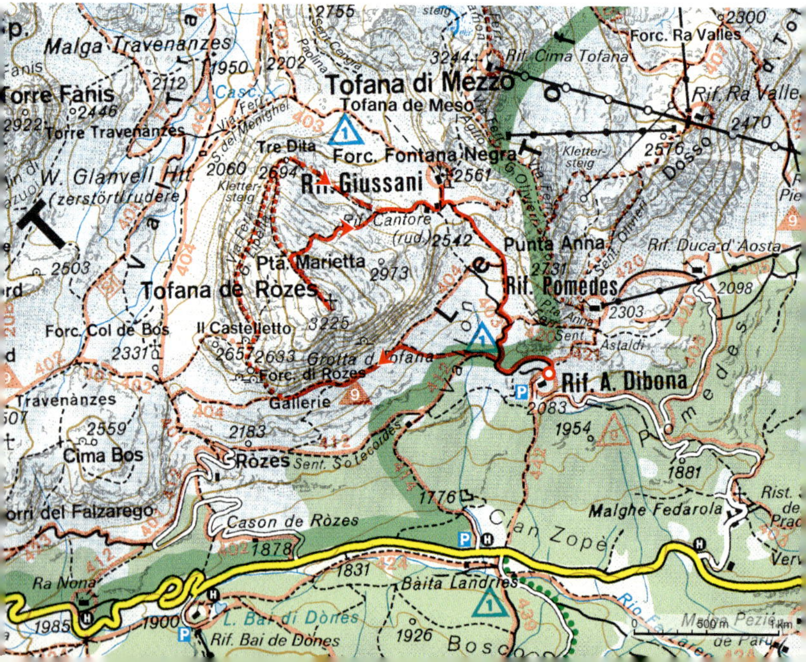

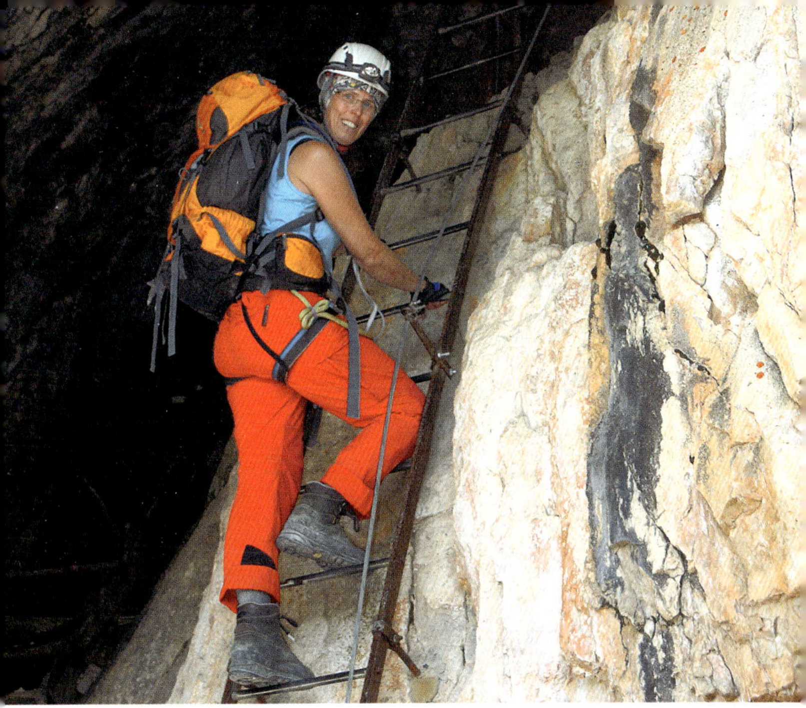

Einstieg ins Stollenloch.

Ausgangspunkt: Rifugio Dibona (2083 m); Zufahrt von Cortina über die Ostrampe der Falzàregostraße und eine teils grobschottrige Stichstraße.
Gehzeiten: Rifugio Dibona – Einstieg 1.15 Std. – Tre Dita 2 Std. – Tofana di Rozes 1.45 Std. – Rifugio Giussani 1.30 Std. – Rifugio Dibona 1 Std.; insges. 7.30 Std.
Charakter: Sehr langer, anstrengender und ziemlich schwieriger Gipfelklettersteig im ständigen Wechsel zwischen Bändertraversen und Steilstufen. Nach oben hin tendenziell zunehmende Schwierigkeiten (Notausstieg auf halber Höhe vorhanden); außer den Leitern am Einstieg fast nur Drahtseile. Höhenlage beachten, Abstieg über Normalweg alpin (Geröll mit kleinen Felsstufen) und nur bei schneefreien Bedingungen relativ gutmütig. Lampe für den Felstunnel!
Schwierigkeit: Einige Male bis C/D, sonst sehr gemischt zwischen A und C.
Höhenunterschied: 1400 Hm, davon ca. 1000 Hm zwischen Einstieg und Gipfel.
Höchster Punkt: Tofana di Rozes (3225 m).
Exposition: West.
Stützpunkt: Rifugio Giussani (2561 m), Tel. +39 0436 5740.
Hinweis: Im Felsriegel, der aus dem Kar nördlich der Tofana di Rozes gegen das Val Travenanzes abbricht, gibt es mit der »Scala del Menighel« eine gewiefte Klettersteigeinlage in Form einer langen, originellen Bügelreihe (technisch B/C, ziemlich ausgesetzt).

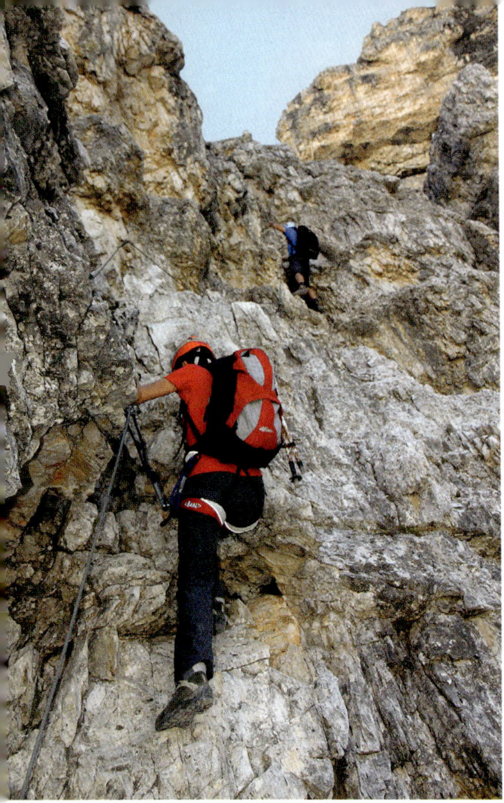

Immer wieder warten knackige Steilstufen.

Zustieg: Vom Rifugio Dibona westwärts ansteigend zum Fuß der Südwand und unter den senkrecht aufstrebenden Pfeilern entlang – bei einer Gabelung auf dem oberen Weg – bis zum Einstieg der »Lipella« (ca. 2470 m) hinter einem Eck.

Klettersteig: Eine erste aufwendig gesicherte Rampe mit Klammern und zwei Leitern (B) führt zu Felsdächern und in die lange, stockfinstere Galleria del Castelletto, die ziemlich steil im Berg emporzieht (Seilgeländer) und uns erst nahe dem Castelletto-Felsen wieder ans Tageslicht entlässt. Es folgen eine Bänderquerung (A) und ein kurzer, steiler Abstieg an Drahtseilen (B) bis auf eine breite Geröllterrasse, die als herrlicher Laufsteg über dem oberen Val Travenanzes entlangzieht. Mit leichtem Höhenverlust weit nach Norden, bis an geneigten Felsen wieder Drahtseile einsetzen. Die erste Stufe auf ein höheres Band ist noch moderat (B), doch folgt am Ende der Querung eine senkrechte Stelle (C/D) mit anschließender Diagonale an kleinen Tritten (C). Dann etwas leichter zum nächsten Band, das mit einem Spreizschritt aufwartet. Um die Kante herum quer durch eine kapitale Nische (etwas abdrängendes Band und oft feucht) und um das nächste Eck zu einem gestuften Aufschwung, der in einen Riss und einen Kamin (bis C) übergeht. Kurz abkletternd auf das folgende Band und mit abwechselnden Traversen sowie kurzen Steilstellen hinüber zum Band an den Tre Dita (2694 m), wo sich Notausstieg (um die Kante in die Nordflanke und zum Rifugio Giussani) und Gipfelroute verzweigen.

Wir folgen dem Hinweis »Cima« über ein nach rechts ansteigendes Geröllband, jedoch nicht bis zu dessen Ende, sondern bugsieren uns über den ersten von drei verbleibenden Aufschwüngen (C) inmitten der mächtigen, konkaven Wandbucht empor. Nach splittbedecktem Terrain folgt eine kürzere Steilstufe (B/C) sowie eine Bändertraverse nach rechts (A), die von einer knackigen senkrechten Stufe (C/D) abgelöst wird. Mit abnehmenden Schwierigkeiten erreichen wir den Gipfelrücken, wo die klettertechnischen Hürden überwunden sind. Auf Geröllspuren jetzt nur noch mäßig steil eine halbe Stunde lang aufwärts bis zum Kreuz auf der Tofana di Rozes.

Abstieg: Zunächst ebenfalls wieder über den Nordwestgrat zurück, dann rechts haltend in die Flanke. Hier muss man sich in den verzweigten Steigspuren zurechtfinden und geschickt durch die kleinen, oft abwärts geschichteten Felshindernisse lavieren (Markierungen helfen). Weiter unten orientieren wir uns allmählich immer mehr nach rechts und vollziehen am Fuß der Flanke einen Bogen zum Rifugio Giussani in der Forcella Fontananegra. Von dort durch ein kleines Blocklabyrinth in den Vallon de Tofana und auf breitem Serpentinensteig hinab zum Rifugio Dibona.

Leichte Bänderpassagen bieten Aussicht.

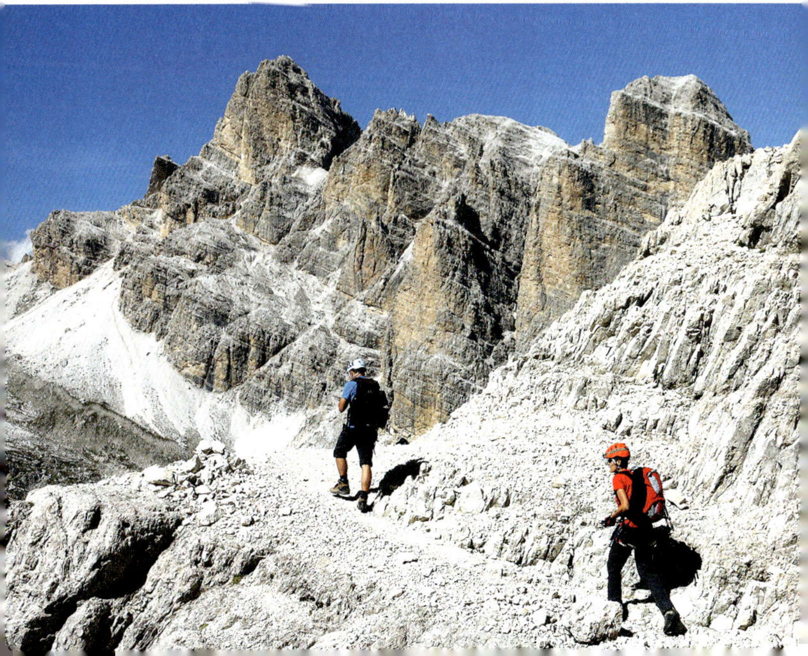

23 Via ferrata Giuseppe Olivieri und Via ferrata Gianni Aglio

6.00 Std.

Die große Ferrata auf die Tofana di Mezzo

Die Mittlere Tofana ist die höchste der drei Schwestern (wobei die Unterschiede kaum ins Auge fallen) und ein Ziel der Halbschuhtouristen, die mit dem Cortineser »Himmelspfeil« (Freccia nel cielo) mühelos bis ins höchste Stockwerk der Dolomiten vordringen können. Ähnliches haben die Klettersteigler im Sinn, brauchen dafür aber wesentlich mehr Kraft und Ausdauer. Schon die steinerne Riesentreppe der an steiler Südkante verlaufenden Via ferrata Olivieri (auch Via ferrata Punta Anna genannt) lässt die Herzen aller Ambitionierten höherschlagen, jene der Unbedarften vermutlich eher in die Hose rutschen. Nach anderthalb anregenden Kletterstunden bis zur Punta Anna warten am Torre Aglio weitere Finessen in maximaler Exposition, ehe der Schlussanstieg zum höchsten Punkt der Tofane dann eher eine Fleißaufgabe darstellt. Für gestandene Ferratisti gehört diese Tour zu den großen Klassikern in den Dolomiten!

Es lockt die Punta Anna mit ihrer steilen Südkante nach links im Profil.

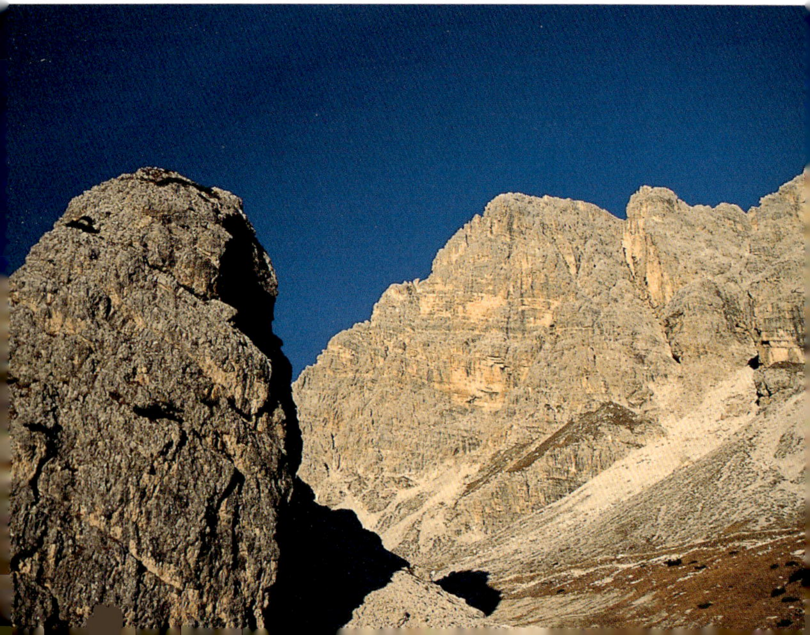

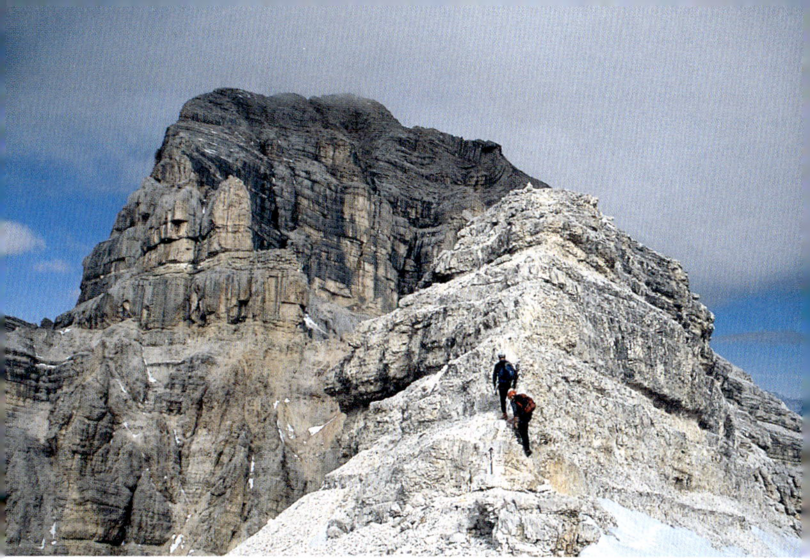

Am Grat zur Tofana di Mezzo.

Ausgangspunkt: Rifugio Pomedes (2303 m), erreichbar mit dem Sessellift von Pietofana (1675 m; Zufahrt von Cortina über Gilardon) oder zu Fuß in jeweils rund 30 Min. vom Rifugio Duca d'Aosta (2098 m) bzw. Rifugio Dibona (2083 m; Zufahrt über eine schottrige Stichstraße von der Falzarego-Ostrampe.

Gehzeiten: Rifugio Pomedes – Einstieg 0.30 Std. – Punta Anna 1.30 Std. – Bus de Tofana 1.30 Std. – Tofana di Mezzo 1 Std.; insgesamt 4.30 Std., mit Abstieg über den Sentiero Olivieri 6 Std.

Charakter: Streckenweise sehr schwierige und ausgesetzte Klettersteige, besonders hinauf zur Punta Anna und im Bereich des Torre Aglio. Meist nur Drahtseile, wenige Leitern und das auf gut 800 Hm! Viel Power in den Muskeln sowie alpine Routine notwendig. Mehrere vorzeitige Ausstiegsmöglichkeiten.

Schwierigkeit: Schlüsselstellen D, oft B bis C, erst am Gipfelaufbau leichter.

Höhenunterschied: Knapp 1000 Hm, davon 800 Hm Klettersteig.

Höchster Punkt: Tofana di Mezzo (3244 m).

Exposition: Süd.

Stützpunkt: Rifugio Pomedes (2303 m), Tel. +39 0436 862061.

Tipps: 1) Konditionsstarke können gleich den Übergang zur Tofana di Dentro anhängen (siehe Tour 24).

2) Im Vorfeld der Tofane sind an der Ra Bujela und der Ra Pegna zwei kürzere und weniger ernste Klettersteige entstanden (Grad C bzw. B).

Zustieg: Das Rifugio Pomedes lässt sich mit Liftunterstützung erreichen, empfehlenswerter erscheint angesichts früherer Startmöglichkeit jedoch der nicht sehr lange Anmarsch von einem der Parkplätze. Anschließend geht es rasch weiter zum Wandfuß der Punta Anna und hinein ins »Ferrata-Vergnügen« (Einstieg auf ca. 2450 m).

Via ferrata Giuseppe Olivieri: Ein gut gestufter Aufschwung (C) macht den Anfang, dann auf einem Felsband (A) nach links hinaus. Eher mittelschwer (B bis C) sind die folgenden Passagen bis zu einer Gratscharte, wo man erstmals die Tofana di Rozes voll im Blick hat. Jetzt gibt die steile Südkante die Linie vor, nur manchmal unterbrochen von bandartigen Absätzen zur Linken. Ein sehr steiler und exponierter Aufschwung (D) markiert die Schlüsselpassage der »Olivieri«, doch folgen noch ein, zwei Stellen ähnlichen Kalibers, ehe sich der Grat zum Gipfel der Punta Anna (2731 m), eigentlich vielmehr eine Felsschulter im Massiv der Tofana di Mezzo, zurücklegt. Weiter über den Gratkamm bzw. knapp westseitig kommen wir zur ersten Ausstiegschance: links über teils noch etwas luftige, aber wenig schwierige Bänderpassagen ins Tofanakar, wo man über eine Schotterreiße abfahren kann.
Via ferrata Gianni Aglio: Die Fortsetzung leitet indessen rechts aufwärts zu einer Scharte vor dem Aufbau des Dritten Pomedesturms. Auf einer Felsrampe zu einer Verschneidung, die uns diagonal nach rechts auf ein schönes Band bringt (B). Hier um ein Eck herum auf den ostseitigen Schutthang mit günstiger Abstiegsmöglichkeit zur Seilbahnstation Ra Valles (man kann auch ideal in den Sentiero Olivieri einfädeln). Ansonsten über Steigspuren hinauf zum Kamm. Gehgelände und niedrige Stufen führen zu einer acht Meter hohen Leiter (B), die ein senkrechtes Wandl überwindet. Kurzzeitig auf

Lohnend ist der Schlussabstieg über den Sentiero Giuseepe Olivieri.

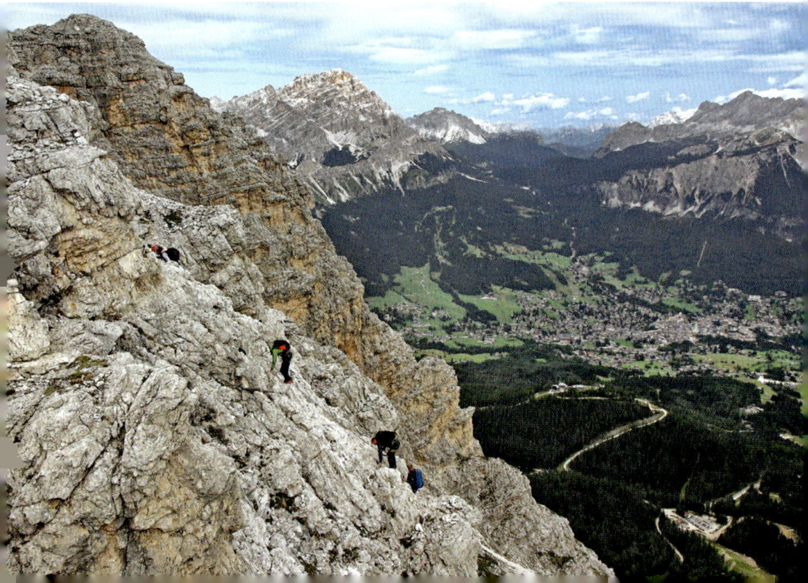

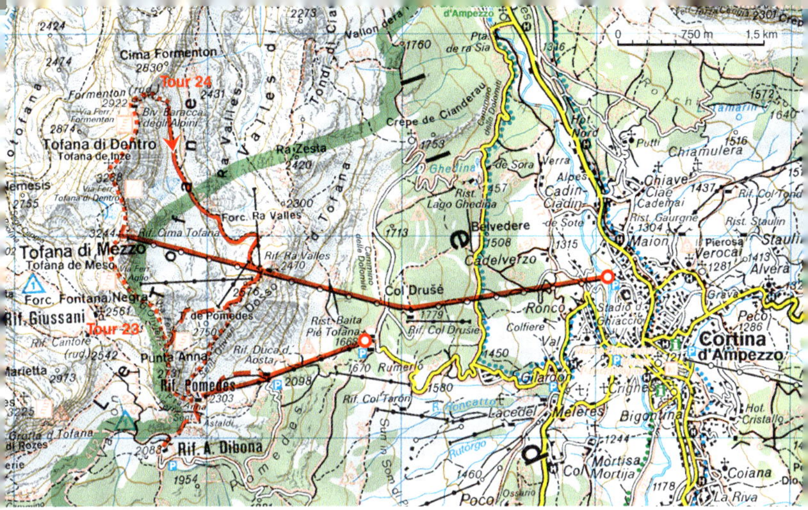

der Ostseite, wechseln wir auf ein westseitiges Band, das leicht abwärts in dio markante Scharte vor dem Torre Aglio (2972 m) zieht. An diesem Turm zeigt die Ferrata ihre Zähne: im Steilanstieg (D) nach rechts (knackiger Abstecher direkt auf den Zacken möglich, ebenfalls D) und in verwinkeltem Verlauf über das berühmte, extrem ausgesetzte Hangelband (C/D) auf die Nordseite des Hindernisses. Kurz darauf überschreitet man die Felsbrücke am Bus de Tofana (wiederum Ausstiegsgelegenheit durch das Fenster sowohl ins Steilkar Vallon de Tofana als auch über die Skipiste Richtung Ra Valles). Anschließend packen wir den Gipfelaufbau über die deutlich leichtere Fortsetzung an. Nach einer steinschlaggefährdeten ostseitigen Querung (zerschmetterte Fangzäune) wieder auf den Südgrat und über eine Reihe von leicht nach Norden einfallenden Felsbänken (nach Neutrassierung stellenweise bis C, sonst meist leichter, mitunter kurze Leitern, teils auch I) bis zum Gipfel der Tofana di Mezzo.

Abstieg: In wenigen Minuten hinüber zur Bergstation und mit der »Freccia nel cielo« entweder bis zur Station Col Druscie (von dort 15 Min. Fußabstieg zum Ristorante Pietofana) oder nur bis zur Station Ra Valles. Von dort gelangt man in südwestlicher Richtung leicht zum oberen Einstieg des Sentiero Giuseppe Olivieri im Bereich der Pomedestürme. Dieser wartet noch mit etlichen gesicherten Passagen inklusive zweier Leitern auf (B). Zuerst über eine kurze Stufe, weiter durch eine Felsnische zu einem Schartl und schließlich auf der Südseite über zwei weitere Steilstufen – unterbrochen durch Gehgelände mit einem Kehrensteig – auf das am Wandfuß der Pomedestürme verlaufende Band. Hier in einer Schluchttraverse weit nach rechts und auf einer Geröllspur zurück zum Rifugio Pomedes.

24 Via ferrata Lamon-Formenton

3.30 Std.

Auf die abseits stehende Tofana di Dentro

Der Klettersteig zwischen der Mittleren und Hinteren Tofana ist ein hochalpines Balancierstückchen, das von Unersättlichen gern als Zugabe von Tour 23 gewürdigt wird. Damit bastelt man sich das ganz große Unternehmen an der Tofana zusammmen! Für sich allein genommen kann die Via ferrata Lamon-Formenton bergsteigerisch weniger berauschen als die Aussicht, die sie bietet. Immerhin bewegt man sich hier über der Dreitausend-Meter-Marke und wird zuweilen auch mal mit erschwerten Bedingungen konfrontiert, was allzu übermütigen Seilbahnbergsteigern rasch zum Verhängnis werden kann.

Ausgangspunkt: Bergstation nahe dem Gipfel der Tofana di Mezzo (3244 m), Seilbahn »Freccia nel cielo« von Cortina (3 Sektionen). Man kann auch bei der Station Col Druscie (1779 m, Straßenanschluss) einsteigen.
Endpunkt: Station Ra Valles (2470 m) der »Freccia nel cielo«.
Gehzeiten: Tofana di Mezzo – Tofana di Dentro 1 Std. – Ra Valles 2.30 Std.; insgesamt 3.30 Std.
Charakter: Technisch nur mäßig schwieriger Gratklettersteig, bei dem vor allem der Höhenlage Beachtung zu schenken ist. Bei Schnee und Vereisung erhöhte Schwierigkeiten auch im ungesicherten Gelände. Halbtagestour mit Seilbahnhilfe.
Schwierigkeit: B.
Höhenunterschied: 250 Hm Aufstieg und ca. 1000 Hm Abstieg.
Höchster Punkt: Tofana di Mezzo (3244 m).
Exposition: Verschieden.

Tofana di Dentro (links) und Tofana di Mezzo.

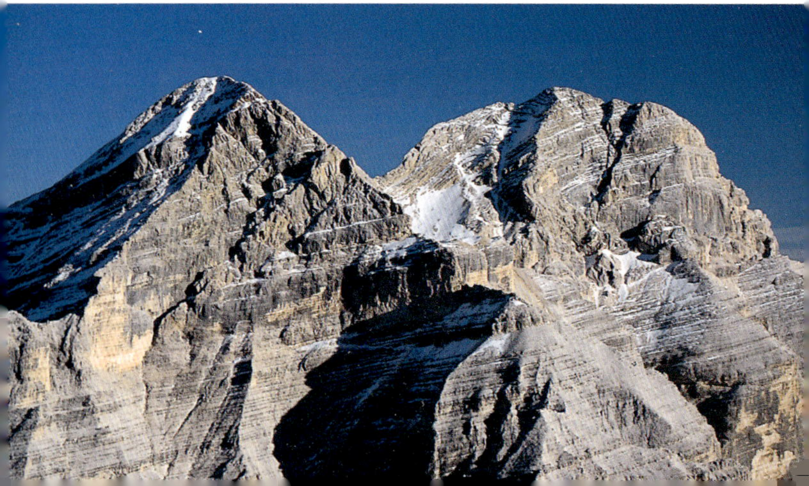

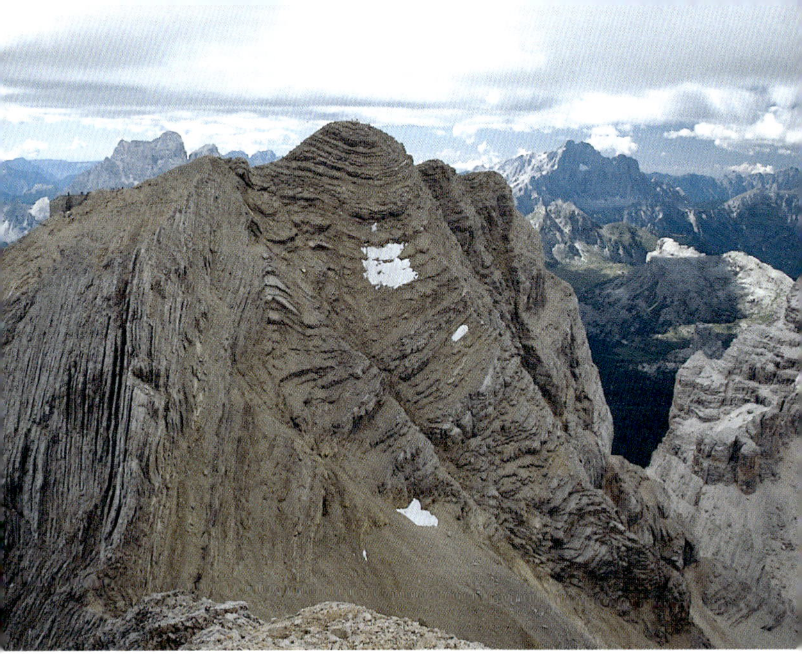

Der Klettersteig verläuft am Grat zwischen beiden Gipfeln.

Zustieg: Dieser reduziert sich auf ein Minimum, zumal der – nicht sehr deutlich bezeichnete – Einstieg von der Gipfelstation der Seilbahn schon in wenigen Minuten erreicht ist.
Klettersteig: Man folgt einem Schichtband knapp links der Gratschneide hinab in die Trennscharte zwischen beiden Gipfeln (durchgängig Drahtseillauf, meist A). Im Gegenanstieg geht es an einigen Zacken vorbei (B) und anschließend über eine Serie gut gestufter Wändchen und Rampen (maximal B) bis zu den Stellungsresten auf der Tofana di Dentro hinauf.
Abstieg: Natürlich kann man den Klettersteig in derselben Zeit wieder retour begehen. Ansonsten jedoch vom Gipfel am nordostwärts hinabstreichenden Kammrücken des Formenton abwärts (bis in den Sommer hinein Schnee). Nachdem an einem Gratvorsprung die Baracca degli Alpini (2922 m, Notunterschlupf) passiert ist, rechts abdrehend über gesicherte Passagen (meist A) steiler in einen kleinen Felsenkessel. Der Steig führt hier einen Bogen aus, windet sich in Serpentinen tiefer und schlüpft durch ein Felsloch südwärts auf die ausgedehnten Geröllreißen unterhalb der Ostwand. Nach längerer Abwärtstraverse wieder leicht aufwärts zur Seilbahnstation Ra Valles.

25 Via ferrata Ettore Bovero

5.00 Std.

Im Schatten der Tofane

Über 1000 Meter niedriger als die übermächtigen Tofane, könnte man den Col Rosà glatt gering schätzen. Allerdings wird das kaum der Fall sein, wenn man seiner steilen Südkante über dem Oberlauf des Boite nördlich von Cortina ansichtig wird: ein veritables Horn! Genau über diesen hellen Felsaufschwung führt die Ferrata Ettore Bovero in recht knackiger Manier – vergleichbar der »Michielli Strobel« gegenüber, technisch jedoch noch eine Nuance ambitionierter. Nur wird sich der passionierte Klettersteig-Freak die Anlage vielleicht etwas länger wünschen. Das geht an einem kleineren Berg halt nicht, aber die Aussicht auf die umliegenden Massive und das Tal von Cortina ist trotzdem großartig – und das bei einer Saison vom Frühjahr bis zum späten Herbst.

Ausgangspunkt: Camping Olympia (1283 m), nördlich von Cortina d'Ampezzo an der SS 51; Abzweig knapp 1 km vor dem Albergo Fiames.
Gehzeiten: Camping Olympia – Einstieg 2 Std. – Col Rosà 1 Std. – Camping Olympia 2 Std.; insgesamt 5 Std.
Charakter: Relativ kurzer, schwieriger Klettersteig mit sportlicher Note, einige ungesicherte Stellen I. Kraft bzw. gute Klettertechnik angezeigt; Sicherungen mitunter nicht ganz optimal geführt.
Schwierigkeit: C/D, meist zwischen B und C.
Höhenunterschied: Knapp 900 Hm, davon 220 Hm Klettersteig.
Höchster Punkt: Col Rosà (2166 m).
Exposition: Süd.

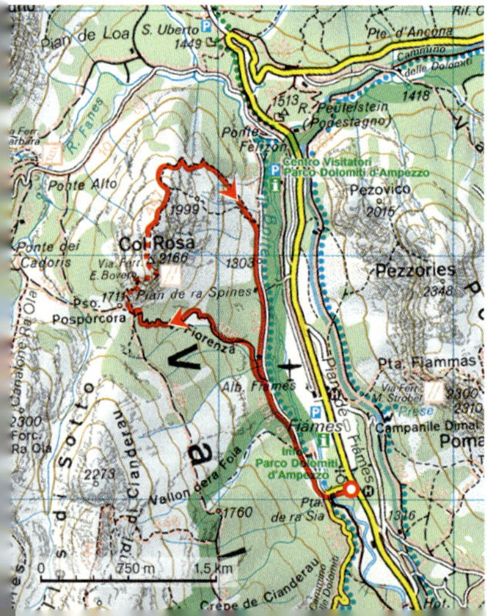

Zustieg: Am Campingplatz vorbei auf der Forststraße nordwärts, bis am Pian de Ra Spines Route Nr. 408 zum Passo Posporcora (1711 m) links abzweigt. Dieser südlich des Col Rosà eingelagerte Waldsattel wird auf gut angelegtem Steig in Serpentinen erreicht. Dort verlassen wir den jenseits ins Val Travenanzes weiterführenden Hauptweg und steigen zunächst schräg bis zum Ansatz steilerer Felsen an, dann im Zickzack über einige latschenbewachsene Stufen (teilweise leichte Kletterei) auf ein Band am Südwandsockel und hier rechts zum Einstieg (ca. 1950 m).

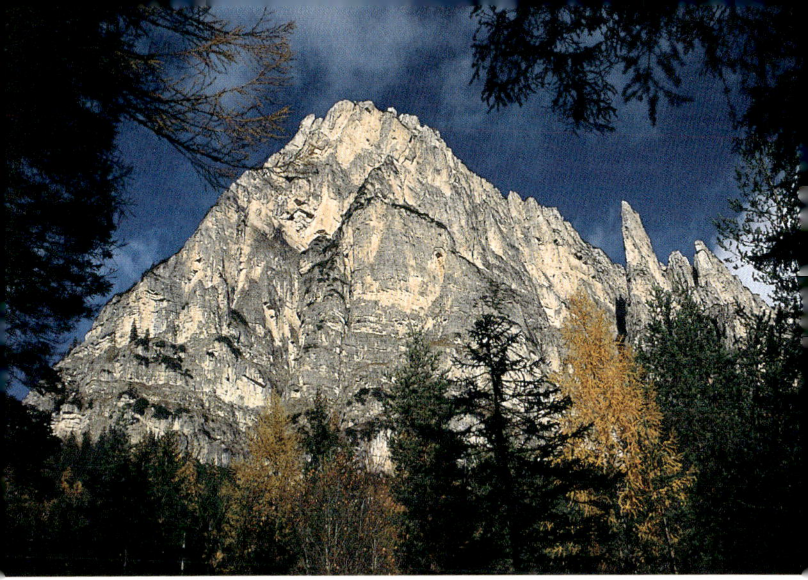

Der Col Rosà über dem Boitetal.

Klettersteig: Die Via ferrata Bovero beginnt gleich ziemlich heftig; nahe der Vertikalen arbeitet man sich in einer Felsverschneidung (C) und nach einem Absatz mehr oder weniger entlang der exponierten Kante neben einem tiefen Schluchteinriss höher (anfangs C/D, danach oft bis C). Ein kurzer Linksquergang erfordert etwas Mut. Auf gut 100 Hm ist die Routenführung praktisch durchwegs sehr steil und luftig, dann erreicht man bei einer Verflachung zwischen Latschenbeständen plötzlich Gehgelände. Rechts haltend an den Gipfelaufbau heran, der im Bereich eines Rinnensystems mittels Klammern (A/B und kurze Stellen I) bezwungen wird. Vom Ausstieg auf den Rücken sind es nur noch wenige Meter nach rechts bis zum höchsten Punkt des Col Rosà.

Abstieg: Die gut hergerichtete Normalroute führt nordwärts über die zunächst wenig steile, latschenbewachsene Karrenabdachung (problemlose Gasse). Bald hält man sich mehr auf die Ostseite, passiert ein paar Zacken und taucht allmählich in den Wald ein. Eine kleine Felsstufe erfordert die Unterstützung der Hände. Geschickt windet sich der Steig tiefer, besonders pfiffig angelegt in dem von einigen Gräben zerfurchten Steilgelände weiter unten. Man quert noch eine Reiße und trifft in der Talsohle auf den breiten Weg Nr. 417, dem man die letzte halbe Stunde über den Pian de Ra Spines südwärts zurück zum Campingplatz folgt.

26 Via ferrata Ra Gusela und Via ferrata Averau

4.30 Std.

Ampezzaner Gipfelduo für pfiffige Spritztouren mit großer Aussicht

Nuvolau und Averau zählen zwar nicht zu den hohen Bergen der Ampezzaner Dolomiten, aber bestimmt zu den besten Aussichtswarten. Die ganze Gipfelprominenz der »bleichen Berge« breitet sich ringsum aus. Während der Nuvolau neben der gesicherten Route auch einen leichten Weg für Gelegenheitswanderer und sogar eine Gipfelhütte anzubieten hat, ist der markante Averau ausschließlich über einen Klettersteig zugänglich.

Ausgangspunkt: Passo Giau (2233 m); Straßenverbindung zwischen Cortina und Selva di Cadore.
Gehzeiten: Passo Giau – Nuvolau 1.40 Std. – Rifugio Averau 0.20 Std. – Averau 0.50 Std. – Rifugio Averau 0.40 Std. – Passo Giau 1 Std.; insges. 4.30 Std.
Charakter: Zwei-Gipfel-Kombination auf Bergwegen mit kürzeren, mäßig schwierigen Klettersteigpassagen; kaum tagfüllend.

Schwierigkeit: B für beide Steige.
Stützpunkte: Rifugio Nuvolau (2575 m), Tel. +39 0436 867938; Rifugio Averau (2413 m), Tel. +39 0436 4660.
Höhenunterschied: Insges. rund 750 Hm.
Höchster Punkt: Averau (2647 m).
Exposition: Hauptsächlich Ost.
Hinweis: Alternativer Zustieg vom Rifugio Scoiattoli (2255 m), mit dem Cinque-Torri-Sessellift von der Falzàregostraße; Gesamtgehzeit etwa gleich.

Der Averau im Profil.

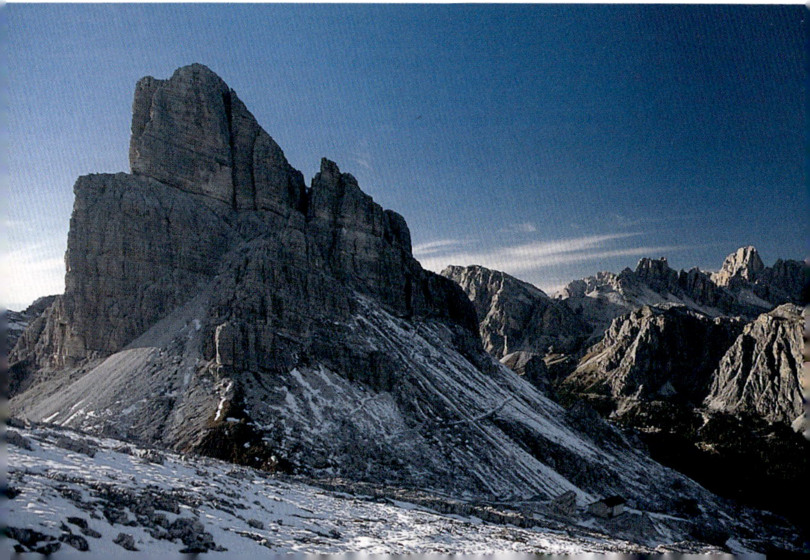

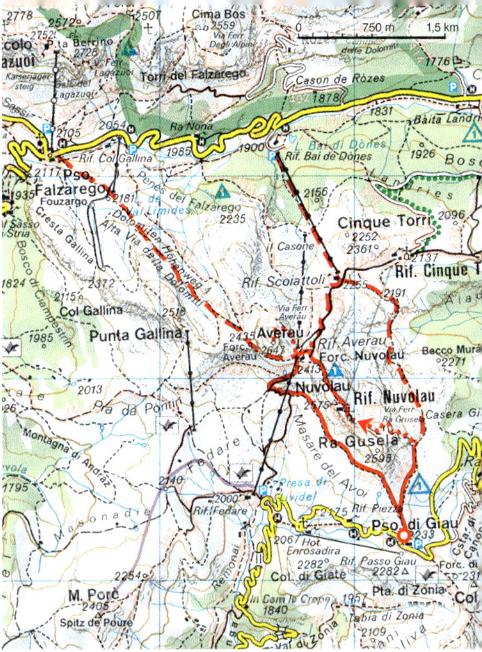

Zustieg: Vom Passo Giau nordwärts und vorerst ohne wesentlichen Höhengewinn unterhalb des turmartigen Aufbaus der Gusela entlang. Auf der Ostseite, vor dem Becco Muraglia, zweigt der Zustieg zur Ferrata links ab (neue Wegführung). In Kehren wird zunächst ein Schrofenhang erstiegen, ehe bei einem Felszacken die Sicherungen beginnen.

Via ferrata Ra Gusela: Nach einem harmlosen Band gewinnt man durch eine rinnenartige Verschneidung (Leiter) und die anschließende Felsrampe bereits den Ausstieg auf die zerklüfteten Karrenfelder der Südostabdachung. Die Markierungen schlängeln sich bis auf den Verbindungsgrat zwischen Gusela und Nuvolau, wo es über eine zweite gesicherte Passage zur Gipfelhütte hinaufgeht. Der Abstieg erfolgt rasch über den mäßig steilen Nordwestrücken in die Forcella Nuvolau, Standort des jüngst modernisierten Rifugio Averau.

Via ferrata Averau: Auf einer Schuttspur in leicht ansteigender Querung nach rechts und zum östlichen Felssockel, wo der kurze Klettersteig beginnt. Nach den ersten Stufen können wir uns entweder für die originelle Passage durch einen düsteren Kamin mit Felsloch (Klammern) entscheiden oder über die gestufte Wandstelle rechts davon aufsteigen (jeweils B). Wieder vereint nach rechts zu einer Felsrinne und über eine Geländekante zum Rand der großen gerölligen Hochmulde. Man bleibt auf deren linker Seite und setzt den Aufstieg ohne weitere Sicherungen über Schutt und kleine Felsstufen bis zum Gipfel des Averau fort.

Abstieg: Zurück zum Rifugio Averau nur über den Klettersteig. Anschließend südseitig auf breiter Spur abwärts, bis links der Verbindungsweg zum Passo Giau abzweigt. Auf ihm in leichtem Auf und Ab immer unter den Südwestabstürzen des Nuvolau entlang, am Fuß der Gusela noch durch ein Bergsturzareal und schließlich über den Wiesenrücken zurück zum Passo Giau.

TOP 27 Via ferrata degli Alleghesi

9.00 Std.

Ein Dolomitenthron der Extraklasse

Im Konzert der großen Dolomitengipfel spielt die Civetta gleichsam die erste Geige. Ihre Nordwestwand, eine der mächtigsten Wandfluchten in den gesamten Südalpen, wurde als »Königreich des sechsten Grades« tituliert, das ganze Massiv einschließlich seiner Ausläufer gilt als Eldorado der Extremkletterer. Die Normalos nähern sich lieber von der anderen Seite, wo sich die Civetta zwar ebenfalls steilfelsig, aber gegliederter und nicht gar so unzugänglich präsentiert. Als Glanzlicht gilt hier die in den 1960er-Jahren eröffnete Via ferrata degli Alleghesi, eine Idealroute im gehobenen, aber keinesfalls überambitionierten Niveau. Sie zieht am Ostpfeiler der Punta Civetta empor, um anschließend über den Nordostgrat den Hauptgipfel zu gewinnen. Abgestiegen wird dann meist über den nicht zu unterschätzenden Normalweg oder – wer's drauf hat – über die rassige Via ferrata Tissi.

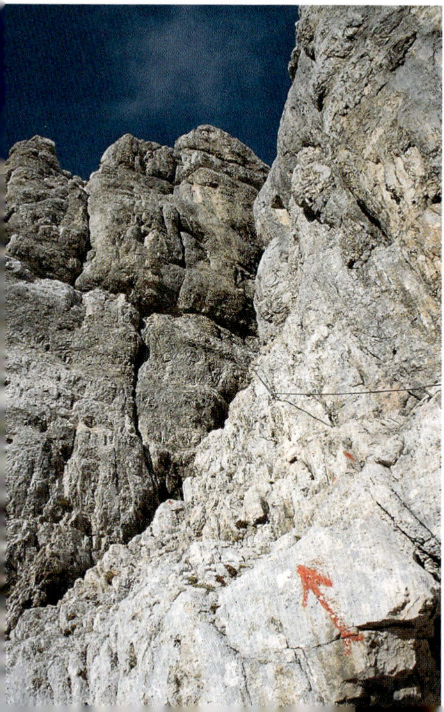

Ausgangspunkt: Bergstation Col di Dôf (1887 m); Sessellift von Palafavera im oberen Val di Zoldo (Staulanzastraße).

Gehzeiten: Col di Dôf – Rifugio Coldai 1 Std. – Einstieg 1 Std. – Civetta 3 Std. – Rifugio Torrani 0.30 Std. – Rifugio Coldai 2.45 Std. – Col di Dôf 0.45 Std.; insgesamt 9 Std.

Charakter: Große Bergtour mit Aufstieg über einen ziemlich schwierigen Alpinklettersteig, der Bergerfahrung, Ausdauer und gute äußere Bedingungen verlangt. Meist solider Fels, weithin ausreichend gesichert, künstliche Steighilfen jedoch nur an senkrechten Aufschwüngen. Kein Notausstieg, auch der Abstieg ist recht streng und teilweise klettersteigartig ausgebaut (Steinschlaggefahr).

Schwierigkeit: Maximal C, sehr abwechslungsreich.

Höhenunterschied: In Summe ca. 1500 Hm, davon 900 Hm Klettersteig.

Allenthalben steilstes Felsterrain.

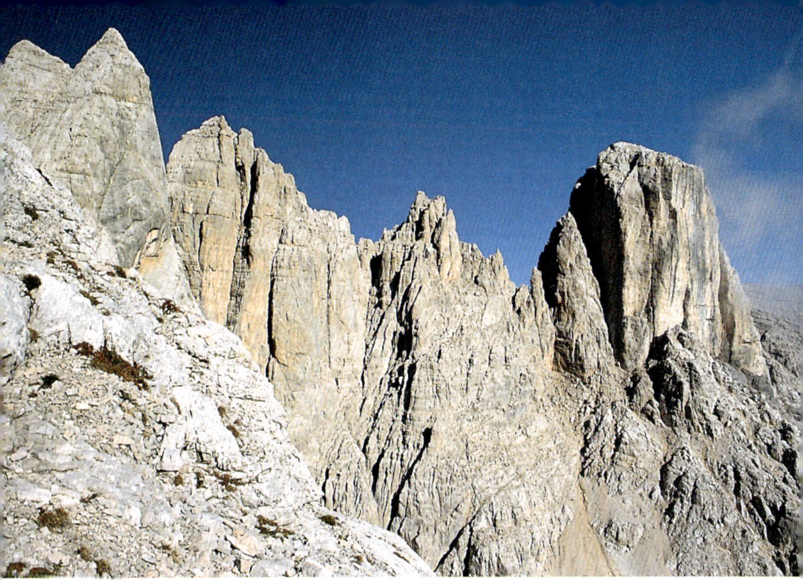

Die Begleitkulisse der Via ferrata Alleghesi ist fantastisch.

Höchster Punkt: Civetta (3220 m).
Exposition: Ost bis Nord.
Stützpunkt: Rifugio Coldai (2132 m), Tel. +39 0437 789160; Rifugio Torrani (2984 m), Tel. +39 0437 789150.
Tipps: 1) Alternative Zustiege auch vom Col dei Baldi (1922 m, Seilbahn + Sessellift von Alleghe), vom Pian del Crep (1765 m, Seilbahn von Pecol/Zoldo Alto) sowie besonders empfehlenswert von der Casera della Grava (1627 m, Zufahrt von Chiesa, siehe Tour 28).
2) Im Fall des Letzteren sehr lohnende Kombination mit der Via ferrata Tissi.

Zustieg: Von der Liftstation auf breitem Weg anfangs leicht abwärts zur Forcella di Alleghe, jetzt gemeinsam mit dem Zugang vom Col dei Baldi bei der Casera di Pioda rechts hoch, mit einigen Serpentinen zu einem Eck und kurz dahinter zum Rifugio Coldai. Auf dem Sentiero Tivan (Nr. 557) dreht man links (südwärts) ein, geht mehrere Hangmulden aus und übersteigt mit wenig Auf und Ab die Trennrippen dazwischen. Von der Porta del Masarè (neben dem auffälligen Schinal del Bech) schließlich rechter Hand zum Einstieg (ca. 2350 m). Der Zustieg von der Casera della Grava trifft hier von Süden her ein (ebenfalls Bezeichnung 557).
Klettersteig: Der zwischen zwei Karbuchten hochschießende Ostsporn der Punta Civetta gibt nun die Leitlinie vor. Nach den ersten Drahtseilen über den geneigten Vorbau wird eine mit Klammern und einer Leiter entschärfte Wandstufe (B/C) bewältigt. Es schließen sich eine Folge steiler Rinnen sowie

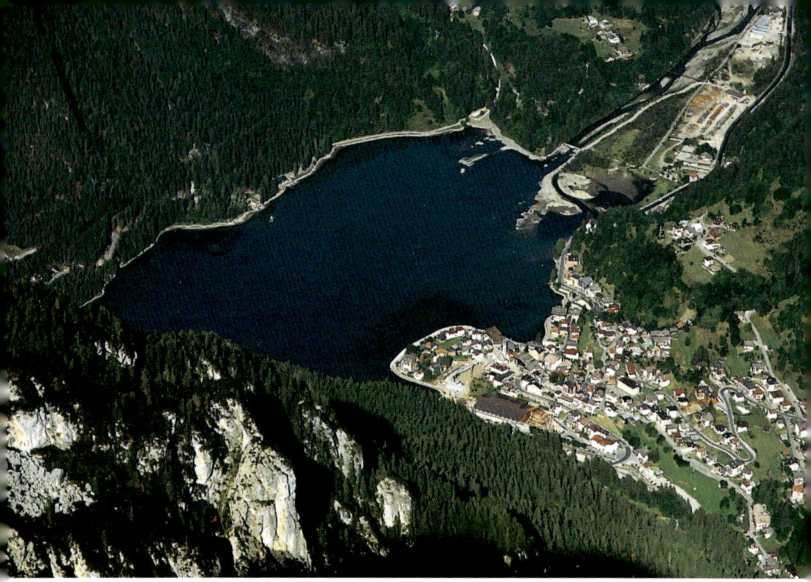

Tiefblick auf den Lago di Alleghe.

einige Felsstufen und komfortable Absätze im Wechsel an. Ein Band führt nach links zu einem engen, senkrechten Kamin, der wiederum mit Klammern bestückt ist (schwierigste Passage, C). Durch reich gegliedertes Terrain – Rinnen, diverse Wändchen und Bänder (meist um B) – in herrlich griffigem Fels weiter bis knapp unter die Punta Civetta (2920 m), wo sich die Route nach links wendet. Wir queren den Turm auf ostseitigem Band und verfahren nach kurzem Intermezzo auf der Schattenseite (toller Tiefblick auf den Lago di Alleghe) ganz ähnlich mit der Punta Tissi (2992 m). Damit in die Gipfelflanke, die lediglich bei Schnee oder Vereisung noch zur kritischen Hürde werden kann. Sonst über Geröllfelder und letzte gesicherte Aufschwünge (selten schwieriger als B) zum obersten Nordostgrat, der leicht zum höchsten Punkt der Civetta leitet.

Abstieg: Direkt vom Gipfel weg tritt in der Ostflanke jede Menge Geröll auf. Nach einigem Hin und Her passieren wir das Rifugio Torrani, Einkehrstation und rettende Zuflucht bei aufkommendem Schlechtwetter. Wenige Meter unterhalb kann rechts der Abzweig zur »Tissi« erwogen werden; die Normalroute wendet sich indessen nach links und verliert über abschüssiges, geröllbedecktes Terrain an Höhe. Wir kommen in die Nähe eines trichterförmigen Steilkars, tangieren diese Hangkehle aber eher nur am rechten Rand und achten dabei gut auf die Richtungswechsel. Nach einer markanten Rechtsquerung folgen längere gesicherte Passagen über steile und auch recht ausgesetzte Felspartien, die immer wieder die Unterstützung der Hände verlangen (Stellen I sowie A bis B). So laviert man im Zickzack tiefer und gelangt schließlich mit einer Abwärtsquerung an plattigen Schichtstufen sowie einem schrägen Riss (jeweils A/B) nach rechts zum Fuß der Felsen. Über die Schuttreißen links haltend hinunter und in den Weg 557 einmündend um den Sporn der Crepa Bassa (P. 2217) herum. Durch die folgende Karbucht wieder schräg ansteigend zur Porta del Masarè und auf bekannter Route zurück. Wer vorher von der Casera della Grava kam, steigt vom Wandfuß mehr nach rechts ab.

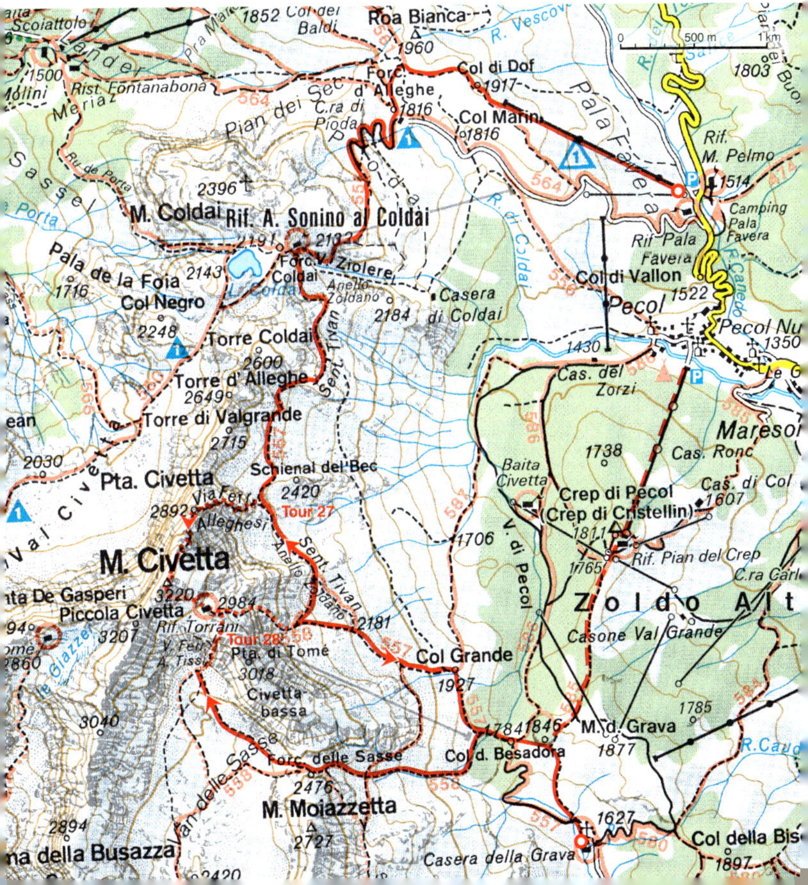

TOP 28 Via ferrata Attilio Tissi

8.30 Std.

Der zweite Klettersteig an der Civetta

Chronologisch war die Via ferrata Tissi sogar vor der Alleghesi da, allerdings ist die Originalroute (glücklicherweise) nicht mehr erhalten. Sie galt aufgrund ihrer enormen Steinschlaggefahr und desolater Sicherungen als berüchtigt und wurde schließlich in sichere Bereiche verlegt. Anspruchsvoll ist freilich auch der heutige Durchstieg – eine Sache für erfahrene Ferratisti, die an der Civetta angesichts des alpinen Charakters und des Pensums stets auch versierte Allrounder sein müssen. Dabei ist die »Tissi« eigentlich gar kein Gipfelklettersteig, doch wer würde auf diese Trophäe, die Schau vom Scheitel der Civetta, schon freiwillig verzichten ...

Ausgangspunkt: Casera della Grava (1627 m); geduldete Zufahrt von der Duranstraße (Abzweig kurz nach dem Weiler Chiesa). Als Alternative kommt am ehesten die Seilbahn von Pecol zum Pian del Crep (1765 m) in Betracht.
Gehzeiten: Casera della Grava – Forcella delle Sasse 2.20 Std. – Einstieg 0.40 Std. – Rifugio Torrani 1.30 Std. – Civetta 0.45 Std. – Casera della Grava 3.15 Std.; insgesamt 8.30 Std.
Charakter: Schwieriger, aber nicht extremer Klettersteig über einen 300 m hohen Wandriegel, bei Nässe oder Vereisungsgefahr eventuell heikel. Langer, mühsamer Zustieg über viel Schotter, zudem anspruchsvoller Abstieg (ebenfalls stellenweise gesichert). Insgesamt ähnliche Anforderungen wie auf der »Alleghesi«, der Klettersteig ist jedoch kürzer.
Schwierigkeit: Schlüsselstelle C/D, ab und zu C, sonst auch leichter.
Höhenunterschied: Gut 1600 Hm, davon 300 Hm am Klettersteig.
Höchster Punkt: Civetta (3220 m); bei Gipfelverzicht: Rifugio Torrani (2984 m).
Exposition: Süd.
Stützpunkt: Rifugio Torrani (2984 m), Tel. +39 0437 789150.
Hinweis: Manchmal wird auch der Zustieg vom Rifugio Trieste (1135 m, Zufahrt von Listolade im Val Cordèvole) empfohlen. Dies macht aber nur Sinn, wenn über die Ferrata auch wieder abgestiegen wird.

Zustieg: Von der Casera della Grava über einen Karrenweg in die Forcella della Grava (1784 m, Vereinigung mit dem Zugang von der Bergstation am Pian del Crep) und zu einer weiteren Verzweigung bei der Materialseilbahn des Rifugio Torrani. Hier mit Nr. 558 links (Nr. 557 führt zu den Einstiegen der Via Normale und der Via ferrata degli Alleghesi) und durch eine Latschenzone zu der großen Reiße, die von der Forcella delle Sasse herabkommt. Zunächst mittendrin, später seitlich auf wechselnd gutem Steig über viel Schotter noch weit hinauf bis in die Scharte (2476 m). Jenseits nicht dem Hauptweg ins Van delle Sasse folgen, sondern rechts entlang von Steigspuren und Steinmännchen in den Hintergrund des Kares, das von den mächtigen Civettawänden abgeriegelt wird. Zuletzt mühsam über losen Schotter nach rechts aufwärts zum Einstieg (ca. 2620 m).

Klettersteig: Die ersten gesicherten Felsstufen leiten nach links zu einer schmalen Rampe, die elegant erstiegen wird (C). Sie geht unmittelbar in eine steile Wandstufe (C/D) über. Nach einem anspruchsvollen Kamin wesentlich leichter und flacher weiter zu einer mitunter nassen Linkspassage. Über gestuftes Terrain jeweils nur kurzzeitig stark aufsteilend höher (um C), bis unter eine große Wand mit schwarzen Wasserstreifen. Die folgende Linkstraverse ist ebenfalls häufig nass. Den Schlussteil der Ferrata bilden recht angenehme Bänder (A/B), die manchmal von kleinen Steilstufen (kurz bis C) unterbrochen sind. Stets links haltend gelangen wir in die Schnee- oder Schottermulde des Pian della Tenda und erklettern eine letzte Stufe (B), ehe wir beim Rifugio Torrani eintreffen. Gipfelwärts sind nun noch 240 Hm im Hin und Her durch eine beschwerliche Schutt- und Felsflanke zu absolvieren (anfangs kurz Drahtseile, später Stellen I).

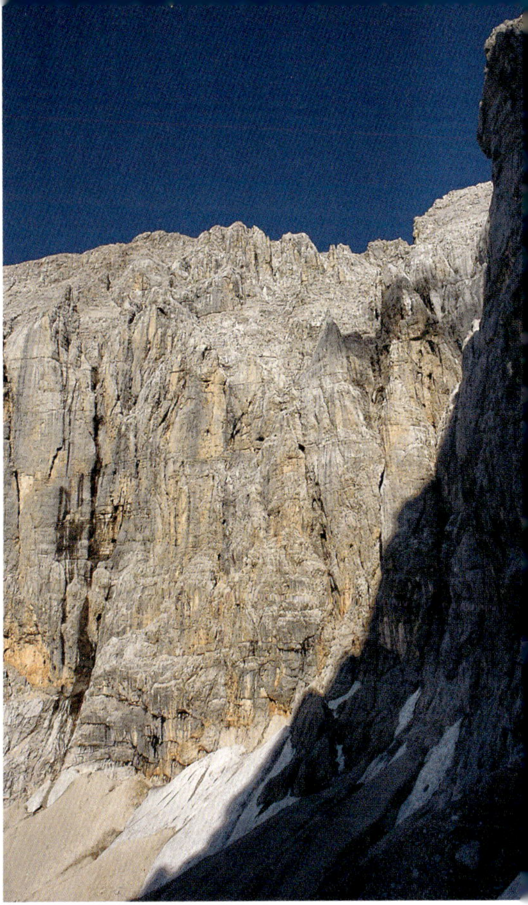

Im Karschluss des Van delle Sasse.

Abstieg: Wie bei Tour 27 detailliert beschrieben über den teilweise gesicherten Normalweg zum Wandfuß (P. 2366), hier rechts haltend zum Weg Nr. 557, der via Col Grand und Forcella della Grava zurück zum Ausgangspunkt führt.

29 Via ferrata Fiamme Gialle (La Palazza Alta)

8.30 Std.

Expertenroute mit fulminanten Tiefblicken ins Agordino

Die Via ferrata Fiamme Gialle genießt nicht die Popularität wie umliegende Klettersteige in den südlichen Dolomiten, vermutlich weil sie an keinem der großen, namhaften Berge verläuft. Die Palazza Alta ist eben lediglich ein Vorbau der Civetta, fast 1000 m niedriger und topografisch von untergeordneter Bedeutung. Gleichwohl verblüfft die Ferrata mit einer rassigen Linie durch kletterfreundliche Plattenzonen und braucht sich mit einer Höhendifferenz von über 800 m keinesfalls zu verstecken. Ein- und Ausstieg verleihen schwierigkeitsmäßig schon höhere Klettersteigweihen; einzig die Latschenzone dazwischen mag etwas enttäuschen. Dass ein Dolomiten-Klettersteig freilich nicht bloß am Eisengehalt zu messen ist, beweist einerseits die vielseitige Gipfelaussicht (Galablick zur Civetta und Tiefblick ins Tal des Cordèvole!) und zum anderen der ausschweifende Abstieg, den jeder Wanderer als vortrefflich qualifizieren würde.

Ausgangspunkt: Bastiani (971 m), Weiler oberhalb von Cencenighe im Agordino; Zufahrt über eine schmale Bergstraße.
Gehzeiten: Bastiani – Einstieg 1.30 Std. – La Palazza Alta 3 Std. – Forcella di Col Mandro 1.40 Std. – Bastiani 2.20 Std.; insgesamt 8.30 Std.

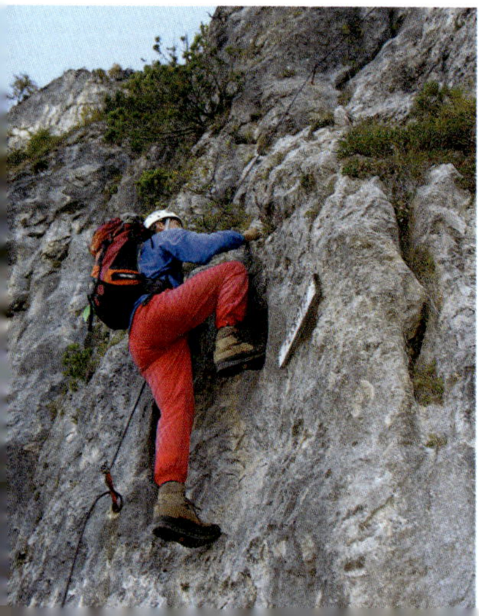

Charakter: Sehr schwieriger und langer Klettersteig, ausschließlich mit Drahtseilen gesichert, die mitunter sehr weite Verankerungsabstände aufweisen. Abgesehen von den längeren Gehpassagen im zweiten Viertel griffiger, trittreicher Fels. Gute Klettertechnik von Vorteil, besonders im ersten und dritten Viertel sowie in der (optionalen) Ausstiegswand. Langer Abstieg, falls man nicht dem Hinweis folgt.
Schwierigkeit: Schwierigste Stelle D, wiederholt C/D, zwischendurch auch leichter.
Höhenunterschied: Bis zum Gipfel 1300 Hm, davon 820 Hm Klettersteig; beim Rückweg 300 Hm Gegensteigungen.
Höchster Punkt: La Palazza Alta (2255 m).
Exposition: West.
Stützpunkt: Bivacco Col Mandro (1844 m), Notunterkunft beim Abstieg.
Hinweis: Es gibt auch einen Direktabstieg, »I Sech« genannt, mit dem man relativ schnell wieder auf den Zustiegsweg gelangt. Sehr steil und ruppig, teils sogar Kletterei (I–II); bis Bastiani 2.30 Std.

Die schwierige Einstiegswand.

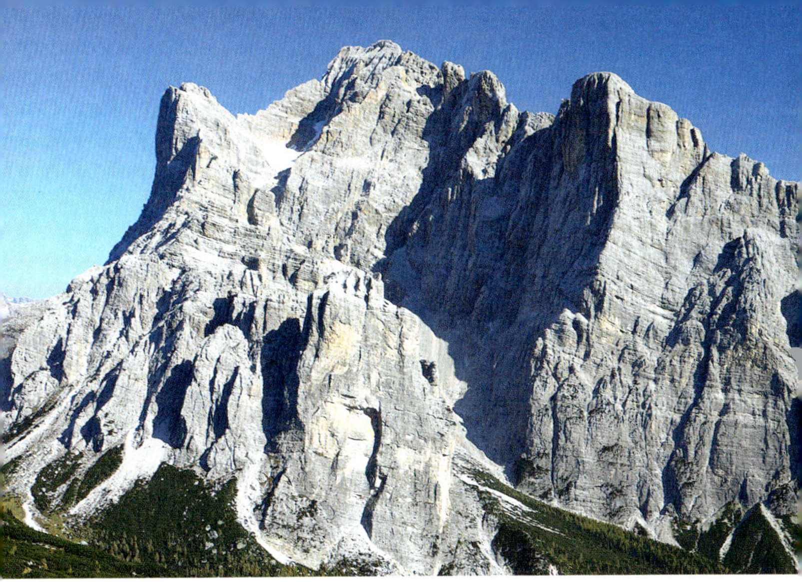

Die Civetta, ein Schaustück sondergleichen.

Zustieg: Von Bastiani mit Nr. 562 zunächst auf einer Forststraße Richtung Bricol, kurz davor links hoch und auf Waldwegen bis zum Abzweig der großen Schluchtrinne »I Sech«. Zum Klettersteig über latschengesäumte Bänder nach rechts weiter queren, in geringfügigem Auf und Ab unter teils überhängenden Felsen entlang (manchmal Drahtseil). Man passiert den Abzweig der »Variante facile«, die den ersten schwierigen Teil des Klettersteiges auslässt, und kommt einige Minuten später zum offiziellen Einstieg (ca. 1430 m).
Klettersteig: Die Ferrata Fiamme Gialle geht sofort in die Senkrechte (C/D). Oberhalb des Einstiegswandls kurz rechts haltend zu einer Pfeilerkante neben einem Schluchteinriss, die abwechslungsreich erklettert wird (bis C). Nach einem Linksquergang verlangt eine trittarme Diagonale nach rechts (C/D) vollen Einsatz, am Ende über einen Block in einer Rinne und damit zum zwischenzeitlichen Ausstieg in den Latschengürtel. Die Gehstrecke im Krummholz ist nun relativ lang, bald schon kommt von links die »Variante facile« (einziger Notausstieg) dazu. Zwei kurze Drahtseilstellen (A) in diesem Teil sind kaum relevant, eher schon ein kurzer Aufschwung (B/C). Von einem Absatz steigt man in den kompakten Plattenpanzer ein (anfangs C/D, dann C), ehe nochmals ein Latschenabsatz die Wand unterbricht. Glatte Steilpassagen folgen (maximal C/D). Leicht rechts haltend zum Ansatz einer sonnseitig exponierten Gratkante hinaus. Daran zunächst steil und kompakt (C)

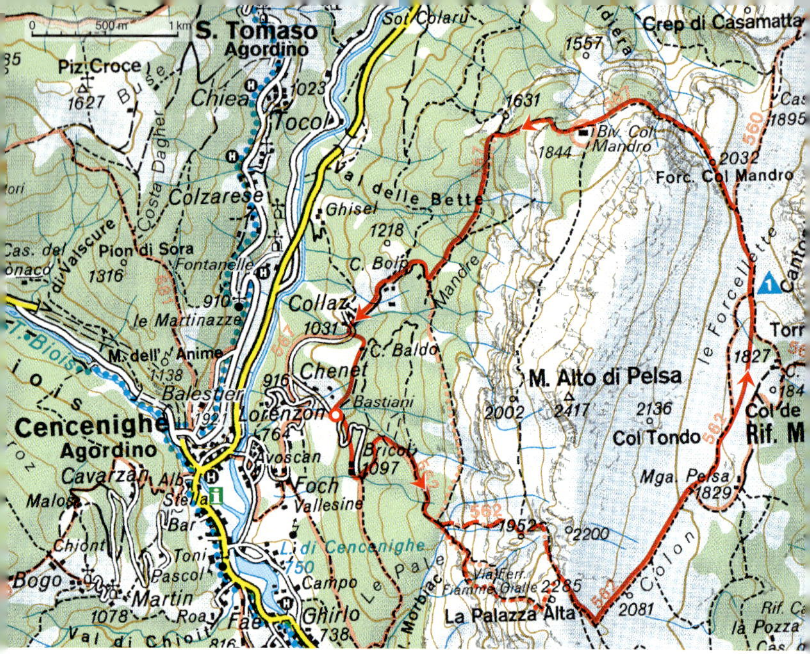

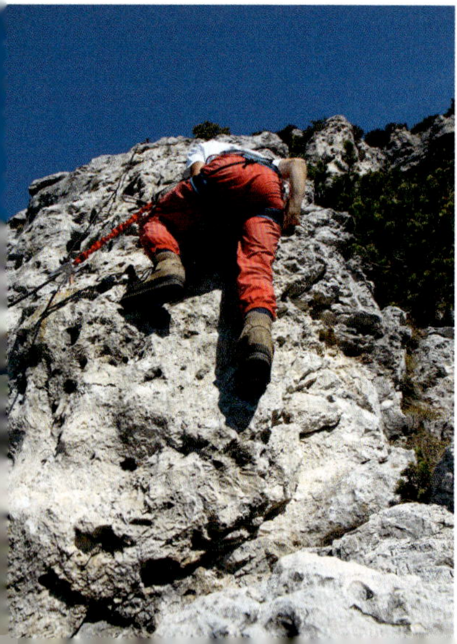

empor, später deutlich geneigter und mit abnehmenden Schwierigkeiten. Man kommt auf ein Band, durchquert kurz absteigend einen Spalt und trifft schließlich auf die Verzweigung der leichten und schweren Schlussvariante. Die vordere Ausstiegsrinne (B) ist klettertechnisch unproblematisch; auf der Kammhöhe angelangt, muss man sich noch kurz durch einen ziemlichen Latschenverhau schlagen, ehe das Ziel erreicht ist. Zum Direktausstieg quert man hingegen auf dem Band weiter und kommt dann nochmals zur Sache: an einer platti-

Aufschwung im oberen Teil der Via ferrata Fiamme Gialle.

gen Wand und Kante nahezu senkrecht (D und C) empor zu den Gipfelblöcken auf der Palazza Alta.

Abstieg: Beschrieben wird der längere, aber angenehmere Weg. Zunächst durch die Latschenfelder unweit der Abbruchkante gen Norden, wo sich der Schnellabstieg »I Sech« in Kürze nach links verabschiedet. Wir biegen rechts vorübergehend Richtung Süden ab, ehe der stets sanft abfallende Pfad wieder in die ursprüngliche Richtung eindreht. Latschengassen sind breit und nicht hinderlich. Bei der Casera Favretti (1827 m) in den Dolomiten-Höhenweg Nr. 1 vom Rifugio Vazzolèr einfädeln, im Gegenanstieg zur weiten Sella di Pelsa und hier mit Nr. 567 links ab zur etwas höheren Forcella di Col Mandro (2032 m), dem Überstieg auf die Westseite. Dort zuerst ein Stück in dem Trichter bergab, dann links zu einer etwas ausgesetzten Bänderquerung (Drahtseile) und mit etwas Auf und Ab über diverse licht bewaldete Absätze zum Bivacco Col Mandro (1844 m). Weiter dem Weg Nr. 567 Richtung Cencenighe folgen. Dieser wechselt zwischen deutlichen Bergabpassagen und Traversen und bietet zwischendurch einen weiteren schönen Rastplatz hoch über dem Cordèvole. Später mehrere Gräben querend nach Bolp und bald darauf mit dem Hinweis »Bastiani« ohne den Umweg über Collaz zurück zum Ausgangspunkt.

Rückblick vom Klettersteig zum Talort Cencenighe.

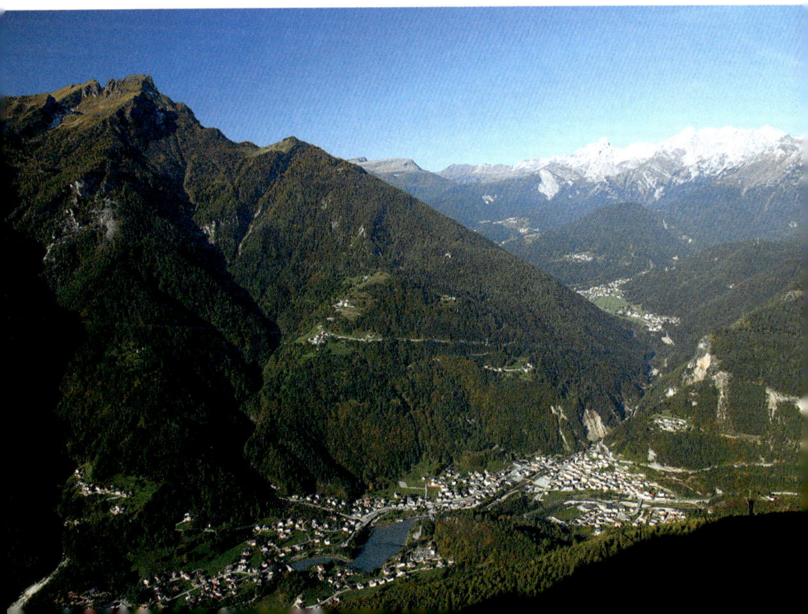

TOP 30 Via ferrata Gianni Costantini

9.45 Std.

Der Supersteig an der Moiazza

Seit ihrem Bau im Jahr 1974 ist die Via ferrata Costantini in aller Munde, wird sie als der absolute Top-Klettersteig in den Dolomiten gehandelt. In jedem Fall ist es ihr gelungen, die im touristischen Abseits gelegene Moiazza (ein südliches Anhängsel der Civetta) ein Stück weit aus dem Dornröschenschlaf zu wecken. Warum sollte es hier auch weniger Bergglück zu ernten geben als über dem Grödner Tal oder rund um Cortina? Die Anforderungen der »Costantini« sind in allen Belangen von erlesener Qualität, sei es, was die Schlüsselstelle betrifft, die Länge oder die Ausgesetztheit. Direkt vom Felssockel weg zieht die Route kompromisslos in die Höhe, und zwar über südexponierte Rampen und Pfeiler, die an der Pala del Belia und der Cattedrale abgestuft sind. 900 eisenhaltige Höhenmeter liegen hinter uns, wenn sich der Horizont an der Cresta delle Masenade öffnet. Womit das Klettersteigvergnügen aber noch lange kein Ende nimmt. Im Gegenteil, die landschaftlich eindrucksvollsten Abschnitte im höchsten Stockwerk kommen erst noch, etwa beim Gipfelabstecher auf die Cima Moiazza Sud oder der legendären Traverse über die Cengia Angelini – so berauschend wie die schönsten Brentasteige. Nach rund sieben Stunden ohne größere Unterbrechungen am Drahtseil wird jeder bestätigen: Die »Costantini« lässt sich wohl nur in Superlativen messen …

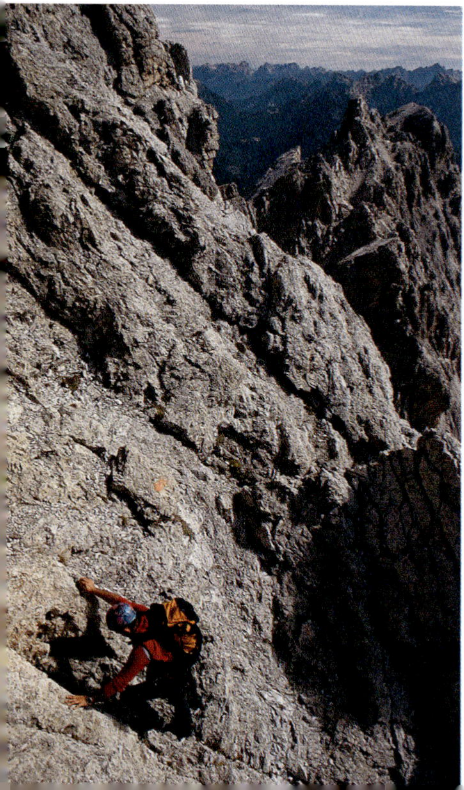

Die Via ferrata Costantini gilt als längster und anspruchsvollster Dolomitensteig.

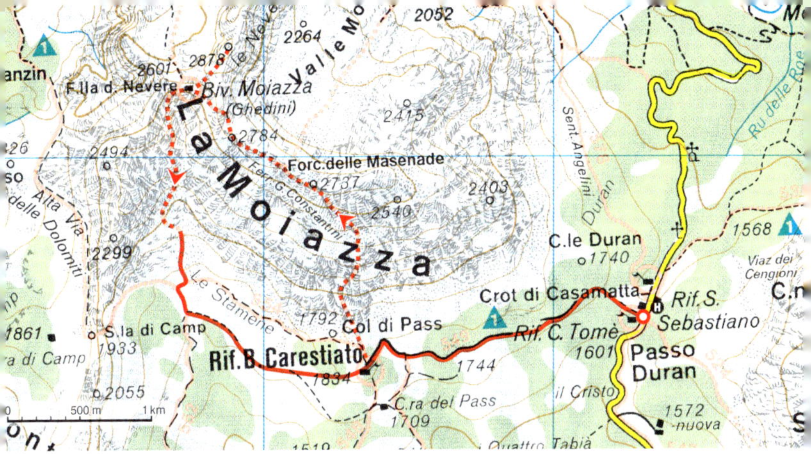

Ausgangspunkt: Passo Duràn (1601 m), Straßenverbindung zwischen Ágordo und Val di Zoldo.

Gehzeiten: Passo Duràn – Einstieg 1.10 Std. – Cresta delle Masenade 3 Std. – Moiazza Sud 1.30 Std. – Bivacco Ghedini 1.10 Std. – Rifugio Carestiato 2.10 Std. – Passo Duràn 0.45 Std.; insgesamt 9.45 Std.

Charakter: Sehr schwieriger und exponierter, vor allem auch ausgesprochen langer Klettersteig mit berüchtigter Schlüsselstelle in durchgehend alpinem Ambiente. Fast nur Drahtseilsicherungen, dazu freie Passagen im I. Grad und nur selten unschwieriges Gehgelände während einer gewaltigen Überschreitung. Auch der Abstiegsklettersteig ist noch fordernd (technisch mittelschwierig). Notausstiege gibt es unten sowie auf halber Höhe (nicht unproblematisch), im Gratbereich zwei weitere. Nicht bei unsicherem Wetter einsteigen! Insgesamt nur für routinierte Bergsteiger, die genügend Erfahrung auf schwierigen Klettersteigen gesammelt haben.

Schwierigkeit: Schlüsselstelle D/E, mehrfach D und C, am Abstiegsklettersteig immerhin noch bis B/C.

Höhenunterschied: Insgesamt 1430 Hm, davon 1150 Hm zwischen Einstieg und Gipfel.

Höchster Punkt: Cima Moiazza Sud (2878 m).

Exposition: Überwiegend Süd.

Stützpunkt: Rifugio Carestiato (1834 m), Tel. +39 0437 62949; Bivacco Ghedini (2601 m), Notunterschlupf.

Zustieg: Beim Rifugio Tomè am Passo Duràn geht es den erodierten Wiesenhang hinauf zu einem Schottersträßchen, dem man an den Almwiesen von Duràn vorbei Richtung Rifugio Carestiato (1834 m) folgt. Von dort sind es nur noch wenige Minuten bis zum Einstieg am südseitigen Wandsockel (ca. 1850 m).

Klettersteig: Die »Costantini« beginnt forsch mit einer schwierigen Aufwärtsquerung entlang einer steilen Plattenverschneidung (bis D). Wer hier schon Probleme hat, sollte in Kürze die Ausstiegsmöglichkeit in die seitliche Geröllschlucht wahrnehmen. Ansonsten windet sich die Route über eine große Rampe (um C) aufwärts und erreicht bei einem Absatz zwischenzeitlich Geh-

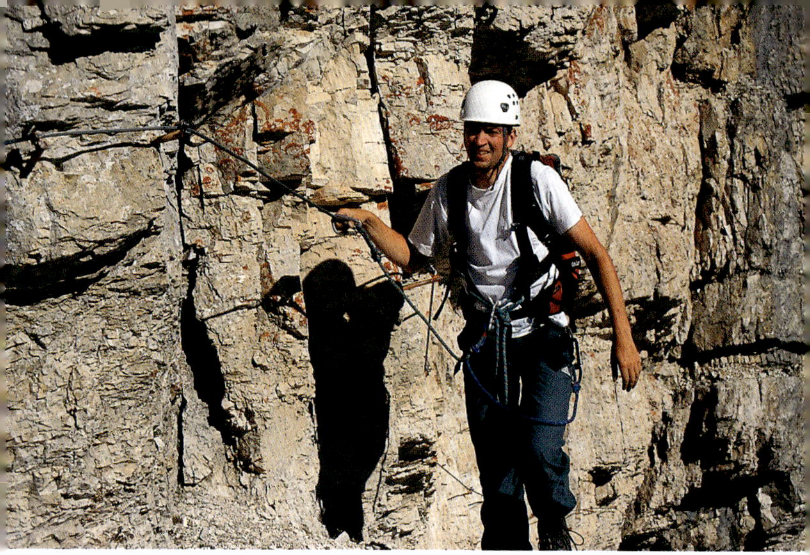

»Lustwandeln« auf der Cengia Angelini.

gelände. Oberhalb kommt man bei einer Wandeinbuchtung zur schwierigsten Stelle, einem glatten Linksquergang (D/E), den lediglich einige Minikerben erleichtern. Auch die unmittelbar anschließende Wandstufe ist sehr kraftintensiv (D, ein paar Bügel), ehe es mit wechselnden Schwierigkeiten über weitere Aufschwünge zum markanten Band bei der Pala del Belia (2295 m) hinaufgeht. Über dieses als Cengia delle Masenade bezeichnete Band besteht eine Fluchtmöglichkeit, die allerdings orientierungsmäßig nicht unkompliziert verläuft und etwas Schrofenkletterei erfordert (spärliche Bezeichnung). An der Pala del Belia setzt unmittelbar ein Steilstück (D) an, über das wir in eine plattig eingefasste Felsschlucht gelangen. Der Ausstieg aus dem Trichter ist wiederum steiler (C). Man übersteigt eine Gratrippe und quert ungesichert ein Stück nach rechts, um dann an geneigter und gut gestufter Wand relativ moderat (abwechselnd B und Stellen I) Richtung Cattedrale (2557 m) emporzukraxeln. Nach einer Querung um ein Eck folgen ein Aufschwung sowie ein schöner Linksbogen, dann ein gestufter Grat mit Platte (maximal C), der – zum Ende wieder leichter – zur Cresta delle Masenade (2737 m) aufschließt.
Jetzt dem Gratverlauf nach links (Nordwesten) folgen, zwischendurch über eine gesicherte Passage (B) abwärts in die Forcella delle Masenade (2650 m), wo eine wichtige Abstiegsmöglichkeit in den Vant della Moiazza und zum Bivacco Grisetti besteht. An der nordseitigen Plattenabdachung

des Grates nähern wir uns indes einem Felsriegel, der den Weiterweg zu sperren droht. Man quert über ein Band nach rechts leicht abwärts und gewinnt über eine doppelte Wandstufe mit Kamin (bis D) die Geröllfelder oberhalb. Ein Stück höher verzweigt sich die Route zur Cengia Angelini einerseits sowie zum Gipfel der Moiazza Sud nach rechts. Da wir diesen nicht versäumen wollen, erklimmen wir eine Plattenwand (C/D) diagonal zum Grat, folgen hier sehr anregend der Kante, wechseln dann links hinüber zu einem weiteren plattigen Gratstück (leichter als zuvor) und erreichen zuletzt ungesichert durch ein Schärtchen den Steinmann am höchsten Punkt.

Abstiegsklettersteig: Am Gipfelaufbau muss auf gleicher Route wieder abgeklettert werden, bevor man bei P. 2784 in die Cengia Angelini, das wunderbare »Engelsband«, einbiegt. Es durchläuft exponiert, aber nicht schwierig (A/B), teilweise sogar regelrecht überdacht, imposante Wandfluchten, passiert zwei prägnante Kanten und schwenkt dann rechts auf die Seite des Van delle Nevere ein. Ohne Sicherungen verbleibt man hier zunächst noch nahe am Wandsockel, verlässt diesen dann durch einen kleinen Kamin und steigt über Schotterfelder rasch zum Bivacco Ghedini (2601 m) an der Forcella delle Nevere hinunter.

Südseitig bricht der Trichter des Van dei Cantoi grimmig in die Tiefe; an seiner rechten Felsbegrenzung erfolgt das weitere Bergab. Dabei wechseln plattige Felsen und Schuttabschnitte; die noch häufigen gesicherten Passagen (maximal B/C) erheischen weiterhin Aufmerksamkeit, was nach der langen Tour vielleicht schon schwerfällt. Im unteren Bereich prägt sich langsam ein passabler Steig aus. Wir folgen ihm zum Auslauf der mächtigen Reiße und stoßen dort auf den quer verlaufenden Dolomiten-Höhenweg Nr. 1. Durch Latschen und Block- bzw. Schuttgelände im Vorfeld der hohen Moiazza-Südwände geht es mit minimalen Gegensteigungen zurück zum Rifugio Carestiato.

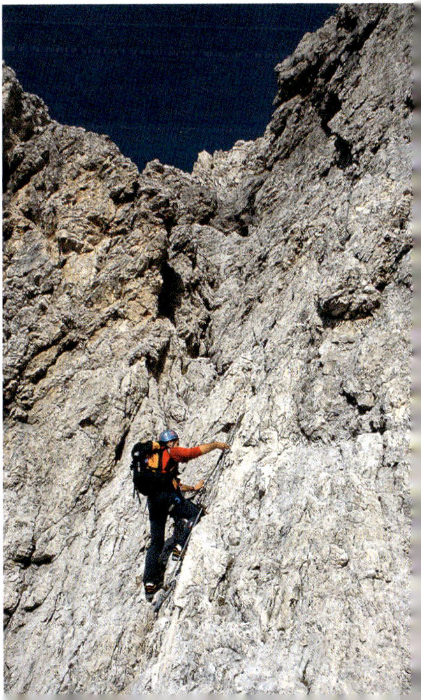

Rassige Passage hinauf zur Cresta delle Masenade.

TOP 31 Vie ferrate Luigi Zacchi, Antonio Berti und del Màrmol

11.45 Std.

Klassische Überschreitung des Schiara-Hauptgipfels

Vor den Toren Bellunos markiert die Schiara gleichsam das südliche Ende der Dolomiten, ein Ende, das nicht in sanftem Decrescendo ausläuft, sondern nochmals einen großen Schlussakzent setzt. Wuchtig entwachsen die schroffen Gipfel tiefen, schluchtartigen Tälern und prägen damit ein urwüchsig-südalpines Antlitz. Die Schiara hat sich überregional vor allem als Klettersteigdorado einen Namen gemacht. Als Bravourstück gilt die Via ferrata Zacchi hinauf zum Bivacco Bernardina, wo man das alpine Wahrzeichen der Gruppe – die Felsnadel der Gusela del Vescovà – zum Greifen nah vor sich hat, und wo sich zudem unmittelbar die Via ferrata Berti gipfelwärts anschließt. Die perfekte Überschreitung des Monte Schiara gelingt mit dem Abstieg über die etwas leichtere Via ferrata del Màrmol, die übrigens auch Weitwanderern auf dem Dolomiten-Höhenweg Nr. 1 als berüchtigte Hürde geläufig ist.

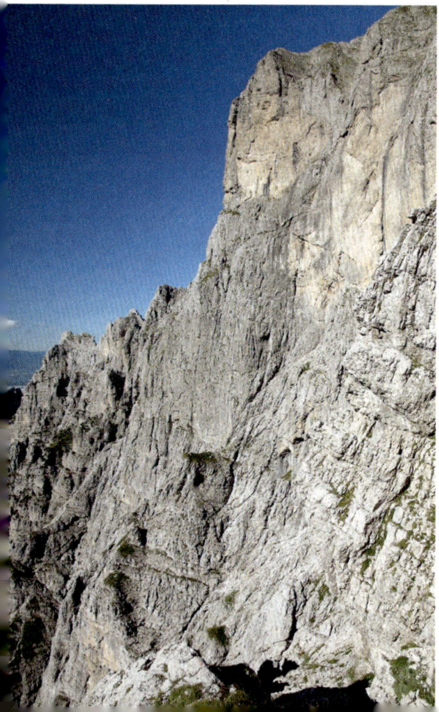

Ausgangspunkt: Parkplatz kurz hinter dem Restaurant Case Bortot (694 m); Zufahrt von Belluno über Bolzano Bellunese und Gioz.

Gehzeiten: Case Bortot – Rifugio 7° Alpini 3 Std. – Einstieg 0.45 Std. – Bivacco Bernardina 2.15 Std. – La Schiara 1 Std. – Bivacco Màrmol 0.45 Std. – Rifugio 7° Alpini 1.45 Std. – Case Bortot 2.15 Std.; insgesamt 11.45 Std.

Charakter: Ausgiebige Klettersteigtour mittleren bis gehobenen Schwierigkeitsniveaus, recht aufwendig gesichert trotz einzelner freier Stellen I. Grades. Obwohl teilweise ziemlich exponiert, liegt die Hauptanforderung nicht in Einzelstellen, sondern in der Länge des anspruchsvollen Geländes. Gute Kondition und Konzentrationsfähigkeit wichtig. Auf jeden Fall mit Hüttenübernachtung.

Schwierigkeit: Zacchi und Berti in den schwierigsten Passagen C, Màrmol B/C und meist leichter.

Wandflucht der Schiara, wie man sie an der Via ferrata del Màrmol sieht.

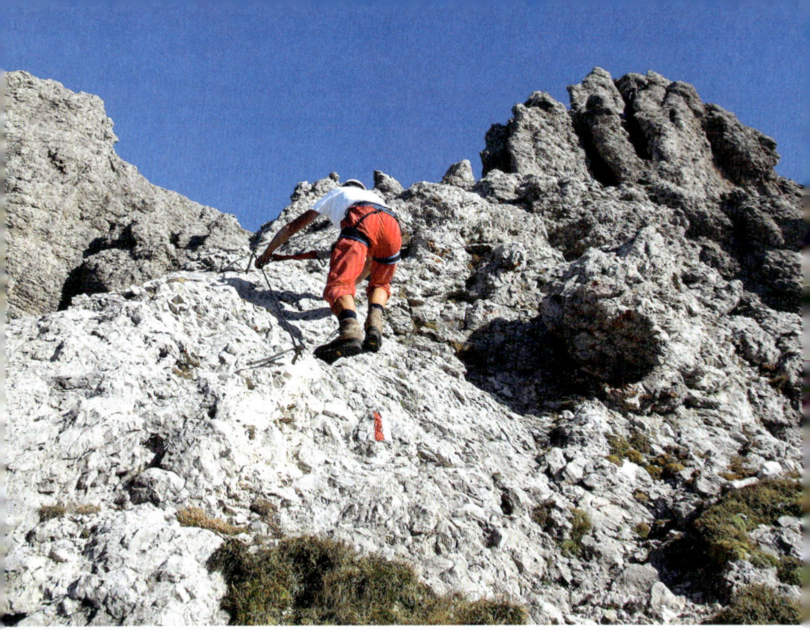

Über die Via ferrata Berti geht's gipfelwärts.

Höhenunterschied: Hüttenzustieg 920 Hm, Gipfelüberschreitung ca. 1100 Hm.
Höchster Punkt: La Schiara (2565 m).
Exposition: Überwiegend Süd.
Stützpunkte: Rifugio 7° Alpini (1502 m), Tel. +39 0437 941631; außerdem Bivacco Ugo della Bernardina (2320 m) und Bivacco del Màrmol (2266 m).

Tipps: Anstelle des Abstiegs über die Via ferrata del Màrmol kann man aus der Forcella del Màrmol die kurze, in der Schlüsselstelle anspruchsvolle Via ferrata Marino Guardiano (C) auf den Monte Pelf (2506 m) anhängen und später über dessen südseitigen Normalweg absteigen. Zur Kombination mit der Via ferrata Sperti siehe Tour 32.

Zustieg: Zu Beginn auf breiter, schön angelegter Trasse hoch über der wilden Talschlucht leicht ansteigend nordwärts. Nach Passieren einiger kleiner Runsen wieder gut 100 Hm bergab bis zum Ponte del Mariano (681 m), wo der Torrente Ardo erstmals überquert wird. Nun weiterhin mit Nr. 501 in bewaldetem Terrain bergauf, den Bachgrund noch dreimal kreuzend und schließlich in Kehren zum Basislager des Rifugio 7° Alpini. In der Nähe über einen Graben und gegen die Schiara-Südwände hinauf, wo sich rechts von einem auffälligen Felsportal der Einstieg (Zacchi und Màrmol zusammen, ca. 1790 m) befindet.

Via ferrata Zacchi: Man gewinnt über die erste Stufe ein kleines Podest und überwindet den folgenden Kamin (B) zu einem Band, an dem weiter links eine exponierte Leiternserie (B) ansetzt. Gleich darauf stemmen wir im nächsten Kamin hoch (B/C) und gelangen auf eine Latschenrippe, wo sich die beiden Klettersteige trennen. Die »Zacchi« zieht stets seitlich eines markanten, schluchtartigen Einschnitts auf einer Art Gratrampe weiter in die Höhe, wobei ein steiler Kamin (C) die kniffligste Stelle bildet. Gehpassagen wechseln mit eher geneigten Stufen am nördlichen Einfall der Rippe, auf deren Höhe man später zurückkommt. Die nächsten Stufen, zwischendurch mit Leiterchen, gehen fast spielerisch vonstatten. Mit Annäherung an die Hauptwand rechts haltend auf eine gut gangbare Rampe (B, teils Klammern), die weiter oben – nach kurzem, abdrängendem Quergang (C, doppelte Bügel) – zu einem aufsteilenden Pfeiler überleitet. Höchst anregend mit viel Luft unter den Sohlen auf Klammern und Leitern bis unter senkrechte Wände (um B/C), im Gehgelände nach links und über schrofige Bänder, die sich vorübergehend zu einem luftigen Gesims (Griffschienen, A) verschmälern, zum letzten Eck, hinter dem das Bivacco Bernardina auftaucht. Daneben verblüfft uns die freistehende, rund 40 m hohe Felssäule der Gusela del Vescovà.

Via ferrata Berti: Praktisch nahtlos schließt sich die Fortsetzung des Klettersteigs Richtung Gipfel an. Gehpassagen und plattiges Felsterrain (I) leiten schräg empor zu einer Leiter. Nach einem Band ist ein beengter Überhang ebenfalls mittels Leiter (C) zu überwinden. Weiter durch kaminartige Rinnen und rechts um ein Eck. Die Route folgt im Wesentlichen dem im Detail recht unübersichtlichen Südwestgrat, wo noch mehrere

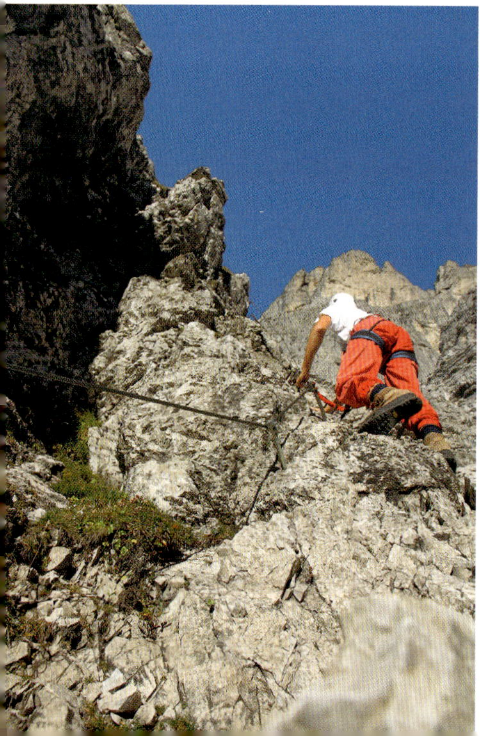

Kletterei in der Via ferrata Zacchi.

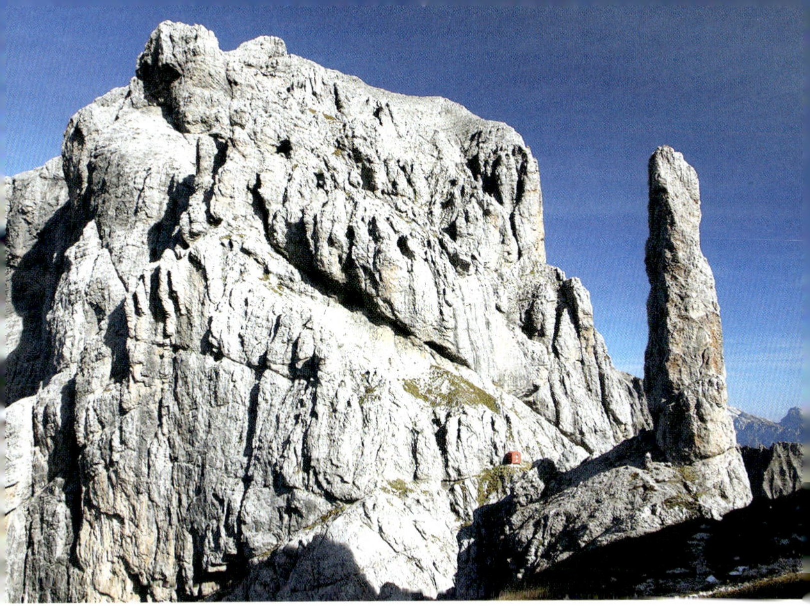

Die Gusela neben dem Felsaufbau der Schiara, durch den die Ferrata Berti leitet.

Aufschwünge inklusiver zweier Leitern warten (meist um B), bevor es links haltend zu einer zweiten Schulter hinübergeht. Von dort über den leichten Gratrücken auf den Gipfel der Schiara.

Via ferrata del Màrmol im Abstieg: Der Weiterweg führt zunächst noch teils gesichert entlang der luftigen Gratschneide (A) zur Anticima Est (östlicher Vorgipfel), die rasch überschritten wird. Ein grasiger Kammrücken leitet in einen Kehrenabstieg über. Bei einer Verzweigung auf ca. 2400 m rechts hinunter (links ginge es zur Forcella del Màrmol). Über kaum nennenswerte gesicherte Stellen an einem Spalt vorbei zum Bivacco del Màrmol und auf dem Schrofenpfad zu einem steileren Abschwung (B). Aus einem Schärtchen in der Rippe, die den Felsentrichter unter der gelben Schiarawand von der Marmolschlucht trennt, geht es rechts weg und über gutmütig gestufte Absätze (A/B, teils auch frei) tiefer. Im Kesselboden rechts hinüber zu einem exponierten Band (B/C) mit anschließender Leiter. Danach über Schrofen (A bis B) auf tiefere Bänder, die sehr eindrucksvoll die Nische eines markanten Schluchteinrisses durchlaufen (B). Auf der gegenüberliegenden Seite erfolgt die Vereinigung mit der »Zacchi«; über die vom Aufstieg bekannten Kamin- und Leiternstufen zurück zum Einstieg und über das Rifugio 7° Alpini talwärts.

32 Via ferrata Gianangelo Sperti

11.45 Std.

Der verwinkelte Steig an den Pale del Balcon

Mit der Via ferrata Sperti gibt es noch eine weitere reizvolle Route im Umkreis des Rifugio 7° Alpini. Eine Totalkombination klappt freilich – egal wie man es dreht oder wendet – nur mit einem zweiten Anlauf. Deshalb wird hier der meistgewählte Aufstieg über die Via ferrata Zacchi vorausgesetzt und die »Sperti« überwiegend im Abstieg vorgestellt. Ihr Verlauf ist im Detail sehr kompliziert, aber auch im besten Sinne abwechslungsreich. Selbst ohne Gipfel vermittelt sie den Abenteuercharakter der Schiara womöglich sogar am besten. Dabei bewegen wir uns anfangs auf hoher Linie am Ausläufer der Pale del Balcon, ehe die zweite Hälfte des Steiges von einer einschüchternden Schluchtrinne, einem wahren »Höllenschlund«, geprägt wird.

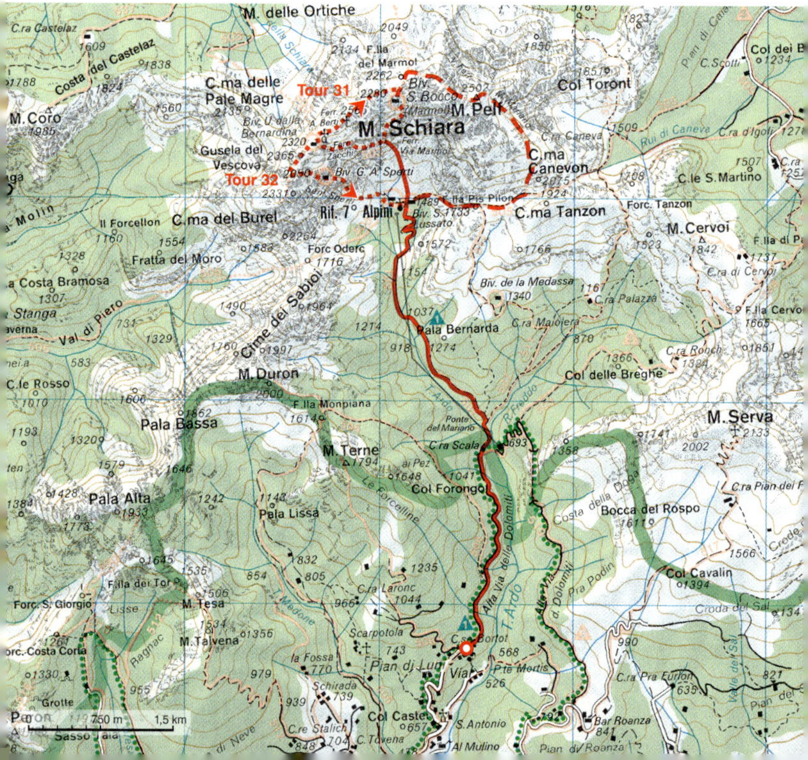

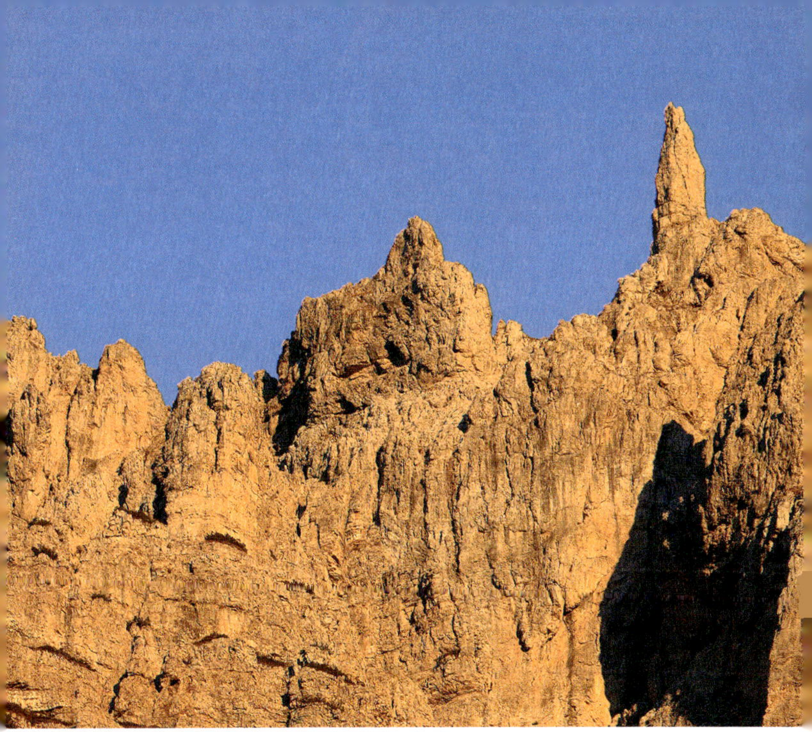

Durch diese Felsszenerie findet die Via ferrata Sperti ihre Durchschlupfe.

Ausgangspunkt: Parkplatz kurz hinter dem Restaurant Case Bortot (694 m); Zufahrt von Belluno über Bolzano Bellunese und Gioz.

Gehzeiten: Case Bortot – Rifugio 7° Alpini 3 Std. – Bivacco Bernardina 3 Std. – Forcella Sperti 1.15 Std. – Bivacco Sperti 1.15 Std. – Rifugio 7° Alpini 1 Std. – Case Bortot 2.15 Std.; insgesamt 11.45 Std.

Charakter: Mittelschwieriger Klettersteig in ziemlich wildem Ambiente, aufgrund der alpinen Rahmenbedingungen also durchaus recht anspruchsvoll (auch freie Stellen I). Teilweise brüchig und speziell in den Rinnen erhebliche Steinschlaggefahr.

Schwierigkeit: Wiederholt B/C, oft B, teils auch A. Man beachte aber die übliche Kombination mit der Ferrata Zacchi (C).

Höhenunterschied: 920 Hm Hüttenanstieg und ca. 1020 Hm über die Klettersteige (ca. 200 Hm Gegenanstieg auf der Ferrata Sperti).

Höchster Punkt: Im Bereich der Gusela del Vescovà (ca. 2340 m).

Exposition: Verschieden.

Stützpunkt: Rifugio 7° Alpini (1502 m), Tel. +39 0437 941631; außerdem Bivacco Ugo della Bernardina (2320 m) und Bivacco Sperti (2000 m).

Hinweis: In der Saison 2022 waren Sicherungen defekt und der Steig offiziell gesperrt, deshalb unbedingt Infos zur Begehbarkeit einholen.

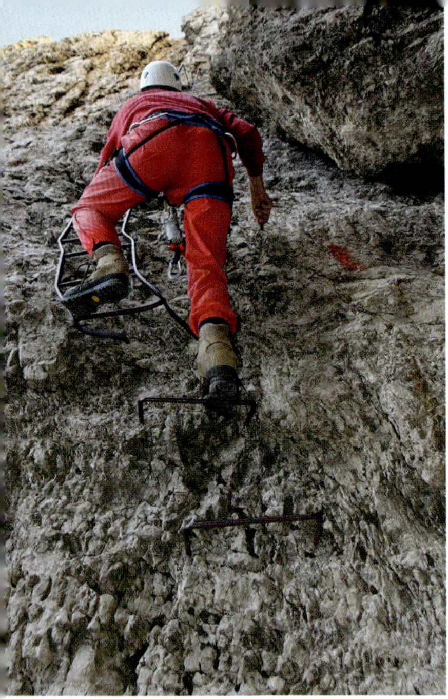

Leiterpassage in der großen Schlucht.

Zustieg: Wie im vorherigen Kapitel beschrieben, wandern wir von Case Bortot zum Rifugio 7° Alpini hinauf und begehen anschließend die Via ferrata Zacchi bis zum Bivacco Bernardina. **Via ferrata Sperti:** Von der Biwakschachtel am Drahtseil in die nahe Scharte unter der Gusela del Vescovà hinab (B). Dann erklettern wir eine ungesicherte Stufe (I), womit die schlanke Nadel nordseitig passiert wird. Vor einem Turm südseitig durch eine Rinne (A) abwärts und weiter über ein angenehmes Band. Deutlich steiler gestaltet sich die Traverse der nächsten Scharte (mindestens B im Ab- und Wiederaufstieg). Ein weiteres Band bringt uns zum kurzen Aufstieg in eine Minikerbe (B), aus der drüben eine Rinne (A) abwärtszieht. Ungesicherte Felstraversen erfordern zwischendrin erhöhte Vorsicht. Danach kreuzen wir den oberen Teil einer nordseitigen Rinne (Klemmblock oberhalb), gelangen vom folgenden Überstieg über eine kurze Stufe bergab und nach links zu einer Lücke bei einem markanten Zacken. Durch die Rinne abwärts, zuletzt an den seitlichen Felsen (oft B) bis auf den Schotter bei der Forcella Sperti (ca. 2260 m). Hier erfolgt der Einstieg in das düstere Rinnensystem der »Großen Schlucht«, wobei aus einer Sekundärrinne über eine Leiternpassage in die Hauptschlucht abgestiegen wird. Kleine Quergänge, kaminartige Verengungen und natürlich etliche Stufen (maximal B/C) gestalten den Verlauf im Detail weiterhin sehr kurzweilig. Bevor die Schlucht enorm steil abbricht, quert man auf einem Band in »Brentamanier« nach links durch mehrere Nischen (A) und kommt damit auf eine Rippe, die mehrfach abgestuft (B und B/C) zum Rasenfleck mit dem Bivacco Sperti führt. Auch unterhalb warten noch diverse gesicherte Passagen (um A/B), ehe sich die Route endgültig zu einem Latschensteig wandelt. Am Rücken zwischen zwei Gräben bergab, später den linksseitigen sowie einen weiteren kreuzen und damit zurück zum Rifugio 7° Alpini.

10.00 Std.

Via ferrata Stella Alpina 33

Ein Gustostück für Könner am Monte Agnèr

Der Monte Agnèr, höchster Gipfel in der beeindruckenden Südkette der Palagruppe, gehört zu den prägnantesten Berggestalten weit und breit. Vor allem über dem Valle di San Lucano wirkt er wie eine aus Stein gehauene Riesenskulptur mit gewaltigen Plattenwänden und einer scharfen Nordkante, die als längste Kletterroute der Dolomiten Geltung erlangt hat. Auf der sonnigen Rückseite gibt sich der Agnèr samt Trabanten nicht ganz so grimmig und abweisend, ohne freilich auch hier alpinen Anspruch vermissen zu lassen. Immerhin steht mit der Via ferrata Stella Alpina ein überaus fordernder Eisenweg bereit. Das Edelweiß (= Stella Alpina) wird man womöglich auf der Plattenrampe der Lastèi d'Agnèr entdecken – nach Durchsteigung eines 300 Meter hohen Wandriegels, der zum Schwierigsten in den Dolomiten zählt.

Ausgangspunkt: Frassenè (1084 m); Zufahrt von Agordo Richtung Passo Cereda.
Gehzeiten: Frassenè – Malga Losch 1.45 Std. – Einstieg 0.45 Std. – Bivacco Biasin 3 Std. – Agnèr 0.45 Std. – Malga Losch 2.30 Std. – Frassenè 1.15 Std.; insgesamt 10 Std.
Charakter: Namentlich in der Wand der Lastèi d'Agnèr sehr schwierig, expo

Die beeindruckende Felsenfront des Agnèr, Schauplatz der Via ferrata Stella Alpina.

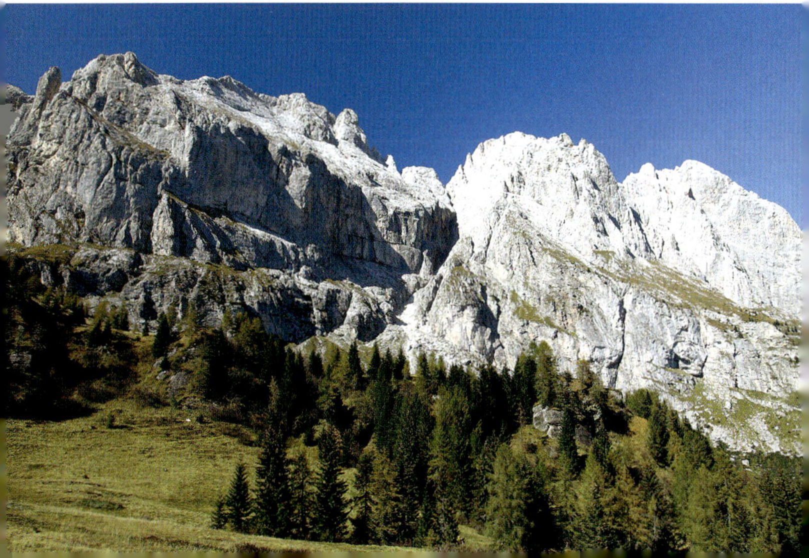

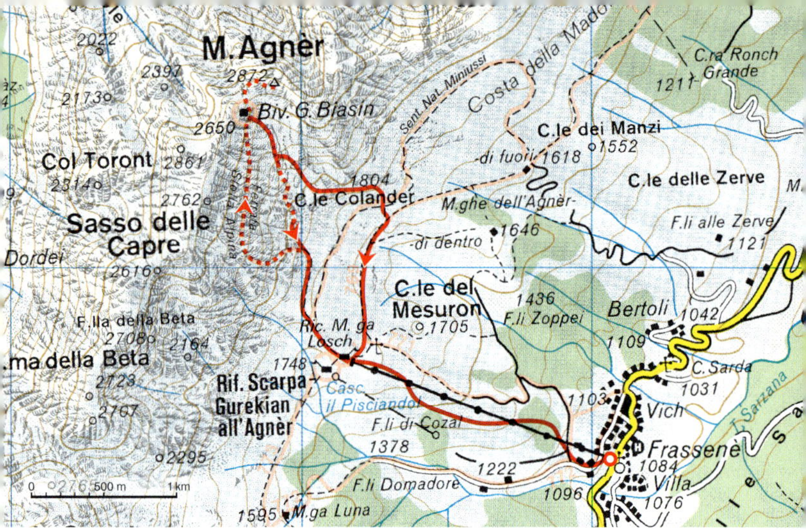

nierter Klettersteig; Fortsetzung sowie Abstieg nur noch mäßig schwierig, aber hochalpin (Stellen I inklusive). Fast keine Tritthilfen, daher Kletterkönnen wichtig. Selbst mit Zwischennächtigung anstrengende Tour, andernfalls ein Mammutpensum. Ausschließlich für starke, erfahrene Ferratisti.

Schwierigkeit: Mehrfach D und häufig C im Wandriegel, zweite Hälfte maximal B.

Höhenunterschied: Insgesamt 1800 Hm (ab Rifugio Scarpa knapp 1200 Hm), davon über 900 Hm ab Einstieg.

Höchster Punkt: Monte Agnèr (2872 m).

Exposition: Südost am Hauptklettersteig, Nordwest am Gipfelaufbau.

Stützpunkt: Rifugio Scarpa-Gurekian (1748 m), Tel. +39 331 3152963; Bivacco Biasin (2650 m) für Notfälle.

Hinweis: Der Sessellift zur Malga Losch ist mittlerweile außer Betrieb.

Zustieg: Im Ortsgebiet von Frassenè leicht links haltend aufwärts, bald schon in den Bergwald und immer der Beschilderung »Rifugio Scarpa« folgen. Nach einigen Schleifen kommt man wieder unter der Lifttrasse hindurch auf eine lange Wiesenschneise, die direkt zur Bergstation auf der Malga Losch führt. Auf einer Kuppe knapp oberhalb befindet sich die urige Hütte des CAI; am Sattel nahe den Almgebäuden ist auch der Klettersteig ausgewiesen. Halb rechts über eine Anhöhe hinweg, bei der nächsten Verzweigung geradeaus weiter und immer rechts haltend bis in eine Rinne (gelbe Punkte). Auf ca. 1950 m tauchen die ersten Drahtseile auf.

Klettersteig: Die ursprüngliche Einstiegspassage (alte Verankerungen nun ohne Seil) ist mittlerweile durch eine Rechtsdiagonale (bis C) an der glatten Begrenzungswand ersetzt worden. Man gelangt damit auf die Höhe eines kleinen Sporns, bewältigt eine kurze Stufe (B) und kraxelt ungesichert über Schrofen (Stellen I) zu einer grasigen Rampe, wo Steigspuren an die Haupt-

wand heranführen. Auf einem leichten Band nach links, dann geht's ans Eingemachte: In kompromisslos steiler Linie durch Kamine und Rinnen, über Rampen und Wandstellen aufwärts (anhaltend D und C). Eine kurze Linksquerung erlaubt etwas Verschnaufen, ehe eine oft feuchte Platte (D) wieder beherzten Einsatz verlangt. Über die gestufte Wand (B bis C) immer höher, dann links haltend zu einem schweren Rissdurchstieg (C/D) und zum letzten kraftraubenden Aufschwung (D) vor dem Ausstieg auf die ausgedehnten, geneigten Plattenschüsse der Lastèi d'Agnèr (ca. 2300 m). Hier nun in einer langen, insgesamt leicht aufsteigenden Traverse nach rechts – teilweise mit leichter Kletterei (Stellen I) über Schrofen und Platten, in einzelnen Passagen, z. B. rinnenartigen Unterbrechungen, auch noch kurz gesichert (A bis B). Schließlich um ein Eck in die Forcella del Pizzon und zum Bivacco Biasin einige Meter oberhalb.
Auf dem Gipfelsteig geht es jetzt auf Bändern und Rampen um ein weiteres Felseneck und recht luftig zur Kante des Westgrates (maximal B). Wo ein Mäuerchen den Weiterweg versperrt, geradewegs hinauf (I), dann nochmals über eine gesicherte Steilstufe (B) und zuletzt nicht mehr allzu steil entlang der Gratschneide auf den Gipfel des Agnèr.
Abstieg: Zunächst zurück zum Bivacco Biasin, dann südseitig weiter bergab, bis sich auf ca. 2450 m die gelb markierte Via Normale und der zeitsparende, aber etwas heiklere Weg durch den Canalone (rot bezeichnet) trennen. Man bleibt dabei allerdings vorerst links oberhalb der tiefen Schluchtrinne und steigt über die schuttbedeckte Plattenrampe tiefer. Erst nachdem ein Kamin durchstiegen und eine weitere längere gesicherte Passage (jeweils B) bewältigt ist, quert man vom Felsfuß die Mündung der Rinne (eventuell Schneefeld) auf die gegenüberliegende Seite. Unter dem Beginn der »Stella Alpina« entlang zurück zur Malga Losch.
Wer indessen der Via Normale folgt, gelangt über plattige Böschungen, zwischendurch über eine schwach ausgeprägte Rippe und später über den grasigen Vorbau tiefer. Vom Wiesenrücken am Colle Coleander nach rechts quer durch eine verbuschte Blockmulde zur Malga Losch.

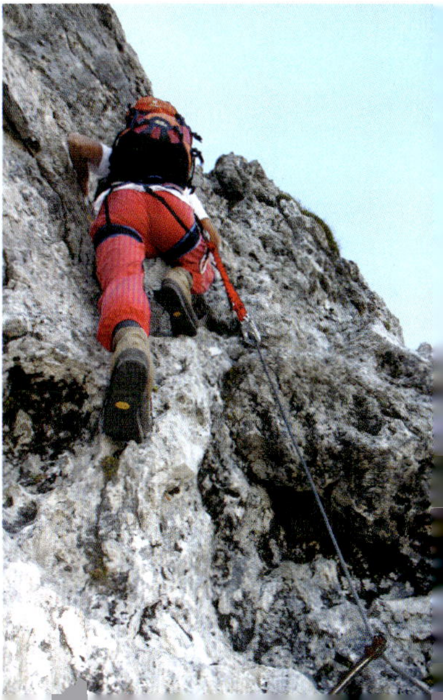

Die erste D-Stelle der Route.

34 Via ferrata dell'Orsa

8.45 Std.

Einsamer Streifzug über dem versteckten Valle d'Angheràz

Extra wegen der Via ferrata dell'Orsa, die auch unter der niedlicheren Bezeichnung »Sentiero del Dottor« aufscheint und schon seit dem Jahr 1925 besteht, werden sich wohl nur wenige in den wilden Talschluss des Valle d'Angheràz verirren. Die Jahreszahl mag ein Indiz dafür sein, dass dieser entlegene Klettersteig wohl nicht um seiner selbst willen, sondern als Verbindung ins benachbarte Valle dei Canali eingerichtet wurde. So beschränken sich die Sicherungen – durchaus animiert in dem Felsriegel, der den Zugang in den Vallone dell'Orsa vermittelt – auf das Nötigste. Mehr als der eingefleischte Ferratafreak wird hier freilich der Bergindividualist mit Hang zum Ausgefallenen auf seine Kosten kommen. Denn die völlig renommeefreie Rundtour über den Colle Canali steckt voller reizvoller Landschaftsbilder!

Ausgangspunkt: Col di Prà (843 m), Weiler im Valle di San Lucano; Zufahrt von Taibon Agordino.
Gehzeiten: Col di Prà – Einstieg 2 Std. – Forcella dell'Orsa 2.30 Std. – Colle Canali 0.30 Std. – Forcella del Mièl 0.45 Std. – Col di Prà 3 Std.; insges. 8.45 Std.
Charakter: Kürzere, aber ernstzunehmende Klettersteigeinlage im Rahmen einer ziemlich exklusiven Bergtour. Urtümliche Rahmenbedingungen (Schrofenpassagen I. Grades, Geröll, Karren, eventuell heikle Schneefelder, zudem teils spärliche Markierungen) erfordern alpine Erfahrung. Aufgrund der Länge und Höhenunterschiede (kein Stützpunkt und keine Abstiegsmöglichkeit zwischendurch) auch Ausdauer.
Schwierigkeit: Unterer Teil B/C, oberer Teil A/B.
Höhenunterschied: In Summe 1830 Hm.
Höchster Punkt: Colle Canali (2522 m).
Exposition: Nordost.

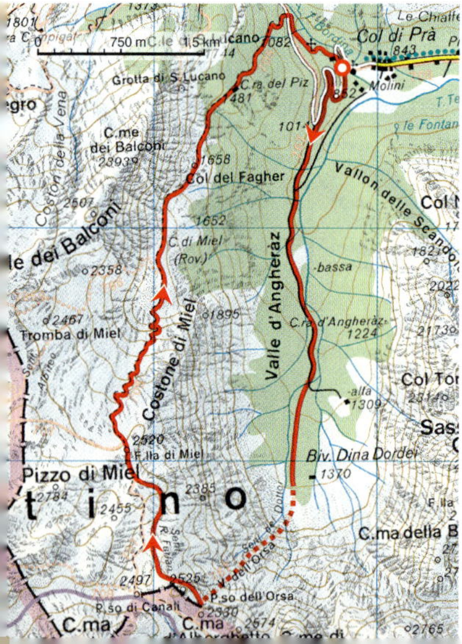

Zustieg: Von Col di Prà auf breiter Trasse südwärts ins kulissenhafte Valle d'Angheràz hinein, stets rechts vom Torrente Tegnàs. In wechselnder Steigung überwiegend durch Wald in den Talhintergrund, wo ein Steig die Führung übernimmt (Nr. 767). Über einen großen Geröllstrom gelangt man bis unter die gewaltigen Felsfluchten, die das Tal abriegeln, und nach rechts zum Einstieg (ca. 1550 m).

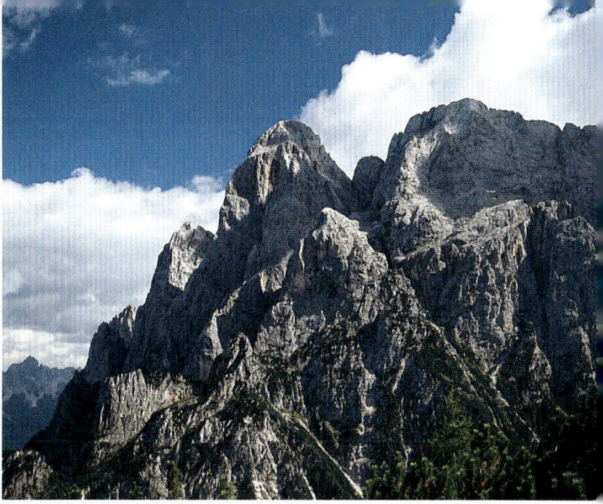

Der Monte Agnèr über dem Valle d'Angheràz.

Klettersteig: Die gut 100 Hm messende Steilstufe des unteren Teils wird mittels Drahtseilen und mehreren exponierten Leitern im Bereich von Felsverschneidungen (bis B/C) überwunden. Man gewinnt ein Band (B) und folgt diesem in einer Aufwärtsquerung nach rechts in leichteres Gelände. Ein kleiner Pfad windet sich im engen Vallone dell'Orsa bergauf, anfangs durch Latschen, später über Geröllfelder sowie Schrofen mit leichten Kraxelstellen (I). Kurze Abschnitte sind nochmals gesichert, doch laviert die Route geschickt und ohne ernstere Hürden höher. Bei einer undeutlichen Abzweigung zieht der Sentiero Furlan rechts weg und damit direkt zur Forcella del Mièl hinauf (Abkürzung, aber weniger lohnend). Stattdessen steigen wir vollends, zuletzt erneut mit Drahtseilhilfe, bis in die Forcella dell'Orsa (2330 m) auf.

Colle Canali: Anstatt nun der offiziellen Wegführung (kurz gegen das Valle dei Canali und dann rechts) zu folgen, ist es reizvoller, mit dem Colle Canali (2522 m) die nahe Gipfelkanzel zu überschreiten. Demnach ohne Zwischenabstieg unmittelbar rechts über einige Felsen aufwärts (blassrote Striche erkennbar). Der Hang legt sich bald zurück und steilt erst gegen den Gipfelkamm nochmals auf (I). Dort angelangt nach rechts bis zum Steinmann.

Abstieg: Zunächst westwärts zum Passo Canali (2469 m), wo man wieder auf den normalen Übergang (Nr. 707) trifft. Richtung Norden eine Geländemulde durchschreiten und etwa 150 Hm Gegensteigung zur Forcella del Mièl (2520 m). Jenseits mit Nr. 705 über schrofige Karren ziemlich steil im rechten Bereich des Vallone del Mièl abwärts. Man verliert in dem weiten Trichter über 600 Hm bis auf einen flachen Wiesenboden (P. 1866, aufgelassenes Almgebiet). Nun durch verstrauchtes Gelände bis an den Sockel der Cima dei Balconi heran, wo eine etwas ausgesetzte Traverse oberhalb einer Schlucht zu vollziehen ist. Man passiert den Col dei Fagher (1658 m) und steigt durch Wald bis zu einer Forststraße ab. Zum Schluss mit einer Abkürzung hinunter nach Col di Prà.

35 Via ferrata Fiamme Gialle (Croda Granda)

9.30 Std.

Alle Faszination der Pala, nicht nur auf Eisenwegen

Wer nicht nur auf Klettersteige spezialisiert ist, sondern eine Bergtour mit allem »Drum und Dran« sucht, wird mit der Croda Granda sicher gut beraten sein. Das Erlebnis beginnt schon mit den großartigen Eindrücken im Canali-Talschluss, steigert sich im dramatischen Vallon del Coro, dessen einziger Ausweg in der Via ferrata Fiamme Gialle (= Via ferrata Reali) besteht, und erfährt seinen buchstäblichen Höhepunkt mit der Zugabe des zweithöchsten Berges in der Pala-Südkette. Die Fernblicke, vor allem aber die Einblicke in die verborgenen Winkel der Palagruppe selbst sind geradezu ergreifend, was sich auch auf der Abstiegsvariante über die Vani Alti nochmals bestätigt. Hier kann allerdings manch einem das Herz in die Hose rutschen, der sich im Steilgelände an gut versicherte Klettersteige gewöhnt hat. Die geplante Via ferrata Vani Alti wurde zwar markiert, aber nie tatsächlich ausgebaut und darf in diesem Zustand als anspruchsvolle Felstour für Erfahrene gelten.

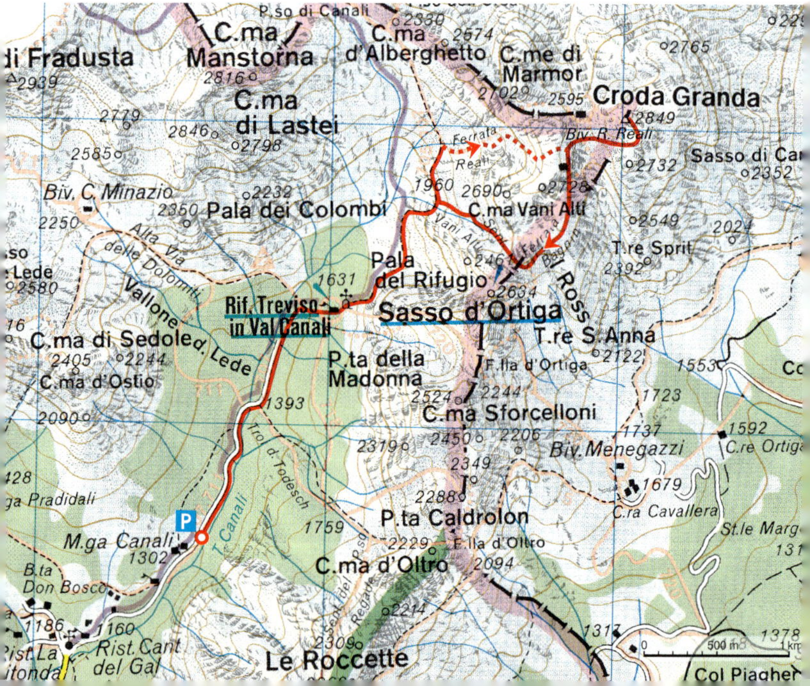

Ausgangspunkt: Im Valle dei Canali (ca. 1300 m); Zufahrt von Fiera di Primiero Richtung Passo Cereda, dann links abzweigend über Cant del Gal zum Parkplatz.
Gehzeiten: Valle dei Canali – Rifugio Treviso 1 Std. – Einstieg 2.15 Std. – Bivacco Reali 1 Std. – Croda Granda 1 Std. – Forcella Vani Alti 1.30 Std. – Rifugio Treviso 2 Std. – Valle dei Canali 0.45 Std.; insges. 9.30 Std., ohne Gipfel ca. 7.45 Std.
Charakter: »Komplette« Bergtour, deren Anspruch nicht nur vom mittelschweren Klettersteig ausgeht. Vielseitige alpine Anforderungen inklusive Kletterstellen I bis II (ohne Sicherungen) am Gipfel und in den Vani Alti; Erschwernisse durch Schnee nicht auszuschließen. Die Ferrata ist hingegen solide (teils mit Bügeln) gesichert und weist ansonsten gut gestuften Fels auf. Mit Gipfel großes Pensum!
Schwierigkeit: Maximal C, häufig um B.
Höhenunterschied: In Summe ca. 1700 Hm, Klettersteighöhe nur 200 Hm.
Höchster Punkt: Croda Granda (2849 m).
Exposition: West.
Stützpunkte: Rifugio Treviso (1631 m), Tel. +39 0439 62311; Bivacco Reali als Notunterkunft.
Tipp: Ganz in der Nähe des Rifugio Treviso befindet sich mit der Via ferrata del Canalone ein kurzer, knackiger Sportklettersteig: äußerst exponiert und bis Schwierigkeitsgrad D.

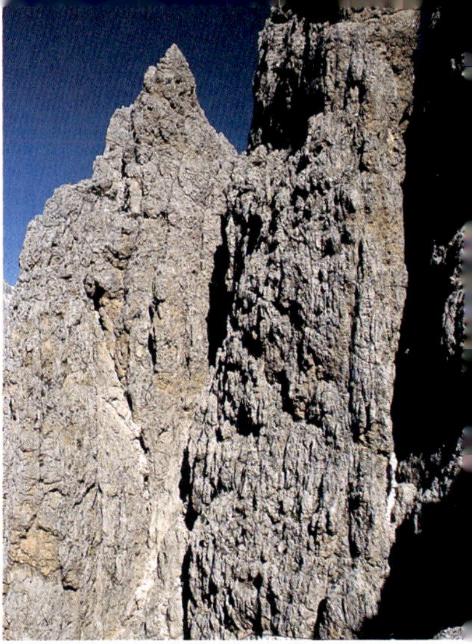

Impression von der Ferrata Fiamme Gialle.

Zustieg: Ab Fahrverbot weiter flach taleinwärts, hinter dem Abzweig »Vallon delle Lede« durch das im Sommer oft ausgetrocknete Bachbett auf die rechte Seite und durch dichteren Wald in Kehren hinauf zum Rifugio Treviso. Unmittelbar vor der Hütte mit Nr. 707 links weiter und unterhalb der Pala del Rifugio entlang gegen den Talschlusskessel hinauf. Man passiert einige Runsen, bald auch die Abzweigung in die Vani Alti und kommt etwas weiter oben zur nächsten Gabelung (ca. 2030 m). Hier rechts in den Vallon del Coro hinein, wo es auf einem seichten Schuttrücken aufwärts geht. Die Wände und Schluchtrinnen scheinen das Hochkar ausweglos abzuriegeln, doch öffnet sich linker Hand mit dem Klettersteig die Durchstiegsmöglichkeit (ca. 2400 m).
Klettersteig: Die Führe beginnt mit einer aufsteigenden Querung (um B), mit der wir uns der großen Schluchtrinne nähern. Man bleibt aber vorerst rechts davon und steigt über reich strukturierte Rampen (B/C) höher. Nachdem ein Dachvorsprung passiert ist und kurz die Geröllrinne tangiert wird, folgt die Schlüsselpassage an einer steilen Verschneidung (C). An ihrem Ende hoch auf eine Rippe, um Felsen herum die besagte Rinne in ihrem obersten Teil nach links überqueren und mit den letzten anspruchsvolleren

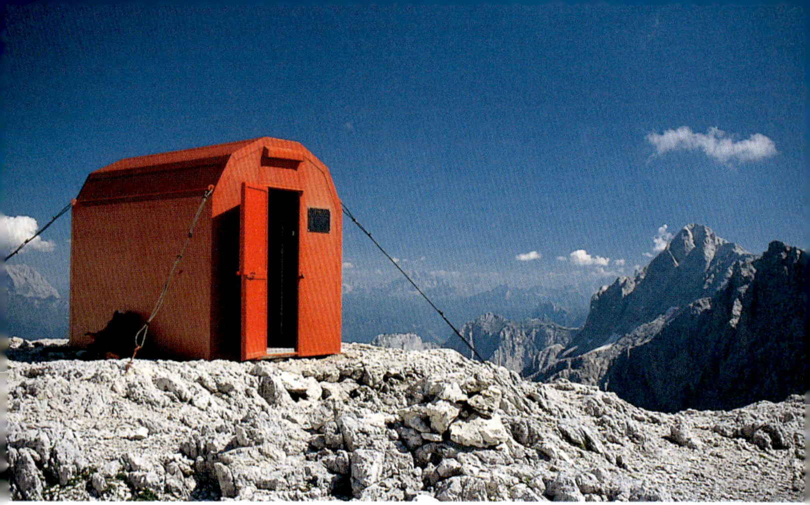

Oberhalb des Ausstiegs steht das Bivacco Reali.

Zügen durch die steile Ausstiegsverschneidung (B bis C) in die Forcella del Marmor (Markierungsstange) neben dem Torre dei Bechi. Hier über Geröll und Karrenfelder des Altipiano dei Foch noch leicht ansteigend und hinüber zum Bivacco Reali (2595 m laut Karte, aber womöglich etwas höher).

Croda Granda: Um nun auf den vis-à-vis aufragenden Gipfel der Croda Granda zu gelangen, muss anfangs ein Stück in die Forcella Sprit abgestiegen werden. Von dort ziehen deutliche Spuren im Geröll nach rechts aufwärts, später mit einem Linksknick und in Serpentinen mühsam hinauf in eine Scharte. Zuletzt durch die links ansetzende geröllbedeckte Felsflanke unter Zuhilfenahme der Hände zur Spitze mit der kleinen Madonna. Man beachte stets die roten bzw. grünen Markierungen.

Abstieg: Zurück zum Bivacco Reali und von dort einer Pfadspur südwärts folgen, die unter dem zackigen Kamm der Cime Vani Alti schräg noch etwas ansteigt. Vor dem Sass da Camp geht es in die geröllgefüllte Hochmulde rechts davon hinab und zur Forcella Vani Alti (2529 m). Hier wenden wir uns auf die Westseite, zuerst noch auf normalem Bergpfad, bald aber schon in die Abbrüche eines Felsriegels. Geschickt laviert die Route im Hin und Her über exponierte Bänder tiefer, wobei in Abständen Haken stecken, jedoch ohne durchlaufende Drahtseile. Schließlich noch um eine sehr luftige Kante herum (Schlüsselstelle, II), ehe sich am Wandfuß wieder Pfadspuren anschließen (manchmal allerdings auch heikle Schneefelder). Durch den rauen Vallone Vani Alti hinab bis auf den Hauptweg 707, der Richtung Rifugio Treviso und ins Valle dei Canali zurückleitet.

7.30 Std.

Sentiero del Cacciatore und Sentiero attrezzato Dino Buzzati

36

Gesicherte Jagdsteige an den Südausläufern des Sass Maor

Wer verschlungene Pfade mit originellem Touch schätzt, gern in eine urwüchsige Landschaftsszenerie eintaucht und sich ohnehin am liebsten abseits gängiger Moderouten tummelt, der ist mit der Kombination der Sentieri Cacciatore und Buzzati bestens bedient. Der Name des Ersteren (Cacciatore = Jäger), hier für den Aufstieg geplant, deutet bereits an, um was es geht: eine findige Wegführung durch die Steilflanke über dem Val Pradidali, nicht ohne gelegentliche ausgesetzte Stellen, aber doch überwiegend in passablem Gehgelände und mit reizvollem Ausstieg auf den Gipfel der Cima della Stanga, wo man dem berühmten Klettergipfel-Duo der Pala, Sass Maor und Cima della Madonna, unmittelbar gegenübersteht. Der für den Abstieg gewählte Sentiero Buzzati, benannt nach einem Belluneser Schriftsteller, ist dann vom gleichen Schlage, also nicht minder abwechslungsreich, und wartet sogar mit einer ernstzunehmenden Klettersteigeinlage auf. Diese wurde vor ein paar Jahren eingerichtet und umgeht einen engen, einschüchternd wirkenden Felsspalt, durch den wir früher schlüpfen mussten. Alles in allem also eine Abenteuerroute, die man nicht auf die leichte Schulter nehmen sollte. Man kann sich ebenso gut für die umgekehrte Richtung entscheiden.

Am aussichtsreichen Gratkamm des Cimerlo.

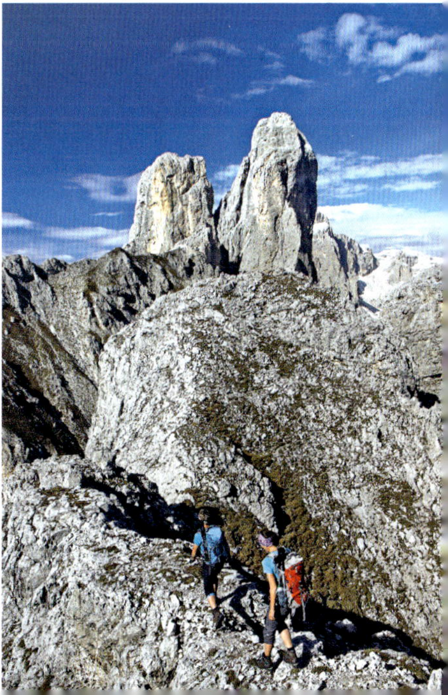

Ausgangspunkt: Parkmöglichkeit an der Kreuzung P. 1326 zwischen Piereni und Prati Fosne; Zufahrt von Fiera di Primiero Richtung Passo Cereda und nach gut 3 km links ins Valle dei Canali, später nochmals links.
Gehzeiten: Piereni – Beginn Sentiero del Cacciatore 1.15 Std. – Cima della Stanga 3 Std. – Cimerlo 0.45 Std. – Piereni 2.30 Std.; insgesamt 7.30 Std.
Charakter: Abschnittsweise gesicherte Steige mit alpiner Note, klettersteigtechnisch nur mäßig schwie-

rig. Am Sentiero Buzzati insgesamt mehr Eisen und dort auch die Schlüsselstelle. Allgemeine Bergerfahrung und Ausdauer wichtiger als reines Kletterkönnen.
Schwierigkeit: Schlüsselpassage fast C, meist A oder B.
Höhenunterschied: Insgesamt ca. 1370 Hm.
Höchster Punkt: Cima della Stanga (2550 m).
Exposition: Sentiero del Cacciatore Ost, Sentiero Buzzati meist Süd.
Tipp: Von der Cima della Stanga ist der unschwierige Abstieg zum Rifugio Velo della Madonna (2358 m) möglich und damit der Anschluss an die Klettersteige in Tour 37.

Aufstieg über Sentiero del Cacciatore: Wir folgen dem breiten, mit Nr. 719 markierten Forstweg, der zuerst etwas ansteigt und später in einen Steig überleitend entlang der bewaldeten Ostflanke des Cimerlo Richtung Pedemonte führt. Bei P. 1627 zweigt der Sentiero del Cacciatore (Nr. 742) ab. Über die von Schuttzungen durchzogenen Hänge gegen die erdrückend wirkende Ostwand des Sass Maor aufwärts, durch die Trümmer eines frischen Felssturzes lavierend und am Fußpunkt der auffälligen Schlucht nach links auf ein exponiertes Band (A/B). Anschließend wechseln sich in diagonaler Linie weitere gesicherte Passagen (meist gut gestufte Aufschwünge) mit normalen Gehabschnitten ab. Um ein Eck mit vorspringender Geländenase treten wir in den tiefen Einschnitt des Boàl dei Pissotti ein und gehen den Trichter auf reizvollen Bändern aus. Etwas höher folgt in einer aufwendig gesicherten Kaminrinne die steilste Stelle am »Jägersteig«. Oberhalb geht es weniger verwegen in einer begrünten Hangmulde weiter, rechts haltend zur Vereinigung mit dem Sentiero Buzzati (ca. 2420 m) und dann optional (und sehr lohnend!) das letzte Stück über Schrofen zur Cima della Stanga (2550 m) hinauf.

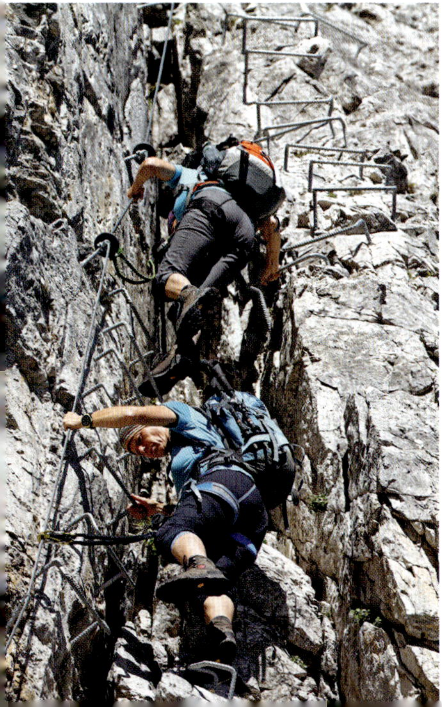

Abstieg über Sentiero Buzzati: Nach dem Gipfelabstecher orientieren wir uns linksseitig am Kammverlauf Richtung Cimerlo, wo sich bald einige Felshinder-

Die Schlüsselpassage am Sentiero Buzzati.

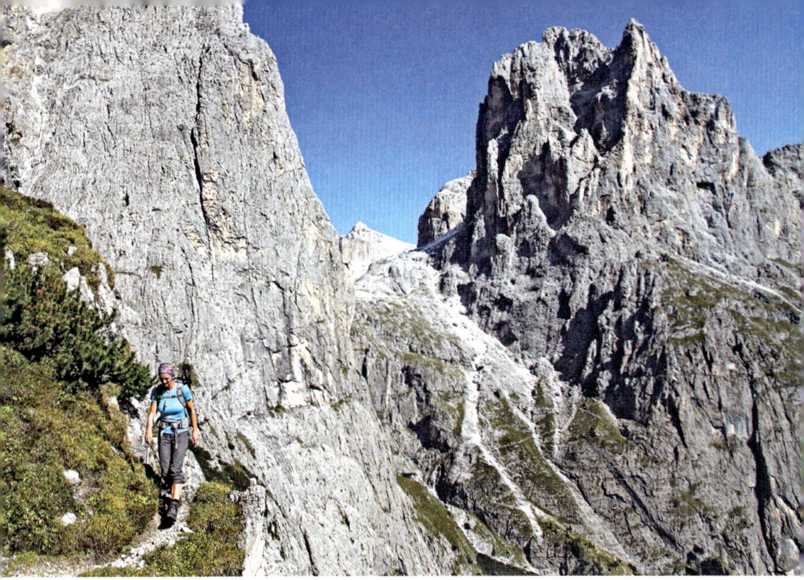

Pfiffig schlängelt sich der Sentiero del Cacciatore durchs Steilgelände. Hinten die Cima Canali.

nisse in den Weg stellen, die jedoch listig überwunden werden: Drahtseile leiten im gestuften Fels höher und um eine Kante herum in eine Kaminrinne mit Klemmblockabschluss (B und A). Oberhalb ist man nur noch wenige Meter vom Gipfel des Cimerlo (2503 m) entfernt – ein Seitensprung, den man wegen der vorzüglichen Aussicht über das Primiero ebenfalls nicht versäumen sollte. Anschließend südseitig über Graspleisen abwärts, bis man rechts einen düsteren Felsspalt bemerkt, der ehedem unmittelbar durchstiegen werden musste. Mittlerweile findet sich außen an der Wand aber eine großzügig ausgestattete Klettersteigpassage. Eine lange, teils senkrechte und etwas versetze Bügelreihe bringt uns luftig tiefer (C), gefolgt von einigen geneigten Drahtseilpassagen. In einem Schuttkessel quert man hinüber zu einer Rippe, hinter der erneut ein längerer gesicherter Abschnitt wartet (maximal B). Vom unteren Einstieg (ca. 2130 m) bleibt die Route noch lange recht ruppig, windet sich verschlungen durch eine labyrinthisch anmutende Landschaft aus Felszacken und Rinnen und taucht über Geröllabschnitte allmählich in den Bergwald des Bosco Cimerlo ein. Hier wird der Steig besser. Am Querweg des Troi de Ródena angekommen, wendet man sich nach rechts und folgt schließlich mit zwei, drei Richtungswechseln der Beschilderung »Pereni«.

37 Vie ferrate del Portòn und del Velo, Sentiero attrezzato Nino Gusella

10.00 Std.

Abwechslungsreiche Palasteige rund um die Cima di Ball

In der Palagruppe geht es zwischen Passo di Ball und Cimerlo besonders »eisenhaltig« zu. Eine Handvoll Komponenten eröffnet hier individuellen Gestaltungsspielraum. Als knackigste Route gilt die Via ferrata del Portòn, die durch einen wilden Schluchtwinkel führt und zusammen mit der Via ferrata del Velo die beiden Hütten in diesem Revier verbindet. Hinter dem Rifugio Velo steht dann mit dem Sentiero del Cacciatore oder dem Sentiero Buzzati (siehe Tour 36) ein weiter Auslauf nach Süden offen. Nicht minder interessant ist ab der Ausstiegsscharte des Portòn eine Fortsetzung über den Sentiero Gusella, der einen Klettersteigring um die massige Cima di Ball schließt. Packende Landschaftsbilder sind so oder so garantiert, sei es im Anblick der pfeilerbewehrten Cima Canali, der wuchtigen Pala di San Martino, dem kühnen Campanile Pradidali oder – nicht zu vergessen – dem »Traumpaar« der Pala schlechthin: Sass Maor und Cima della Madonna mit ihrer berühmten Schleierkante im Profil.

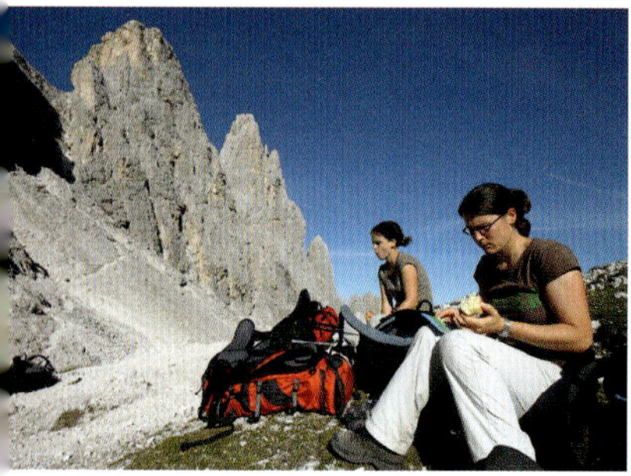

Rast unterhalb des Sentiero Gusella.

Ausgangspunkt: Cant del Gal (1186 m) im Valle dei Canali; Zufahrt von Fiera di Primiero Richtung Passo Cereda und nach gut 3 km links ab.
Gehzeiten: Cant del Gal – Rifugio Pradidali 3 Std. – Einstieg 0.30 Std. – Il Portòn 1.30 Std. – Forcella Stephen 1 Std. – Rifugio Pradidali 1 Std. – Cant del Gal 2 Std.; Il Portòn – Rifugio Velo 1.30 Std. – Sentiero del Cacciatore – Cant del Gal 3.30 Std.; insgesamt 9 oder 10 Std. je nach Variante.
Charakter: Via ferrata del Portòn ziemlich exponiert und aufwendig gesichert, damit das schwierigste Teilstück. Sentiero Gusella und Via ferrata del Velo in den (kürzeren) Klettersteigpassagen mittel. Überwiegend hochalpines Ambiente, Steinschlag- und Vereisungsgefahr inbegriffen. Aufgrund der Gesamtlänge Hüttenübernachtung sinnvoll.
Schwierigkeit: Via ferrata del Portòn bis C, sonst oft B.
Höhenunterschied: In Summe etwa 1650 Hm; davon entfallen 1100 Hm allein auf den Zustieg.
Höchster Punkt: Forcella Stephen (ca. 2700 m) bzw. Cima della Stanga (2550 m) je nach Variante.
Exposition: Portòn Ost, Velo West, Gusella verschieden.
Stützpunkte: Rifugio Pradidali (2278 m), Tel. +39 0439 64180; Rifugio Velo della Madonna (2358 m), Tel. +39 0439 768731.
Tipp: Es kommt auch ein Zustieg von der Rosetta (Seilbahn von San Martino di Castrozza) infrage; landschaftlich reizvoller Höhenweg zum Rifugio Pradidali, ca. 2 Std.

Zustieg: Bei Cant del Gal in den linken Talast des Val Pradidali und auf zunächst breitem Weg Nr. 709 zwei Bäche kreuzend. Weiter auf Steig zur Örtlichkeit Pedemonte, wo zahlreiche, gut ausgebaute Kehren über die Steilstufe ansetzen. Später von der rechten auf die linke Seite des Einschnitts und das letzte Stück hinauf zum Rifugio Pradidali. In Richtung des Sockels der Cima di Ball überschreiten wir eine kleine Anhöhe und steigen in die dahinterliegende, meist mit Lawinenschnee gefüllte Schlucht ab.

Via ferrata del Portòn: Mit kühnen, fast senkrechten Klammernreihen (B bis C) geht's kernig los. Nach ca. 100 Hm meistern wir links haltend in dichter Folge luftige Traversen auf schmalen Felssimsen im Wechsel mit Aufschwüngen, die häufig mit Trittbügeln entschärft sind (meist um B). So schwenkt man allmählich in die grimmige Portòn-Schlucht ein, deren Grund schließlich über eine weitere Bügelreihe im Abstieg und eine letzte Querung betreten wird (maximal C). In dem gerölligen Schlund leiten Steigspuren aufwärts und links durch eine düstere Rinne mithilfe einer Leiter und ein paar Bügeln (B) bis in die Ausstiegsscharte »Il Porton« (2480 m), wo der Blick auf die Schleierkante frei wird.

Sentiero Gusella: Rechter Hand führt ein Pfad über schrofiges Gelände bis zum Überstieg an einer begrünten Geländerippe hinauf. Dahinter kurz durch eine Rinne abwärts und in teilweise gesichertem Auf und Ab (A und B) quer durch die Felsflanke der Cima di Ball. Bald wieder kräftig steigend wird die zwischen Cima di Val di Roda und Cima di Ball

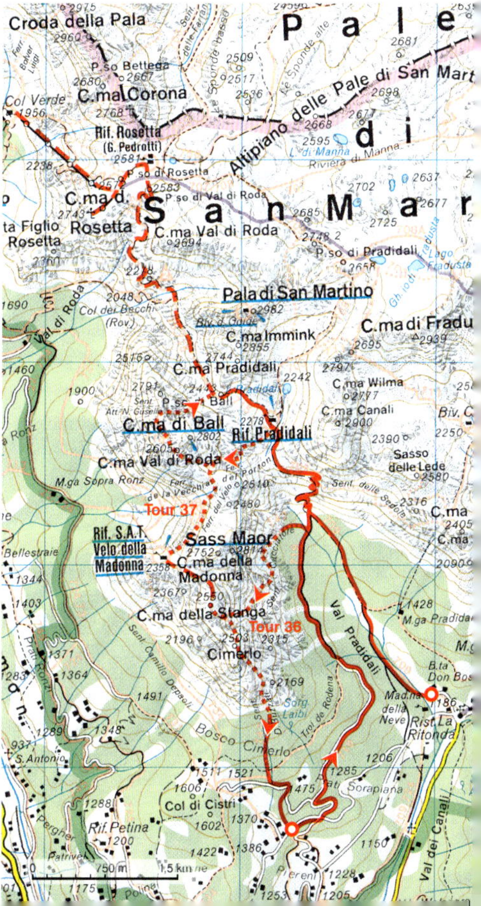

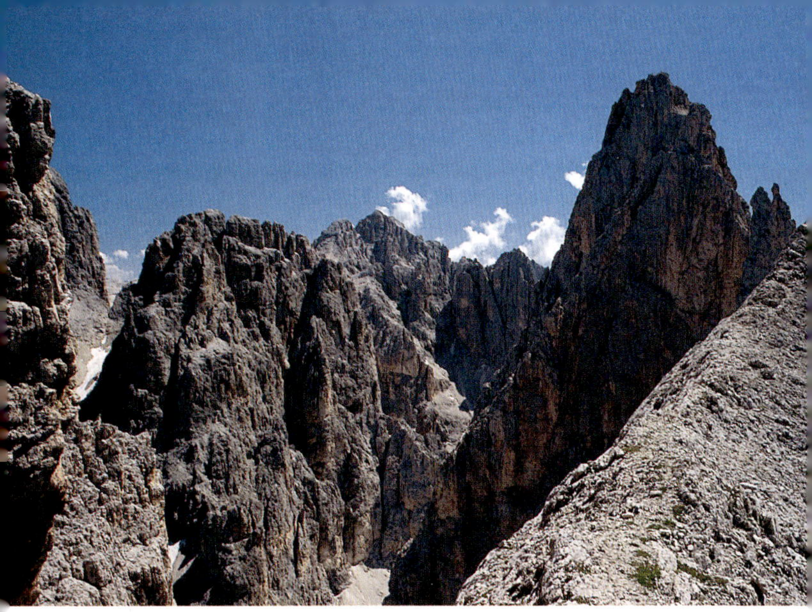

An der hochgelegenen Forcella Stephen.

eingelagerte Forcella Stephen angepeilt. Ein Abstecher auf erstgenannten Gipfel ist entlang einer Geröllspur kurz und schmerzlos. Anschließend steigen wir in die ostseitige Steilrinne ein, folgen aber alsbald den Sicherungen über die plattigen Felsen zur Rechten. Schräg absteigend über die abgestuften Rampen (B), bis man am Auslauf ins Geröll gelangt. Auf guter Trasse hinunter zum Passo di Ball (2443 m) und weiter zum Rifugio Pradidali.

Via ferrata del Velo: Nach Ausstieg aus dem Portòn-Klettersteig wendet man sich in diesem Fall nach links und schlägt einen Bogen hinüber zum Sockelfels der Cima della Madonna. Der gesicherte Teil beginnt mit einem Klemmblock über einen Spalt. Eine rinnenartige Verschneidung (B) führt steil abwärts, dann passiert man ein luftiges Eck zur Nische einer Schluchtrinne, bevor einige Abstiegsstufen zwischen zwei Bändern bereits zum Ende der Ferrata führen (B/C und leichter). Man vollendet die Traverse um den Vorbau der Schleierkante herum und erreicht in kurzem Gegenanstieg das Rifugio Velo della Madonna.

Empfehlenswert ist nun die Fortsetzung über den Sentiero del Cacciatore oder den Sentiero Dino Buzzati zurück nach Cant del Gal. Oder man begeht die Ferrata del Velo nochmals retour und schließt dann den Sentiero Gusella an.

7.00 Std.

Via ferrata Bolver-Lugli

38 TOP

Am Wahrzeichen der Pale di San Martino

Die Via ferrata Bolver-Lugli ist vielleicht der Paradesteig in der an spannenden Eisenwegen nicht gerade armen Palagruppe. Jedenfalls bietet sie eine Kletterei wie aus einem Guss, begeistert mit Reibungsplatten und Kaminübungen, mit schmalen Leisten und Bierhenkelgriffen, und das alles in bestem Dolomit sowie prickelnder Ausgesetztheit, ohne den Versierten jedoch zu überfordern. Außerdem bewegt man sich hier an keinem Geringeren als dem Cimòn della Pala, aufgrund seiner kühnen Form das absolute Aushängeschild der Gruppe. Sein Gipfel wird zwar letztlich nicht erreicht, weil die »Bolver-Lugli« bereits auf der hohen Schulter, im Schuttkessel des Spallone del Cimòn, endet und der Abstecher mit freien Passagen bis zum III. Grad den meisten Ferratisti dann doch nicht geheuer ist. Wer freilich anschließend die leichtere Cima della Vezzana erklimmt, steht sogar noch acht Meter höher, auf der allerhöchsten Palazinne, und hat einem der schönsten Dolomiten-Klettersteige damit die gebührende Krone aufgesetzt.

Ausgangspunkt: Mittelstation Col Verde (1956 m), erste Sektion der Seilbahn von San Martino di Castrozza.
Endpunkt: Bergstation der Rosettabahn (ca. 2650 m).
Gehzeiten: Col Verde – Einstieg 0.50 Std. – Bivacco Fiamme Gialle 2.40 Std. – Cima della Vezzana 1 Std. – Rosetta-Bergstation 2.30 Std.; insgesamt 7 Std., bei Gipfelverzicht 5.30 Std.
Charakter: Ziemlich schwieriger, oft ausgesetzter Alpinklettersteig in beachtlicher Höhenlage, auf 400 Hm fast durchgängig mit Drahtseil gesichert (nur ganz wenige Trittbügel). Fester, griffiger Fels; schwierigste Stellen im Mittelteil. Stellen I am Vorbau ebenso wie am Normalweg zur Cima della Vezzana, dort auch viel Geröll bzw. Schneefelder.
Schwierigkeit: C/D, meist zwischen B und C, selten leichter.
Höhenunterschied: Gut 1500 Hm (1050 Hm bis Bivacco, davon ca. 400 Hm am Klettersteig; Cima della Vezzana zusätzlich 270 Hm und ca. 200 Hm Gegensteigungen beim Abstieg).
Höchster Punkt: Bivacco Fiamme Gialle (3005 m) oder Cima della Vezzana (3192 m).
Exposition: Südwest.
Stützpunkt: Bivacco Fiamme Gialle (3005 m); Rifugio Pedrotti alla Rosetta (2581 m), Tel. +39 0439 68308.
Tipp: Von der Cima della Vezzana möglicher Abstieg über die Via ferrata Gabitta d'Ignoti (bis B) ins Val Strut, weiter unten in den Sentiero delle Farangole (Stellen A/B) einfädeln und mit Gegensteigung über die Pala-Hochfläche zur Rosettabahn. Eine große, hochalpine Tour; Gesamtgehzeit ab San Martino 9.30 Std. (Seilbahn fährt hierfür zu spät).

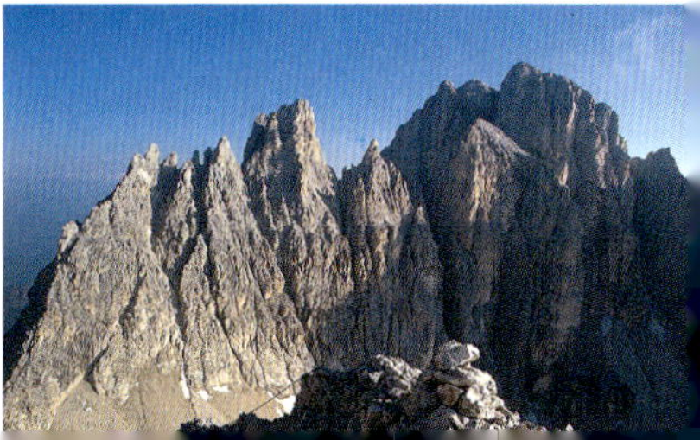

Impression von der Ferrata Gabitta d'Ignoti.

Zustieg: Von der Liftstation Col Verde mit Nr. 706 links haltend aufwärts, in Kürze eine Schotterreiße kreuzend und auf dem Wiesensteig gegen die Wände des Cimòn hoch. Am Sockelfels links von einem markanten Einriss, der die ganze Wand durchzieht, weist eine Tafel auf den Einstieg hin (ca. 2280 m).

Klettersteig: Allerdings ist zunächst noch ein schrofiger Vorbau auf deutlich ausgetretener Spur zu ersteigen, dabei etliche gut gestufte Stellen I und nur einmal mit Drahtseilhilfe zwischendurch. Nach einem Schotterfeld beginnt der eigentliche Klettersteig auf rund 2550 m. In einer kaminartigen Rinne (B) schräg links empor, dann um die Kante zu Schotterpassagen. Es folgt eine Rampe (B), die bald aufsteilt und damit eher einer freien Wand gleicht. Nach einigen C-Passagen später wieder etwas angelehnter weiter und in einer Linkstraverse (B/C) an einem Zacken vorbei. Danach überlistet man den Spalt zwischen zwei Schluchtrinnen auf einer Art Felsbrücke, die augenblicklich an eine kompakte Wandstufe heranleitet. Nur eine einzige Klammer erleichtert hier den kräftigen Zug in die Vertikale, dann arbeitet man sich steil und luftig höher (C/D), bis ein kleiner Absatz Verschnaufen erlaubt. Doch schon der nächste Kamin verlangt wieder beherzten Einsatz (C, Klammern). Dieser leitet zu einer Kante über, ehe man aus der stärksten Ausgesetztheit herauskommt und einer nach links ziehenden Kaminrinne (B) folgt. Eine kurze Steilstufe von wenigen Metern (C/D) fordert den letzten wirklichen Kraftakt, ansonsten nehmen die Schwierigkeiten jetzt im oberen Teil deutlich ab. Über gut gestufte Felsen, teilweise auch in Rissen und Rinnen, erklettern wir das Schlussstück bis zur Ausstiegsscharte neben einigen Türmchen (maximal B) und queren dort noch am Drahtseil auf die linke Seite. Schließlich der Geröllspur durch den Kessel folgend bis zum Bivacco Fiamme Gialle.

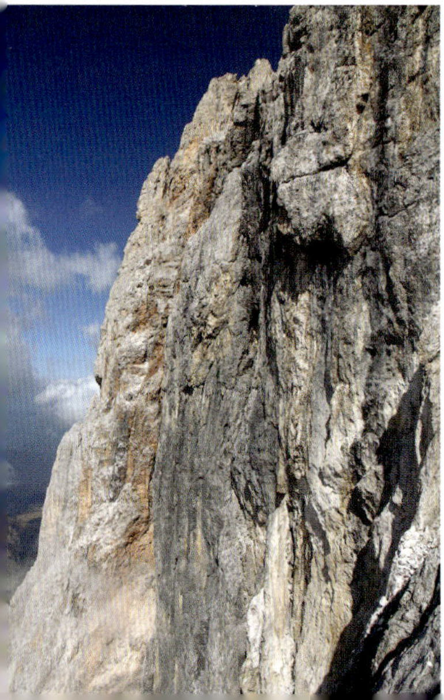

Cima della Vezzana und Abstieg: Vom Biwak über Schotter und eingelagerte Felsen schräg abwärts gegen den Passo del Travignolo (2925 m, fulminanter Blick in die jenseitige Schluchtrinne). Kurz davor kann man bereits rechts abdrehen. Wer indes den höchsten Palagipfel besteigen

Blick vom Klettersteig in die Hauptwand des Cimòn della Pala.

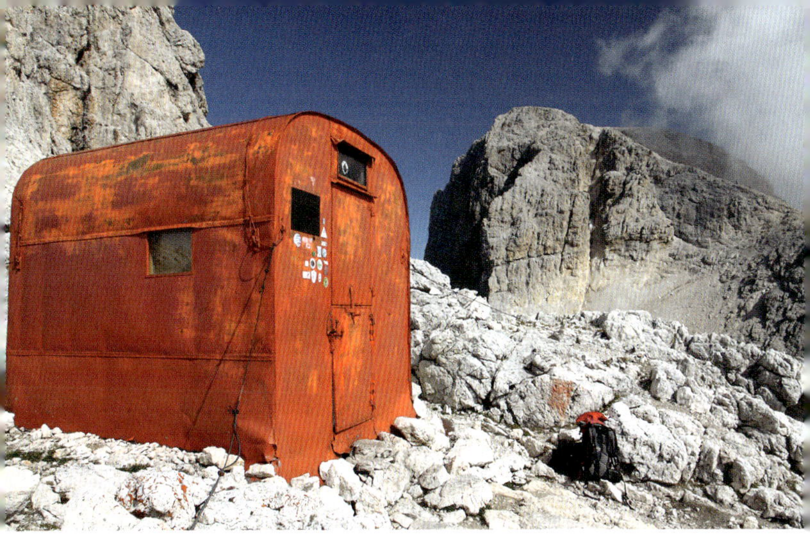

Das Bivacco Fiamme Gialle ist Zielpunkt der »Bolver-Lugli«.

möchte, müht sich gegenüber am bröseligen Hang aufwärts, gewinnt den Sattel zwischen Nuvolo und Vezzana und folgt dem relativ breiten Südgrat (selten I). Später rechts über ein Schneefeld und weiter im splittrig-felsigen Gelände zum höchsten Punkt der Cima della Vezzana.

Im Abstieg zurück zum Passo del Travignolo und mit Nr. 716 durch den kargen Trichter des Valle dei Cantoni. Dabei hält man sich an die rechte Seite und trifft neben reichlich Schotter auf einzelne ungesicherte Felsstufen (I), je nach Jahreszeit auch auf Schneefelder. Obacht: Von einem Geröllboden geht es rechter Hand nochmals bergauf, am Felssockel um ein Eck herum und durch eine kleine Karbucht in den Passo Bettega (2667 m). Drüben in eine Mulde hinab und zu einer Verzweigung. Jetzt entweder rechts sehr steil und alpin abwärts zum Col Verde oder angenehmer links haltend in leichtem Auf und Ab den Sockel der Cima Corona umkurven und über einen letzten Wall zum Rifugio Rosetta. Von dort noch ca. 15 Min. in leichter Gegensteigung zur Bergstation.

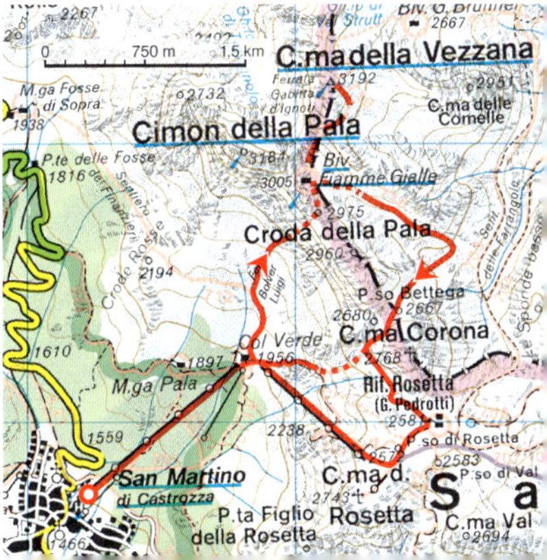

39 Via ferrata Paolin-Piccolin

7.00 Std.

Im Niemandsland zwischen Marmolada, Civetta und Pala

Im Konzert der großen Dolomitengipfel spielen die Cime dell'Auta eine untergeordnete Rolle, doch wer sich ihnen nähert, dem erscheinen sie dann doch groß, dolomitisch steil und ziemlich respektheischend. Die Lage zwischen Marmolada, Civetta und Pala garantiert ein tolles Panorama (besonders die Marmolada-Südwand erweist sich als Schaustück sondergleichen) und die recht anspruchsvolle, aber wenig bekannte Via ferrata Paolin-Piccolin einen unterhaltsamen Aufstieg. Vielleicht hat man sogar das Glück, einigen Steinböcken zu begegnen.

Ausgangspunkt: Colmean (1274 m), kleiner Weiler im Valle del Biois; Zufahrt von Caviola, bei der Verzweigung nahe Feder links.
Gehzeiten: Colmean – Einstieg 3 Std. – Cima dell'Auta Orientale 1.30 Std. – Colmean 2.30 Std.; insgesamt 7 Std.
Charakter: In einzelnen Passagen schwieriger, sonst überwiegend mäßig schwieriger Klettersteig, einige gesicherte Passagen finden sich auch noch beim Abstieg. Insgesamt recht raue Tour mit alpinem Anstrich (viel Geröll), was auch erhöhte Steinschlaggefahr beinhaltet.
Schwierigkeit: Schlüsselstellen C/D, sonst meistens um B.
Höhenunterschied: 1350 Hm, davon 350 Hm Klettersteig.
Höchster Punkt: Cima dell'Auta Orientale (2624 m).
Exposition: Süd bis West.
Stützpunkt: Baita dei Cacciatori (1745 m), Tel. +39 0437 592145.

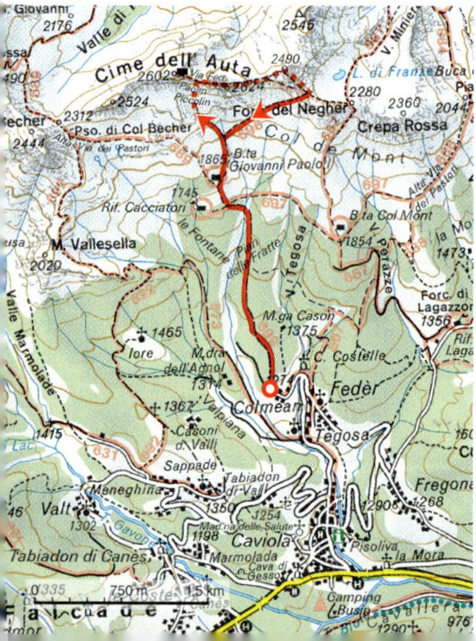

Zustieg: Vom Wanderparkplatz Colmean folgt man Nr. 689, zunächst als Fahrweg, der später etwas holpriger wird. Er endet vor dem Torrente Caiada, wo ein Steig die Führung übernimmt. Die Baita dei Cacciatori bleibt knapp links; immer den Hinweisen »Cima dell'Auta« nach geht es durch bewaldetes Terrain aufwärts und zur Baita Giovanni Paolo I. (1865 m), die nach dem aus Canale d'Agordo stammenden Papst benannt wurde. Im weiteren Verlauf gelangt man auf freiere Schutthänge und mit einer nach rechts ausholenden Schleife (dort Abzweig der Via Normale) zum Einstieg (ca. 2270 m) links unterhalb der markanten Südschlucht.

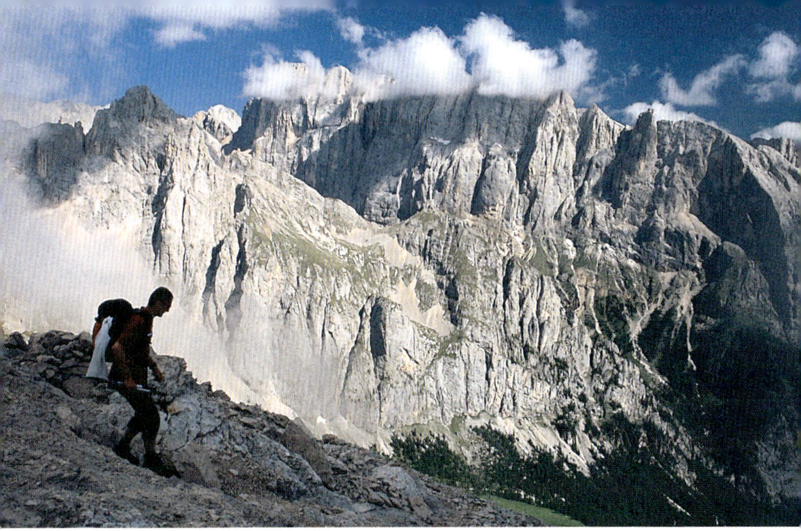

Abstieg vor der Kulisse der Marmolada.

Klettersteig: An der unteren, mit vielen Klammern und zwei Leitern bestückten Wand ist gleich voller Einsatz gefragt (mindestens C), bevor es gemäßigter in der großen Geröllschlucht weitergeht. An ihrer linken Begrenzung leiten die Sicherungen (A/B) zu einem kniffligen Kamin, der nur mit Drahtseilen versehen in Stemmtechnik gemeistert wird (schwierigste Stelle, C/D). Anschließend besser gestuft höher bis in die zwischen West- und Ostgipfel eingelagerte Forcella di Medil, wo sich der Blick auf die Nordseite öffnet. Nach links ist ein Abstecher auf die Cima dell'Auta Occidentale (2602 m) über Schutt und Geschröf möglich. Ansonsten rechts mit einer Leiter dazwischen an den nochmals steilen, plattigen Gipfelaufbau der Cima Orientale heran und im geschickten Hin und Her, teils Bänderquerungen nutzend, gut gesichert aufwärts (Plattenschüsse meist um B, auf Schuttbändern A). Zuletzt nach links um ein Eck und aus der gipfelnahen Scharte in wenigen Schritten zum höchsten Punkt.
Abstieg: Man durchsteigt mit Drahtseilhilfe das besagte Schärtchen zum Nebengipfel und hält sich anschließend am schrofigen Osthang mit vereinzelten Sicherungen (A/B) bergab. Nach einer Senke wird der dunkelfelsige Corn Négher südseitig passiert, ehe sich die Markierung im nächsten Sattel verzweigt. Hier mit Nr. 696 scharf rechts über die grasige Geländekante steil abwärts. Direkt entlang der Wand begleiten uns wiederum einige Drahtseile (A bis B) über unangenehm erdiges Terrain. Danach quer durch die Grasflanken absteigend, bis man wieder auf den Anstiegsweg trifft.

40 Via ferrata Franco Gadotti

8.00 Std.

Drei-Gipfel-Tour am Valacia-Stock über dem Fassatal

Das kompakte Valacia-Massiv ist eine kleine Welt für sich. Hufeisenförmig kesseln schroffe Felsen das nordseitige Kar ein, während die Westflanke über einen bewaldeten Sockel direkt ins Fassatal abfällt. Paradetour in diesem Revier ist die Via ferrata Gadotti, keine reinrassige Klettersteigunternehmung wie andere im weiten Umkreis von Marmolada, Sella und Rosengarten, aber doch mit einigem alpinen Esprit gewürzt. Immerhin werden mit dem Sas da le Doudesc, dem Sas Aut und der Punta Valacia drei Gipfel berührt, und zwischendrin wartet die eine oder andere Überraschung, etwa die höhlenähnliche Schlüsselstelle.

Ausgangspunkt: Parkplatz vor dem Camping Vidòr im Val di San Nicolò (1410 m); Zufahrt von Pozza di Fassa. In der Hauptsaison eventuell Wandertaxi zur Malga Monzoni (Infos beim Tourismusbüro).
Gehzeiten: Vidòr – Einstieg 2 Std. – Sas da le Doudesc 1.30 Std. – Valacia 2 Std. – Rifugio Valacia 0.40 Std. – Baita Monzoni 0.50 Std. – Vidòr 1 Std.; insges. 8 Std.
Charakter: Insgesamt eine stattliche Bergtour mit längeren, meist einfachen bis mittelschweren Klettersteigstrecken, eine Abstiegspassage recht knifflig, aber nach Sanierung etwas entschärft. Dazwischen hochalpines, oft gerölliges Gehgelände.
Schwierigkeit: B/C in der Schlüsselstelle, häufig B.
Höhenunterschied: Knapp 1500 Hm.
Höchster Punkt: Punta Valacia (2637 m).
Exposition: Verschieden, auch Nord.
Stützpunkte: Bivacco Zeni (2100 m); Rifugio Valacia (2275 m), Tel. +39 349 8866866; Einkehr in der Malga und Baita Monzoni.
Tipp: An der Forcella de la Costela schließt sich die Alta Via Bruno Federspiel über den Kammzug der Monzoni an, eher ein stellenweise gesicherter Höhenweg denn ein richtiger Klettersteig. Schmale, teils felsige, teils erdig-grasige Grate, Trittsicherheit wichtig, ca. 3.30 Std. bis zum Rifugio Passo delle Selle.

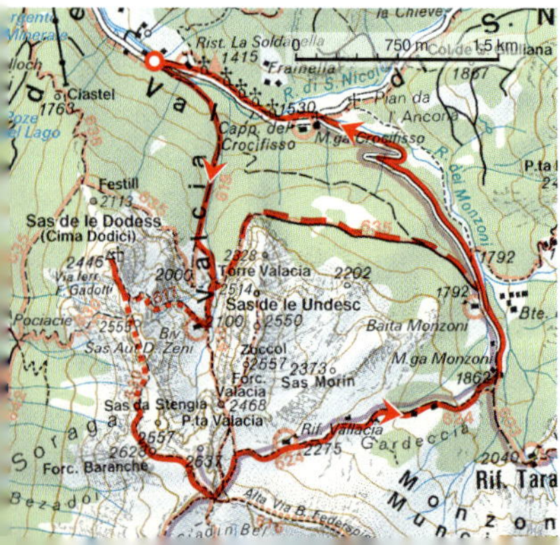

Zustieg: Wir starten auf einer Forststraße, ehe bereits nach kurzer Zeit Weg Nr. 615 ins enge Valacia-Hochtal abdreht. Dort geht es hinauf zum Bivacco Zeni, wobei zuvor ein alternativer Zugang von der Baita Monzoni einmündet und bereits eine gesicherte Felsstufe zu bewältigen ist, und zum eigentlichen Einstieg knapp oberhalb.
Klettersteig: Aus dem Karboden westwärts in die von Schluchtrinnen

durchzogenen Felshänge des Sas Aut. Nach einer aufsteigenden Querung (ausgesetzt an einer Felsnische) folgt eine feuchte, erdige Rinne und kurz darauf ein Kamin (Stellen B). Anschließend auf nur noch vereinzelt gesichertem Schrofensteig zu einer Kanzel. Man übersteigt die Geländerippe und geht den dahinter liegenden Kessel aus, womit man in Kürze auf dem Hauptgrat steht. Der Abstecher nach rechts führt in wenigen Minuten zum Gipfel des Sas da le Doudesc (Cima Dodici, 2446 m) und gewährt einen fantastischen Tiefblick ins Fassatal.

Anschließend dem Kammverlauf nach Süden folgen, mit einer Traverse (B) zum Ansatz einer Rinne und jenseits über gestuften Fels (wieder meist um B) aufwärts zum Sas Aut (2555 m), der zuoberst ein überraschend weitläufiges Wiesenplateau ausbildet. An seinem südlichen Rand steigt man in eine etwas heikle Steilrinne ein, die fast durchwegs gesichert ist, aber loses, erdiges Geröll aufweist. Zwei riesige Klemmblöcke scheinen das Weiterkommen in einer überhängenden Kaminpassage zu verhindern, doch wo früher das sogenannte »Teufelsloch« durchstiegen werden musste, geht es inzwischen seitlich daran vorbei (B/C). Am Auslauf der Rinne endet der Klettersteig. Wir nehmen einen Geröllsteig auf, der westlich des zerklüfteten Grates wieder aufwärts leitet. Über die grasige Forcella Baranchie links haltend durch eine kleine Hochmulde und zuletzt von Süden zum Gipfel der Valacia.

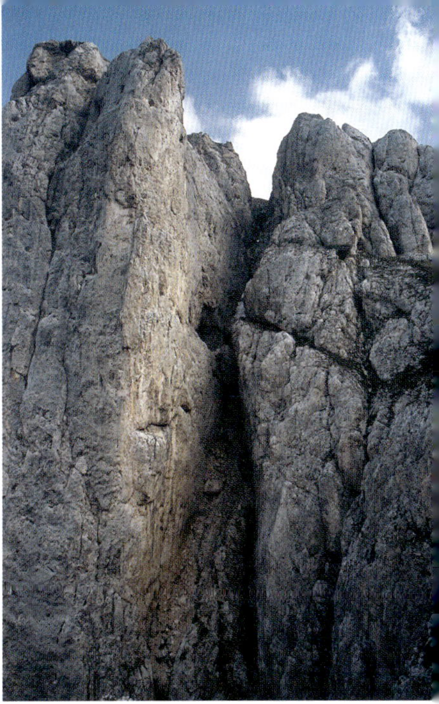

Die Kaminrinne mit der Schlüsselstelle.

Abstieg: Über Geröllhänge südwärts zum Kreuzungspunkt bei der Forcella de la Costela (2490 m) und auf sandigem Pfad unter die Ostwand der Valacia, wo sich die Routen nochmals gabeln. Über die Forcella Valacia ist eine Verbindung zum Bivacco Zeni gegeben, ansonsten der Hauptspur folgend zum Rifugio Valacia, von dort durch die malerische Gardecia-Karmulde und weiter auf einem holprigen, teils ziemlich steilen Fahrweg zur Malga Monzoni (1862 m) hinab. Talauswärts erreicht man wieder den Ausgangspunkt.

41 Via ferrata dei Finanzieri

4.00 Std.

Der Colàc, markanter Hausberg von Alba und Canazei

Der Colàc zählt zu den besten Aussichtspunkten im oberen Fassatal. »Gefügig« gemacht ist er durch zwei Klettersteige – eher leicht auf der Normalroute, schwierig hingegen auf der rassigen »Finanzieri« durch den Plattenpanzer der Nordwestwand. Seilbahnanschluss und Ferrataboom sorgen heute für regen Zulauf am einst vernachlässigten Colàc, was hin und wieder zu Problemen (Staus und Steinschlag) führen kann. Wem solcherlei erspart bleibt, der darf freilich begeistert sein von der steilen Route ebenso wie vom großartigen Panorama, das Langkofelgruppe, Sella und Marmoladaberge in prachtvoller Anordnung präsentiert.

Ausgangspunkt: Bergstation Ciampac (2170 m), Seilbahn von Alba im oberen Val di Fassa.
Gehzeiten: Ciampac – Einstieg 0.15 Std. – Colàc 2.15 Std. – Forcia Neigra 0.45 Std. – Ciampac 0.45 Std.; insgesamt 4 Std.
Charakter: Schwieriger, ausgesetzter Gipfelklettersteig mit senkrechter, jedoch üppig gesicherter Schlüsselstelle. Davon abgesehen auf 500 Hm fast nur Drahtseile, weitere im oberen Teil des Abstiegs. Steinschlaggefahr bei hohem Verkehrsaufkommen sowie schattseitige Neigung zur Nässe beachten.

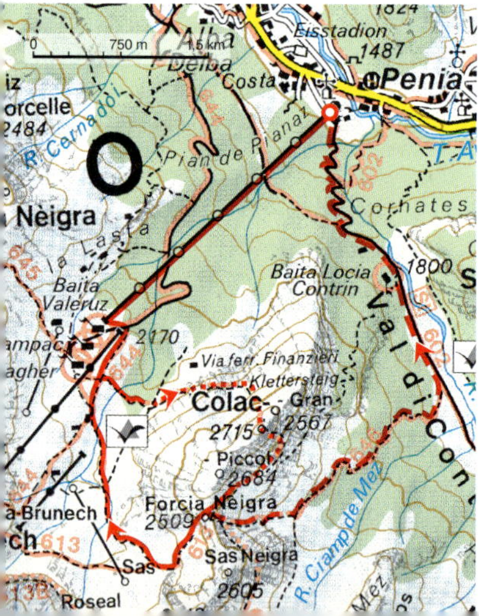

Schwierigkeit: C/D in der Schlüsselstelle, sonst meist B bis vereinzelt C.
Höhenunterschied: 620 Hm, größtenteils am Klettersteig.
Höchster Punkt: Colàc (2715 m).
Exposition: Nordwest.
Stützpunkt: Keiner, aber es gibt Einkehrmöglichkeiten im Bereich der Seilbahn.
Tipps: 1) Aus der Forcia Neigra lässt sich die Tour interessant verlängern, indem man am ostseitigen Felssockel der Croda Negra entlang zum Sentiero attrezzato Lino Pederiva quert und über diesen teilweise gesicherten Höhenweg (A/B) zurück nach Ciampac wandert (1.30 Std. Mehraufwand): zuerst in der Südflanke des Sas de Roces, dann auf der Kammhöhe selbst und von der Sella Brunech rechts abdrehend.
2) Offen steht auch ein Abstieg durchs Val de Contrin nach Alba; zeitlicher Mehraufwand 1 Std.

Zustieg: Von der Seilbahnstation zuerst ein Stück abwärts bis in die Mulde unterhalb des massigen Felsaufbaus, dann über einen Schuttkegel in Kehren hinauf zum Einstieg auf knapp 2200 m.

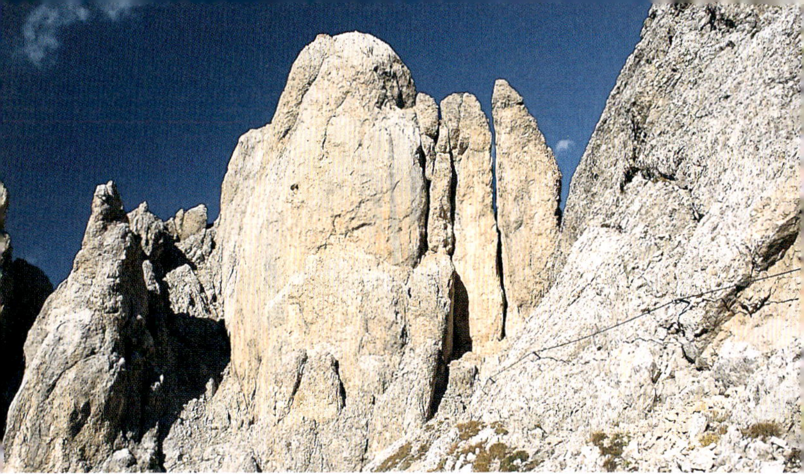

Im Gipfelbereich des Colàc.

Klettersteig: Vorerst in nur teilweise gesichertem Schrofengelände aufwärts, ehe eine Linkstraverse an den Beginn einer riesigen, von Überhängen gebildeten Verschneidung heranführt (A/B). An der Plattenrampe (B) zur Linken leiten die Drahtseile empor und nach einer Weile zur Schlüsselpassage. Hier wird eine senkrechte Wandverschneidung mit versetzt angebrachten Bügelreihen erstiegen (C/D). Um eine Kante herum auf eine exponierte Platte und weiter in stärker gegliedertes Terrain. Dennoch folgen weiterhin Stellen, die bei allgegenwärtiger Ausgesetztheit durchaus Einsatz verlangen. Über gestufte Felsen sowie durch Rinnen und Risse (oft B, vereinzelt C) geht es abwechslungsreich höher bis auf den Nordgrat, wo man sich nach rechts wendet und den Schlussanstieg zum Gipfel des Colàc bewältigt.

Abstieg: Man folgt dem Pfeil »Ciampac« hinab in eine Rinne, schlüpft durch ein Schärtchen auf ein kurzes Band und steigt in einem weiteren Rinnensystem (A bis B) tiefer bis zum Ende der Drahtseile. Nun auf Grasbändern rechts hinaus Richtung Forcia Neigra (2509 m), über die man mit kurzem Gegenanstieg in die Ciampac-Almmulde wechselt und damit auf kürzestem Weg zur Seilbahnstation zurückkehrt.

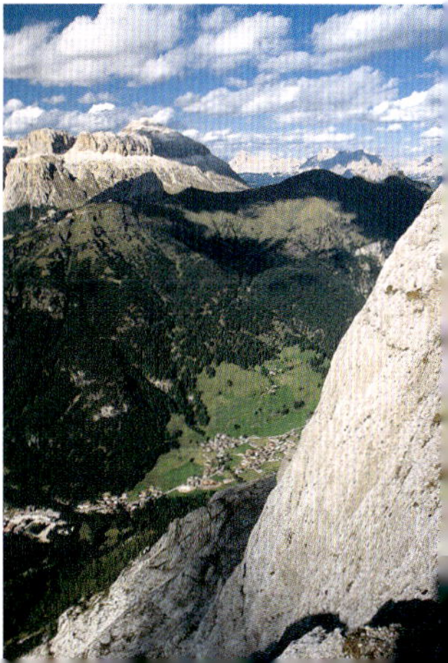

Tiefblick aus dem Klettersteig ins obere Fassatal.

42 Marmolada Westgrat-Klettersteig

7.45 Std.

»Hans-Seyffert-Weg« auf den höchsten Berg der Dolomiten

Ein lotrechter Abbruch auf der Südseite, bis zu 800 Meter hoch und über drei Kilometer breit, im Norden hingegen ein abgedachtes Gletscherpult – das ist die Marmolada, die »Königin der Dolomiten«. Ihre Janusgestalt hat sie zur »montagna perfetta« avancieren lassen: Extremklettern in der Südwand, ein legendärer Eisenweg am Westgrat, Normalroute nebst Gletscherskilauf auf der Nordseite, und die Punta Rocca, der Zweitgipfel, ist sogar mit einer Seilbahn erschlossen. Die Plattenschüsse am Westgrat erhielten ihre Sicherungen bereits anno 1903 und eröffneten als »Hans-Seyffert-Weg« damit chronologisch den Ferrata-Reigen in den Dolomiten: keine übermäßig knifflige Route, aber hochalpin und daher stets ein ernstes Unterfangen. Das gilt auch für den »Gletscherweg«, der bei fortgeschrittener Ausaperung sogar recht heikel werden kann. Vom Pian dei Fiacconi waren beide bis vor Kurzem gut zu einer eis- und eisenhaltigen Runde zu verbinden. Durch einen dramatischen Gletscherabbruch, der im Sommer 2022 großes Aufsehen erregete, ist dies jedoch bis auf Weiteres problematisch geworden. Guten Gewissens kann man derzeit noch von der Südseite zusteigen, über die Nordseite sollten unbedingt aktuelle Informationen eingeholt werden. Emotionaler Höhepunkt wird an der Marmolada aber wohl stets die Gipfelstunde sein, wenn man die Augen ringsum schweifen lässt. Vieles, was in den Dolomiten Rang und Namen hat, wird aus dieser Perspektive beinahe zum Statistentum degradiert.

Die Marmolada von Norden, nach rechts der Westgrat.

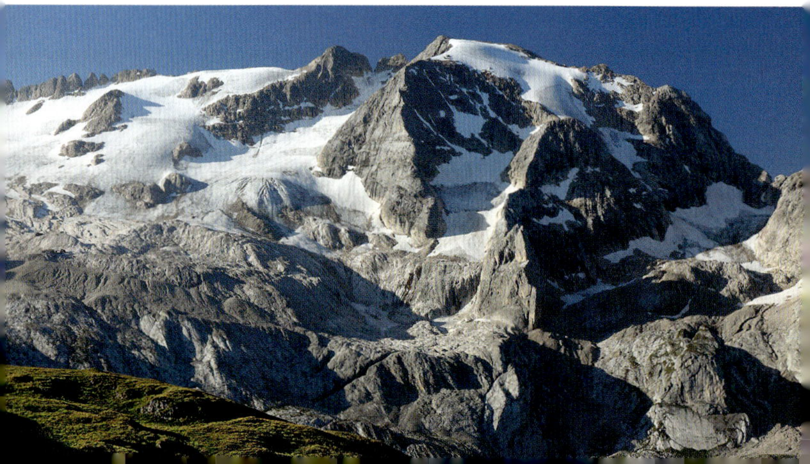

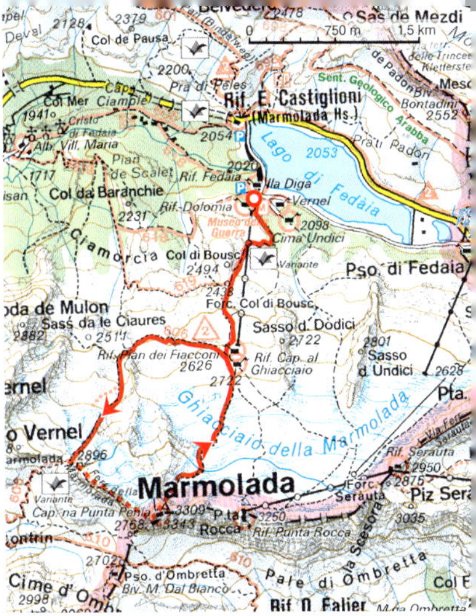

Ausgangspunkt: Lago di Fedàia (2053 m). Der Lift zum Pian dei Fiacconi besteht nicht mehr!

Gehzeiten: Lago di Fedàia – Pian dei Fiacconi 1.30 Std. – Einstieg/Forcella della Marmolada 1.45 Std. – Punta Penìa 1.45 Std. – Pian dei Fiacconi 1.45 Std. – Lago di Fedàia 1 Std.; insgesamt 7.45 Std. (bei identischem Rückweg fast 9 Std.).

Charakter: Hochalpiner Klettersteig, an geneigten Plattenschüssen mit vielen Klammern bestückt und daher technisch nicht sonderlich schwierig. Kombiniertes Terrain mit Gletschertraversen bei Zu- und Abstieg (Ausrüstung!), auch am Klettersteig zuweilen Vereisung möglich. Bergerfahrung wesentlich wichtiger als Kraft und Klettertechnik, zudem stabile Wetterverhältnisse und eine gewisse Akklimatisation!

Schwierigkeit: Überwiegend B.

Höhenunterschied: 1450 Hm, davon gut 400 Hm Klettersteig

Höchster Punkt: Marmolada (Punta Penìa, 3343 m).

Exposition: Nordwest.

Stützpunkte: Capanna Punta Penìa (3343 m), Tel. +39 0462 764207.

Tipp: Für eine weitgehend eisfreie Tour kommt der lange Zustieg von Alba (1517 m) durch Val de Contrin in Betracht, mit dem Rifugio Contrin (2016 m) als Stützpunkt. Von dort in 2.30 Std. über festen Schutt und zuletzt eine Bügelreihe (B) zur Marmoladascharte. Abstieg später wieder über den Klettersteig. Gehzeit in Summe 10.30 Std.

Zustieg: Nachdem der Marmoladalift nicht mehr in Betrieb ist, geht es vom Lago di Fedàia zunächst auf dem Weg 606 Richtung Pian dei Fiacconi (2626 m) hinauf. Von dort mit einer Abwärtstraverse Richtung Westen, denn um die Marmoladascharte zu gewinnen, muss als Erstes ein nach Norden ziehender Felssporn umgangen werden. Dahinter in das Kar mit dem Vernelgletscher eindrehen und vorerst noch über Schotter, später über das Eis aufwärts (falls blank, Steigeisen verwenden!). Am glatt geschmirgelten Felsriegel unterhalb der Scharte erfolgt der Einstieg.

Klettersteig: Der Beginn über die steilen, sandigen Felsen (B) in die Forcella della Marmolada (2896 m) ist recht unerquicklich. Aus ihr heraus linker Hand mit einer Bügelreihe über eine glatte Platte hinweg. Nach einer leichten Schuttpassage wechseln nun kurze Quergänge nach links in die Flanke mit einigen Steilaufschwüngen, die oft mittels Trittstiften oder ganzen Klammernreihen gangbar gemacht sind (A bis B). Nach einem besonders langen Plattenschuss und einem Riss (B) gelangt man rechts auf eine Gratkanzel mit großartigem Blick in die Südabstürze. Bald darauf neigt sich der Grat zurück, wirft noch einige Köpfe auf (vorerst mit weiteren Sicherungen) und wandelt sich dann vollends zum harmlosen Schuttrücken, auf dem sich je nach Jahreszeit stellenweise Firnfelder befinden können. Steigspuren führen schließlich zur kleinen Gipfelhütte und zum Kreuz auf der Punta Penìa hinauf.

Abstieg: Achtung, diese Beschreibung erfolgt unter Vorbehalt! Vor einer Begehung sollte man sich aktuelle Infos hinsichtlich der Sicherheit einholen! Am meistens überfirnten Nordgrat (»Schena del Mul«) abwärts, bis ein Klettersteig rechts in die abschüssige Felsflanke leitet. Dieser gut gestufte Riegel stellt die Verbindung zum Ghiacciaio della Marmolada her. Im Bereich einer rinnenartigen Verschneidung abklettern (B und I), wobei der Übertritt aufs Eis je nach Ausaperung zum prekären Hindernis werden kann. Dann folgt man (am besten in Seilschaft) der in aller Regel ausgetretenen Spur über den nicht ganz spaltenfreien und im Spätsommer oft blanken Gletscher. Nach anfänglichem Bogen verläuft der Abstieg mehr oder weniger gerade bis zur Zunge, an die sich im Vorfeld typisches, kupiertes Gletscherschliff- und Schuttgelände anschließt. Den Markierungen folgend zur unteren Hütte am Pian dei Fiacconi und über Weg 606 hinab zum Lago di Fedàia.

Abstieg am überfirnten »Schena del Mul«.

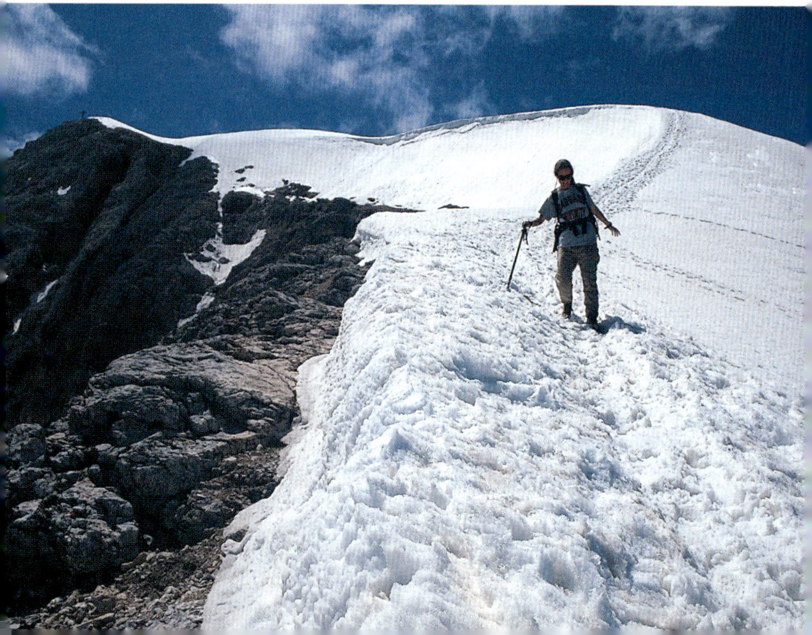

4.45 Std.

Via ferrata delle Trincee 43

Panoramaroute mit kriegshistorischem Hintergrund an der Mesola

Dunkle vulkanische Tuffgesteine statt bleicher Dolomit – dieser geologische Umstand stempelt die Via ferrata delle Trincee zu einer Besonderheit unter den Dolomiten-Klettersteigen. Die hoch über dem Fedàiasee, am gezackten Gratkamm der Mesola verlaufende Route besitzt ihren Ursprung im Ersten Weltkrieg, wie man heute noch an vielen Relikten (und am Namen) ablesen kann. Die »Schützengräben« (= Trincee) wurden einst von den Österreichern gebuddelt, die hier am Padonkamm der italienischen Marmoladafront entgegenzutreten versuchten. Es könnte sich im Grunde um eine echte Genussferrata handeln, wäre da nicht der knackige Auftakt am Sas de Mezdi. Hier braucht man Kraft oder besser noch eine ausgereifte Klettertechnik, um dem kompakten, trittarmen Eruptivgestein die nahezu senkrechten Meter abzuringen. Doch die Schwierigkeiten sind inhomogen, denn hinter dem Sas (Bec) de Mezdi reduziert sich das Niveau spürbar, und die nachfolgende Strecke hinüber zur Mesolina weist dann zeitweise sogar Höhenwegcharakter auf, garniert mit einigen gesicherten Passagen und finsteren Stollen. Umso mehr dürfen jetzt die großen Schaustücke in den Mittelpunkt rücken: im Norden die Sella mit ihrem pyramidalen Piz Boè, entgegengesetzt die breite Gletscherbrust der Marmolada!

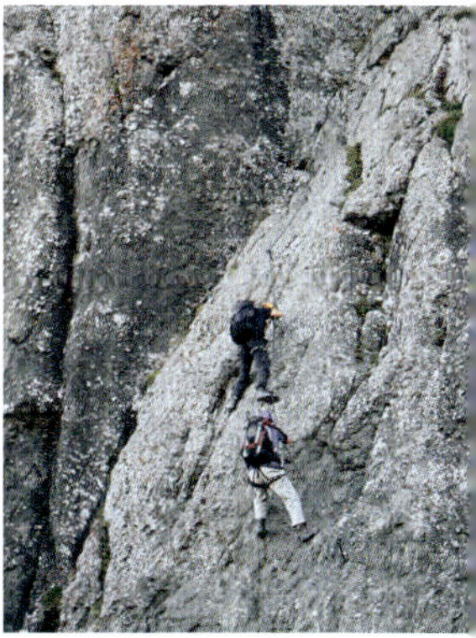

Schlüsselstelle gleich nach dem Einstieg.

Ausgangspunkt: Porta Vescovo (2478 m), Seilbahn von Arabba.
Gehzeiten: Porta Vescovo – Einstieg 0.20 Std. – Sas de Mezdi 0.30 Std. – Mesolina 2 Std. – Passo Padón 0.30 Std. – Porta Vescovo 1.25 Std.; insges. 4.45 Std.
Charakter: Teils sehr schwieriger Klettersteig mit sportlichem Anspruch speziell im ersten Abschnitt, im weiteren Verlauf nur noch stellenweise gesichert. Gewöhnungsbedürftige Kletterei an körnigen, trittarmen Vulkaniten, dabei auch kaum künstliche Tritte, bei Nässe heikel.
Schwierigkeit: Schlüsselstelle D, vor allem im ersten Teil noch häufig bis C.
Höhenunterschied: Inklusive aller Gegensteigungen knapp 600 Hm.
Höchster Punkt: La Mesola (Sas de Mezdi, 2727 m).
Exposition: Unterschiedlich.
Stützpunkte: Einkehr im Rifugio Porta Vescovo und im Rifugio Passo Padón; Bivacco Bontadini (2552 m) als Notunterschlupf.
Hinweise: 1) Lampe für die Stollen notwendig! 2) Wegen des Andrangs (Seilbahnnähe) kann sich auch ein frühzeitiger Zustieg vom Lago di Fedàia (2054 m) empfehlen, 1.30 Std. über Weg Nr. 698 bis zum Einstieg.

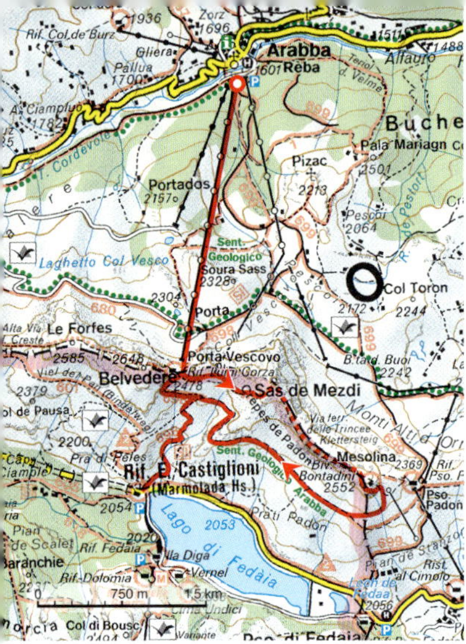

Zustieg: Von der Seilbahnstation an der Porta Vescovo hält man sich ostwärts, quert ein Stück und gewinnt mit einigen Kehren bereits den Einstieg an der Westwand des Sas de Mezdi (nach dem ganzen Kamm auch La Mesola genannt).

Klettersteig: An kompakter, fast senkrechter Mauer geht es sofort kraftraubend empor (D), dann etwas gegliederter und mehr im Zickzack über Platten und Verschneidungen zum Gipfelgrat (um C). Diesem folgend zu einer Hängebrücke (A) und nochmals kurzfristig schwierig bis gegen die Spitze des Sas de Mezdi (2727 m). Dahinter steil (C) in die folgende Scharte hinab, wo eine unmarkierte Pfadspur auf der Südseite als Notausstieg sowie als Umgehungsmöglichkeit des ersten Abschnitts fungiert. Der abgesetzte Sasso dell'Eremita kann auf einer Variante eingebunden werden (bis C).

Die Fortsetzung führt am Grat kurz aufwärts und nach einem Bänderquergang zu einer anspruchsvollen Steilpassage (C), die hinunter zum Felsansatz auf der Nordseite führt. Jetzt auf gewöhnlichem Steig nordostseitig unterhalb des Zackengrates entlang zum nächsten Sattel mit einer Ausstiegsmöglichkeit nach Süden. Danach wieder mehrheitlich über den mitunter gesicherten Kamm, teils auch auf Bändern, und schließlich mit fortwährend leichtem Höhenverlust auf die Südseite ausweichend (aufmerksam die nicht immer deutlichen Markierungen verfolgen!). Nach einem kurzen Tunnel leitet eine luftige, ansteigende Querung (B bis C) zum Eingang in den langen Stollen, der uns erst in der Nähe des Bivacco Bontadini wieder entlässt. Bevor wir von dort zum Passo Padón mit seiner Hütte und Sesselliftstation absteigen, sollten wir unbedingt noch die knapp 100 Hm zum Gipfel der Mesolina (2642 m) anhängen.

Abstieg: Der Rundenschluss vollzieht sich am schönsten über den südseitig auf halber Höhe verlaufenden Sentiero Geologico Arabba – stets mit der firnglänzenden Marmolada im Blickfeld. Nach einer längeren Traverse über Wiesenterrassen dreht man hinter einem Geländerücken scharf nach rechts ab, gewinnt zwischenzeitlich gute 100 Hm und geht die letzte Hangbucht zurück zur Porta Vescovo aus. Alternativ könnte man ab Passo Padón nordseitig durchs Skigebiet direkt nach Arabba absteigen.

Der Sas de Mezdi wird auf der Via ferrata delle Trincee überschritten.

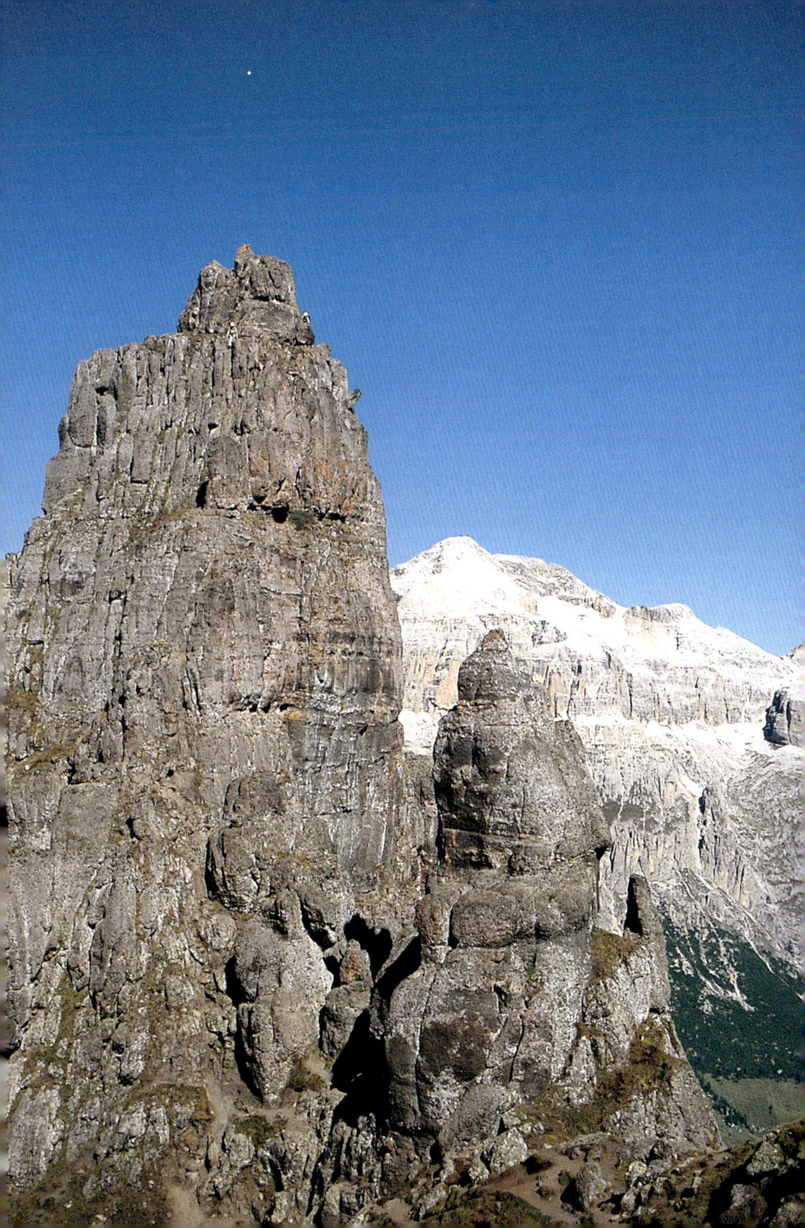

44 Via ferrata Cesare Piazzetta

5.45 Std.

Extrem-Ferrata über dem Pordoijoch

Als technisch schwierigster Steig in der Sella gilt die Via ferrata Piazzetta, die vom Ringband aus den südlichen Felsriegel zum Piz Boè überlistet. Obwohl mit 40 Jahren noch kein »Oldie«, zählt die Route bei den Hardcore-Ferratisti längst zu den Klassikern. Weniger Geübte können sich freilich schon an der senkrechten, trittarmen Einstiegswand die Zähne ausbeißen. Noch ein paar Stellen ähnlichen Kalibers hält der Kraftakt bereit, ehe sich das Gelände gipfelwärts gnädig zurücklegt. Auf dem Piz Boè betritt man dann einen ausgewiesen hochalpinen Rummelplatz – doch die Aussicht ist es allemal wert.

Ausgangspunkt: Parkplatz (ca. 2200 m) beim Kriegerdenkmal »Ossario del Pordoi«; schmale Zufahrt vom Passo Pordoi nach Osten.
Gehzeiten: Ossario del Pordoi – Einstieg 1.15 Std. – Piz Boè 2.15 Std. – Ossario 2.15 Std.; insgesamt 5.45 Std.
Charakter: Nicht besonders langer, aber absolut fordernder Klettersteig mit sehr schwierigen Einzelstellen. Besonders die untere Hälfte ist bis auf einige Bänder anhaltend anspruchsvoll und exponiert. Griffiger Fels, eher sparsam gesichert und im oberen Teil auch kurze freie Kletterstellen.
Schwierigkeit: Am Einstieg D/E, mehrere Stellen zwischen C und D, gegen Ende leichter.
Höhenunterschied: 950 Hm, davon ca. 350 Hm Klettersteig.
Höchster Punkt: Piz Boè (3152 m).
Exposition: Süd.
Stützpunkt: Capanna Fassa (3152 m), Tel. +39 0462 601723.

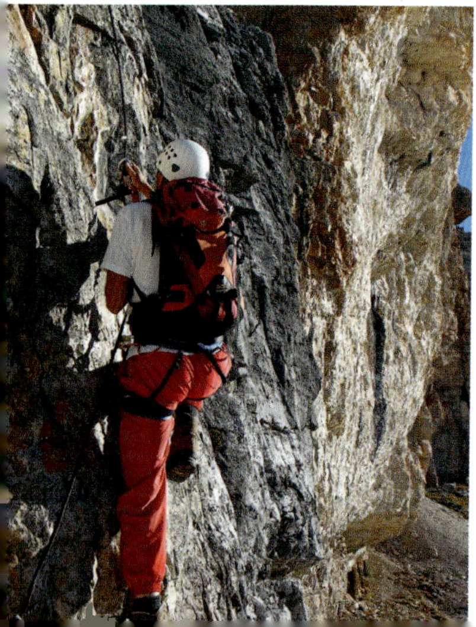

Zustieg: Zuerst zum großen Rundbau des Mausoleums (Besichtigung bei der Rückkehr empfehlenswert), dann die begrünten Hänge empor und leicht rechts haltend über Schrofen in einen zwischen Steilflanken eingelagerten Geländetrichter. Dieser wird auf gutem Pfad durchstiegen, ehe man auf den horizontalen Weg Nr. 626 unterhalb der Sellawände stößt. Hier noch ein Stück nach rechts zum Einstieg (ca. 2650 m).
Klettersteig: Die erste glatte Wand, praktisch senkrecht und ohne jegliche Tritthilfen (D/E), stellt gleich das Maß der Dinge dar. Ein leichteres

Senkrecht geht es am Wandsockel los.

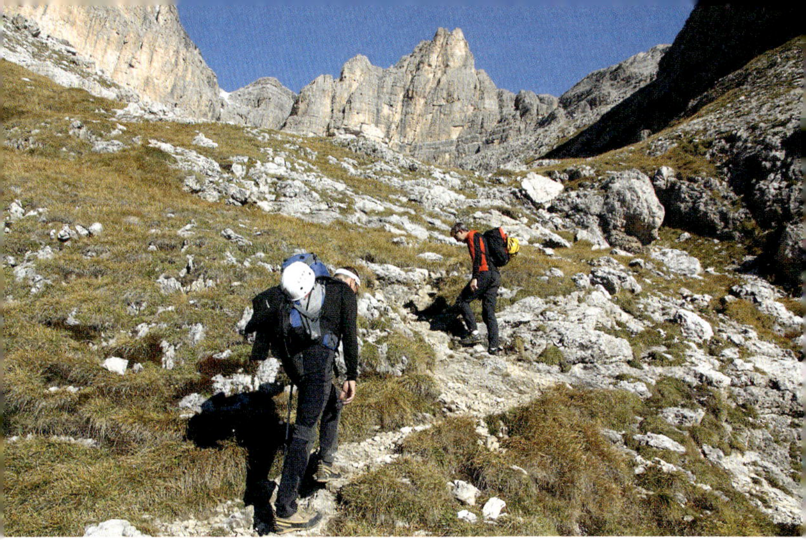

Beim Zustieg zur »Piazzetta«.

Band leitet nach links zu längeren Steilpassagen (bis C/D), die auch eine kurze Leiter beinhalten. Zwischen den nächsten beiden Bändern fordert ein Risskamin (C/D) vollen Einsatz, bevor eine 5 m lange Hängebrücke den Wechsel auf die rechte Seite der markanten Schlucht vermittelt. Schräg rechts schließen sich weitere, weniger extreme Aufschwünge von Band zu Band an (B bis C). Es wartet jedoch noch eine letzte senkrechte Passage (bis D), die in der Originalroute nicht enthalten war und links umgangen wurde (II). Mit geringeren Schwierigkeiten (A bis B, einmal C) werden die letzten gesicherten Hürden genommen, bevor wir am Südosthang des Piz Boè auf die Markierung Nr. 638 der Abstiegsroute stoßen. Wohl kaum jemand wird aber darauf verzichten, den Gipfelgang zum Piz Boè binnen einer guten Viertelstunde zu vollenden.

Abstieg: Mit Nr. 638 über das Fels- und Schuttgelände wieder abwärts, bei der bekannten Gabelung links haltend und mit einem Bogen auf eine ausgedehnte Terrasse, wo sich zur Abbruchkante hin plötzlich der Einschnitt der Rissa di Pigolerz öffnet. Durch die steinschlaggefährdete Rinne steil bergab und am Wandfuß angekommen nach rechts. Die Querung auf dem Weg Nr. 626 führt fast horizontal um mehrere Ecken und Einbuchtungen zurück zum Einstieg. Von dort wie gehabt bergab zum Soldatenfriedhof. Eine mögliche Variante wäre der stellenweise gesicherte und viel begangene Boè-Normalweg nach Südwesten zur Forcella Pordoi (2829 m). Dort auf die südseitige Schuttreiße hinab und im Auslauf über einen Wiesensteig zum Passo Pordoi. Zuletzt auf dem Sträßchen ostwärts zum Ausgangspunkt.

45 Vallon-Klettersteig und Lichtenfelser Steig

4.00 Std.

Die etwas stillere Seite des Piz Boè

Ein dicht gesponnenes Routennetz umgibt den Piz Boè als Kulminationspunkt des wuchtigen Sellastocks. Landschaftlich besonders reizvoll – und auch mit ein paar Klettersteigelementen garniert – sind die Anstiege von Nordosten, der historische Lichtenfelser Steig sowie die schwierigere Route über die Wasserfallstufe des Vallon. Beide kommen vor der Eisseespitze zusammen und führen dann »gratwegs« zum umschwärmten Dreitausender.

Ausgangspunkt: Bergstation Vallon (2518 m), erreichbar per Seilbahn plus Sessellift von Corvara im Hochabtei.
Gehzeiten: Bergstation – Einstieg Vallon 0.30 Std. – Piz Boè 2 Std. – Lichtenfelser Steig – Bergstation 1.30 Std.; insgesamt 4 Std.
Charakter: Keine reine Klettersteigtour, nur über den Riegel des Vallon auf 100 Hm echtes Ferrata-Feeling mit relativ schwieriger Schlüsselstelle (sonst höchstens mittel), am Lichtenfelser Steig hochalpines Gehgelände mit einzelnen gesicherten Passagen leichter Kategorie. Mit Seilbahn ein Halbtagesprogramm, aufgrund der Höhe aber nicht zu unterschätzen.
Schwierigkeit: Vallon-Klettersteig C, meist leichter; Lichtenfelser Steig A/B.
Höhenunterschied: 640 Hm.
Höchster Punkt: Piz Boè (3152 m).
Exposition: Ost.
Stützpunkte: Franz-Kostner-Hütte (2536 m), Tel. +39 333 8759838; Capanna Fassa (3152 m), Tel. +39 0462 601723.
Tipps: 1) Wer die Seilbahn verschmäht, kann mit verhältnismäßigem Aufwand vom Passo Campolongo zusteigen.
2) Im Abstieg ist auch ein Rückweg über die Route Nr. 638 möglich (s. Tour 44); am Auslauf der Rissa di Pigolerz dann nach links.
3) Der Klettersteig zum Boèseekofel befindet sich gleich nebenan (s. Tour 46).

Massiger Sellafels über dem Vallon.

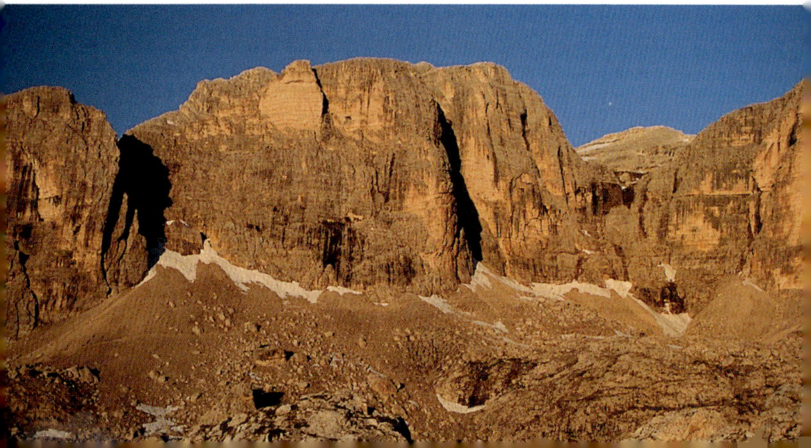

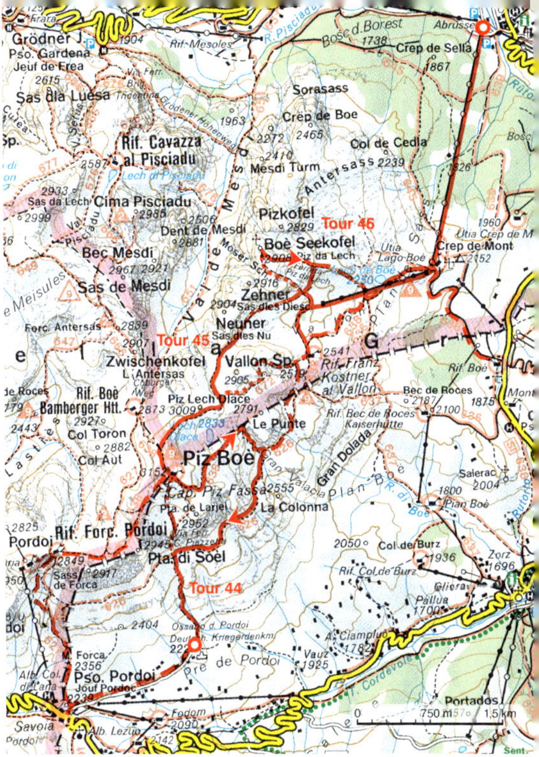

Zustieg: Von der Liftstation der Beschilderung folgend in den hinteren Karkessel, der ganz von Felswänden eingefasst wird. An der niedrigsten Stelle, dort wo ein Wasserfall herabstiebt, wird der steile Riegel überwunden. Der Einstieg (ca. 2650 m) erfolgt von der linken Seite her.

Aufstieg über Vallon-Klettersteig: Zunächst über geneigten Fels schräg rechts aufwärts und nach zwischenzeitlichem Richtungswechsel wieder nach rechts bis vor den Einriss mit dem Sturzbach (maximal B). Mittels Hängebrücke daran vorbei (die Sicherungen auf der linken Seite sind abgezogen!) und über die anspruchsvollere Schlusswand an trittreichem Fels (C) bereits zum Ausstieg in das Hochkar.

Piz Boè: Ein Geröllsteig leitet, bei interessanten Blicken ins Val de Mesdi, weiter zur Verbindung mit dem Lichtenfelser Steig (Nr. 672). Wieder etwas aufsteilend und vereinzelt auch gesichert (A/B) zur Eisseespitze (Piz Lech Dlace, 3009 m), dann in schöner Gratwanderung über die Cresta Strenta und zuletzt von Norden auf den Piz Boè mit seinem weniger schönen Riesenreflektor und der Gipfelhütte.

Abstieg: Auf der gleichen Route zurück, dann aber am Lichtenfelser Steig bleiben. Auf der Südseite der Vallonspitzen geht es über die Hochterrasse der Punte und links um ein Eck herum nochmals in steileres Felsgelände hinein. Mithilfe einiger Drahtseile überwindet man den Riegel auf der linken Seite und läuft durch den engen Karkessel hinaus Richtung Franz-Kostner-Hütte. Von dort rasch hinüber zum Lift.

46 Boèseekofel-Klettersteig (Via ferrata Piz da Lech)

3.00 Std.

Rassiger Sella-Klettersteig mit kurzem Zustieg

Der Boèseekofel gehört zu jener Felsenfront, die das titanenhafte Val de Mesdi senkrecht überragt – eines von vielen Parademotiven der Sellagruppe. Doch auch die Rückseite kann sich mit ihrem kantigen Steilfels in der Umrahmung des Vallon-Kessels sehen lassen. Hier wartet der Berg mit zwei verschiedenen Routen auf, dem alten Normalweg über die Ostseite und einem rassigen Klettersteig weiter links. Luftiger Clou ist dort die abschließende Leiternpassage an senkrechter Wand: nichts für schwache Nerven!

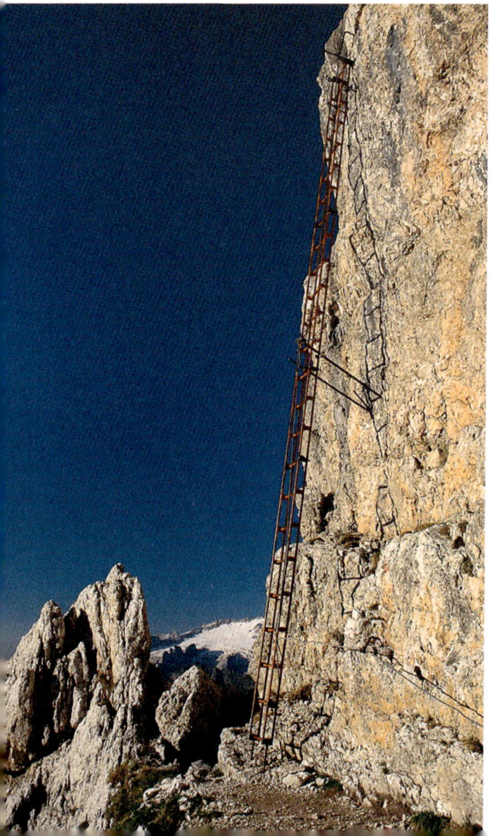

Ausgangspunkt: Bergstation Vallon (2518 m) der Liftanlagen von Corvara (Gondelbahn bis Crëp de Munt, dann Sessellift).

Gehzeiten: Bergstation Vallon – Einstieg 0.15 Std. – Boèseekofel 1.30 Std. – Vallon 0.45 Std. bzw. Crëp de Munt 1.15 Std.; insgesamt 2.30 bzw. 3 Std.

Charakter: Rege besuchter, schwieriger Gipfelklettersteig mit sehr ausgesetzten Passagen, unter anderem zwei Leitern. Normalroute mit vereinzelten gesicherten Passagen.

Schwierigkeit: Maximal C/D, recht anhaltend zwischen B und C.

Höhenunterschied: 400 Hm, davon 200 Hm Klettersteig.

Höchster Punkt: Boèseekofel (2908 m).

Exposition: Südost.

Stützpunkt: Franz-Kostner-Hütte (2536 m), Tel. +39 333 8759838.

Tipp: Schließt man Tour 45 an, ergibt sich ein gut ausgefüllter, erlebnisreicher Bergtag.

Leiter an senkrechter Wand.

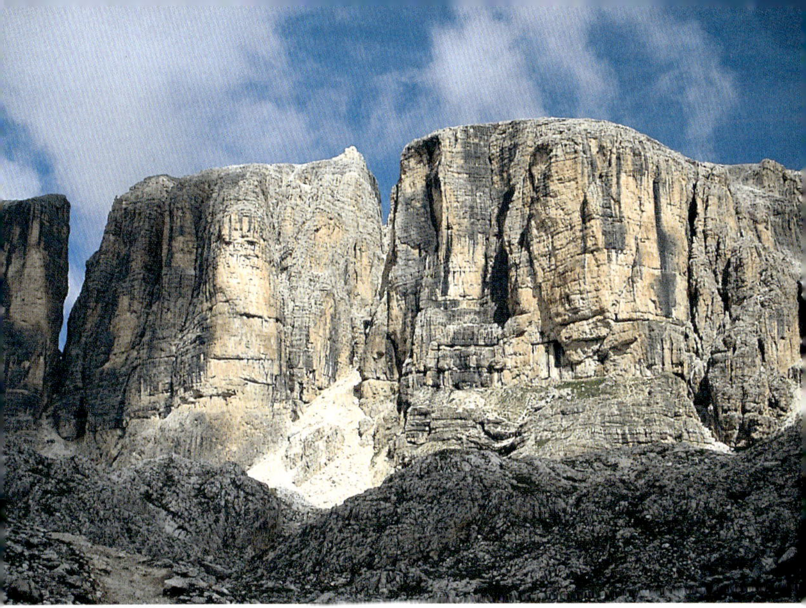

Zehner und Boèseekofel mit der Aufstiegsroute am rechten Rand.

Zustieg: Vom Lift über einen Buckel rasch hinüber zum Wandfuß und kurz nach links, wo sich an einem vorspringenden Pfeiler der Einstieg befindet.
Klettersteig: Sofort über sehr steile, aber gut gegliederte C-Stellen aufwärts; Absätze bieten willkommene Ruhepunkte. Man bewegt sich vorerst neben einer Schlucht höher und gelangt nach einer markanten Rechtstraverse erneut steiler über Rinnen und trittarme Wandstufen (C) bis zu einer Verflachung. Nun links zum Ansatzpunkt einer senkrechten Mauer, die von zwei Leitern exponiert überwunden wird. Besonders der Überhang (C/D) am Ende der zweiten Leiter verlangt Kraft und eine gesunde Psyche. Anschließend folgen noch ein paar Seile im rasch leichter werdenden Gelände, ehe sich der geröllige Gipfelhang vollends zurücklegt. Zuletzt am Grat entlang nach rechts zum Kreuz auf dem Boèseekofel.
Abstieg: Der Geröllsteig führt über die weitgehend harmlose Ostabdachung, nur einmal ist an einer Klammernreihe (B) nochmals über eine Wandstufe abzuklettern. Kurz darauf rechts ab und scharf unter den Wänden entlang zurück in den Vallon-Kessel und zur Liftstation. Alternativ und reizvoller kann man auch weiter bis zur Mittelstation am Crëp de Munt (2198 m) absteigen; ein paar gesicherte Passagen und die Umgehung des tiefen Geländetrichters mit dem Boèsee inklusive.

TOP 47 Pisciadù-Klettersteig (Via ferrata Brigata Tridentina)

4.00 Std.

Idealsteig an der grimmigen Nordfront der Sella

Bei der Via ferrata Brigata Tridentina, in Insiderkreisen meist schlicht Pisciadù-Klettersteig genannt, kommen gleich mehrere Vorzüge zusammen: Im Handumdrehen steht man am Einstieg, die Führe selbst präsentiert sich anregend, vor allem am Exnerturm mit einigem Nervenkitzel, aber nirgends beunruhigend schwer. Der Landschaftsrahmen ist überaus beeindruckend und die Gegend generell sehr populär. Nach bestandenem Abenteuer lockt schließlich eine prächtig gelegene Hütte mit Pasta und Vino rosso, und wer dem fast reinrassigen eisernen Vergnügen auch noch einen besonderen bergsteigerischen Clou verpassen möchte, ist mit der Cima Pisciadù bestens bedient. Kein Wunder, dass wir es hier mit einem der beliebtesten Dolomiten-Klettersteige überhaupt zu tun haben, wo Staus leider keine Seltenheit sind. Ein gutes Timing – und die Sache wird zum Hochgenuss!

Ausgangspunkt: Parkplatz (P. 1956) an der Ostrampe der Grödner-Joch-Straße (Verbindung zw. Alta Badia und Gröden).
Gehzeiten: Parkplatz – Rifugio Pisciadù 2.30 Std. – Val Setùs – Parkplatz 1.30 Std.; insgesamt 4 Std.
Charakter: Längerer Alpinklettersteig mittleren bis gehobenen Schwierigkeitsniveaus, insgesamt recht homogen mit den exponiertesten, aber aufwendig gesicherten Passagen nach oben hin. Auch der Abstieg ist klettersteigartig ausgebaut. Mitunter heikle Bedingungen durch Schnee und Eis in den nordseitigen Schattenwinkeln. Zwei Ausstiegsmöglichkeiten vorhanden.

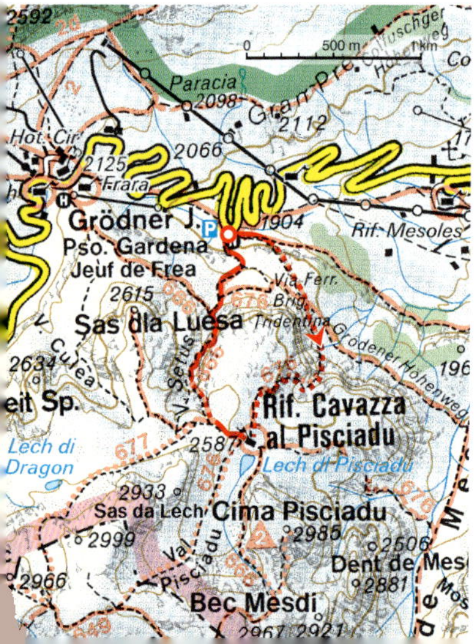

Schwierigkeit: C im oberen Teil, sonst häufiger B/C und selten leicht; beim Abstieg A bis B.
Höhenunterschied: 650 Hm, überwiegend am Klettersteig.
Höchster Punkt: P. 2610 am oberen Einstieg ins Val Setùs.
Exposition: Nord bis Ost.
Stützpunkt: Rifugio Pisciadù (2585 m), Tel. +39 0471 836292.
Tipps: 1) Richtig »komplett« ist die Tour eigentlich erst mit der Besteigung der Cima Pisciadù (2985 m), die ab der Hütte hin und zurück 2 Std. zusätzlich erfordert (meist ungesichertes Alpingelände, Schutt und leichte Felsen).
2) Für den Abstieg bietet sich auch eine längere, weniger frequentierte Route (Nr. 676) über das Val de Mesdi an (ebenfalls mit gesicherten Passagen).

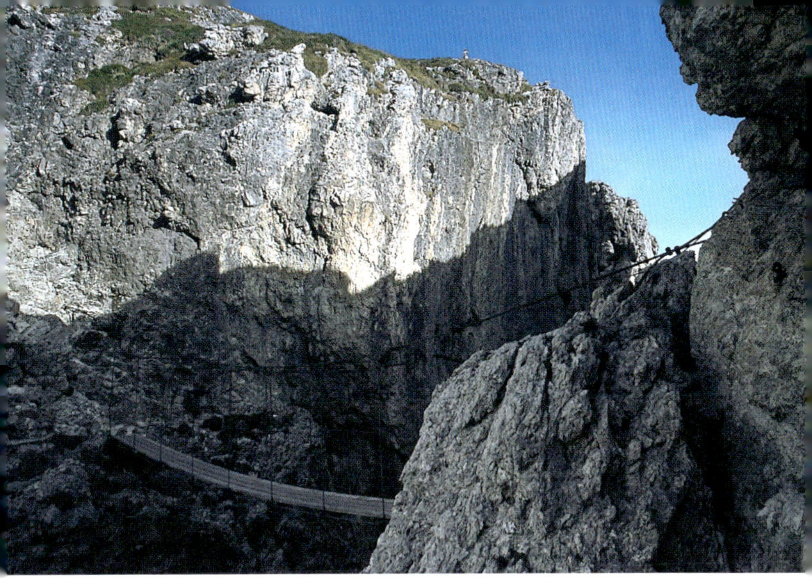

Ausstieg mit der Hängebrücke.

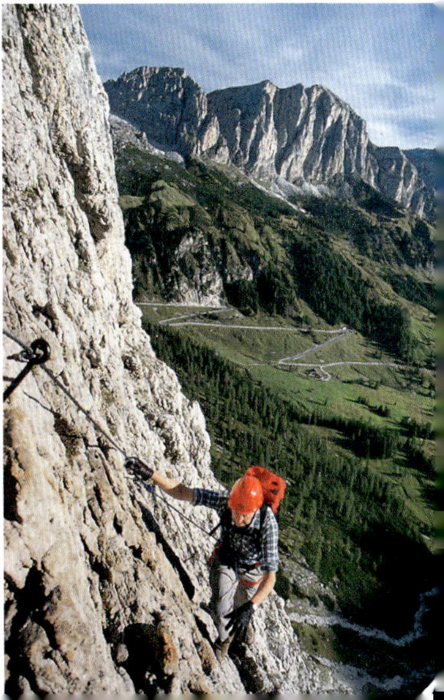

Zustieg: Ab Parkplatz geht es mit dem linken Steig zum nahen, schütter bewachsenen Wandsockel, wo man bereits nach wenigen Minuten ins erste Drahtseil greift.
Klettersteig: Diese vorgebaute, etwa 70 m hohe und manchmal feuchte Barriere wird mittels Klammern und Drahtseilen gleich luftig überwunden (B/C). Gemeinsam mit einer vom Grödner Joch kommenden Spur gehen wir über die Terrasse unter dem massigen Brunecker Turm entlang, bis sich links davon eine markante Einbuchtung öffnet. Sie vermittelt nun den weiteren Durchstieg, wobei man im sehr abschüssigen, aber reich strukturierten und überall gut gesicherten

Anregende Kletterei in der Steilrampe.

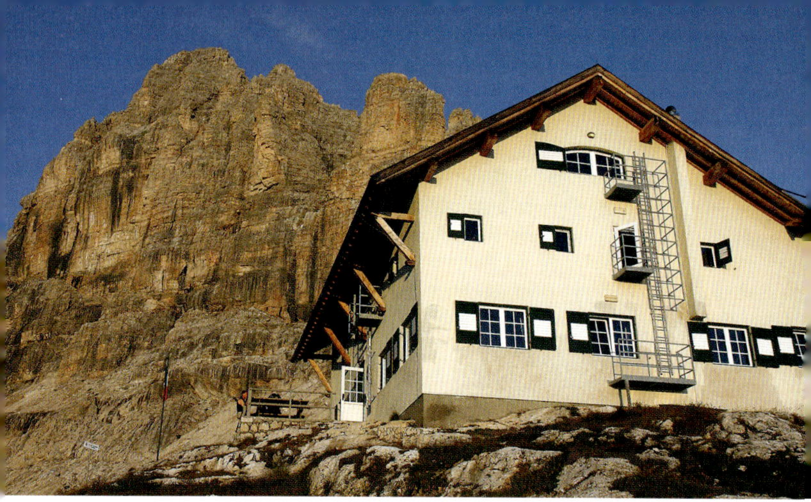

Die Pisciadùhütte ist das Ziel des Klettersteigs.

Fels rasch an Höhe gewinnt. Die Route verläuft zuerst an einer Rippe, nimmt insgesamt einen doppelbogigen Verlauf, nähert sich dabei zweimal der Pisciadùfallrunse und weist an einer Klammerreihe sowie der nachfolgenden ausgesetzten Querung im Mittelteil die vorerst größten Hürden auf (B/C). Später weitet sich die steile Rampe zu einem zahmeren Schrofenkessel, durch den all diejenigen, die ihr Limit bereits ausgeschöpft haben, ohne Schwierigkeiten nach oben auf den Sellabalkon aussteigen können (Pfadspur). Die Fortsetzung leitet hingegen in die jähe Ostwand des Exnerturms hinein, wo die Ferrata ihre größten Trümpfe ausspielt. Passagen nahe der Senkrechten – ziemlich anhaltend im Grad C, nun öfter mit Stiften und Bügeln sowie einer Leiter bestückt – führen fast bis auf die Turmhöhe und mit einer Querung zur finalen Hängebrücke über einen tiefen Spalt. Kurz darauf ist der Ausstieg erreicht und eine Viertelstunde später über einen leichten Schrofensteig auch die Pisciadùhütte.

Abstieg: Von dort mit Nr. 666 (auch Dolomiten-Höhenweg Nr. 2) über das breite, blockübersäte Sella-Ringband kurz aufwärts zu einer Geländeschwelle, die uns bei P. 2610 ins schluchtartig eingefurchte Val Setùs entschwinden lässt. Die steile Felsbarriere im oberen Teil ist fast durchwegs als Klettersteig ausgebaut (A bis B über Felsstufen und kaminartige Rinnen), bevor man links haltend auf die Schutt- oder Schneefelder des Karschlauchs gelangt. Nun kehrenreich hinaus zur Mündung, wo zuerst eine Querverbindung nach links zum Grödner Joch abzweigt. Wir halten uns geradeaus und steigen schließlich zum Parkplatz an der Ostrampe der Passstraße ab.

6.00 Std.

Pößnecker Klettersteig 48

Die altehrwürdig anspruchsvolle Ferrata auf das karge Sellaplateau

Über 100 Jahre hat er nun schon auf dem Buckel, der Pößnecker Klettersteig, doch er kann sich noch immer mit den ganz großen Dolomitenrouten messen. Jedenfalls ist der Durchstieg am unteren Wandbau ausgesprochen knackig, garniert mit »viel Luft unter den Sohlen«, wie es so schön heißt. Ein homogen hohes Schwierigkeitsniveau kennzeichnet also die ersten 250 Höhenmeter ab Einstieg, danach wird's entschieden leichter, wenngleich bei der zweiten Etappe hinauf ins Gipfelstockwerk des Piz Selva nochmals ein paar Drahtseile helfen müssen. Zu dieser Tour gehört freilich auch die Wanderung über die steinern-bleiche Hochfläche der Sella – eine Mondlandschaft sondergleichen, weit entrückt vom grünen Grödner Tal, in das sich von den Randgipfeln tief hinabblicken lässt. Nach einem ausschweifenden Bogen wird gewöhnlich durchs canyonartige Val Lasties abgestiegen: Ausklang einer abwechslungsreichen Sellatour, die uns die augenfälligen Kontraste dieses Bergmassivs – vertikal kontra horizontal – aufs Intensivste nahebringt.

Ausgangspunkt: Sellajoch (2244 m), Straßenpass zwischen Gröden und Fassatal.

Endpunkt: Pian Schiavaneis (1850 m), an der Sellajoch-Südrampe (Busverkehr im Sommer, Fahrplan am besten vorab in Erfahrung bringen).

Gehzeiten: Sellajoch – Einstieg 0.30 Std. – Piz Selva 2.30 Std. – Val Lasties 1.30 Std. – Pian Schiavaneis 1.30 Std.; insgesamt 6 Std.

Charakter: Auf längerem Teilstück (untere Wandstufe) sehr schwieriger Klettersteig, zwischenzeitlich sogar ernstzunehmende freie Stellen bis II, vor allem bemerkenswert exponiert, aber mit kletterfreundlichem Fels und nützlichen Steighilfen ausgestattet. Zwischendurch Gehgelände, dann nochmals (deutlich leichtere) Klettersteigpassagen. Der Rückweg ist eine hochalpine Wanderung über weitläufige Plateauflächen (sorgfältige Orientierung wichtig!) und durch ein raues Steiltal.

Schwierigkeit: Im ersten Teil eine Passage D, häufig C, im zweiten Teil meist um B.

Höhenunterschied: 800 Hm, davon 400 Hm Klettersteigabschnitte; Abstieg 1200 Hm.

Höchster Punkt: Piz Selva (2941 m) oder andere Randgipfel der Sella.

Exposition: West.

Hinweise: 1. Abkürzungsmöglichkeit über den dürftig markierten Sentiero attrezzato Pian de Siela ins Val Lasties (auf 100 Hm Sicherungen bis B).
2. Vom nördlichen Plateaurand kann Richtung Val Setùs und zum Grödner Joch abgestiegen werden.

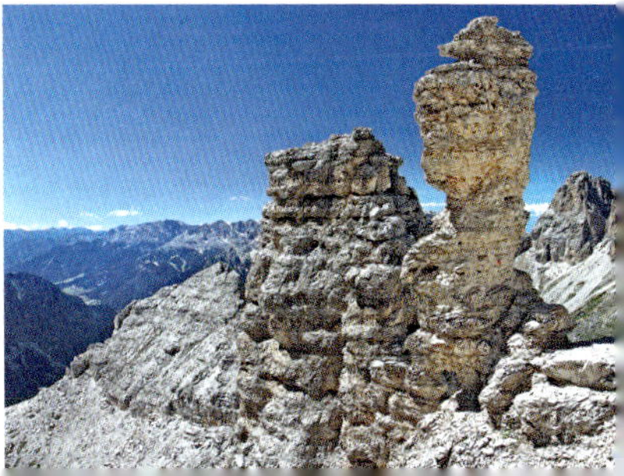

Bizarre Felsen im Bereich des Ausstiegs.

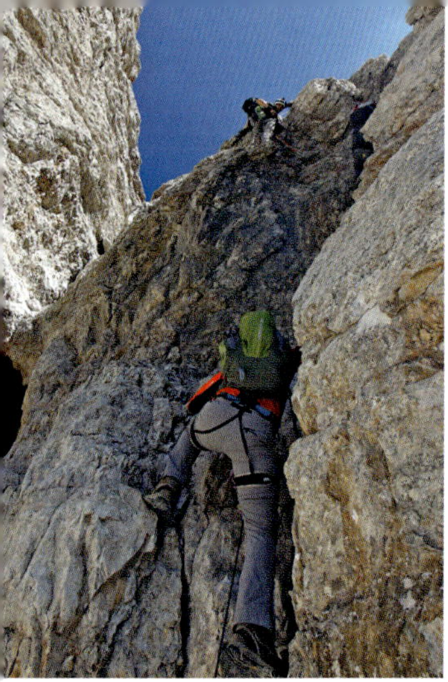

Im oberen Abschnitt des Pößnecker Klettersteigs.

Zustieg: Von der Scheitelhöhe des Sellajochs auf guter Wegspur nahezu horizontal durch das mitunter verblockte Vorfeld der Sellatürme queren, bis man nach ca. 30 Min. zum Einstieg (ca. 2290 m) rechts neben einer schwarz gestriemten Wand gelangt.

Klettersteig: Nach den ersten Stufen geht es in einer steilen Verschneidung (bis D) sofort scharf los (neue Trassierung rechts des ursprünglichen Verlaufs). Man gelangt auf einen schmalen Absatz und wendet sich mit der Originalführe nach rechts in einen engen Kamin, der von der Hauptwand und einer großen abgespaltenen Schuppe gebildet wird. Nach einigen schwierigen Metern ohne Drahtseil zwängt man sich durch den schmalen Spalt, um gleich darauf in den nächsten Kamin zu verschwinden. Mithilfe von Klammern senkrecht empor (C) und an seinem Ausstieg sehr originell mit einer Drehung auf eine äußerst luftige Kanzel, von der eine kleine Leiter in die freie Wand leitet. Dort weiter steil und exponiert, aber reich an guten Griffen und Tritten höher (wo diese rar sind, helfen oft Stifte und Klammern, maximal C). Nach rund 250 Hm entlässt uns die Wand in leichteres Terrain. Etwas nach links an den

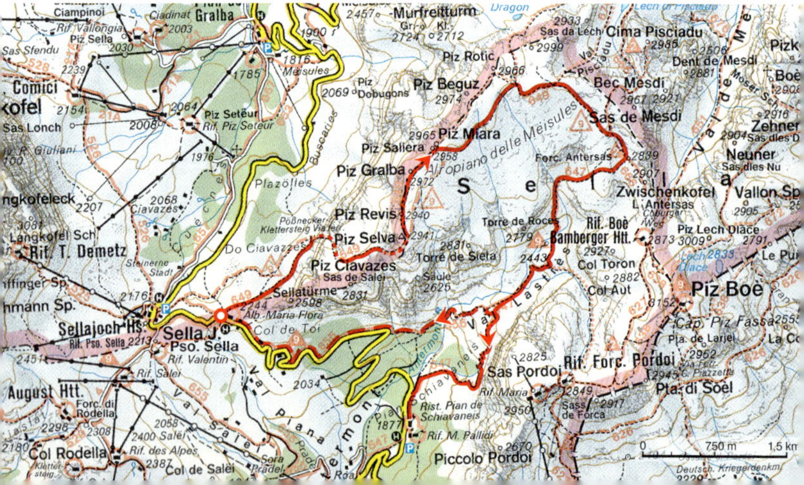

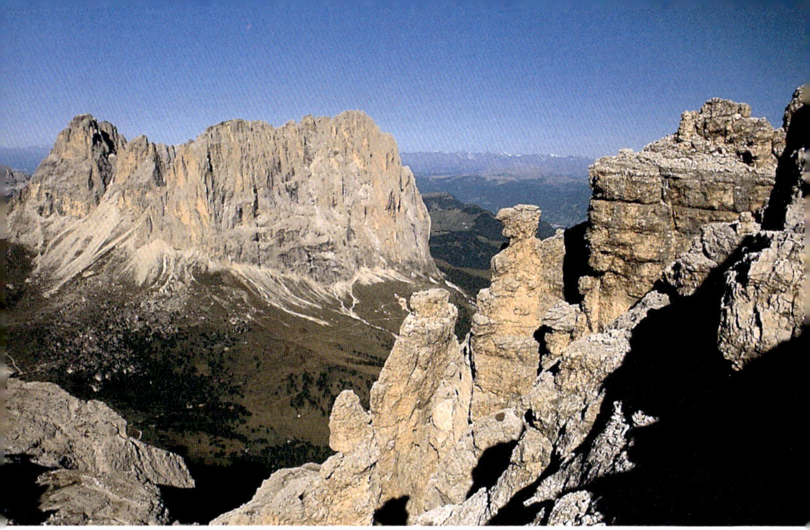

Der Langkofel gegenüber ist allgegenwärtig.

Rand einer Karmulde und auf unschwierigem Fels- und Schuttsteig mäßig steil bis auf das breite Terrassenband unter dem Piz Ciavazes. Hier links haltend aufwärts zu einem Sattel am Ansatz des zweiten Felsriegels, der uns nach kurzer Rechtstraverse im Bereich einer gestuften Schluchtrinne – nochmals klettersteigartig ausgebaut, aber wesentlich weniger steil als der erste – zur finalen Kante und zum Piz Selva (2941 m) hinaufbringt. Überraschend der landschaftliche Wechsel beim Ausstieg auf das weitläufige Sellaplateau. **Abstieg:** Die Fortsetzung auf Route Nr. 649 führt zunächst nahezu horizontal in nördlicher Richtung dahin, wobei man entweder die wenig ausgeprägte Gipfellinie des Mëisuleskammes über Piz Gralba (2972 m) und Piz Miara (2964 m) direkt überschreitet oder auf der rechten Seite etwas unterhalb bleibt. Weiter am oberen Rand der Hochfläche in leichtem Auf und Ab zur Forcella dai Ciamorces, die ebenso tangiert wird wie die Sella di Pisciadù (2908 m, Abzweig zur gleichnamigen Hütte). Man geht den Bogen weiter aus und fädelt in den viel begangenen Dolomiten-Höhenweg ein, der südwärts Richtung Rifugio Boè zieht. Noch vor dem Zwischenkofel (L'Antersas) wird allerdings Steig Nr. 647 nach rechts ins Val Lasties ausgewiesen. Durch das in mehrere Stufen gegliederte Hochtal, links und rechts von mächtigen Wänden flankiert, abwärts. Weit unten gabelt sich der Weg: links über einen Latschenvorbau hinab zu den Gasthäusern am Pian Schiavaneis (Bushaltestelle), rechts hingegen unter den Wänden entlang zur Kehre P. 2053 der Sellajochstraße, von wo es noch eine gute halbe Stunde bis zur Passhöhe ist.

49 Via ferrata Col Rodella

1.45 Std.

Klettersteig-Quickie am Seilbahnberg über Canazei

Die Dolomiten sind zweifellos das Revier der großen, alpinen Klettersteige, die nicht selten den versierten Allround-Bergsteiger verlangen. Wenn es aber mal ein spontaner Kurztrip sein soll, wenn vielleicht das Wetter zu zweifelhaft für eine lange Tour erscheint oder man einen sportlich veranlagten Neuling in die Geheimnisse des Klettersteiggehens einweihen möchte, dann kommt die relativ neue Route in der Südwand des Col Rodella wie gerufen. Eine Portion massentouristischen Rummels sollte man zwar schon vertragen können, doch die Aussicht auf die versammelte Gipfelprominenz des oberen Fassatals ist aller Ehren wert.

Ausgangspunkt: Beim Rifugio Valentini (2213 m), ganz in der Nähe des Sellajochs. Falls man im Fassatal weilt, alternativ mit der Seilbahn von Canazei zur Bergstation (2387 m) am Col Rodella.
Gehzeiten: Rifugio Valentini – Einstieg 0.45 Std. – Col Rodella 0.30 Std. – Rifugio Valentini 0.30 Std.; insgesamt 1.45 Std.
Charakter: Kurzer, in Einzelstellen relativ schwieriger Klettersteig mit sportlicher Note. Kompakter, zuweilen trittarmer Fels, durchwegs gut gesichert (eine Klammernreihe, sonst Drahtseile).
Schwierigkeit: Mehrfach C, überwiegend B.
Höhenunterschied: Gut 300 Hm, davon 100 Hm Klettersteig.
Höchster Punkt: Col Rodella (2484 m).
Exposition: Süd.
Stützpunkt: Mehrere Gasthäuser im Bereich zwischen Sellajoch und Col Rodella.

Luftige Klammernreihe als Highlight.

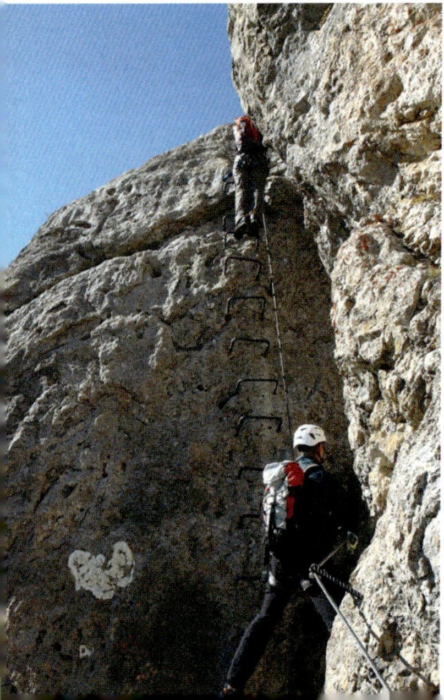

Zustieg: Ein Schottersträßchen führt am Rifugio Salei vorbei zur Forcella Rodella und zieht dann zum Rifugio Des Alpes (2400 m) hinauf. Bei der nahen Seilbahnstation begibt man sich auf kleinem Steig ein Stück weit in die jenseitige Bergflanke abwärts (merkwürdigerweise nicht ordentlich beschildert) und quert – etwas schwer auszumachen – an einem Paraglider-Startplatz vorbei bis unter die Südwand des Col Rodella.

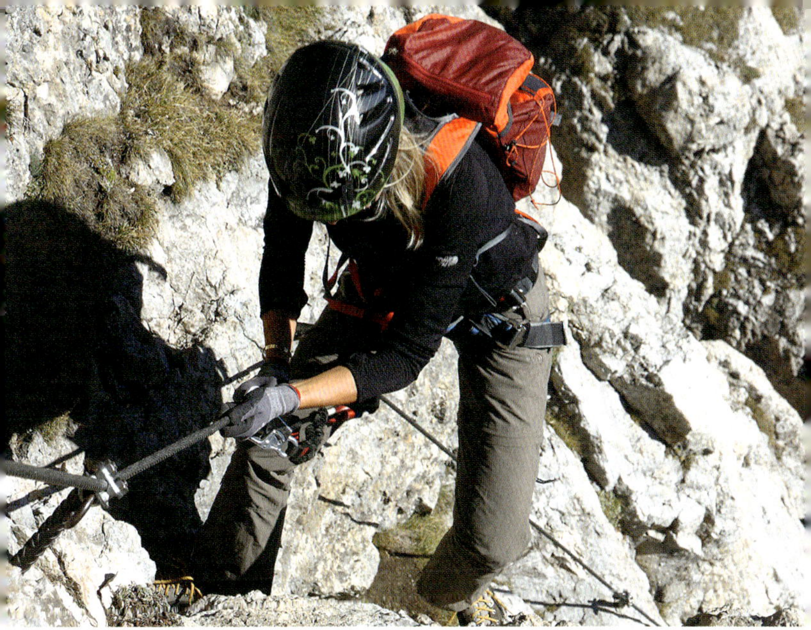

Kurz, aber durchaus animierend ist der Klettersteig am Col Rodella.

Klettersteig: Nach dem Einstieg kurzzeitig steil (C) empor, dann über Schrofen schräg nach links und wieder rechts in eine kaminartige Rinne (B). Diese schließt mit einer kurzen Steilstufe (C) ab. Eine Linkstraverse leitet zu einer recht spektakulären Bügelreihe an einem glatten Aufschwung, der sich unmittelbar in einer Plattenpassage (C) bis zu einem Absatz fortsetzt. Nach oben hin folgen noch etliche kompakte Stufen, gegliedert durch Absätze und teils auch luftige Querungen, die im Hin und Her zum Ausstieg führen (zumeist um B, kurzzeitig auch C). Mit wenigen Schritten auf das Gipfelpodest am Col Rodella.

Abstieg: Schnell und unkompliziert über die Sandstraße zurück zum Ausgangspunkt.

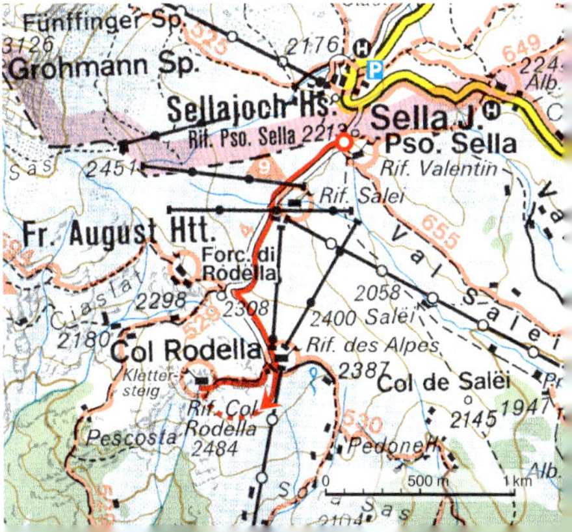

50 Oskar-Schuster-Steig

6.30 Std.

Ernster Nordanstieg auf den Plattkofel

Von den Gipfeln der Langkofelgruppe ist der Plattkofel als einziger auch für normale Bergwanderer zugänglich. Über die ebenmäßig geneigte Südwestabdachung (Name!) verläuft die Normalroute durch rund 30 Grad steile, monotone Geröll- und Schrofenhänge. Zünftiger ist fraglos der Anstieg von der anderen Seite, aus dem engen Kessel des Plattkofelkars über den altehrwürdigen Oskar-Schuster-Steig, der schon vor über 100 Jahren ausgebaut wurde und heute noch immer zu den spannendsten Eisenwegen der gemäßigten Kategorie zählt. 2011 war nach einem Felssturz jedoch teilweise eine Neutrassierung nötig, was die Kletterei einerseits noch ein bisschen rassiger macht und außerdem unterstreichen mag, dass diese Tour weniger als sportlich-spaßig denn als alpin-ernst einzustufen ist. Für die Gestaltung hat man die Wahl zwischen einer (oft überlaufenen) Überschreitung ab Sellajoch mithilfe des Langkofellifts und der reizvolleren Annäherung vom Monte Pana, wo man das »Hufeisen« des Langkofelstocks unmittelbar vor sich hat.

Annäherung über den Piz Ciaulonch.

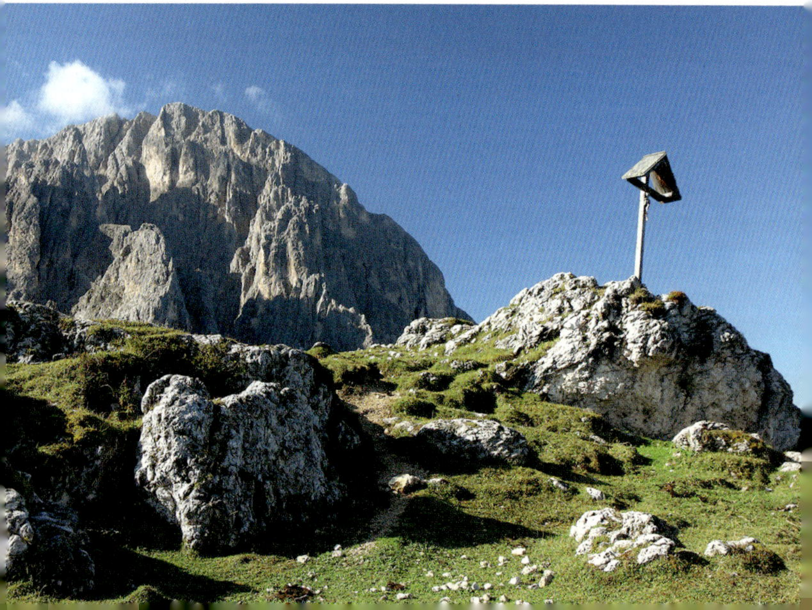

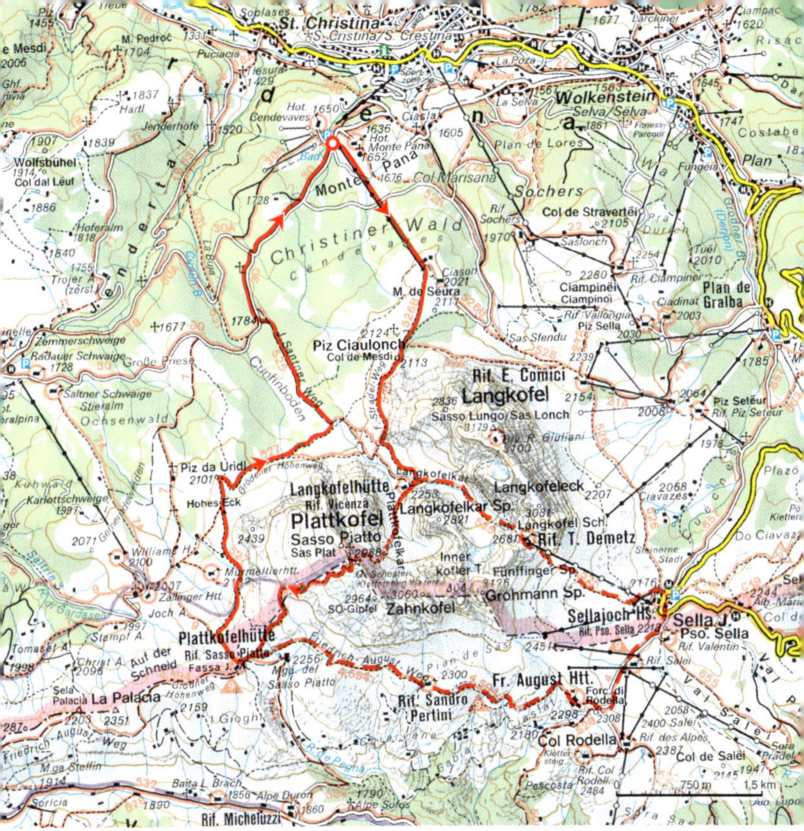

Ausgangspunkt: Mont de Sëura (2025 m), Sessellift von Monte Pana.
Endpunkt: Monte Pana (1636 m), erreichbar mit eigenem Auto oder per Sessellift von St. Christina.
Gehzeiten: Mont de Sëura – Langkofelhütte 1 Std. – Einstieg 0.50 Std. – Plattkofel 1.40 Std. – Plattkofelhütte 1 Std. – Monte Pana 2 Std.; insgesamt 6.30 Std.
Charakter: Mittelschwerer, recht verwickelter Klettersteig auf einen beliebten Gipfel. Erhöhte alpine Anforderungen aufgrund von freien Kletterstellen bis I+ (besonders am Anfang und Ende), beträchtlicher Steinschlaggefahr und allfälliger Vereisung (speziell im Frühsommer noch gefährlicher Altschnee!). Bergerfahrung daher besonders wichtig.
Schwierigkeit: Schwierigste Stellen B/C, meist etwas leichter.
Höhenunterschied: 950 Hm Aufstieg (davon knapp 400 Hm ab Einstieg), 1350 Hm Abstieg.
Höchster Punkt: Plattkofel (2958 m).
Exposition: Nordost.
Stützpunkt: Langkofelhütte (2253 m), Tel. +39 0471 792323; Plattkofelhütte (2300 m), Tel. +39 0462 601721.

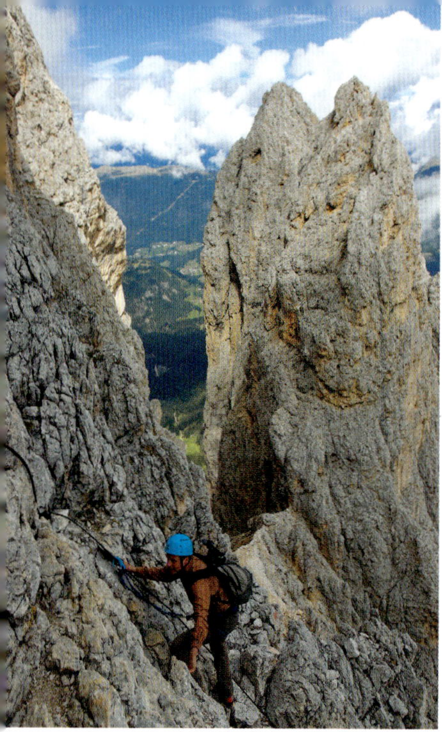

Der Oskar-Schuster-Steig weist oft den Schwierigkeitsgrad B auf.

Tipp: Man kann die Tour auch am Sellajochhaus mit dem Gondellift zur Langkofelscharte (2681 m) beginnen oder sogar den nagelneuen Klettersteig dorthin voranstellen (Grad C). Von der Bergstation erreicht man im Abstieg durch das düstere Kar die Langkofelhütte. Beim Rückweg folgt man ab Plattkofelhütte dem Friedrich-August-Weg. Die Gesamtgehzeit fällt unwesentlich geringer aus.

Zustieg: Von der Liftstation auf dem Mont de Sëura führt ein Wiesenweg Richtung Piz Ciaulonch (Aussichtspunkt) und eine Variante links daran vorbei. Wieder gemeinsam folgt eine schöne Traverse bis unter das Langkofelkar. In Kehren aufwärts zur Langkofelhütte, wobei der Weg stets komfortabel angelegt ist. Südwärts zieht nun ein Steig ins düstere, eng umschlossene Plattkofelkar, wo es erst ganz hinten im losen Schotter etwas mühsam wird. Je nach Jahreszeit ist auch mit einem Altschneekegel zu rechnen. Man erreicht den Einstieg in die Felsen auf ca. 2570 m.

Klettersteig: Mit dem ersten Drahtseil über eine leichte Rampe (A) aufwärts. Allerdings bald schon wieder ungesichert im Bereich einer Rinne bzw. deren Begrenzungsfelsen weiter (maximal I), bis man bei einem Absatz, einem Minischärtchen, ankommt. Diese Passage kann alpin weniger Erfahrene etwas in die Bredouille bringen. Vom folgenden Band hat sich die Routenführung jüngst geändert; es gibt nun keine brüchigen Rinnen mehr zu durchsteigen. Vielmehr erklimmen wir eine gut gestufte Wand mit eingeschalteten Quergängen und anschließend links haltend eine Rippe, die auf einem sattelartigen Absatz endet (Stellen bis B/C). Die imposante Scharte neben dem markanten Plattkofelturm wird also nicht mehr direkt berührt. Stattdessen über eine glatte Wandstufe mithilfe von Klammern sowie einer Leiter (B/C) empor. Man übersteigt einen Spalt und wendet sich mit der Originalroute in einen Kamin mit Klemmblock (B). Links ziemlich ausgesetzt um die Kante

querend zum nächsten Aufschwung (B) und insgesamt weiter links haltend bis in die Ausstiegsrinne, die keine Sicherungen mehr aufweist. Wir kraxeln am rechten Rand, später direkt in der Rinne (Stellen I) bis zum Gipfelgrat und gelangen nach rechts in Kürze zum Kreuz auf dem Plattkofel.
Abstieg: Nach kurzem Ausholen an der Ausstiegsscharte vorbei folgen wir der Normalroute über die einförmige, geröllige Südwestabdachung des Berges. Ohne Besonderheiten steigt man bis auf einen begrünten Buckel ab und gelangt über einen jüngst sanierten Wiesensteig zur Plattkofelhütte am Fassajoch. Von dort ein kurzes Stück Richtung Zallingerhütte, dann jedoch mit Nr. 527 rechts am Hang bleiben und auf wundervollem Höhenweg zum Piz Uridl (2101 m), wo die Route einen Rechtsknick vollzieht. Auf der Nordseite der Plattkofel-Abbrüche bis zum tiefsten Punkt des Steigs, der sich Richtung Langkofelkar bzw. Mont de Sëura fortsetzt. Man verlässt ihn aber bei einer Abzweigung und folgt dem Pfad hinunter zum Cunfinboden. Dort in den breiten Weg einfädelnd und noch ein längeres Stück zurück nach Monte Pana.

»Action« im Angesicht des Langkofels.

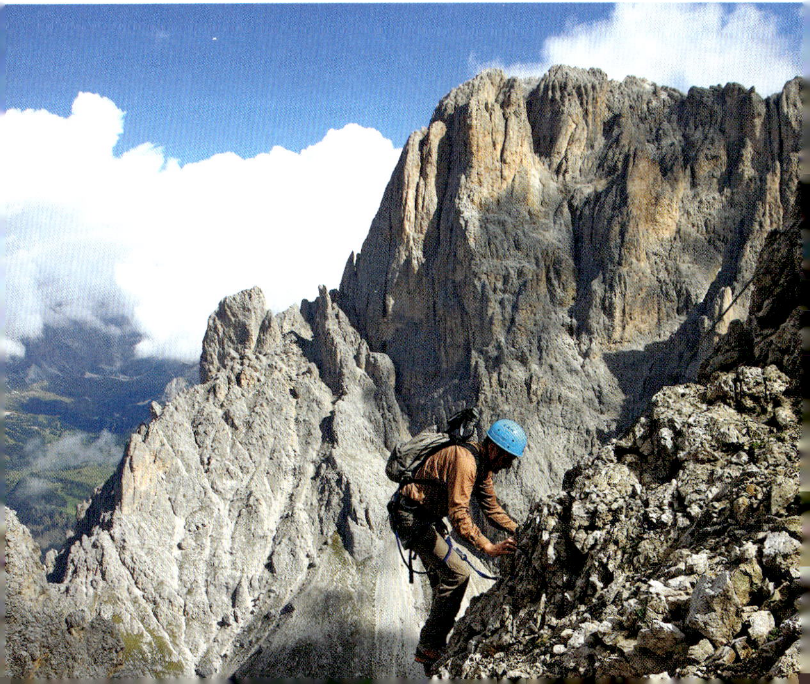

51 Klettersteige auf die Cirspitzen

4.15 Std.

Spritztouren am Zackenriff über dem Grödner Joch

Über dem Grödner Joch dominiert zweifellos die Sella in ihrer unnachahmlichen Wucht, doch ein paar Blicke würdigen auch die Cirspitzen auf der gegenüberliegenden Seite – Grund genug, diese Zackenreihe einmal genauer unter die Lupe zu nehmen. Das gelingt mittels zweier kurzer Klettersteige, einem anfängertauglichen auf die Große Cirspitze (Gran Cir), und jenem auf die Fünfte Cirspitze (Cir V), bei dem man an einigen Stellen schon etwas beherzter zupacken muss. Oben sitzt man dann auf regelrechten Logenplätzen vor der Sellabastion.

Ausgangspunkt: Grödner Joch (2121 m), Straßenpass zwischen Gröden und Hochabtei.
Gehzeiten: Grödner Joch – Einstieg Gran Cir 0.45 Std. – Große Cirspitze 0.45 Std. – Einstieg Cir V 1 Std. – Fünfte Cirspitze 0.45 Std. – Grödner Joch 1 Std.; insgesamt 4.15 Std.
Charakter: Kleinere Gipfelklettersteige, an der Großen Cirspitze moderat und nur auf kürzeren Stücken gesichert, an der Fünften Cirspitze stellenweise ziemlich schwierig und ausgesetzt.
Schwierigkeit: A/B an der Großen, bis C an der Fünften Cirspitze.
Höhenunterschied: Zusammen etwa 720 Hm, einzeln 400 bzw. 470 Hm.
Höchster Punkt: Große Cirspitze (2592 m).
Exposition: Süd.

Aufstieg Gran Cir: Von der Passhöhe gegen eine Skiliftstation hinauf und weiter zum Auslauf der auffälligen Rinne links vom Gran Cir. Nachdem der Zugang von Dantercëpies (Seilbahn von Wolkenstein) aufgenommen ist, in den inneren Winkel des Gerölltrichters, wo ein Pfeil nach rechts auf eine Rampe mit den ersten Sicherungen weist. Die Rampe zieht diagonal durch den unteren Wandsockel (A/B). In der gestuften Südwestflanke oberhalb der Abbrüche meist steigähnlich weiter, wobei Stufen und Bänder abwechseln. Nach oben hin folgt noch eine Drahtseilpassage (A/B), ehe der Gipfel mit etwas Unterstützung der Hände (kaum I) gewonnen wird.

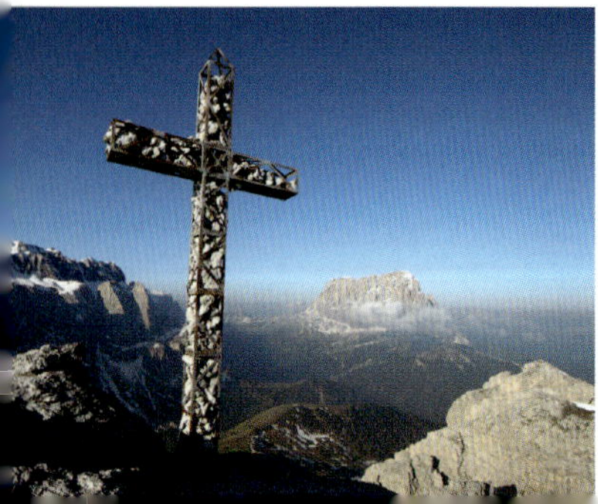

Großartiger Logenplatz am Gran Cir.

Abstieg: Auf der gleichen Route.
Aufstieg Cir V: Der Einstieg zur Fünften Cirspitze befindet sich oberhalb der Bergstation Dantercëpies, zu der man vom Grödner Joch schräg links über Karren- und Wiesenwege aufsteigt. Vom Gran Cir

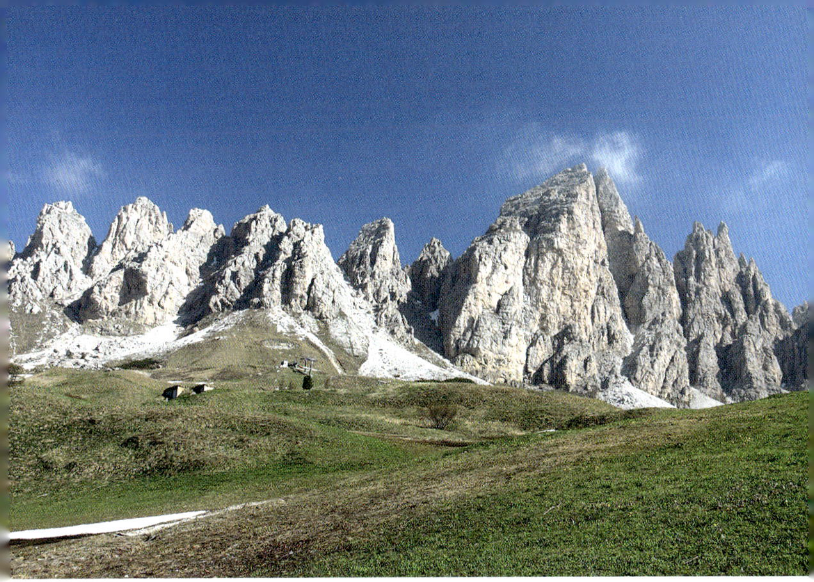

Die Kette der Cirspitzen über dem Grödner Joch.

kommend braucht man hingegen nur unterhalb der Felsen hinüberqueren. Man passiert die spätere Abstiegsinne (durch die auch der Zugang zum alten Einstieg erfolgte) und gelangt weiter links num neuen Beginn der Ferrata. Nach den ersten gesicherten Metern mit einem Spreizschritt auf einen Grat, der gestuft (bis B) zu jener Leiter aufschließt, die früher den Einstieg markierte. Nun geht es am fast durchlaufenden Drahtseil steil und luftig im Bereich der Gratkante sowie über Wandstufen empor (um B/C), nur ab und zu mal durch kleine Absätze unterbrochen. Ein ungesichertes Flachstück leitet an den exponierten Gipfelfelsen (2520 m), den man mit kräftigem Zug (C, Stifte) von rechts her erklimmt.

Abstieg: Im Abstieg an Sicherungen in die zwischen Cir V und Cir IV eingelagerte Scharte und durch die südseitige Geröllrinne bis an den Fuß des Berges. Auch ein vorzeitiger Quergang aus der Rinne nach rechts zum Ferrata-Einstieg ist möglich.

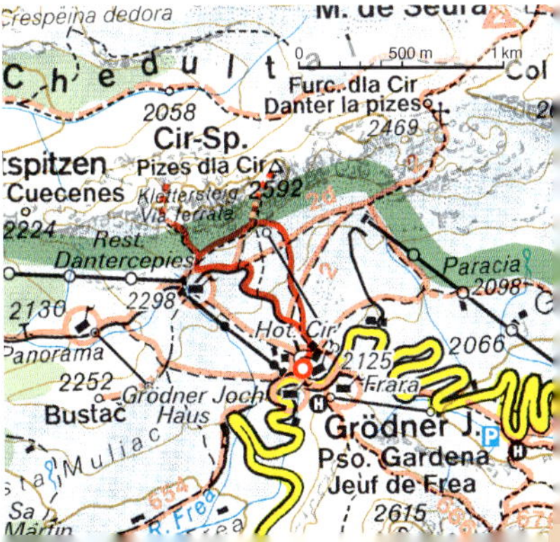

52 Klettersteige am Sas Rigais

5.30 Std.

Am Scheitel zwischen Gröden und Villnöß

Wer die Dolomiten nach gemäßigten Klettersteigen mit hohem Landschaftsreiz durchforstet, wird bald einmal auf den Sas Rigais stoßen. Gemeinsam mit der benachbarten, scharf geschnittenen Furcheta bildet er die höchste Kote der Geislerspitzen, jener Traumkulisse im Villnösser Talschluss, die fast jeden zweiten Alpenkalender ziert. Durchaus imposant ist die Zackenkontur auch drüben über der Grödner Cislesalm, wo speziell unser Sas Rigais dem Gipfelstürmer jedoch nicht gar so wehrhaft entgegentritt. Zwei gesicherte Routen stempeln ihn zum Ideal einer leichten Klettersteig-Überschreitung. Dabei wollen wir über die Ostroute (Wasserrinnental) aufsteigen und den südwestseitigen Normalweg fürs Bergab wählen. Dass man damit gleichzeitig einen Dreitausender einheimst, schmälert die Beliebtheit natürlich überhaupt nicht …

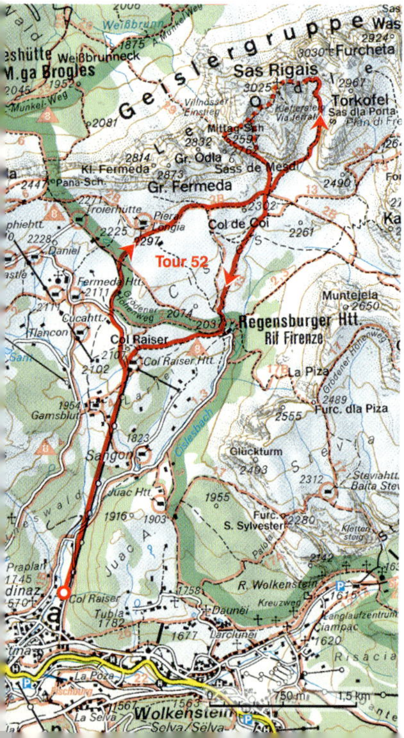

Ausgangspunkt: Col Raiser (2107 m), Bergstation der Seilbahn von St. Christina im Grödner Tal.

Gehzeiten: Col Raiser – Einstieg Ost 2.30 Std. – Sas Rigais 0.45 Std. – Pian Ciautier 1.30 Std. – Col Raiser 0.45 Std.; insgesamt 5.30 Std.

Charakter: Dreitausender-Überschreitung auf mäßig schwierigen Klettersteigen, die auch für Neulinge, sofern sie allgemeine Bergerfahrung mitbringen, geeignet sind. Viel Schrofengelände. Mit Seilbahnhilfe normale Tagestour.

Schwierigkeit: B auf beiden Routen.

Höhenunterschied: 1000 Hm, davon 200 Hm am Ostklettersteig und ca. 500 Hm mit Unterbrechungen am Südwestklettersteig (im Abstieg).

Höchster Punkt: Sas Rigais (3025 m).

Exposition: Ost bzw. Südwest.

Stützpunkte: Col-Raiser-Hütte (2107 m), Tel. +39 0471 796302; Regensburger Hütte (2037 m), Tel. +39 0471 796307.

Tipp: 1) Zwischen Südwestroute und Mittagsscharte gibt es noch den »Villnösser Einstieg« (B/C und leichter) als Variante. Dieses Verbindungsstück erlaubt auch einen Zugang von Villnösser Seite her.
2) Die Überschreitung eignet sich gleichermaßen in umgekehrter Richtung.

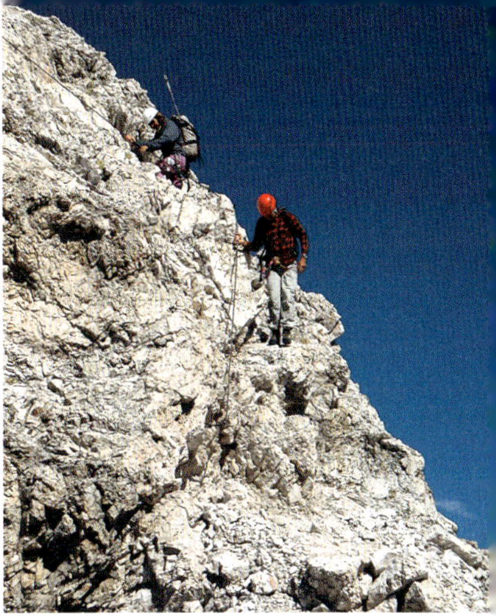

Abstieg über den Südwest-Klettersteig.

Zustieg: Von der Bergstation am Col Raiser nordwärts Richtung Piera Longia und dann rechts haltend unter den Wänden der Fermeda und Odla entlang. Mit geringen Höhenunterschieden zum Wegekreuz am Plan Ciautier, wo auch der Zustieg von der Regensburger Hütte dazukommt. Am Südsockel des Sas Rigais gabeln sich die beiden Gipfelanstiege. Zur Ostroute orientieren wir uns rechts und steigen in dem Geröllschlauch des Wasserrinnentals (Val dla Salieres), eines von hohen Felsflanken umstandenen Karwinkels, bergan. Auf passabler Schuttspur wird die Wasserrinnenscharte (2696 m) zwischen Furcheta und Sas Rigais tangiert – ein eindrückliches Fenster zur steil abbrechenden Nordseite. Nun links am Vorbau über Schuttspuren und leichte Schrofen noch etwas aufwärts bis zum Einstieg (ca. 2800 m).

Ost-Klettersteig: Nach kurzem Quergang zu einer Rinne stellt ein Wandl mit Tritthilfen (B) die Schlüsselstelle dar. Mit einem Spreizschritt nähern wir uns einer weiteren Rinne, in deren Bereich ein Weilchen unterhaltsam bis zu einer Rippe emporgekraxelt wird. Zwischenzeitlich ungesichert im weniger geneigten Schutt- und Schrofenterrain weiter und zum letzten Drahtseil (A), das von rechts her zum Gipfel des Sas Rigais führt.

Abstieg über Südwest-Klettersteig: Zuerst halten wir uns an den gesicherten Südgrat (A/B), der anschließend rechter Hand in die Flanke verlassen wird. Auch hier sind etliche Felsstufen klettersteigartig zu überwinden, ehe bei einer Zweigrippe die Drahtseile vorübergehend enden. Auf schrofigem Steig im Kartrichter weiter abwärts, an der Querverbindung zur Mittagsscharte (»Villnösser Einstieg«) vorbei und auf ein zerklüftetes Rinnensystem zu. Dort über einige recht originelle Passagen – etwa eine Wandstufe sowie eine kleine Kriechstelle unter überhängendem Fels (B und A) –, ehe durch die von der Mittagsscharte herabziehende Hauptrinne bis zur Wiesensenke am Plan Ciautier abgestiegen wird.

Wer auf schnellstem Wege zum Col Raiser zurückmöchte, kann bereits kurz vorher rechts abzweigen und durch die Schuttreißen am Südwandsockel der Odle queren. Ansonsten über die Böden der Cislesalm Richtung Regensburger Hütte (2037 m) und von dort zum Col Raiser oder zu Fuß auf breitem Weg binnen 1 Std. direkt zur Talstation.

53 Günther-Messner-Steig

6.30 Std.

Fantastischer Panoramaweg mit kleinen alpinistischen Finessen

Die Aferer Geisler sind so etwas wie die verkleinerte Ausgabe der stolzen Geislerspitzen, die direkt vis-à-vis den zauberhaften Villnösser Talschluss zieren. Freilich können sie angesichts ihrer südseitigen Schrofenflanken und der geringeren Höhen nicht ernsthaft konkurrieren. Mit dem Günther-Messner-Steig (zum Gedenken an den aus Villnöß stammenden und am Nanga Parbat verunglückten Bergsteiger) bieten die Aferer Geisler allerdings eine ausnehmend schöne und pfiffige Höhenroute, die noch keinen echten Klettersteig macht, aber auch nicht mehr bedenkenlos als Wanderweg einzustufen ist. Für einen aussichts- und erlebnisreichen Bergtag reicht es allemal …

Ausgangspunkt: Große, gebührenpflichtige Parkplätze auf der Zanser Alm (1685 m); Zufahrt über Villnöß bis in den Talschluss.

Gehzeiten: Zanser Alm – Abzweig Tullen 2.45 Std. – Schlüterhütte 2.45 Std. – Zanser Alm 1 Std.; insgesamt 6.30 Std.

Charakter: Eher anspruchsvolle Bergwanderung als Klettersteig, aber auf die Länge doch mit etlichen gesicherten Passagen. Schmale Pfade in Schrofengelände. Selbstsicherung für Geübte entbehrlich.

Schwierigkeit: A/B, eine C-Stelle ist optional.

Höhenunterschied: Ca. 1100 Hm.

Höchster Punkt: Wälscher Ring (P. 2646).

Exposition: Unterschiedlich, oft Süd.

Stützpunkt: Schlüterhütte (2301 m), Tel. +39 0472 670072.

Tipps: 1) Die Überschreitung kann auch vom Russiskreuz (1729 m) an der Halslstraße angegangen werden (kompletter GM-Steig). Man hat dann am Ende eine ziemlich lange Querung unter den Nordwänden und muss etwa 1 Std. mehr einplanen.

2) Ein Abstecher zum Tullen (2653 m, einige Sicherungen) ist hin und zurück in gut 30 Min. zu absolvieren.

3) Einen kurzen Klettersteig (A/B) gibt es auch am Normalweg zum Peitlerkofel (2875 m), und zwar im obersten Teil (sonst Schrofensteig).

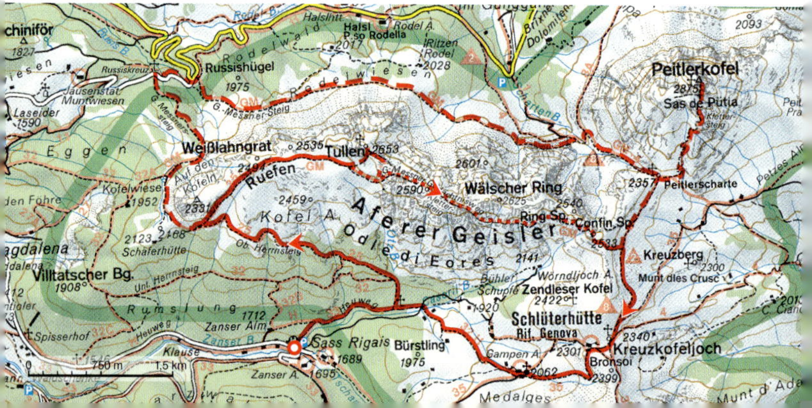

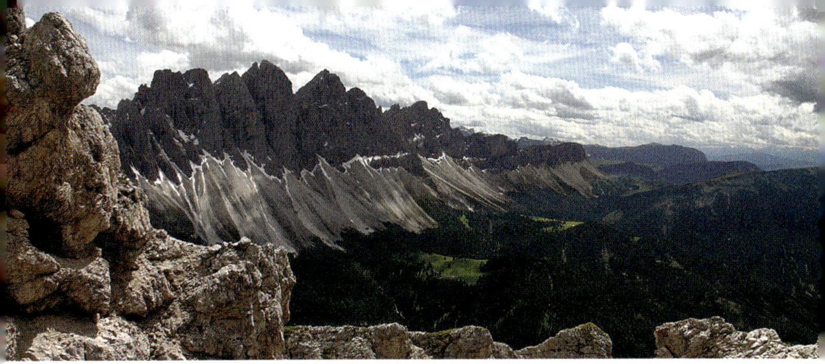

Im Süden stehen die großen Geislerspitzen Spalier.

Zustieg: Von der Zanser Alm folgt man dem Einschnitt des Kasserillbachs aufwärts, wobei es zu beiden Seiten breite Wege gibt. Benutzt man den rechten, muss man beim Abzweig »Herrensteige« scharf links ein paar Meter zurück. Dann am linken Rand einer Geröllreiße im lichten Wald bergwärts. Bei der Gabelung der Herrensteige wählen wir den oberen, der sich geschickt auch durch steiles Gelände höherwindet und derweil immer weiter nach links hinauszieht. Man geht einige Wiesenhangmulden und -rücken aus und stößt auf gut 2220 m auf den offiziellen Günther-Messner-Steig vom Russiskreuz.
Route: Nun nordostwärts kräftig steigend bis in kupiertes Gelände, das sich unter der Gipfelkette der Aferer Geisler hinbreitet. Man quert unter dem Weißlahngrat entlang und kommt am Fuß des Tullen in Schutthalden. Der Günther-Messner-Steig lässt den Gipfel links liegen und peilt eine Rinne an, die mit Drahtseilhilfe durchstiegen wird (A). Damit auf den Grat und ein Stück in die Nordflanke, wo sich kurzfristig zwei Varianten anbieten. Die vordere ist deutlich schwieriger (C) als die hintere (A/B); beide leiten über Felsstufen und Rampen auf den Grat zurück (unweit P. 2646 am Wälschen Ring). Anschließend stehen längere Traversen in der Südflanke bevor – meist im freien Schrofengelände leicht abwärts, doch unterbrochen durch eine gesicherte Rinne im Aufstieg (A), die uns wieder den Grat tangieren lässt. Auch später kommen wir nochmals an einer Gratscharte vorbei, ehe erneut deutlich an Höhe verloren wird, um die Ringspitzen relativ weit in der Flanke zu passieren. Ein abermaliger Gegenanstieg leitet wieder zur Kammhöhe und zu einem Felsaufbau mit einer 10-Meter-Leiter (A/B). Über ein Abwärtsband (A) in die folgende Lücke und mit einer nordseitigen Querung am letzten Gipfelaufbau vorbei. Wir erreichen den grünen Rücken zum Gadertal, halten uns hier rechts und steigen kurz zum Hauptweg zwischen Peitlerscharte und Kreuzkofeljoch ab.
Abstieg: Südwärts über einen Buckel und via Kreuzkofeljoch zur nahen Schlüterhütte. Von dort abwärts zur Gampenalm und über die Gampenwiesen zurück zum Kasserillbach respektive zur Zanser Alm.

54 Maximiliansteig

7.30 Std.

Luftig-lustige Gratferrata über der Seiser Alm

Dem Schlernplateau östlich angeschlossen liegt ein Gratzug, der zunächst die Roterdspitze aufwirft und sich bis zu den zerscharteten Roßzähnen fortsetzt. Diese Kulisse bildet den südlichen Abschluss der berühmten Seiser Alm, von wo man die spannende Kammüberschreitung auf dem Maximiliansteig auch vorteilhaft angeht. Der optische Genusswert ist hoch, angefangen bei den Postkartenmotiven der größten Hochweide Europas, auf deren Wiesenwogen man später von luftiger Felsschneide hinabschaut.

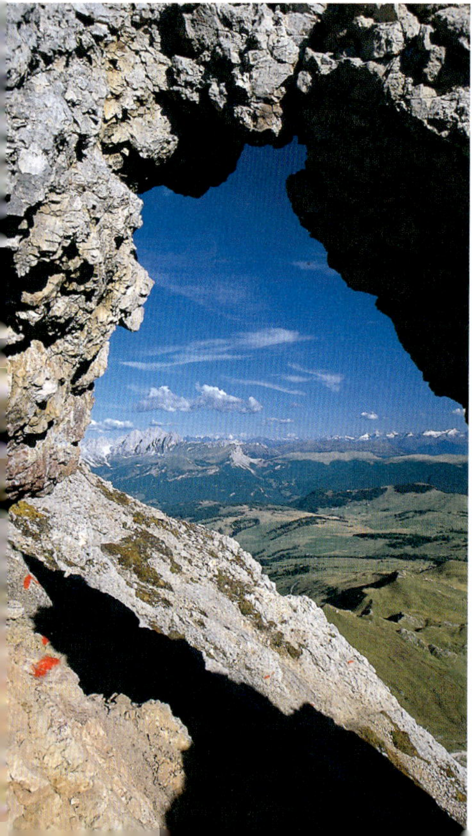

Ausgangspunkt: Compatsch (1844 m), großer Umschlagplatz auf der Seiser Alm; erreichbar mit der Seilbahn von Seis oder vor 9 Uhr auch mit dem Auto.

Gehzeiten: Compatsch – Tierser-Alpl-Hütte/Einstieg 2.30 Std. – Roterdspitze 1.45 Std. – Saltnerhütte 2.15 Std. – Compatsch 1 Std.; insgesamt 7.30 Std.

Charakter: Stellenweise ausgesetzter, technisch nur mäßig schwieriger Gratklettersteig im Rahmen einer ausgedehnten Höhenwanderrunde. Es kommen aber auch ungesicherte Passagen (I) vor.

Schwierigkeit: Nirgends schwieriger als B.

Höhenunterschied: Insgesamt ca. 1200 Hm.

Höchster Punkt: Roterdspitze (2656 m).

Exposition: Verschieden.

Stützpunkt: Tierser-Alpl-Hütte (2441 m), Tel. +39 0471 727958.

Hinweis: Es ist auch ein Zustieg von Weißlahnbad durchs wildromantische Tschamintal und Bärenloch (Stellen A) möglich; 3.30 Std. bis zum Tierser Alpl.

Die Route schlüpft durch ein Felsenfenster.

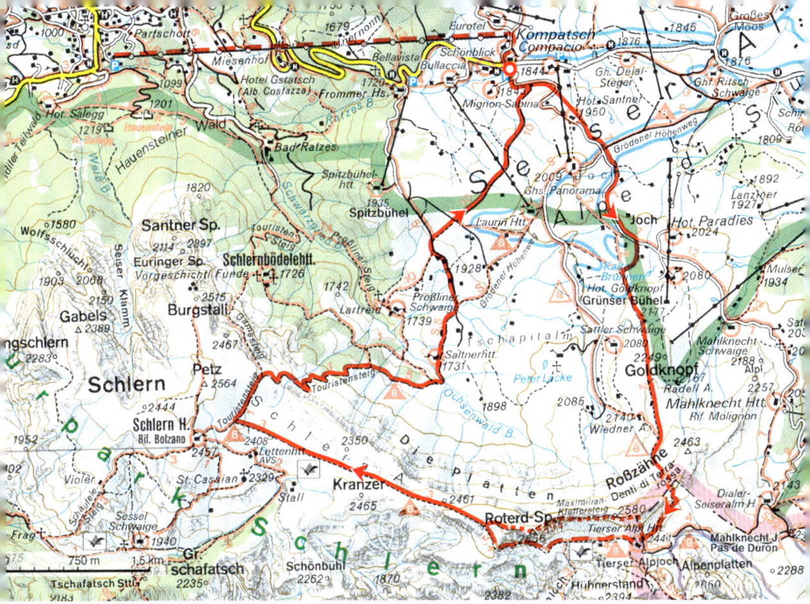

Zustieg: Von der Hotelsiedlung Compatsch südwärts gegen das Seiser-Alm-Plateau hinan (die Nutzung des Panorama-Sessellifts lohnt kaum). Mit Nr. 2 über das Wiesengelände sachte ansteigend, bald am Grünser Bühel und am Goldknopf vorbei und zuletzt deutlich steiler im Zickzack zur Roßzahnscharte (2499 m). Jenseits rechts haltend zur Tierser-Alpl-Hütte und in wenigen Minuten zum Beginn des Maximiliansteigs im Bereich einer südseitigen Schluchtrinne.
Klettersteig: Die Rinne wird mit zunehmender Drahtseilhilfe bis zum Grat durchstiegen. Oben nach links und mit weiteren A/B-Stellen auf den Großen Roßzahn (2653 m), der überschrit-

Unterwegs am Grat zur Roterdspitze.

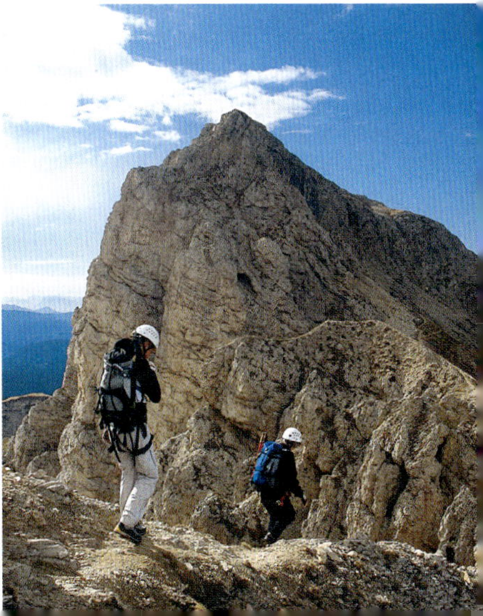

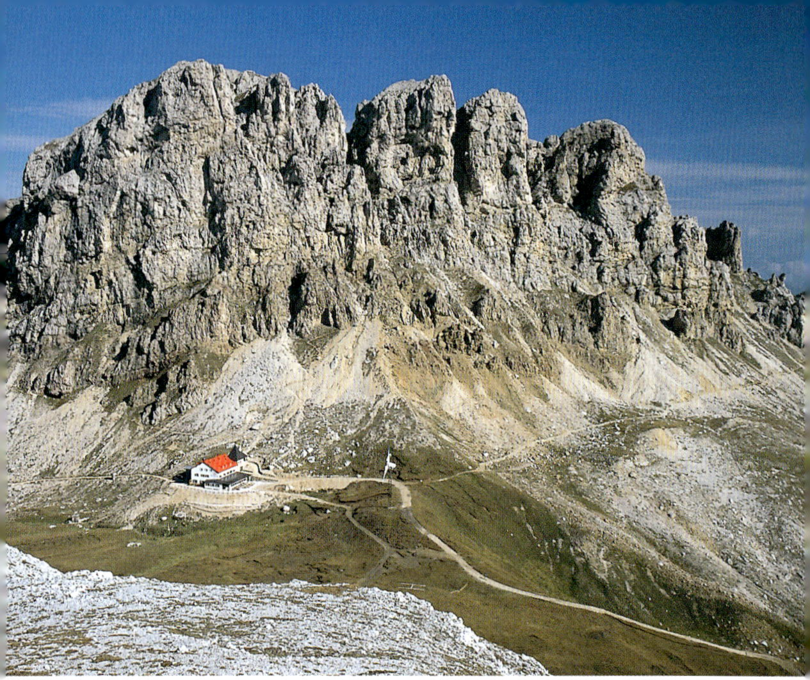

Die Roßzähne über dem Tierser Alpl.

ten wird. Im Abstieg schlüpft man durch ein Felsenfenster auf die Nordseite und bewältigt eine der steilsten und anspruchsvollsten Passagen der Route (B). Dann weiter über den nahezu horizontalen, aber mit einigen Hindernissen gespickten Grat Richtung Westen. Es treten zahlreiche schmale, teils auch ungesicherte Stellen auf; etwas knifflig kann vor allem ein Kamin sein. An der Roterdscharte erreicht man einen möglichen Notausstieg nach Süden, doch ist der letzte Aufschwung über die Ostseite der Roterdspitze (A bis B) auch schon bald gemeistert.

Abstieg: Vom Gipfel folgt man dem breit und harmlos ausstreichenden Westrücken, durchmisst die schwach eingesenkte Schlern-Hochfläche und stößt nach einer Weile auf den sogenannten Touristensteig (Nr. 1). Wer mag, kann nach links den nahen Schlernhäusern (2457 m) einen Besuch abstatten (und eventuell noch den Petz besteigen), ansonsten geht es rechter Hand zur Kante des Plateaus und auf der Nordostseite in vielen gut ausgebauten Serpentinen bergab. Hinter dem Frötschgraben an der Saltnerhütte vorbei und mit Nr. 10 auf breiten Trassen zurück nach Compatsch.

9.00 Std.

Via ferrata Laurenzi 55

Schwierige Überschreitung des mehrgipfligen Molignon

Bevor Max Aichner, Erbauer und erster Wirt der Hütte am Tierser Alpl, nach dem Maximiliansteig auch die ambitioniertere Via Ferrata Laurenzi am Molignon aus der Taufe hob, verirrten sich wohl nur wenige Individualisten auf dieses massige Bollwerk zwischen dem hinteren Val Duron und dem Südtiroler Grasleitenkessel. Seither ist's natürlich ein wenig lebhafter geworden, doch verglichen mit anderen Ecken im viel bestürmten Rosengarten kann man sein Bergerlebnis hier immer noch in Ruhe genießen. Zum einen schrecken wohl die weiten Anmarschwege ab, zum anderen gilt die »Laurenzi« als ernstes hochalpines Unternehmen, das nicht allein in den zwei, drei schwierigsten Passagen der abwechslungsreichen Gratferrata hohe Ansprüche stellt. Der knackigste Klettersteig im Rosengarten ist eine echte Herausforderung und in beiden Richtungen höchst lohnend.

Ausgangspunkt: Am Eingang ins Val Duron (ca. 1500 m); kurze Zufahrt von Campitello im Val di Fassa. Im Sommer gibt es ein Wandertaxi zum Rifugio Micheluzzi.
Gehzeiten: Val Duron – Rifugio Antermoia 3.30 Std. – Einstieg 0.30 Std. – Molignonpass 2 Std. – Tierser Alpl 0.30 Std. – Val Duron 2.30 Std.; insgesamt 9 Std.
Charakter: Streckenweise sehr ausgesetzter, sparsam gesicherter Gratklettersteig mit zwei knackigen Schlüsselpassagen. Allerdings ziemlich inhomogene Schwierigkeiten, zwischendrin oft auch Gehgelände sowie einzelne ungesicherte Kletterstellen I–II. Anstrengende, hochalpine Unternehmung, nur für Erfahrene, am besten mit Übernachtung.
Schwierigkeit: Schlüsselstellen auf C/D entschärft, sonst A bis C bunt gemischt.
Höhenunterschied: 1520 Hm, davon gut 300 Hm im Auf- und Abstieg am Klettersteig.
Höchster Punkt: Innerer Molignon (Molignon di Dentro, 2852 m).
Exposition: Verschieden.
Stützpunkt: Rifugio Antermoia (2497 m), Tel. +39 0462 602272; Tierser-Alpl-Hütte (2441 m), Tel. +39 0471 727958.
Tipp: Maximiliansteig und Kesselkogel liegen in der Nähe, weshalb sich eine mehrtägige Kombination anbietet, eventuell sogar ein längeres Klettersteig-Enchaînement durch den gesamten Rosengarten.

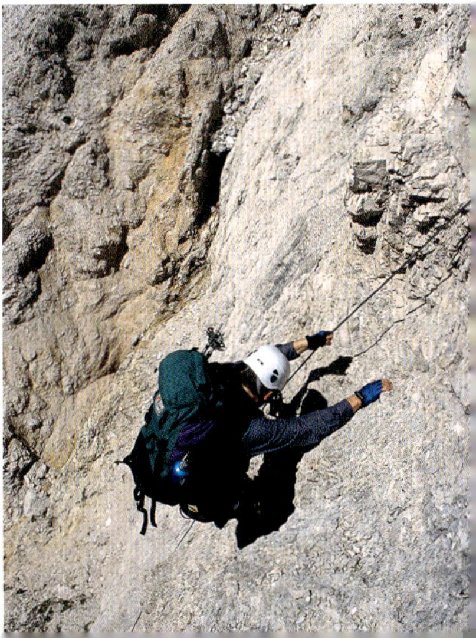

In der ersten Schlüsselstelle.

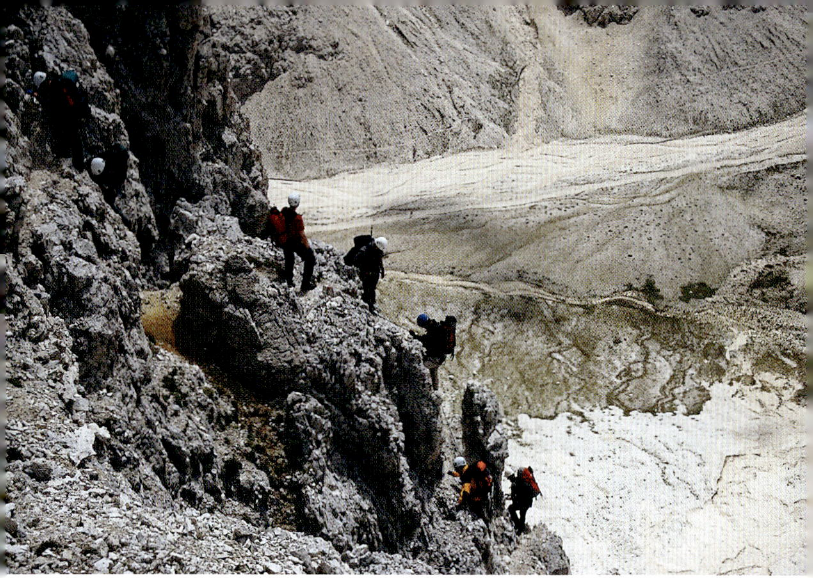

Die Via ferrata Laurenzi ist der schwierigste Steig im Rosengarten.

Zustieg: Auf dem von Campitello ins Val Duron führenden Fahrsträßchen hinauf zum Rifugio Micheluzzi (1860 m) und weiter mit Nr. 532 über den flachen, heiteren Talboden, bis linker Hand Weg Nr. 578 abzweigt. Dieser steigt über den »Ciamp de Gravena« und durch einen Grabeneinschnitt zum Passo Ciarègole (2282 m) an. Jenseits in die Hänge über dem Pian delle Gialine queren, in Windungen hinauf zum Passo di Dona (2516 m) und schließlich unter der Südwand der Cima di Dona entlang fast eben hinüber zum Rifugio Antermoia, wo am besten übernachtet wird. Der weitere Zustieg führt am nahen, sagenumwobenen Lago d'Antermoia vorbei und dann nach rechts über eine Geröllreiße und eine kleine Gratrippe zum Beginn der Sicherungen.
Klettersteig: Bereits die kompakte, trittarme Einstiegswand setzt die Maßstäbe für die Ferrata Laurenzi (C/D). Weiter oben neigt sich das Gelände zurück; in einer Links-Rechts-Schleife geht es über schuttige Absätze, Bänder und Rinnen auf den Gipfelrücken des Inneren Molignon (2852 m). Dahinter leiten Steigspuren im Geröll hinab zu einem plattigen Quergang links des Grates, bevor eine kaminartige Rinne zu einer ganz engen Scharte führt. Der unmittelbar ansetzende, nahezu senkrechte Aufschwung (C/D) ist die zweite Schlüsselpassage der Tour. Anschließend über den Mittleren Molignon (2820 m) hinweg und in weiterer Folge mehrheitlich am stark gegliederten

Grat entlang. In abwechslungsreichem Verlauf passiert man diverse Zacken und Schärtchen, teils auf leistenartigen Absätzen querend, wobei die Ausgesetztheit die technischen Schwierigkeiten (meist um B) übertrifft. In leichterem Gehgelände wird schließlich noch der Äußere Molignon (2779 m) überschritten, ehe der Klettersteig linker Hand über eine gut gestufte Felsflanke (A) zum Molignonpass (2598 m) ausläuft. Von dort nordwestwärts weiter über eine sanfte Geröllabdachung, die mit einer kurzen gesicherten Schrofenstufe am Tierser-Alpl-Joch und seiner Hütte endet.

Abstieg: Ostwärts auf breitem Weg zum Mahlknechtjoch (Passo Duron, 2168 m) hinab, anschließend auf die Seite des Val Duron und mit einem die Hänge schneidenden Weg in den flachen Grund des Almtals. Schließlich noch weit talauswärts an mehreren Einkehrstationen vorbei bis zum Ausgangspunkt nahe Campitello.

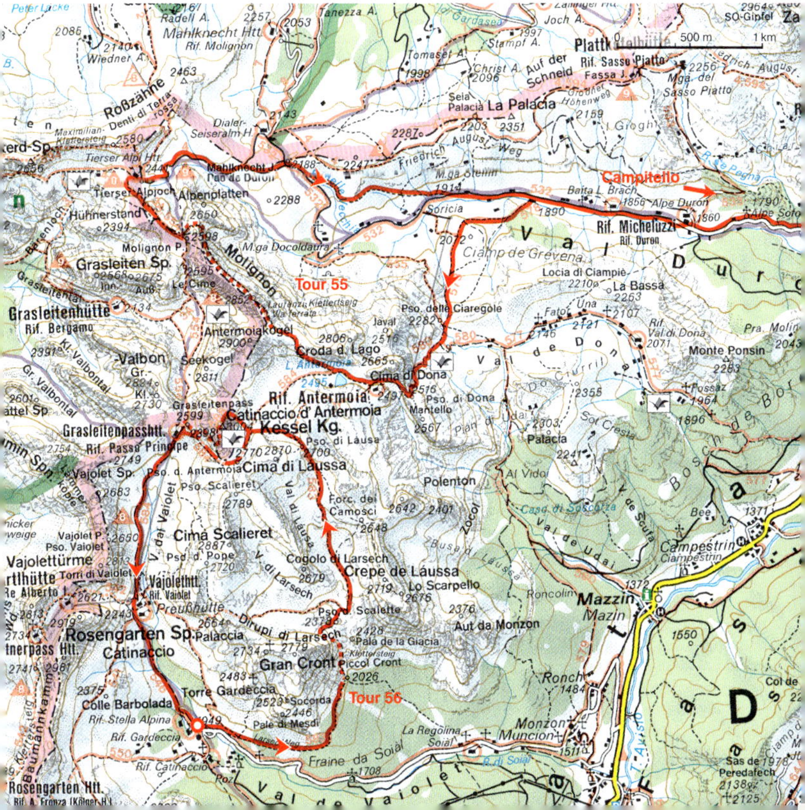

56 Klettersteige am Kesselkogel

7.00 Std.

Leichte Eisenwege am höchsten Berg im Rosengarten

Das ultimative Schmuckstück des Rosengartens ist er gewiss nicht, doch dem klobigen Kesselkogel kommt das Prädikat des Hauptgipfels zu – unterstützt noch durch die Tatsache, dass es sich um den einzigen Dreitausender der Gruppe handelt. Außerdem wirft der Kesselkogel zwei gemäßigte Klettersteige in die Waagschale und rangiert damit in der Gunst der alpinen Normalverbaucher sehr weit oben. Wir wollen das Angebot einer Überschreitung nutzen und mit dem Sentiero attrezzato delle Scalette einen spannenden, auf kurzem Stück ebenfalls gesicherten und vor allem recht stillen Zugang einbauen. Turbulent wird's spätestens bei der Rückkehr durchs obere Vajolettal, der touristischen Hauptschlagader des Rosengartens.

Ausgangspunkt: Gardeccia (1949 m) im Val de Vajolet; erreichbar per Shuttlebus von Pera di Fassa (für Privatverkehr gesperrt). Man kann auch von Vigo di Fassa mit der Seilbahn nach Ciampedie (1997 m) fahren und in 0.45 Std. nach Gardeccia wandern.

Gehzeiten: Gardeccia – Passo delle Scalette 1.45 Std. – Einstieg Ost 2 Std. – Kesselkogel 1 Std. – Grasleitenpass 1 Std. – Gardeccia 1.15 Std.; insgesamt 7 Std.

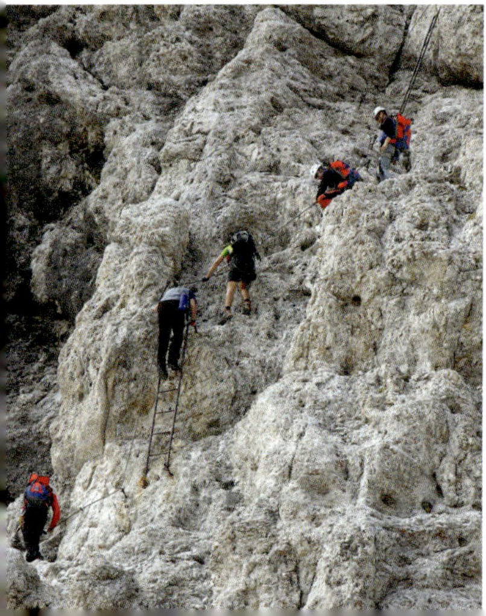

Charakter: Klettersteig-Überschreitung der leichteren Kategorie, die sich in beiden Richtungen eignet, da die Anforderungen beider Steige ähnlich sind. Interessanter Zustieg über den ebenfalls gesicherten Scalettesteig. Höhenlage beachten.

Schwierigkeit: A/B auf beiden Gipfelsteigen sowie am Sentiero delle Scalette.

Höhenunterschied: Etwa 1250 Hm; Klettersteighöhen je 300 bis 400 Hm.

Höchster Punkt: Kesselkogel (3004 m).

Exposition: Ost bzw. Südwest.

Stützpunkte: Rifugio Passo Principe (Grasleitenpasshütte, 2599 m), Tel. +39 339 4327101; Rifugio Vajolet (2243 m), Tel. +39 0462 763292; Rifugio Preuss (2243 m), Tel. +39 368 7884968; Rifugio Antermoia (2497 m), Tel. +39 0462 602272.

Hinweise: 1) Falls sowohl Zu- als auch Abstieg über das Val de Vajolet gewählt werden, bietet der Passo d'Antermoia (2770 m) eine Wechselmöglichkeit zwischen den Seiten. Gesamtgehzeit 6.15 Std. 2) Klettersteigcharakter weist auch der »inoffizielle« Sentiero Medil in einer Schluchtrinne der Larsecgruppe unweit der Vajolethütte auf: dürftig markiert, schlechte Sicherungen, erhebliche Steinschlaggefahr – insgesamt keine Tour für weitere Verbreitung.

Am Ost-Klettersteig.

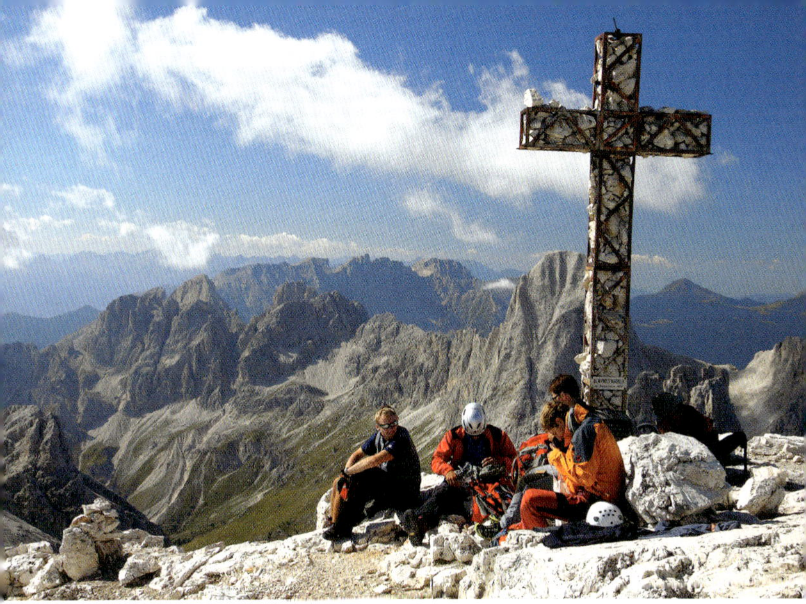

Gipfelstunde am höchsten Punkt des Rosengartens.

Zustieg über Sentiero delle Scalette: Kurz vor Gardeccia mit Nr. 583 (Via Larsec) zu Beginn fast eben ostwärts am Fuß der Dirupi di Larsec entlang, dann um den Berg links einschwenkend und gegen die markante schluchtartige Rampe bergan, zuletzt mit einer Rechtstraverse. Der Durchstieg, an einigen steileren Stellen gesichert (A/B), erinnert ein wenig an die Steinerne Rinne im Wilden Kaiser. Nach Auslauf der Drahtseile gewinnt man die Schwelle des Passo delle Scalette (2348 m), wo sich links die abgeschiedene Larsec-Hochmulde öffnet. Wir halten uns halbrechts über Schrofen in den nordwärts orientierten Vallon de Laussa und steigen in zunehmend kargem Gelände bis zum Passo de Laussa (2700 m) auf. Jenseits nicht nach rechts zum Rifugio Antermoia abdrehen (es sei denn, man plant eine Übernachtung), sondern gleich gegen den Boden des Hochtals hinab und alsbald mit Nr. 584 wieder aufwärts. Damit nähern wir uns der Masse des Kesselkogels und erreichen rechts – abseits vom Hauptsteig zum Antermoiapass – den Einstieg auf ca. 2680 m.

Aufstieg über Ost-Klettersteig: Mit den ersten Drahtseilen an einem großen Felsspalt vorbei. An einem dem Hauptmassiv vorgebauten Schrofensporn geht es höher (Stellen A), ehe man über den schmalen natürlichen Verbindungssteg oberhalb der Kluft zum eigentlichen Bergkörper übersetzt.

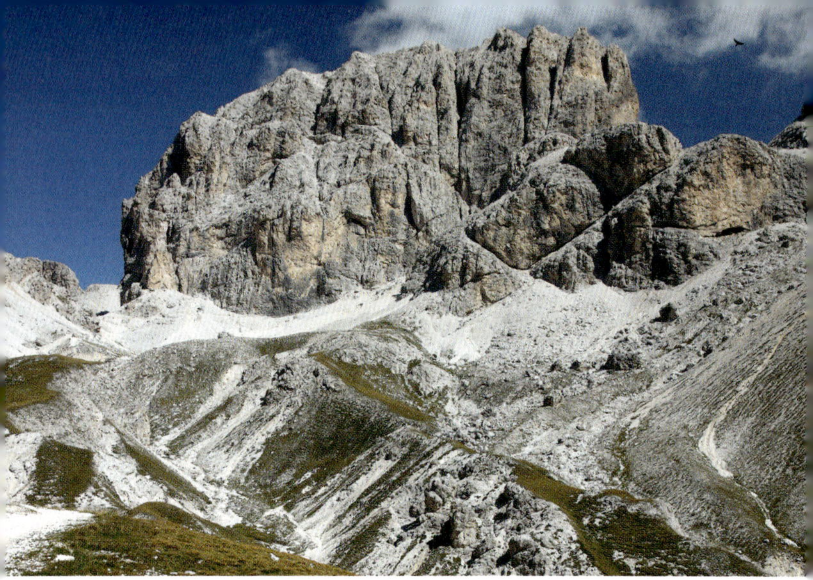

Der massige Kesselkogel über dem Val Vajolet.

Nach einer Linkstraverse folgen einige Steilstufen inklusive zweier Leitern (A/B) und zwischen Schuttpassagen ein Riss (A/B). Man gelangt nach links auf eine bandartige Rampe (A), die nun das Kernstück des Ostanstiegs bildet. Von ihrem Ende über eine gut gestufte Felsflanke (A) auf den Gipfelgrat und ohne Schwierigkeiten zum Kreuz.

Abstieg über West-Klettersteig: Wir folgen dem Grat weiter nach Nordwesten, weichen dann links auf ein Band aus und steigen zu einem Schärtchen an der Kante ab (A). Hier öffnet sich ein großes Diagonalband, dem wir abschnittsweise über gesicherte Rampen (A) längere Zeit abwärts folgen. Geneigte Felsen (A/B) leiten auf die nächste bandartige Rampe, die mit einem markanten Rechtsknick betreten wird. Sie formt sich unter mächtigen Felswänden vorübergehend zu einer kaminartigen Rinne (A/B) aus und wartet weiter unten mit einer Unterbrechungsstelle auf. Hier wird eine Leiter erklommen, ehe es über das fortgesetzte Band zu einer ungesicherten Rinne geht. Durch diese hinab (I), dann auf einem Band links um den überhängenden Vorbau herum und über einen Schutthang zum nahen Grasleitenpass (2599 m) mit seiner Hütte.

Die breite, viel begangene Trasse Nr. 584 führt von dort südwärts durchs obere Vajolettal zu den Rifugi Vajolet und Preuss, Durchgangsstation auf dem weiteren Abstiegsweg Richtung Gardeccia.

5.00 Std.

Santnerpass-Klettersteig 57

Klassische Rundtour im Herzen des Rosengartens

Die diagonal durch die Westabstürze der Rosengartenspitze ziehende Führe zum Santnerpass zählt zu den ältesten Eisenwegen der Dolomiten und ist – obwohl ferratatechnisch sicherlich nicht herausragend – beliebt wie eh und je. Das verwinkelte Felsenszenario vor weitem Horizont ist freilich bestechend und erfährt mit dem Seitenwechsel noch einen besonderen Clou, wenn wir nämlich von oben her ins geheimnisvolle Gartl vordringen, wo der Legende nach König Laurins verwunschenes Reich liegt. Steinernen Flammen gleich ragen hier die schlanken Vajolettürme in den Himmel. In jedem Fall gehört die Rundtour via Santnerpass und Tschagerjoch zum klassischen Repertoire zünftiger Rosengarten-Besucher: ein Tag mit Kraxelspaß und einem Füllhorn packender Landschaftsbilder.

Ausgangspunkt: Bergstation des Sessellifts »Laurin II« bei der Rosengartenhütte und der neuen »Laurins Lounge« (2339 m); Zufahrt von Tiers oder über die Karerpassstraße bis zur Talstation bei der Frommer Alm (1721 m).
Gehzeiten: Rosengartenhütte – Santnerpass 2 Std. – Rifugio Vajolet 1 Std. – Tschagerjoch 1.20 Std. – Rosengartenhütte 0.40 Std.; insgesamt 5 Std.
Charakter: Mäßig schwieriger Alpinklettersteig, recht sparsam gesichert mit freien Stellen I–II (schon ziemlich abgespeckt). Im Frühsommer oft heikle Eisrinne. Gartlabstieg und Tschagerjoch sind zwar Wanderrouten, aber mit ihren abschüssigen Passagen nicht als leicht einzuschätzen.
Schwierigkeit: Meist B.
Höhenunterschied: 880 Hm, davon 450 Hm bis zum Santnerpass.
Höchster Punkt: Ausstieg am Santnerpass (ca. 2750 m).
Exposition: West.
Stützpunkte: Rosengartenhütte (Kölner Hütte, 2339 m), Tel. +39 0471 612033; Santnerpasshütte (2734 m), Tel. +39 337 1435665; Gartlhütte (Rifugio Re Alberto I, 2621 m), Tel. +39 334 7246698; Rifugio Vajolet (2243 m), Tel. +39 0462 793292.

B-Stelle in einem Kamin.

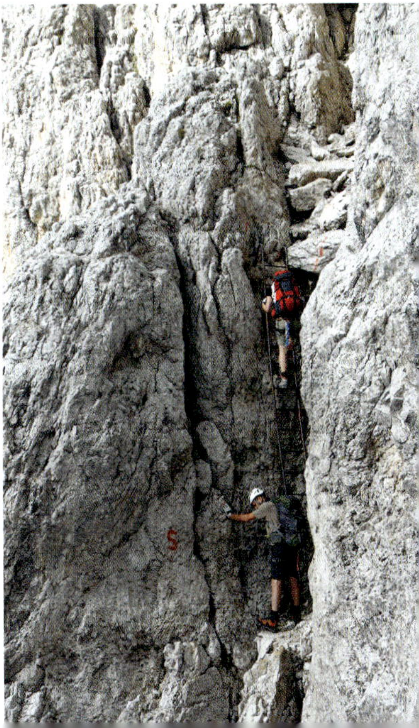

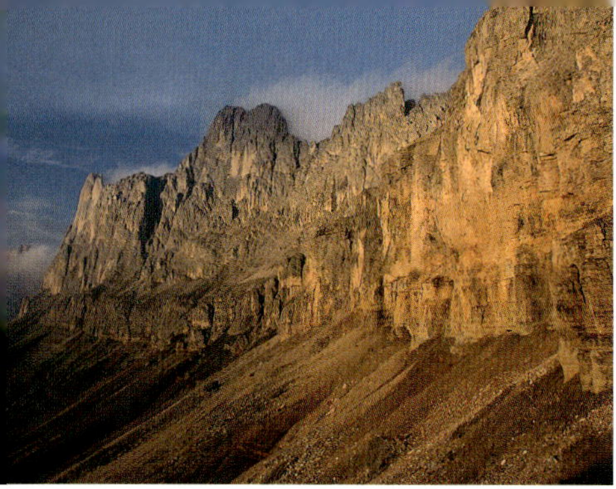

Die Rosengarten-Westfront, Schauplatz des Santnerpass-Klettersteigs.

Zustieg: Unmittelbar hinter der Rosengartenhütte wird ein gut gestufter Felsriegel mithilfe einiger Drahtseile erstiegen (A). Wo sich die Routen zum Tschagerjoch und Santnerpass gabeln, gehen wir links und queren nordwärts über die breite Schuttterrasse. Bis zum Einstieg in die Felsflanke werden wieder ein paar Höhenmeter verloren. Nun hart an den Wänden – zunächst noch im Gehgelände – diagonal aufwärts. Im weiteren Verlauf ist zunehmend leichte Kletterei erforderlich, oft in gestuften Rinnen, die sich auch einmal kaminartig verengen (maximal I–II).

Klettersteig: Erst relativ weit oben setzt der eigentliche gesicherte Klettersteig ein. Man übersteigt einen ersten markanten Absatz (A) und durchklettert nacheinander zwei Schärtchen, die sich zwischen Hauptwand und davon abgerückten Zacken legen. Aus der letzten Lücke etwa 20 m in die berüchtigte Eisrinne hinab (B), die im Laufe des Sommers normalerweise ausapert und dann kein Problem mehr darstellt. Man quert sie am lockeren Seil und klettert an den gegenüberliegenden Felsen im Zickzack steil empor

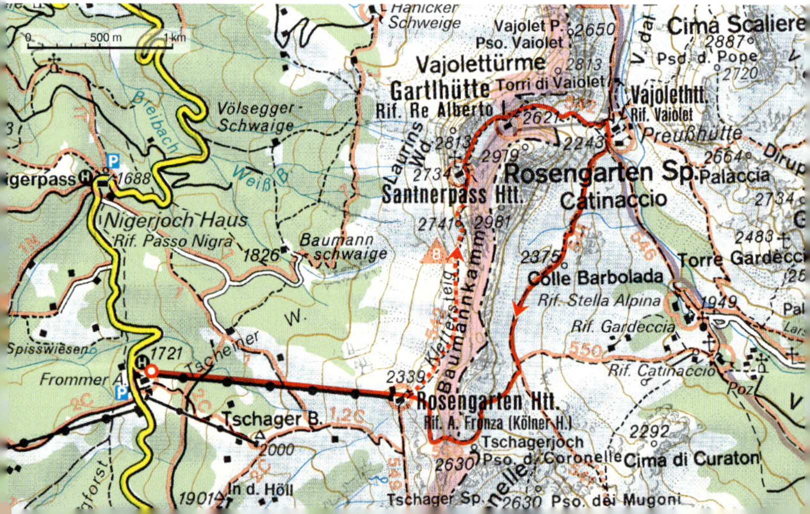

(Schlüsselstelle), überwindet noch ein Schärtchen und einen letzten Riss (meist B), ehe der Ausstieg am Santnerpass gewonnen ist. Gleich links befindet sich wenige Meter tiefer die jüngst ganz neu erbaute Schutzhütte.

Abstieg/Rückweg: Unterhalb der Laurinswand geht es auf einem Schuttsteig in die Gartlmulde hinab. Im Anblick der einzigartigen Vajolettürme passieren wir die Gartlhütte (2621 m) und kommen in den steileren Teil des Hochkars, das jetzt mehr einer steil eingefassten Rampe gleicht. Einige Drahtseile entschärfen felsdurchsetzte Stellen (A); sonst herrscht der typische Schotter vor, der schon mal für unangenehme Rollsplitteffekte sorgen kann. Die Gartlschlucht läuft praktisch unmittelbar beim Rifugio Vajolet aus. Von dort ein kurzes Stück Richtung Gardeccia hinab, bis am Ostwandfuß der Rosengartenspitze respektive Punta Emma Weg Nr. 541 abzweigt. Leicht ansteigend oder querend südwärts, bei der nächsten Gabelung mit Nr. 550 rechts in eine Karbucht hinauf und weit oben nach einer kurzen Kraxelpassage sowie einer Querung ins Tschagerjoch (2630 m). Dieses vermittelt den Durchschlupf zurück auf die Westseite, wo der Steig in steiler Geröllrinne bestens stabilisiert ist (Stufen). Nach rechts um ein Eck auf die breite Schuttterrasse und über die bekannte Felsbarriere hinunter zur Rosengartenhütte.

Die einzigartigen Vajolettürme im Abendlicht.

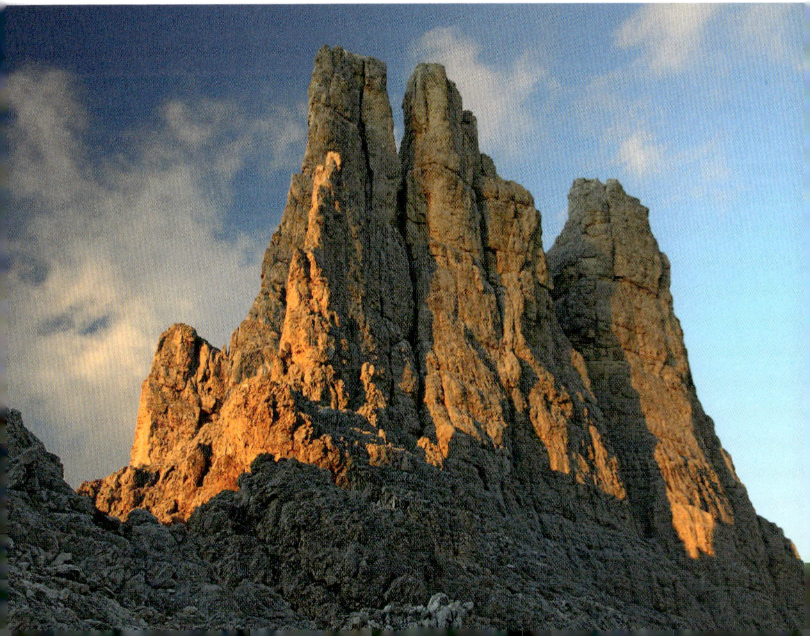

TOP 58 Via ferrata Masarè und Rotwand-Klettersteig

6.15 Std.

Formidable Genusssteige am Südeck des Rosengartens

Im südlichsten Teil der Rosengartengruppe bildet die Rotwand ein Aushängeschild, optisch gleichermaßen wie als Tourenziel. Besonders attraktiv ist eine Überschreitung geworden, seitdem es am südlichen Ausläufer, dem labyrinthisch-filigranen Sägezahnkamm von Masarè, einen weiteren spannenden Klettersteig gibt, der prima einbezogen werden kann. Diese Tour hat sich zu einem der beliebtesten Eisenwege überhaupt in den Dolomiten gemausert, zumal der Zustieg überschaubar, das Klettersteigvergnügen hingegen umso ausgiebiger und die Landschaft ringsum einfach klasse sind. An den vielen abwechslungsreichen Stellen – exponierten Traversen und Wandverschneidungen, engen Kaminen und freien Graten – hat schon mancher seine Feuertaufe im Dolomitfels bestanden.

Schwierige Wandverschneidung beim Blötzerjoch.

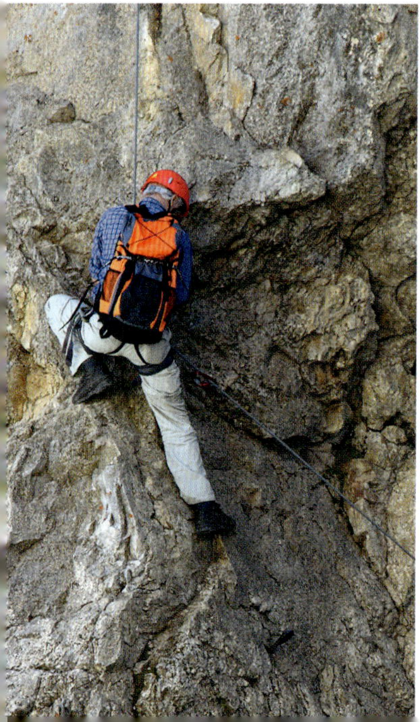

Ausgangspunkt: Paolinahütte (2125 m), Sessellift von der Westrampe der Karerpassstraße (beim Feriendorf). Alternativ kann man am Karerpass (1758 m) starten.
Gehzeiten: Paolinahütte – Einstieg Masarè 1.45 Std. – Plan da Daiol 2 Std. – Rotwand 0.45 Std. – Vaiolonpass 0.35 Std. – Paolinahütte 1.10 Std.; insgesamt 6.15 Std.
Charakter: Abwechslungsreiche, ergiebige Klettersteig-Kombination, meist im Gratbereich. Teilstück Masarè recht homogen mittel bis ziemlich schwierig, über die Rotwand nur eine schwierige Stelle, sonst deutlich leichter. Zwischenzeitliche Ausstiegsmöglichkeiten vorhanden.
Schwierigkeit: Mehrfach C, sonst weithin um B am Masarè-Klettersteig und über die Rotwand A/B.
Höhenunterschied: 880 Hm.
Höchster Punkt: Rotwand (2806 m).
Exposition: Verschieden.
Stützpunkt: Rifugio Paolina (2125 m), Tel. +39 0471 612008; Rifugio Roda da Vaèl (Rotwandhütte, 2280 m), Tel. +39 0462 764450.
Hinweis: Die Steige können auch einzeln und in umgekehrter Richtung begangen werden; Schlüssel dafür ist der kurze Zustiegsklettersteig im Bereich des Fensterlturms (B/C in einem Kamin).

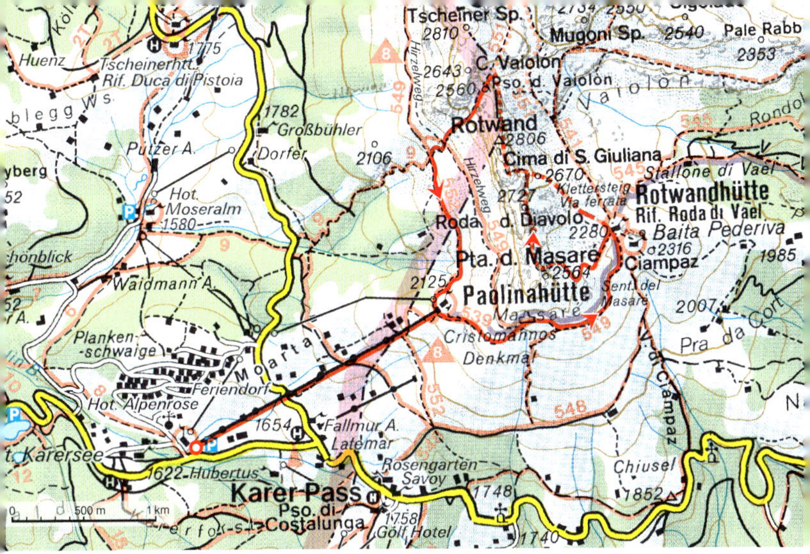

Zustieg: Von der Liftstation mit Nr. 539 schräg aufwärts zum Cristomannos-Denkmal (2349 m), dem Bronzeadler vor der Latemar-Kulisse, wo man auf den Hirzelweg (Nr. 549) stößt. Dieser zieht nahezu horizontal im Bogen um den Südausläufer der Rosengartenkette herum, nimmt den Zustieg vom Karerpass auf und trifft kurz darauf bei der Rotwandhütte ein. Hier sofort links hoch Richtung Klettersteige, bei der nächsten undeutlichen Gabelung erneut links und quer durch eine Blockmulde. An einem schrofigen Hang gelangt man aufwärts zum Einstieg bei der Punta Masarè (2564 m).

Via ferrata Masarè: Der erste Zacken wird westseitig leicht abwärts traversiert (A/B). Aus der Scharte steil hoch, um die Kante herum in die Ostseite und dort sofort steil und exponiert weiter (meist C). Man durchquert einen Spalt und klettert in einem engen Kamin mit Tritthilfen (C) senkrecht abwärts in die folgende Gratscharte. Am nächsten Turmaufschwung nur kurz über eine Rippe hinweg und abermals durch einen Kamin (B/C) hinunter auf ein Band in der Ostseite des Hexenturms. Nach dem folgenden Eck vorübergehend leichter über eine nur teilweise gesicherte Schrofenpassage (A), bis beinahe der Hauptgrat erreicht ist. Knapp unter dem Gipfelchen setzt man aber wieder zum Abstieg an und hat jetzt einige luftige Quergänge vor sich. Etwas knifflig ist der Schritt in eine enge Kerbe (kurz C). Man geht den Einschnitt aus und lässt um die Kante eine weitere Traverse (B) folgen, bevor eine gestufte Wand mit B-Stellen zum nördlichen Ausstieg des Masarè-Klettersteigs hinableitet. Auf dem Schrofenhang unter dem Fensterlturm (Torre Finestra) könnte rechts ein Abstieg zur Rotwandhütte eingeleitet werden.

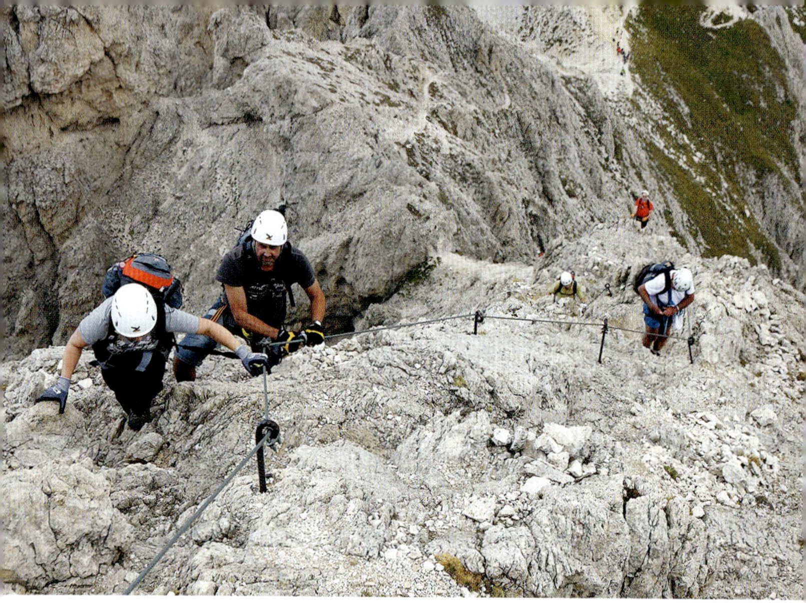

Oben: Der Rotwand-Nordgrat ist ein guter Anfänger-Klettersteig.
Rechts: Luftige Querung hoch über dem Fassatal.

Rotwand-Klettersteig: Zur Fortsetzung folgen wir der Wegspur hinauf zur Geländekante am Pian da Daiol (2625 m), wo die einzige schwierige Passage des Rotwand-Klettersteiges bevorsteht: Ein paar Meter in einem Riss hinunter, dann links mit luftigem Abwärtsquergang (Stifte, C) durch die Wandverschneidung bis in die Nische am Blötzerjoch (hier durch die Geröllrinne weiterer Aus- bzw. Einstieg, welcher interessant ist, falls man nur die leichtere Rotwand überschreiten möchte). Beim Gegenanstieg folgen noch ein paar unproblematische gesicherte Stellen einschließlich Leiterchen (A bis B), ehe sich das Gelände zum Gipfel der Rotwand rasch deutlich zurücklegt. Der Abstieg leitet dann über den nur mäßig steilen Nordgrat, der auch ohne die reichlich vorhandenen Drahtseile (A/B) kaum den I. Grad übertreffen würde, in den Passo Vaiolon (2560 m).
Abstieg: Von dort ist ein Rückweg sowohl durch den ostseitigen Karkessel zur Rotwandhütte als auch auf der Westseite zum Hirzelweg möglich. Letzteres ist für uns günstiger: Im Zickzack durch die breite Geröllrinne bergab, zwischendurch mittels Leiter über eine Felsstufe und links hinaus auf den gepflegten Höhenweg. Idealerweise nutzt man die untere Trasse, die direkt auf die Paolinahütte und den Rosengartenlift zuläuft.

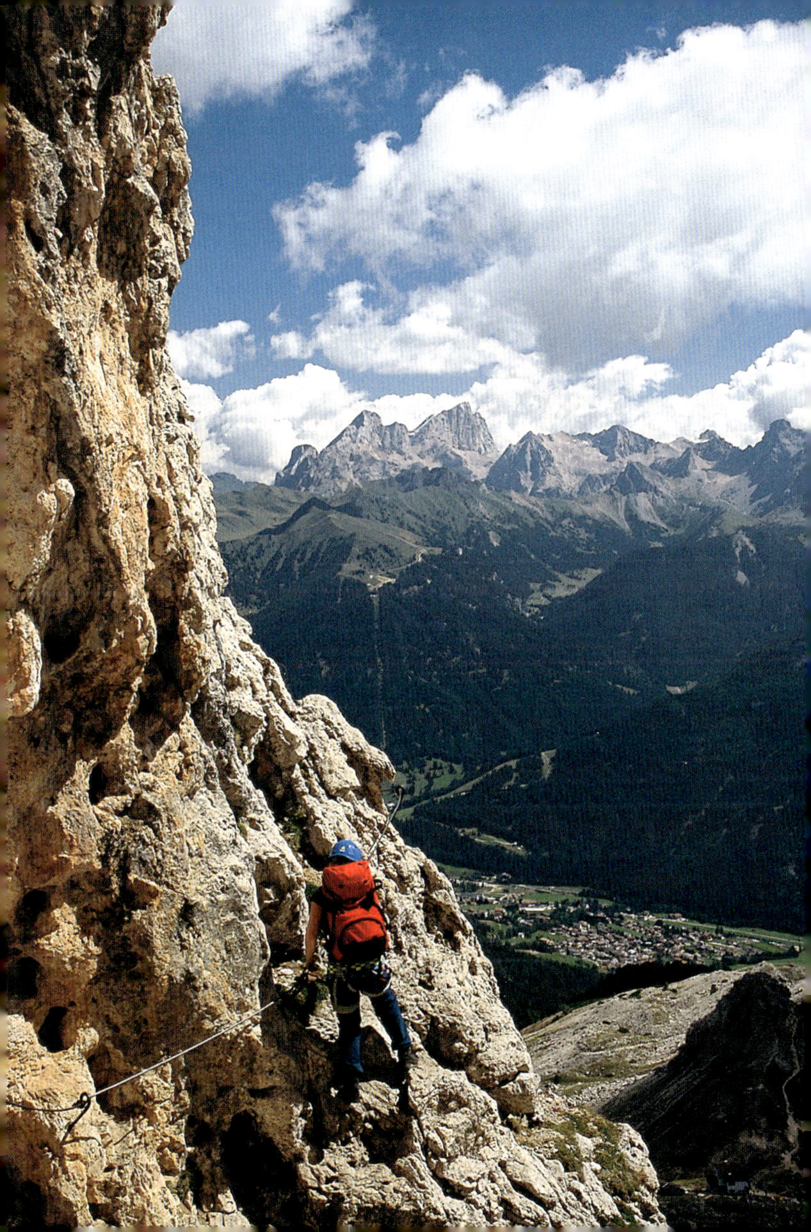

59 Sentiero attrezzato Campanili del Latemar

7.00 Std.

Kleiner Klettersteig im Rahmen einer großen Überschreitung

Der türmegespickte Latemar bildet eine viel bewunderte Kulisse auf der Großen Dolomitenstraße über den Karerpass, doch die meisten Wanderer und Bergsteiger zieht es traditionell eher in den benachbarten Rosengarten. Aufgrund des geringeren Erschließungsgrades und einer spröden Umgebung geht es im Latemar verhältnismäßig ruhig zu. Sieht man über die notorische Brüchigkeit des Gesteins einmal hinweg, gibt es freilich jede Menge Spielraum für erlebnisreiche Bergfahrten und im zentralen und höchsten Teil der Gruppe sogar einen interessanten Klettersteig. Dieser mag für sich genommen recht kurz sein, lässt sich aber als Filetstück in eine größere Überschreitung einbinden, die – wenn man nicht bloß aufs Eisen schaut – vielseitige Impressionen verspricht.

Ausgangspunkt: Karerpass (1758 m), Straßenpass zwischen Eggental/Welschnofen und Fassatal.

Endpunkt: Oberholz (2090 m), Bergstation der Sesselbahn von Obereggen. Rückfahrt zum Karerpass mit Bus über Birchabruck (Fahrpläne eruieren).

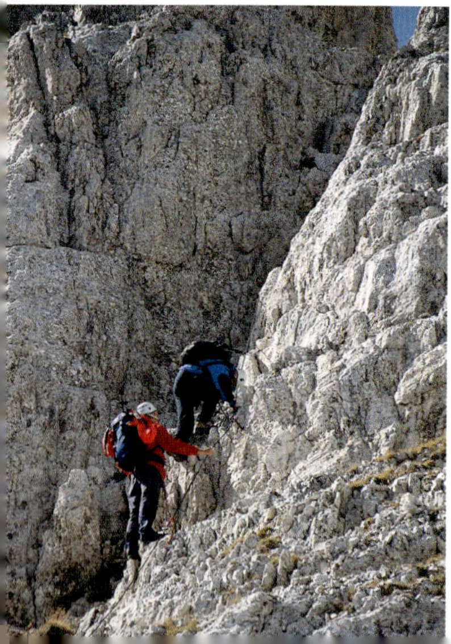

Gehzeiten: Karerpass – Kleine Latemarscharte 2.30 Std. – Große Latemarscharte/Einstieg 1.15 Std. – Forcella dei Campanili/Ausstieg 1.30 Std. – Gamstallscharte 0.45 Std. – Oberholz 1 Std.; insgesamt 7 Std.

Charakter: Lange Bergtour mit einem gemäßigten Klettersteig mittendrin; nur eine einzige Passage ist anspruchsvoll und etwas kraftaufwendig. Gute Kondition wichtig.

Schwierigkeit: Eine Stelle C, sonst zwischen A und B.

Höhenunterschied: Etwa 1350 Hm Aufstieg, 1000 Hm Abstieg.

Höchster Punkt: Östliche Latemarspitze (2791 m).

Exposition: Meist Süd.

Stützpunkt: Bivacco Rigatti (2620 m) als Notunterschlupf.

Hinweis: Ausschließlich im Hinblick auf den Klettersteig empfiehlt sich die Bergstation Oberholz als Ausgangspunkt (gleiche Strecke retour oder parallel zum Klettersteig unterhalb in der Südflanke). Bei passender Logistik bietet die vorgestellte Route aber mehr Erlebniswert.

Der Latemar-Klettersteig ist überwiegend leichter Natur.

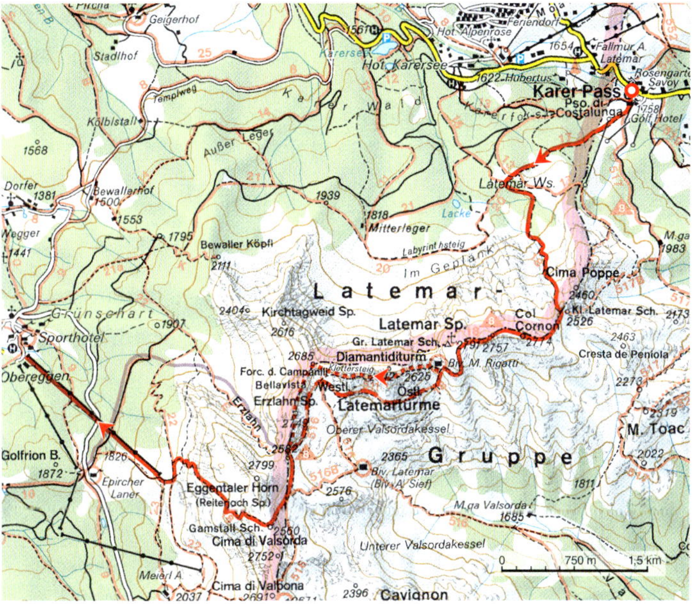

Zustieg: Vom Karerpass anfangs im Bereich der Skipiste sachte aufwärts und dann nach rechts ohne wesentlichen Höhengewinn Richtung Latemarwiesen. Bei einer Kreuzung fädelt man in den Steig Nr. 18 ein und gewinnt nun stetig an Höhe. Bald aus dem dichten Bewuchs heraus und über Schutt und Schrofen steiler bis in die Kleine Latemarscharte (2526 m) zwischen Poppekanzel und Col Cornon hinauf. Am Rücken des Letzteren setzt sich der Schuttsteig fort. Wo der Kamm schroffer wird, traversiert man auf der Südseite mit zeitweiliger Händeunterstützung einige rinnendurchzogene Felspartien und gelangt leicht hinauf zur Östlichen Latemarspitze (2791 m) mit ihrem nach rechts auf die Kanzel vorgeschobenen Kreuz. Der Direktabstieg zur Großen Latemarscharte wird hier durch Abbrüche vereitelt, sodass man nur südwärts ausholend über einen abschüssigen Schrofensteig das Bivacco Rigatti (2620 m) erreicht. Ein Geröllhang leitet schließlich zum Beginn des Klettersteigs.

Klettersteig: Gut gestuft zu einer Rippe, hinter der sich eine Scharte verbirgt, der man auf einer luftigen Klammernserie (Schlüsselstelle, C) entsteigt. Bänder leiten in die Südflanke, wo auf der steilen Schuttabdachung Pfadspuren und Steinmännchen zum Diamantiditurm (2842 m) abzweigen.

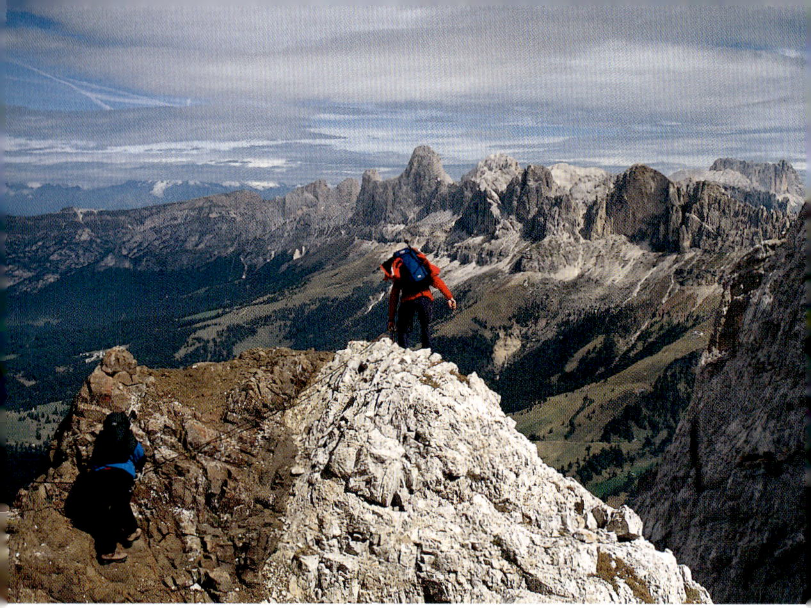

Kraxelspaß vor der Kulisse des Rosengartens.

Der gut 10-minütige Abstecher auf den höchsten Punkt der Latemargruppe wird mit atemberaubenden Tiefblicken in die nordseitigen Abbrüche belohnt. Der offizielle Steig zieht indes über Schuttlehnen und Bänder weiter nach Westen und passiert dabei mehrere der typischen engen Scharten, die durch Auswittern weicheren Vulkangesteins entstanden sind (Stellen A und B nebst längeren Gehstrecken). Eine dieser Querungen mutet auf dem schmalen, dunklen First besonders faszinierend an. Leicht absteigend gelangt man zu einer letzten exponierteren Traverse (A/B), ehe der gesicherte Steig zu der von bizarren Zinnen umgebenen Rotlahnscharte (Forcella dei Campanili, 2685 m) ausläuft.

Abstieg: Etwas tiefer erfolgt die Vereinigung mit der Umgehungsroute. Unter der Erzlahnspitze entlang über flache, verkarstete Böden südwärts. Nachdem die Erzlahnscharte zurückgeblieben ist, beim nächsten markanten Einschnitt der Kammlinie rechts hinauf zur Gamstallscharte (2560 m). Jenseits durch die kurze Rinne in einen Karkessel, in einer labyrinthischen Blockgasse zwischen Felsen hindurch und rechts haltend über mehrere muldenartige Geländeabstufungen bergab. In Serpentinen und schließlich mit einem Linksknick führt der Steig nach Oberholz zum Sessellift, der uns nach Obereggen hinunterträgt.

5.00 Std.

Roèn-Klettersteig 60

Leichtes Kraxelabenteuer am Scheitel des Mendelkamms

Der Monte Roèn ist der höchste Punkt jenes lang gestreckten Bergzuges, der das Südtiroler Unterland vom Nonsberg scheidet. Während die Westseite sanft abdacht, zeigen sich zum Etschtal hin jähe, zerklüftete Abbrüche. Von der prächtig gelegenen Überetscher Hütte zieht ein Klettersteig der leichteren Kategorie durch die Schrofenmauer hinauf, nicht gerade im grimmigsten Bereich, aber doch tauglich für etwas Nervenkitzel beim oft nicht unbedingt Ferrata-erprobten Publikum. Um der Tour möglichst viel Pep zu verleihen, sei die südwärts ausholende Runde über den Schwarzen Kopf und den verwinkelten Gamssteig empfohlen. Der größte Trumpf ist freilich das Panorama, das von der Ortler- und Brentagruppe bis in die Dolomiten – und an klaren Tagen sogar noch darüber hinaus – reicht.

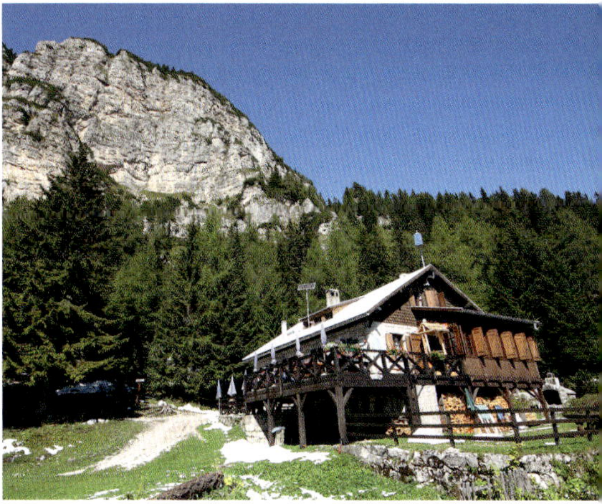

Die Überetscher Hütte, Sprungbrett für den Monte Roèn.

Ausgangspunkt: Bergstation des Mendel-Sessellifts (ca. 1600 m) unweit der Halbweghütte; Zufahrt zur Talstation vom Mendelpass (Verbindung zwischen Kaltern und Nonsberg) her. Verkehrt der Lift nicht, geht man vom Mendelpass aus.
Gehzeiten: Mendellift – Einstieg 1.15 Std. – Monte Roèn 1 Std. – Schwarzer Kopf 0.45 Std. – Gamssteig – Überetscher Hütte 1 Std. – Mendellift 1 Std.; insgesamt 5 Std., ohne Gamssteig 3.45 Std.
Charakter: Schrofiger Klettersteig ohne große klettertechnische Anforderungen. Am Gamssteig einige Drahtseile entlang ausgesetzter, sandiger Bänder. Im Allgemeinen noch (gehobenes) Wanderniveau; Selbstsicherung für Geübte entbehrlich.
Schwierigkeit: A/B.
Höhenunterschied: In Summe ca. 700 Hm (Klettersteig ca. 200 Hm).
Höchster Punkt: Monte Roèn (2116 m).
Exposition: Ost.
Stützpunkt: Überetscher Hütte (1773 m), Tel. +39 338 2820065; Malga di Romeno (Roenalm, 1773 m), Tel. +39 340 1559707.

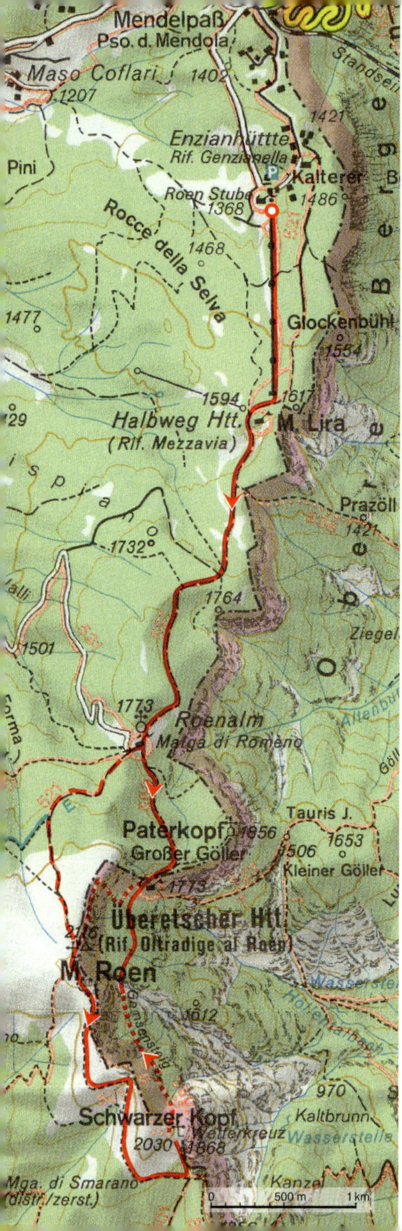

Zustieg: Auf viel begangenem, leicht ansteigendem Wanderweg geht es über die Halbweghütte Richtung Malga di Romeno und auf dem Fahrweg weiter zur Überetscher Hütte. Gleich oberhalb beginnt nach ein paar Kehren der gesicherte Teil.

Klettersteig: Über eine Rampe erreicht man ein Band, das unter Felsüberhängen nach links ansteigt. Anschließend durch eine seichte, aber steile Schrofenrinne, immer wieder mit Drahtseilsicherungen, bis zum Ausstieg auf die plateauartige Abdachung nördlich des Gipfels. Man wandert nun unweit der Kante über latschendurchsetzte Wiesen hinauf zum Monte Roèn.

Abstieg: Am kürzesten über den Normalweg (Nr. 500) direkt zur Malga di Romeno und zurück zum Ausgangspunkt. Interessanter ist der Schlenker über den Gamssteig. Man begibt sich Richtung Süden und geht nach kurzem Abstieg einen Hangrücken aus, um in geringfügiger Gegensteigung die Latschenkuppe des Schwarzen Kopfes (2030 m) zu erreichen. Ein Kreuz steht 70 m unterhalb an der steil abbrechenden Kanzel, in deren Nähe sich auch der Einstieg zum Gamssteig befindet. Nach einem kräftigen Abstieg durch Latschen leitet die Route in verschlungenem Auf und Ab direkt unter den Ostabbruch des Monte Roèn in eine zerfurchte Rinnenlandschaft. Hier geht es entlang ausgewitterter, brüchiger Schichtbänder (Drahtseile) weiter, bevor man durch lichten Wald wieder zur Überetscher Hütte gelangt.

Sandige Bänder am Gamssteig.

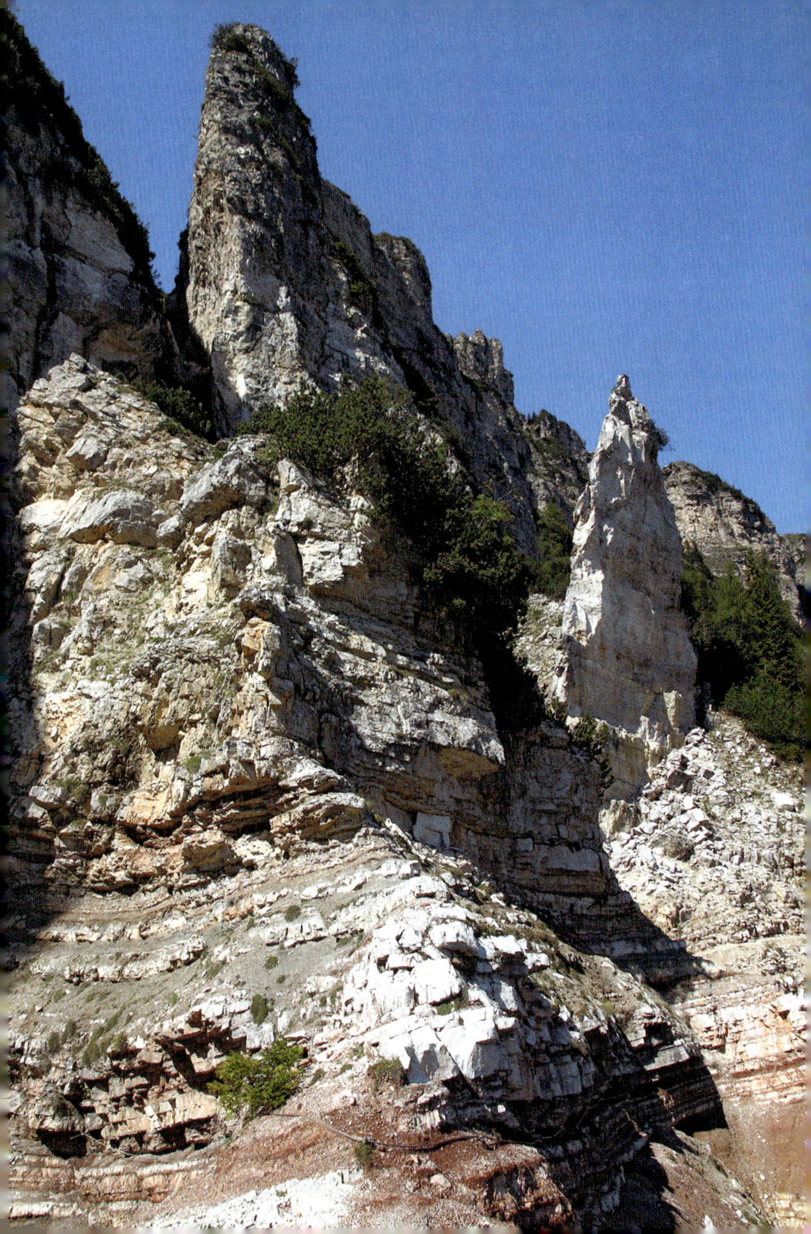

61 Fennberg-Klettersteig

5.45 Std.

Sportklettersteig der ersten Stunde

Im Jahr 1976, als der Fennberg-Klettersteig angelegt wurde, fand man Eisenwege fast ausschließlich im Hochgebirge als alpinistische Herausforderung. Mittlerweile hat die Gattung der talnahen Steige sehr an Zulauf gewonnen – in diesem Vergleich mag unsere Route sicherheitstechnisch schon fast ein bisschen antiquiert erscheinen. Ihr Anspruch liegt im unteren Wandbereich, wo ein senkrechter Kamin, eine kühne Klammernreihe und ein paar Leitern zu erklimmen sind. Nach langen Gehpassagen folgt noch ein mäßig schwieriger oberer Teil, ehe man die bewaldete Mittelgebirgsterrasse von Fennberg erreicht. Das Etschtal liegt jetzt zwar immerhin schon fast 1000 Meter tiefer, dennoch fehlt ein wenig das »alpine Feeling« und ein Ziel von Rang. Als Eingehtour im Frühjahr oder als Saisonabschluss, wenn die hohen Berge längst verschneit sind, eignet sich der Fennberg-Klettersteig allerdings prima.

Ausgangspunkt: An der Straße zwischen Margreid und Roverè della Luna, unmittelbar bei der Provinzgrenze (208 m, beschränkte Parkmöglichkeit). Man kann auch von Margreid (241 m), wo der Abstieg endet, ausgehen und die 3,5 km bis zum Beginn der Route laufen oder trampen.

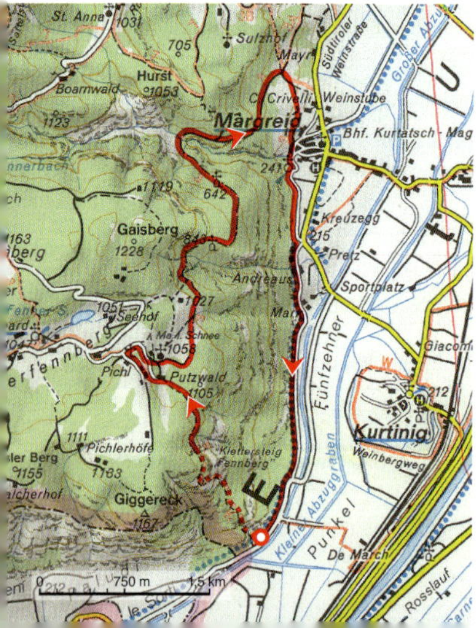

Gehzeiten: Ausgangspunkt – Ausstieg Fennberg 3 Std. – Margreid 2 Std. – Ausgangspunkt 0.45 Std.; insges. 5.45 Std.
Charakter: Talnaher Klettersteig mit einigen aufwendigen Steighilfen (Klammernreihen allerdings ohne begleitendes Drahtseil) in den Steilpassagen im unteren Teil, später leichter und auch länger Gehgelände.
Schwierigkeit: Schlüsselstelle C, im unteren Teil weitere B/C-Stellen, sonst leichter.
Höhenunterschied: Gut 900 Hm.
Höchster Punkt: Etwa 1125 m auf dem Waldplateau bei Fennberg.
Exposition: Südost.
Tipp: Mit einem zweiten Auto (am besten in Unterfennberg) ließe sich der Rückweg auf ein Minimum reduzieren.
Hinweis: Aktuell (2023) ist die Route gesperrt; es wird eine umfangreiche Sanierung vorbereitet!

Zustieg: Nachdem wir an der Straße den Hinweis auf den Klettersteig entdeckt haben, erreichen wir nach ca. 100 Hm durch den Wald (ein erstes Drahtseil an felsiger Passage) die Einstiegstafel.

Klettersteig: Den Auftakt macht hier ein nahezu senkrechter Kamin mit wenigen Tritthilfen (C), der sich anschließend in einer Rinne zurücklegt. Nach einer Gehpassage gelangt man unter die nächste Wand, die mittels Klammern gangbar gemacht wurde (B/C). Bis zum ersten Bügel ist ein kurzer freier Kletterzug nötig und ein mitlaufendes Stahlseil fehlt bei den Krampen leider. Gleich danach rechts zu zwei aufeinanderfolgenden Leitern (B). Eine Rechtstraverse über ein Band leitet zur nächsten Leiter, die auf eine bewachsene Rampe mündet. Diese prägt sich weiter oben eher als Rinne aus (A/B). Damit ist der Hauptteil des Klettersteigs geschafft. Es folgt ein langer Pfadabschnitt über die große Terrasse inmitten der Wände – zuerst aussichtsreich über Abgründen, anschließend im Gehölz. Mit Annäherung an eine Wand wird der Steig schrofig und steiler. Nachdem man längere Zeit rechts haltend aufgestiegen ist, leitet eine markante Linksquerung unmittelbar am Wandsockel entlang. Wo das Band leicht exponiert wird, setzen wieder Sicherungen ein. Über eine kleine Felsstufe auf eine Rampe, die nach rechts unter einer überhängenden Wandeinbuchtung zum Steigbuch führt (um B). Dann noch um ein recht luftiges Eck herum und mit den letzten Drahtseilen über gestufte Schrofen (A/B) gerade aufwärts.

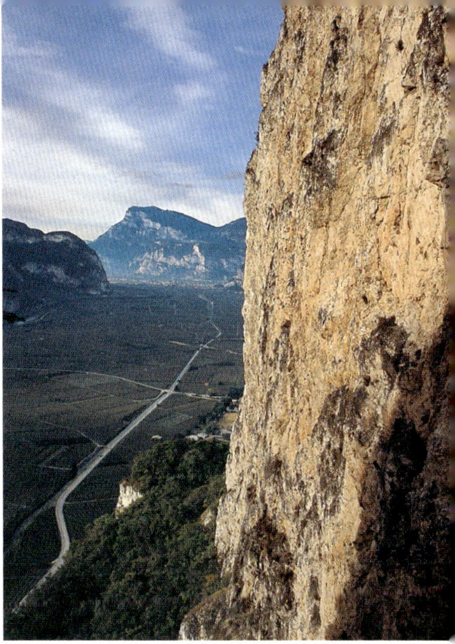

Zwischendurch ein Ausblick ins Etschtal.

Abstieg: Im lichten und später dichteren Wald geht es weiter. Man berührt nochmals die Abbruchkante (schöner Rastplatz!) und folgt den Markierungen in die Streusiedlung Unterfennberg. Wer einkehren möchte, orientiert sich zum Plattenhof. Ansonsten nach Maria im Schnee (Kapelle bei Bauernhof) und dann stets mit Nr. 3 Richtung Margreid. Ein breiter Karrenweg schmiegt sich in Grundrichtung Nord an die bewaldeten Steilflanken bis ins Fenner Loch. Von dort auf einer Asphaltstraße im großen Bogen, zuletzt durch die Rebberge, hinunter nach Margreid. Zurück zum Ausgangspunkt sind es jetzt noch ungefähr 3,5 km, wobei man teilweise Wirtschaftswege in den Obstplantagen parallel zur Straße nutzen kann.

62 Via ferrata Burrone-Giovanelli

2.45 Std.

Klammroute der leichteren Kategorie

Ein schmaler Einriss im mächtigen Wandriegel über dem Städtchen Mezzocorona ist Schauplatz eines abenteuerlichen Klettersteigs, der schon vor über 100 Jahren von Tullio Giovanelli realisiert wurde und seinen Namen nach dem Abgrund (= Burrone) erhielt. Mithilfe zahlreicher Leitern bewegt man sich mitten durch die steile, düstere Klamm aufwärts und wird dabei immer wieder von stürzenden Wassern gefesselt. Artverwandt mit der unweit gelegenen Via attrezzata Rio Secco (siehe Tour 63), werden hier die Arme aber nicht so lang.

Ausgangspunkt: Parkplatz »Ischia di Mezzocorona« (229 m); Zufahrt vom Ort, vor der Noce-Brücke rechts ab zu einem Picknickplatz.
Gehzeiten: Ischia di Mezzocorona – Einstieg 0.15 Std. – Ausstieg 1.30 Std. – Ischia di Mezzocorona 1 Std.; insges. 2.45 Std.
Charakter: Vor Kurzem sanierter Schluchtklettersteig in Talnähe, technisch mäßig schwierig und daher gut als Übungstour geeignet. Viele Leiternpassagen. Bei starkem Wasseraufkommen Erschwernisse im Grund der Klamm; eventuell sogar unbegehbar.
Schwierigkeit: B und teilweise A.
Höhenunterschied: 540 Hm, davon gut 400 Hm Klettersteig.
Höchster Punkt: Einmündung in die Strada delle Longhe (769 m).
Exposition: Süd.
Hinweis: Man kann auch weiter zur Baita dei Manzi aufsteigen, dann dem Sträßchen nach Monte (891 m) folgen und mit der Seilbahn nach Mezzocorona hinabschweben (umständlicher, aber landschaftlich nicht ohne Reiz).

Zustieg: Wir begeben uns in den nahen Wald und wählen am besten Variante Nr. 505A, um in den Genuss des spektakulären Leiterneinstiegs zu kommen.

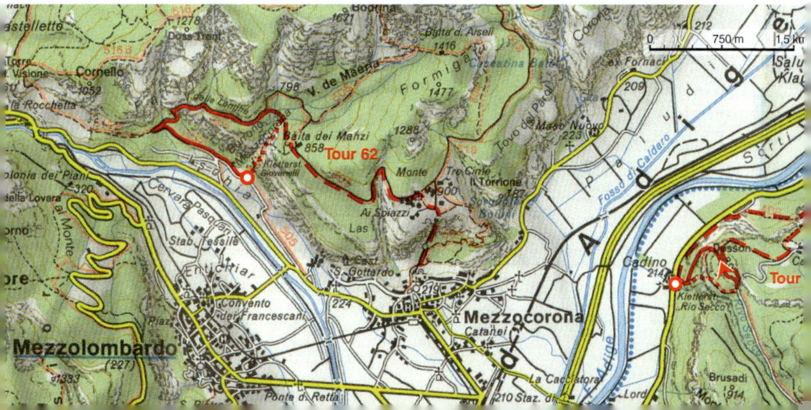

Klettersteig: Mit einer kurzen Bändertraverse von links her in die Bachschlucht, wo eine exponierte Serie von drei Leitern (B) rechtsseitig emporzieht. Auf einem Schrofenband nach rechts und gemeinsam mit dem alten Zugangsweg im Zickzack am bewachsenen Felshang hinauf (vereinzelt Sicherungen, A). Eine Leiter hilft über eine Felsspalte. Etwas höher begeht man eine überdachte Rampe und gelangt damit mitten hinein in die Klamm oberhalb eines senkrechten Abbruchs (A/B). Auf der anderen Schluchtseite führen zwei Leitern (B) über die nächste Steilstufe. Es folgt eine längere Gehpassage im düsteren Klammgrund. Dieser lichtet sich später etwas, wobei sich rechter Hand beeindruckende Kesselwände mit einem Wasserfall zeigen. Die Markierung lotst uns nach links zu einer Reihe kurzer Felsstufen, die teilweise über recht harmlose Leitern überwunden werden (maximal A/B). Schließlich nach rechts aus der Schlucht heraus und dem Waldweg folgend bis zu einer Forststraße.

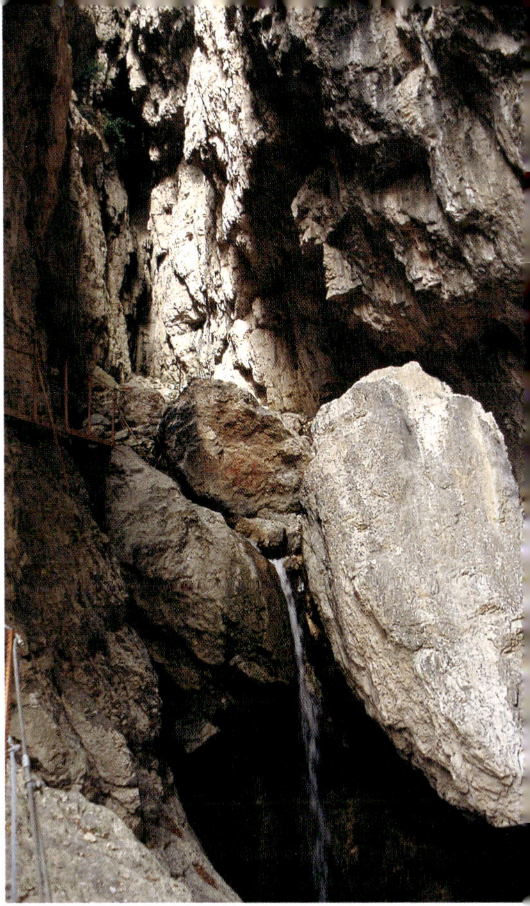

In der engen Klamm.

Abstieg: Nach links erreicht man in Kürze die »Strada delle Longhe«, eine windungsreiche, teils gepflasterte ehemalige Militärstraße, die phasenweise recht steil talwärts führt. Im Bogen nach links zurück zum Parkplatz.

63 Via attrezzata Rio Secco

3.00 Std.

Canyon-Abenteuer über dem Etschtal

Der Rio Secco liegt versteckt in einem Canyon am Dosson, nur einen Katzensprung vom Etschtal entfernt. Die originelle Ferrata überrascht mit einer Vielzahl interessanter Kletterstellen in den ausgewaschenen Kavernen des Flusses und wird abschnittsweise durchaus fordernd. Nach einer gründlichen Sanierung mit deutlichem Zuwachs an Eisen ist sie allerdings von D auf C heruntergestuft worden. In einem markanten Schlund wird das Thema »Ausgesetztheit« sicher nicht so heiß gegessen, allerdings durch ein schaurig-beklemmendes Ambiente der engen Klamm ersetzt. »Trocken« (ital. secco) ist's hier freilich nicht immer – und dann wird der Durchstieg vielleicht doch wieder richtig knifflig …

Ausgangspunkt: Cadino (214 m), Häusergruppe mit Gasthof an der SS 12, ca. 5 km von Salurn Richtung San Michele.
Gehzeiten: Cadino – Einstieg 0.15 Std. – Ausstieg 2 Std. – Cadino 0.45 Std.; insgesamt 3 Std.
Charakter: Anspruchsvoller und recht anhaltend fordernder Schluchtklettersteig. Kraftaufwendige Steilpassagen wechseln mit Gehgelände in einer vom Ambiente her einmaligen Landschaft. Nach Starkregen und im Frühjahr wegen Schmelzwasser häufig nicht begehbar.
Schwierigkeit: C (nach einer Sanierung herabgestuft).
Höhenunterschied: 450 Hm, davon 260 Hm Klettersteig.
Höchster Punkt: Ausstieg südlich des Dosson (ca. 660 m).
Exposition: West.

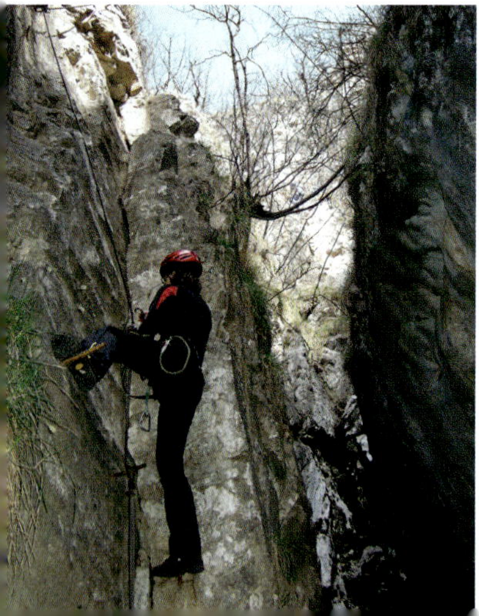

Oft ist gute Klettertechnik gefragt.

Zustieg: Vom Parkplatz über die Straße, wo bei einer kleinen Kapelle eine Hinweistafel den Klettersteig beschreibt. Nach Überschreiten des Bachbetts passiert man nach wenigen Minuten die Einmündung des Abstiegswegs, überschreitet abermals den Bach und steigt anschließend in Serpentinen steil durch den Wald aufwärts bis zum Anseilplatz (Bank).
Klettersteig: Über ein gesichertes Band hinab in die Schlucht (A) und jenseits über eine senkrechte Stufe mit Trittstiften hinauf (B/C). Auf Bän-

dern zurück in den Canyon zur nächsten Steilstufe, einer gestuften Rampe (B/C). Ein weiteres Band führt zu einer anfangs glatten, kaminartigen Wandstufe (C), die auf dem Aussichtspunkt »Belvedere« endet. Über Schrofen entlang der Begrenzung des Canyons aufwärts (A) und schließlich zurück in den Schluchtgrund. Auf der rechten Schluchtseite über eine glatte Stufe auf ein Podest und weiter in eine anfangs überhängende Traverse in der Schluchtwand (C). Am Ende der Querung verlässt man die Schlucht nach rechts und steigt in Gehgelände durch den Wald an bis auf eine Terrasse. Von dort ausgesetzte Querung nach links in die Schlucht, zum Schluss etwas abdrängend (bis C). Nun entlang der rechten Schluchtwand recht anstrengend empor (C) und links in eine Gumpe. Kraftraubend über eine glatte Wand aus der Gumpe heraus in eine Scharte und aus dieser über eine steile Wand rechts einer Kante hinauf, dann schräge Querung in einen Kessel. Hier zweigt nach links der Notausstieg (»Rientro d'emergenza«) ab. Der Klettersteig führt weiter nach rechts in die Fortsetzung des Canyons zu einer gesicherten Stelle (A), dann als Pfad im Bachbett bis in einen Kessel mit Dutzenden von Steinmännern, die alljährlich nach der Flut neu aufgebaut werden. An der folgenden Steilstufe zwei Varianten: rechts eine leichte Umgehung (A), links eine glatte Hohlkehle mit abdrängendem Ausstieg (C). Mithilfe eines Baumstamms auf eine Rampe (B), die zu einer Höhle mit dem Steigbuch führt. Kurze Querung nach links und dann anstrengend über eine steile Wand (C). Eine teils glatte Querung knapp über den Schluchtgrund führt zur großen Grotte neben der Ausstiegswand, bei deren Überwindung zum Schluss drei Eisenklammern helfen (C). Leichter zum Ende des Klettersteigs bei einem markanten Felsblock.

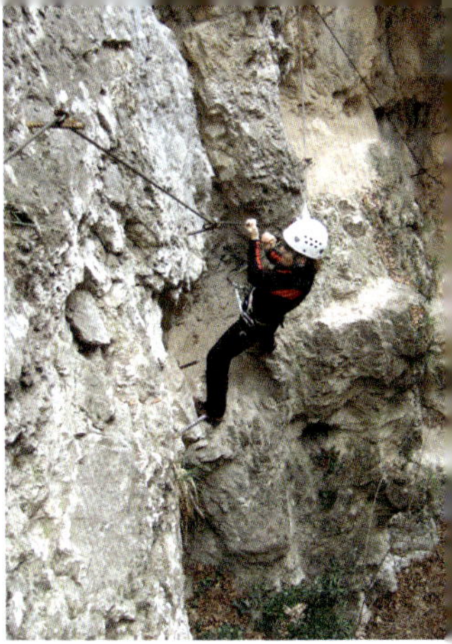

Kraftraubendes »Schluchteln«.

Abstieg: Einige Meter der Schlucht folgen, bis ein markierter Steig nach links abzweigt. Über eine kurze Schrofenpassage und durch den Wald bis zu einem Querweg. Nun gibt es zwei Möglichkeiten: Entweder nach links abwärts und entlang der Oberkante der Wände über dem Etschtal, bis der Steig scharf nach links abbiegt. Steil und teilweise gesichert (A und B) hinunter bis zu einer Eisenleiter, danach schräg durch den Wald bis zur Einmündung in den Zustieg. Auf ihm zurück zur Straße und zum Parkplatz. Alternativ nach rechts bis zu einem Forstweg, der nach links um die Gipfelkuppe des Dosson herum zum abgeschiedenen Weiler Cadino Alto führt. Vom nördlichen Ende des Weilers steil abwärts zum Talboden und entlang der Straße zurück zum Parkplatz (0.45 Std. länger).

64 Sentiero Gustavo Vidi und Sentiero Claudio Costanzi

11.00 Std.

Der lange, einsame Weg in den Norden der Brenta

Die Brenta ist berühmt für ihren Bocchetteweg, der in den folgenden Kapiteln auch ausführlich vorgestellt werden soll. Das absolute Kontrasterlebnis dazu bietet der weitläufige Nordteil der Gruppe, landschaftlich sicher nicht ganz so bombastisch, dafür wild und urwüchsig, wenig erschlossen und eine gute Adresse für Bergfreunde mit Hang zum Außergewöhnlichen. Als Gustostück der »vergessenen« nördlichen Brenta darf der Sentiero Claudio Costanzi gelten, eine sparsam gesicherte Traverse durchs oberste Stockwerk, ziemlich verwickelt von einem Berg zum nächsten. Die Kategorie »Klettersteig« ist sicher irgendwo gerechtfertigt, aber gemessen an der Gesamtstrecke sind die Sicherungen eher Nebensache. Eine Abenteuerroute ist der Sentiero Costanzi in Wahrheit, mit richtig alpiner Würze und vom Tal aus höchstens von Konditionsbolzen an einem Tag zu schaffen. Besser man wartet eine wirklich stabile Wetterlage ab, quartiert sich in einer der beiden Biwakschachteln ein und lässt sich ganz in Ruhe von der »anderen« Brenta gefangen nehmen. Im südlichen Teil, dem stärker frequentierten Einzugsgebiet der Grostè-Seilbahn, kann übrigens der Sentiero Vidi als Appetizer vorangeschaltet werden.

Ausgangspunkt: Passo del Grostè (2437 m), Seilbahn vom Campo Carlo Magno nördlich von Madonna di Campiglio.
Endpunkt: Campo Carlo Magno (1646 m), Talstation der Funivia del Grostè.
Gehzeiten: Passo del Grostè – Sentiero Vidi – Einmündung Costanzi 1.30 Std. – Bocchetta dei Tre Sassi 1 Std. – Bivacco Bonvecchio 1.45 Std. – Passo di Prà Castron 3 Std. – Malga Scale 1.45 Std. – Campo Carlo Magno 2 Std.; insges. 11 Std.
Charakter: Große Überschreitung in Gratnähe mit etlichen Klettersteigpassagen, die auf die Länge gerechnet aber nicht das Hauptmerkmal sind. Weithin ungesichertes Schrofenterrain (wiederholt Stellen I) in teils beachtlicher Ausgesetztheit. Ausgereifte Bergerfahrung und tadellose Kondition notwendig, dazu stabiles Wetter. Nächtigung in einer der Biwakschachteln obligatorisch.
Schwierigkeit: Max. B/C, meist A bis B.
Höhenunterschied: Etwa 1500 Hm Aufstieg und 2300 Hm Abstieg.
Höchster Punkt: Cima Sassara (2892 m).
Exposition: Verschieden.
Stützpunkte: Bivacco Bonvecchio (2779 m); Bivacco Costanzi (2365 m), unbewirtschaftete, kleine Behelfsunterkünfte. Eventuell auch Rifugio Graffer (2261 m), Tel. +39 0465 441358.
Hinweis: Einige Sicherungen gibt es auch am Sentiero delle Palete und am ostseitigen Aufstieg zum Passo di Val Gelada. Mit dem Sentiero Vidi eröffnet dies eine interessante Rundtour vom Grostèpass aus; ca. 6 Std.

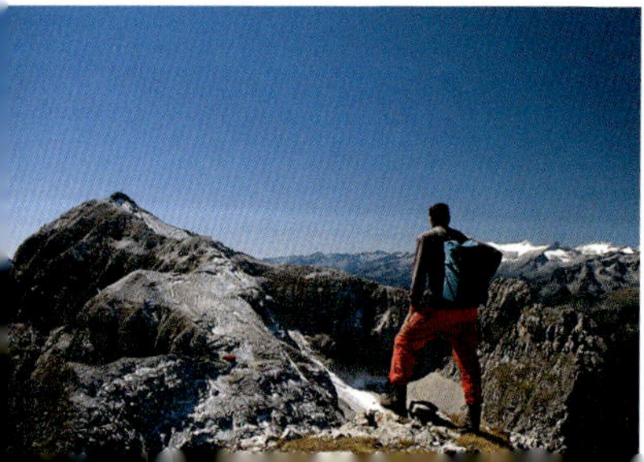

Panorama auf der Cima Paradiso.

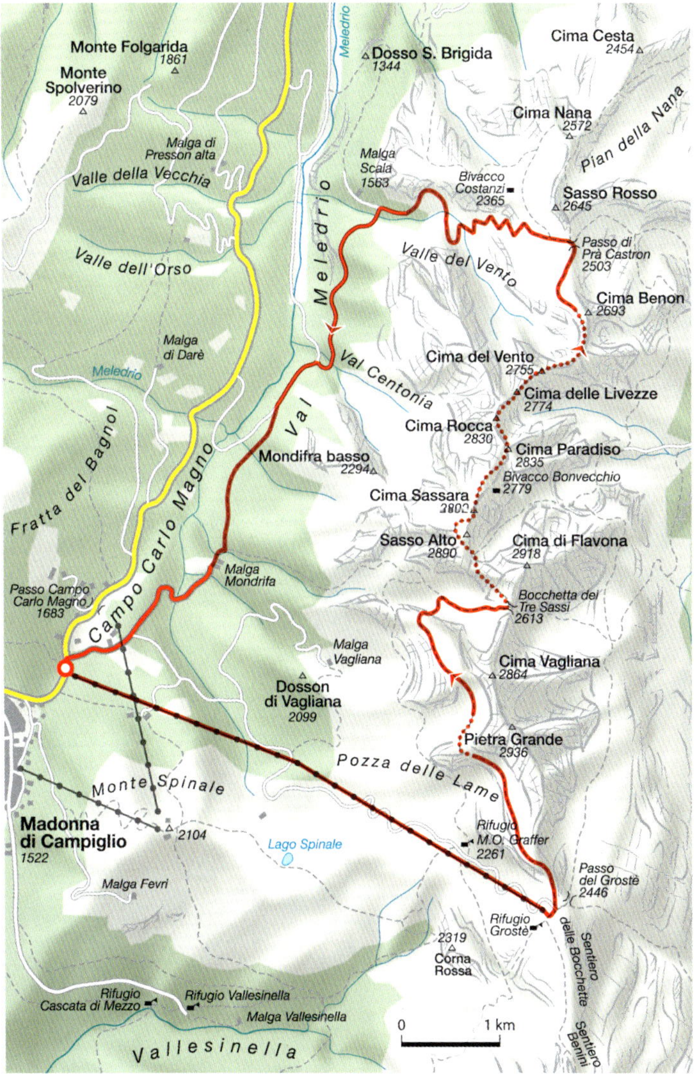
Monte Folgarida
1861
Monte Spolverino
2079
Meledrio
Dosso S. Brigida
1344
Cima Cesta
2454
Cima Nana
2572
Pian della Nana
Malga di Presson alta
Valle della Vecchia
Malga Scala
1563
Bivacco Costanzi
2365
Sasso Rosso
2645
Passo di Prà Castron
2503
Valle dell'Orso
Val Meledrio
Valle del Vento
Cima Benon
2693
Malga di Darè
Meledrio
Cima del Vento
2755
Val Centonia
Cima delle Livezze
2774
Fratta del Bagnol
Cima Rocca
2830
Cima Paradiso
2835
Mondifra basso
2294
Campo Carlo Magno
Bivacco Bonvecchio
2779
Cima Sassara
Sasso Alto
2890
Cima di Flavona
2918
Malga Mondrifa
Passo Campo Carlo Magno
1683
Bocchetta dei Tre Sassi
2613
Malga Vagliana
Cima Vagliana
2864
Dosson di Vagliana
2099
Pietra Grande
2936
Pozza delle Lame
Monte Spinale
Madonna di Campiglio
1522
2104
Lago Spinale
Rifugio M.O. Graffer
2261
Passo del Grostè
2446
Malga Fevri
Rifugio Grostè
2319
Corna Rossa
Sentiero delle Bocchette
Rifugio Cascata di Mezzo
Rifugio Vallesinella
Malga Vallesinella
0
1 km
Sentiero Benini
Vallesinella

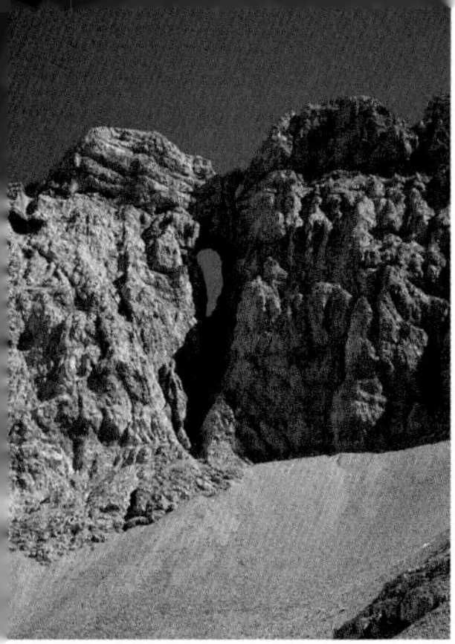

Felsdurchbruch oberhalb des Weges.

Sentiero Vidi: Vom Passo del Grostè mit Nr. 390 im Schutt steil aufwärts bis auf ein Band, dem man ein Stück weit in die Ostflanke folgt. Dann geht es vollends auf den Gratausläufer der Pietra Grande, mit einer gesicherten Passage in einem engen Spalt (A). Etwas weiter verlässt man den Grat westseitig und quert die ganze Flanke auf einem Bändersystem hoch über dem Kar des Orto della Regina. Bei einer Unterbrechung helfen einige Leitern auf ein höheres Band (A/B). Vor einer Rinne über eine andere Leiter wieder abwärts, womit der gesicherte Teil des Sentiero Vidi schon vorbei ist. Nach fortgesetzter Bändertraverse dockt man auf der markanten Bergschulter an den Sentiero Costanzi (Nr. 336) an, der vom Rifugio Graffer herüberkommt.

Sentiero Costanzi: Nun weiter nordwärts durch eine Karbucht und in langer Traverse um den scharfen nordwestlichen, sich absenkenden Grat der Cima Vagliana herum. Damit ins Val Gelada di Campiglio, wo man die von bizarren Felsen flankierte Bocchetta dei Tre Sassi (2613 m) ansteuert. In den schrofigen Abhängen des Corno di Flavona weiter aufwärts und nach einem kurzen Zwischenabstieg am Passo di Val Gelada (2687 m) vorbei. Über die einzige Leiter des Sentiero Costanzi schließt die Route zum Südgrat des Sasso Alto auf, den wir bis auf ein hohes Band verfolgen (A/B). In freier Kletterei wäre sogar ein Gipfelabstecher möglich (I, unbezeichnet). Ansonsten auf dem Band von der Süd- in die Westseite und an Drahtseilen (A) in die Scharte vor der Cima Sassara hinab. Diesen höchsten Punkt der Route kann man wahlweise auf der Westseite umgehen oder (schöner) über seine nicht besonders schwierigen Gratrücken überschreiten. Auf einem Schuttabsatz nördlich der Cima Sassara empfängt uns das Bivacco Bonvecchio, das sich für eine Zwischennächtigung anbietet.
Von dem Biwakhüttchen queren wir über ein Band nach rechts, passieren einige Gratzacken und steigen durch eine schrofige Rinne zur Cima Paradiso (2835 m) auf (Stellen A/B). Relativ kurz ist der Gratübergang (einmal auf ein ostseitiges Band ausweichend) zur benachbarten Cima Rocca (2830 m), wo die markierte Spur lediglich wenige Meter am Gipfel vorbeiläuft. Dahinter in eine Einschartung hinab, den folgenden Schrofenbuckel überschreiten und mit einer der schwierigsten Einzelstellen in einem Riss (B/C) in die enge Bocchetta delle Livezze. Aus der Scharte heraus in sehr steilem Anstieg (teils B) bis fast auf die Cima delle Livezze (2774 m); der Gipfelabstecher ist abermals rasch vollzogen. Nach dem Abstieg in die nächste Scharte wird die Cima del Vento in verwinkelter Traverse auf der Südseite umgangen. Ent-

lang abschüssiger Hänge übersteigen wir dabei in kurzweiligem Auf und Ab mehrere kleine Rippen des reich strukturierten Geländes und kraxeln wieder öfter mit Drahtseilhilfe (A/B) an steilen Schrofen in die Bocchetta del Vento (2582 m) hinab. Über eine unbedeutende Zwischenerhebung steigen wir an Grashängen gegen die Cima Tuena an, weichen jedoch auf ein Band zur Linken aus und kommen damit auf den schmalen First der Schiena de l'Asen, der zu beiden Seiten haltlos abbricht. Auch der Felsgupf der Cima Benon wird schließlich links passiert, ehe die anspruchsvolle Strecke des Sentiero Costanzi am weiten Passo di Prà Castron (2503 m), direkt unter der Felsnase des Sasso Rosso, ausläuft.

Abstieg: Während Nr. 336 jetzt weiter als unschwieriger Wanderweg Richtung Rifugio Peller zieht (noch 3 Std. bis dorthin), wenden wir uns mit Nr. 329 in die Westseite. Etwas abseits steht das Bivacco Costanzi auf dem Balkon von Prà Castron. Fast 1000 Hm gilt es bis zum Boden bei der verfallenen Malga Scale (1563 m) zu »vernichten«, stets die natürlichen Schwachstellen des Geländes nutzend: über eine steile, rinnendurchzogene Hangpartie zu einer schuttreichen Karmulde, weiter an einem Felssporn vorbei in Windungen zu einer markanten Rechtstraverse, die über einem Felsriegel entlangführt, und schließlich im bewaldeten Terrain hinunter zur Verzweigung. Hier mit Nr. 355 südwärts, wo leider wieder ein Gegenanstieg fällig wird, um hinter dem Tovo dei Brenzi oberhalb eines Geländeabbruchs vorbeizukommen. Am Auslauf des Vallone del Centonia zu einem breiten Wirtschaftsweg, kurz vor der Meledrio-Brücke links und über die Malga Mondifrà in abermaliger Gegensteigung bis zur Seilbahn am Campo Carlo Magno.

Im hoch gelegenen Bivacco Bonvecchio wird vorteilhaft genächtigt.

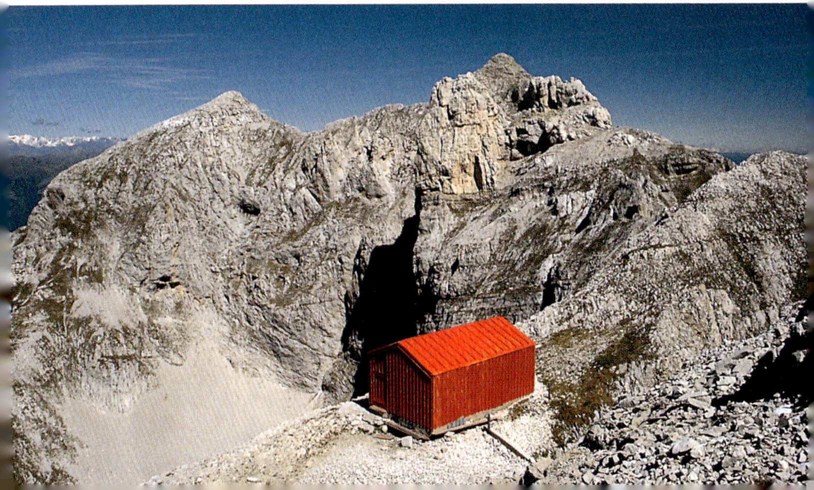

TOP 65 Sentiero Alfredo Benini

3.50 Std.

Idealer Auftakt am einzigartigen Bocchetteweg

Mit der Via delle Bocchette offeriert die Brentagruppe eine der großartigsten Höhenrouten überhaupt, eine regelrechte Durchquerung auf hochalpinen Klettersteigen, die alpenweit nur wenig Vergleichbares kennt. In geradezu idealer Weise erschließt uns diese hochalpine Wegekette eine Wunderwelt aus Stein, führt über schmale Bänder quer durch jähe Felsabbrüche, tangiert reihenweise Scharten und Schärtchen (Bocchette) und überwindet so manche hohe Hürde fast spielerisch. Rund vier Jahrzehnte hat es gedauert, bis die »Via« vollständig war: 1972 schloss der Sentiero Benini die letzte Lücke, nachdem man in den 1930er-Jahren die ersten Sicherungen installiert hatte. Mit jenem Sentiero Benini wird die Durchquerung sehr gerne begonnen, zumal die Grostè-Seilbahn einen kraftsparenden Zugang ermöglicht und der Steig prima auf die Gegebenheiten in der Brenta einstimmt: ein Appetithappen und eine echte Verheißung! In den folgenden Kapiteln werden alle Teilstücke und Varianten des legendären Bocchetteweges vorgestellt.

Der Sentiero Benini zieht eindrucksvoll am Sockelfels entlang.

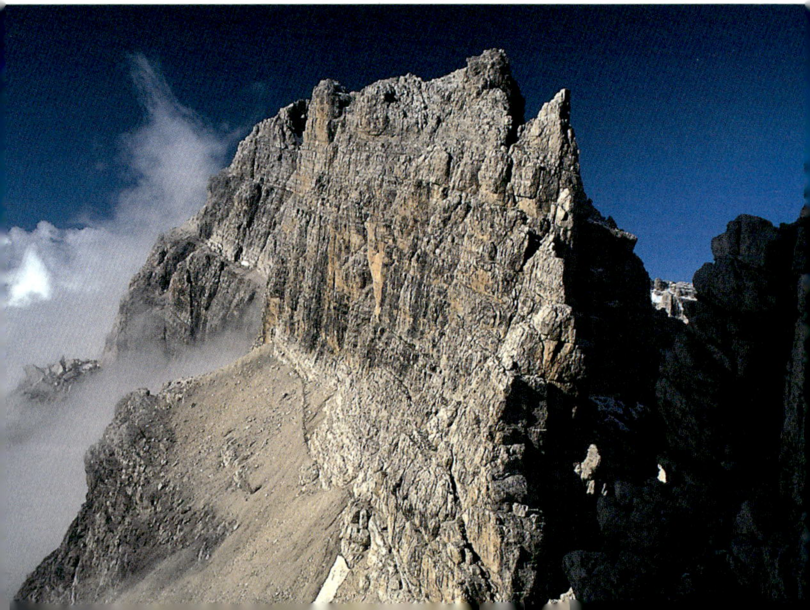

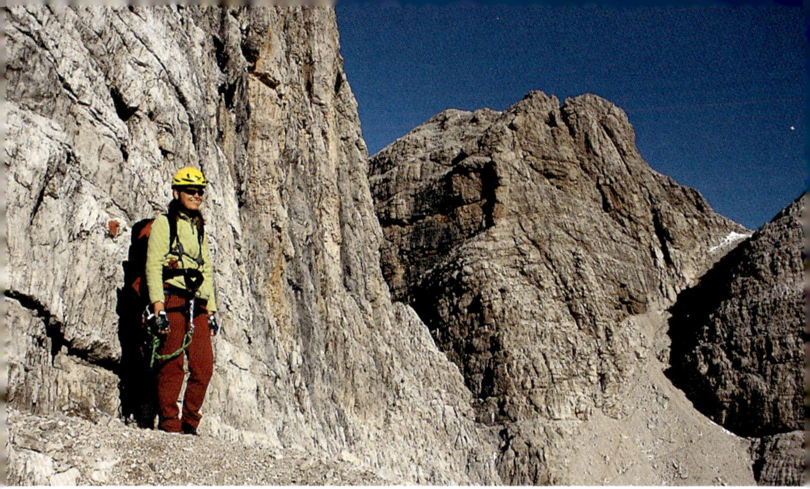

Mit dem Sentiero Benini beginnt man meist die Via delle Bocchette.

Ausgangspunkt: Passo del Grostè (2437 m), Bergstation der Seilbahn vom Campo Carlo Magno (nördlich von Madonna di Campiglio).
Endpunkt: Rifugio Tuckett (2272 m).
Gehzeiten: Passo del Grostè – Einstieg 1 Std. – Bocca del Tuckett 2 Std. – Rifugio Tuckett 0.50 Std.; insgesamt 3.50 Std.
Charakter: Mäßig schwieriges, aber hochalpines Teilstück der Via delle Bocchette. Bänderstrecken im Wechsel mit Steilstufen, im steilsten Abschnitt einige Leitern.
Schwierigkeit: B und A.
Höhenunterschied: 550 Hm Aufstieg, 720 Hm Abstieg bis Rifugio Tuckett.
Höchster Punkt: Etwa 2900 m unterhalb der Cima Falkner.
Exposition: Verschieden.
Stützpunkt: Rifugio Tuckett (2272 m), Tel. +39 0465 441226.
Hinweise: 1) Schlussabstieg zum Rifugio Tuckett auch etwas kürzer über den Sentiero Dallagiacoma (Stellen A/B) möglich.
2) Für Gipfelabstecher bieten sich Cima del Grostè (2901 m) sowie Cima Falkner (2999 m) an; jeweils ungesicherte Kletterei im I. Grad.
3) Im Rahmen einer abgeschlossenen Tagestour Rückweg vom Rifugio Tuckett über Weg Nr. 316 zurück zum Passo del Grostè; Gesamtgehzeit 5.30 Std.

Zustieg: Bei der Seilbahnstation am weiten, steinigen Passo del Grostè schlagen wir nach Markierung 305 südliche Richtung ein und nähern uns über die leicht ansteigenden, karstigen Grostèdi dem Felsaufbau der Cima Grostè.

Klettersteig: In dem Plattengelände an ihrem Fuß weicht der Sentiero Benini nach links aus und gewinnt mit ersten Sicherungen die Bänder auf der Ostseite. Damit umkurven wir den Gipfel sehr elegant und kommen in seinem Rücken am Auslauf der Südrinne vorbei zur Bocchetta dei Camosci (2770 m), wo sich ein überraschender Durchblick nach Westen öffnet. Die

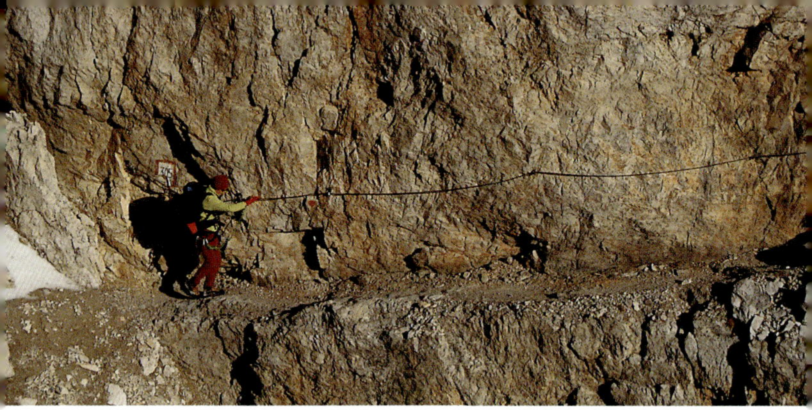

Typisches Felsband.

Route selbst bleibt aber am ostseitigen Felssockel und folgt dort ansteigenden Schutt- und Felsbändern (A) ohne ernsthafte Hürden. Direkt unterhalb der Cima Falkner erreicht der Beniniweg seine größte Höhe (»Quota 2900«; hier Abstecher durch eine Felsrinne zur Cima Falkner möglich). Der folgende Abstieg weist reizvolle, gut gestufte B-Stellen auf, wobei man bei der Verzweigung zweier kleiner Varianten der linken über eine Rippe den Vorzug geben sollte. Etwas tiefer wieder auf ein Band, das vor einer Nische kurzzeitig schmal und etwas abdrängend ist (B). Mit der leicht ansteigenden Traverse passieren wir nun den Campanile di Vallesinella und erreichen bei einer geräumigen Terrasse die Bocca Alta di Vallesinella: Wechsel auf die Westseite. Dort sind unter der Nordabdachung der Cima Sella meist einige Firnfelder zu begehen, ehe sich auf ausgedehnten Felsbänken die Route gabelt. Eine Abkürzung zum Rifugio Tuckett führt jetzt rechts am Castelletto Superiore vorbei über den Sentiero Dallagiacoma (jüngst sanierte Sicherungen, A/B). Die Originalroute schwenkt indes in die steilen Südabbrüche der Cima Sella hinein, vollzieht dort eine Abstiegsdiagonale über eine Reihe ziemlich exponierter Leitern und Bänderquerungen (B) und läuft am Nadelöhr der Bocca del Tuckett (2648 m) aus.

Abstieg: Wer nicht sofort in den Sentiero Bocchette Alte einsteigen möchte (nur bei bester Kondition und stabilem Wetter!), begibt sich nun über das spaltenfreie, aber nicht immer harmlose Eisfeld der Vedretta di Brenta Inferiore abwärts (manchmal Steigeisen sinnvoll) und wandert auf der rechten Seite des Troges über Schutt und Platten hinaus zum Rifugio Tuckett.

Für einen Rückweg zur Seilbahn schlägt man den Sentiero Stoppani (Nr. 316) ein, quert scharf unter der Felsnase des Torrone di Vallesinella entlang und gewinnt in allmählichem Gegenanstieg über blockreiches Terrain und Karrenfelder wieder den Ausgangspunkt.

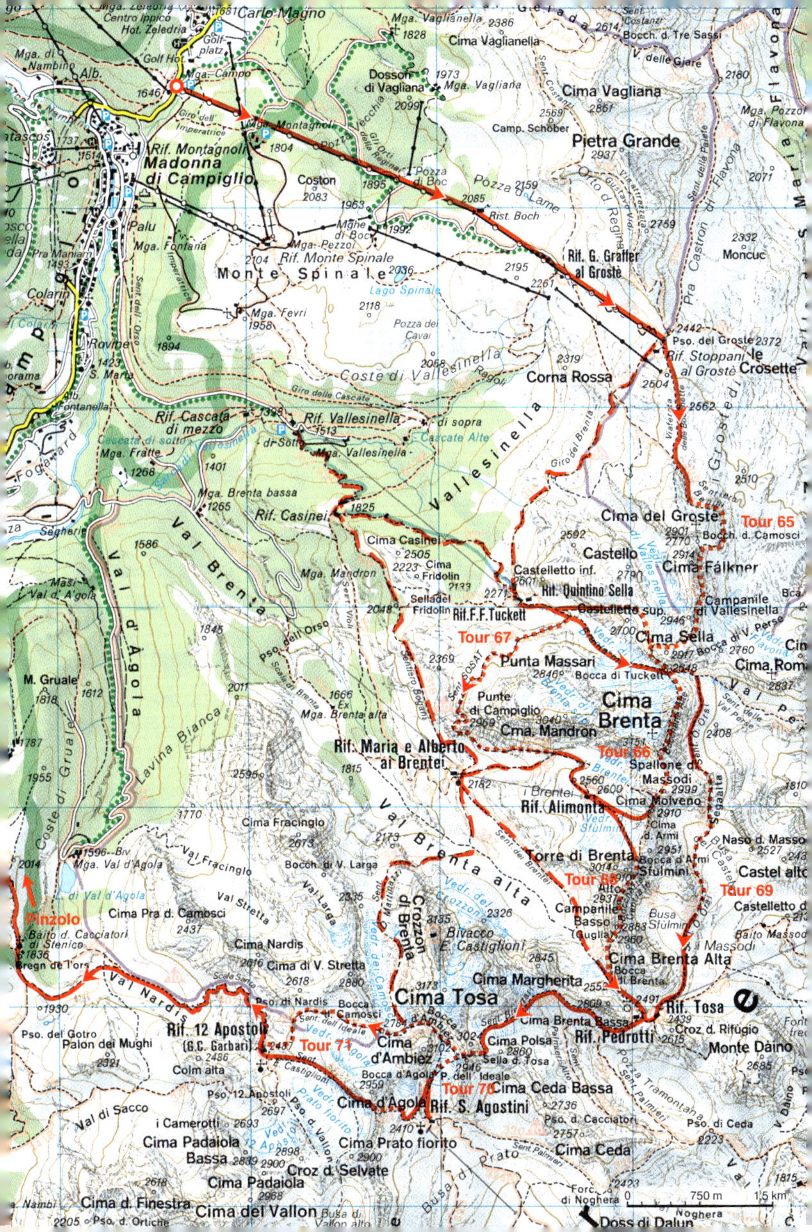

Madonna di Campiglio
Carlo Magno
Centro Ippico
Hot. Zeledria
Golfplatz
Golf Hot.
Mga. Campo
Mga. di Nambino
Rif. Montagnoli
Mga. Montagnoli
Dosson di Vagliana
Mga. Vagliana
Mga. Vaglianella
Cima Vaglianella
Cima Vagliana
Camp. Schober
Pietra Grande
Coston
Pozza di Boc
Pozza d. Lame
Rist. Boch
Mghe di Boc
Mga. Pezzoi
Rif. Monte Spinale
Monte Spinale
Lago Spinale
Mga. Fontana
Palu
Pra Maniam
Colarin
Mga. Fevri
Rovine
S. Marta
Pozza dei Cavai
Rif. G. Graffer al Groste
Pso. del Groste
Rif. Stoppani al Grostè
Le Crosette
Corna Rossa
Coste di Vallesinella
Giro delle Cascate
Rif. Cascata di mezzo
Rif. Vallesinella
Cascate Alte
Cascata di sotto
Mga. Vallesinella
Mga. Fratte
Mga. Brenta bassa
Vallesinella
Rif. Casinei
Cima Casinei
Cima Fridolin
Selladel Fridolin
Mga. Mandron
Rif. F.F. Tuckett
Rif. Quintino Sella
Castelletto inf.
Castelletto sup.
Cima del Groste
Bocch. d. Camosci
Castello
Cima Falkner
Campanile di Vallesinella
Cima Sella
Cima Roma
Punta Massari
Bocca di Tuckett
Cima Brenta
Punte di Campiglio
Cma. Mandron
Spallone di Massodi
Cima Molveno
Cima d. Armi
Bocca d'Armi
Sfulmini
Torre di Brenta
Campanile Basso (Guglia)
Busa Sfulmini
Cima Brenta Alta
Bocca di Brenta
Rif. Tosa
Rif. Pedrotti
Croz d. Rifugio
Monte Daino
Naso d. Massodi
Castel alto
Castelletto
Baito Massodi
Massodi
Rif. Maria e Alberto ai Brentei
Rif. Alimonta
i Brentei
Val Brenta
Val Brenta alta
Val d'Àgola
M. Gruale
Coste di Gruale
Mga. Brenta alta
Pso. dell'Orso
Lavina Bianca
Cima Fracinglo
Val Fracinglo
Bocch. di V. Larga
Val Larga
Val Stretta
Mga. Val d'Agola
L. di Val d'Agola
Pinzolo
Cima Pra d. Camosci
Cima Nardis
Cima di V. Stretta
Baito d. Cacciatori di Stenico
Bregn de l'ors
Val Nardis
Pso. di Nardis
Bocca di Camosci
Rif. 12 Apostoli (G.C. Garbari)
Pso. del Gotro
Palon dei Mughi
Colm alta
Pso. 12 Apostoli
Crozzon di Brenta
Bivacco E. Castiglioni
Cima Margherita
Cima Tosa
Cima Brenta Bassa
Cima Polsa
Sella d. Tosa
Cima d'Ambiez
Bocca d'Agola
P. dell'Ideale
Cima Ceda Bassa
Cima d'Àgola
Rif. S. Agostini
Pso. d. Cacciatori
Pso. di Ceda
Cima Ceda
Cima Prato fiorito
Val di Sacco
i Camerotti
Cima Padaiola Bassa
Cima Padaiola
Croz d. Selvate
Cima d. Finestra
Cima del Vallon
Busa di Vallon alto
Pso. d. Ortiche
Forc. di Noghera
Doss di Dalun
Tour 65
Tour 66
Tour 67
Tour 68
Tour 69
Tour 70
Tour 71
0
750 m
1,5 km

TOP 66 Sentiero Bocchette Alte

5.45 Std.

Der höchste und anspruchsvollste Abschnitt der Traum-Via

Der längste, der höchste, der kühnste, der schwierigste: Diese Attribute untermauern den Spitzenrang des Sentiero Bocchette Alte im Zuge unserer Brenta-Durchquerung. Schmale Gesimse ebnen den Weg durch eine Felslandschaft voller Dramatik und Urgewalt. Stets lauert nur einen Fußbreit neben uns die bodenlose Tiefe! Ohne die aufwendigen Sicherungen käme man hier wohl nicht sehr weit. Die klettertechnischen Anforderungen bleiben allerdings in einem genussvollen Rahmen, sodass man das außergewöhnliche Landschaftsambiente voll in sich aufsaugen kann. Allenfalls bei Vereisung kann es ziemlich kritisch werden, und wenn sich der berüchtigte Brentanebel im Felsengewirr verfängt, steigt vielleicht auch ein wenig Beklemmung in uns hoch.

Ausgangspunkt: Rifugio Tuckett (2272 m).
Endpunkt: Rifugio Alimonta (2580 m).
Gehzeiten: Rifugio Tuckett – Bocca del Tuckett 1.15 Std. – Spalla di Brenta 2 Std. – Rifugio Alimonta 2.30 Std.; insgesamt 5.45 Std.
Charakter: Üppig gesicherte, verwinkelte Route, die an der 3000-Meter-Linie kratzt, also streng hochalpinen Charakter trägt. Immer wieder Leitern, teilweise exponiert, auf der Variante des Sentiero Detassis sogar extrem. Eispassagen können Ausrüstung notwendig machen; große Bergerfahrung generell wichtig.
Schwierigkeit: Maximal C, sehr variabel.
Höhenunterschied: 970 Hm Aufstieg, 660 Hm Abstieg.
Höchster Punkt: Spalla di Brenta (3002 m).
Exposition: Verschieden.
Stützpunkte: Rifugio Tuckett (2272 m), Tel. +39 0465 441226; Rifugio Alimonta (2580 m), Tel. +39 0465 440366.
Hinweis: Bevorzugter Ausgangspunkt für die meisten Touren in der zentralen Brenta ist das Rifugio Vallesinella (1513 m). Zufahrt von Madonna di Campiglio, in der Hauptsaison tagsüber aber nur per Shuttlebus möglich. Von dort steigt man zu den wichtigsten Hütten an, beispielsweise in 2 Std. zum Rifugio Tuckett. Gesamtgehzeit ab Vallesinella 10 Std.

Zustieg: Wer zuerst aus dem Tal zusteigen muss, nimmt von Vallesinella Route Nr. 317 auf und folgt ihr über das Rifugio Casinei (1825 m) bis zum Rifugio Tuckett. Von dort auf der linken Seite des Troges bis unter den Castelletto Superiore, dann allmählich auf das schuttbedeckte Eis (gegebenenfalls Steigeisen verwenden) und hinauf zur Bocca del Tuckett (2648 m), dem Nadelöhr zwischen Sentiero Benini und Sentiero Bocchette Alte.
Klettersteig: Letzterer zieht nach rechts auf einer Art Riesentreppe mit großen Absätzen höher. Über die einzelnen Aufschwünge helfen solide Siche-

Im Bereich der Spalla di Brenta.

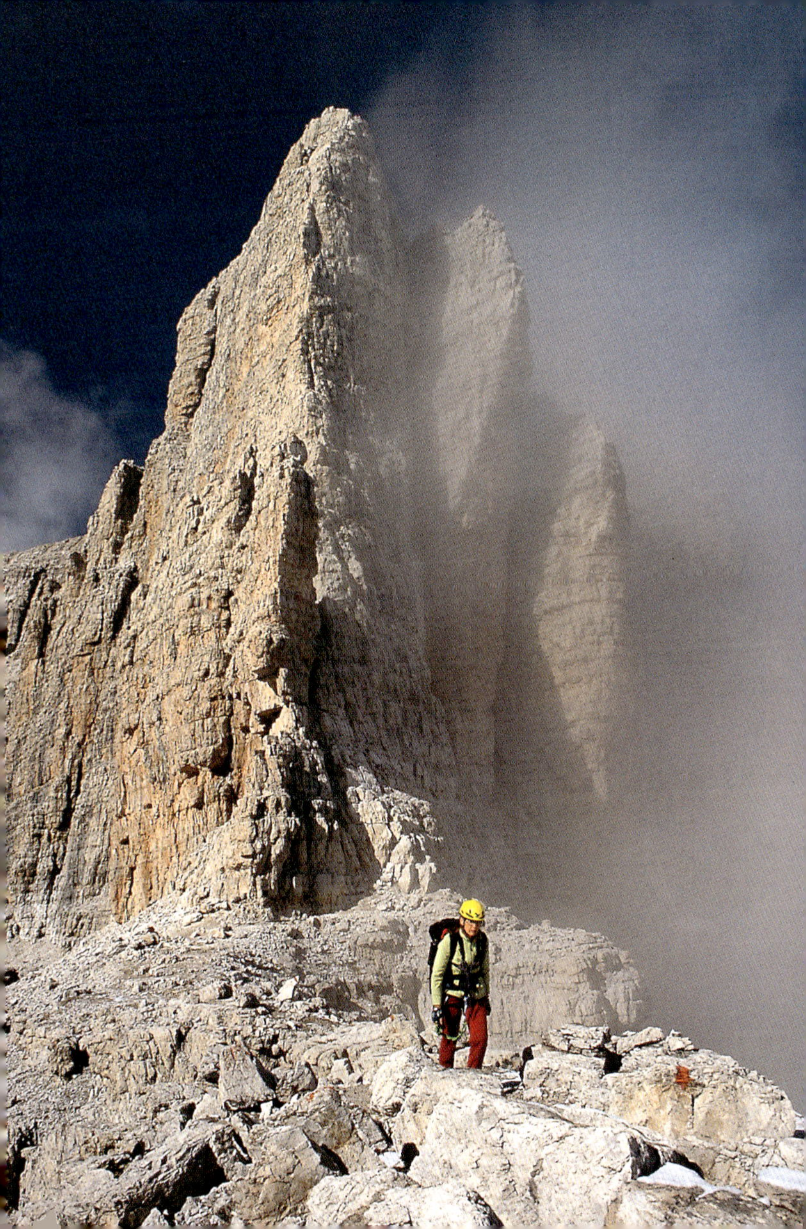

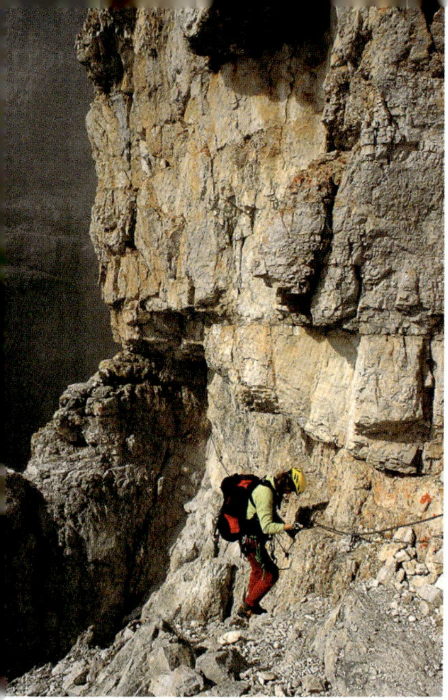

Der Sentiero Bocchette Alte führt durch eine grandios verwinkelte Felsenwelt.

rungen, teils auch Leitern (maximal B/C). Nach rund 300 Hm schwenkt man von der Nordschulter der Cima Brenta auf das ostseitige Garbariband, das den Gipfelaufbau in luftiger Höhe schneidet (der Abzweig zum Gipfel – Stellen I bis II in freier Kletterei! – befindet sich oberhalb einer Stufe). Von seinem Ende über Leitern steil abwärts (B/C) zur berüchtigten Eisrinne, die inzwischen mehr und mehr ausapert und mittels lockerem Seil überbrückt wird (trotzdem je nach Verhältnissen ein prekäres Hindernis). Weiter geht es auf mustergültigen Bändern quer durch atemberaubende Wände mit eingelagerten Nischen, dann um ein Eck zur Felsschulter der Spalla di Brenta (3002 m): höchster Punkt des gesamten Bocchetteweges. Exponierte Gratpassagen im Bergab (B mit Leiter) und ein verwinkelter Verlauf um einen Zacken in der Bocchetta Alta dei Massodi schließen auf zur langen, fast senkrechten »Scala degli Amici«, die uns bis knapp an die Dreitausendermarke zurückbringt (B/C). Jenseits des schuttbedeckten Spallone dei Massodi (2999 m) wird der Abstieg zur Bocchetta dei Massodi eingeleitet, teils gestuft, teils über schuttbedeckte Bänder, von einem Absatz nochmals über Steilgelände mit mehreren Leitern (meist um B). Zwischendurch kann man auf die waghalsige Variante des Sentiero Detassis abzweigen, dessen ultralange und teils überhängende Leiternserie (»Scala degli Dei«, bis C) jedoch nicht jedem behagen dürfte. Da zieht der Rucksack ganz schön nach außen! Diese Route führt in den engen westseitigen Kessel, aus dem man um die Nase der Gemelli herum zum Rifugio Alimonta gelangt. Empfehlenswerter erscheint jedoch, nach der Gabelung den Quergang über eine Felsleiste (C) in die Bocchetta dei Massodi (2790 m) zu vollziehen und aus dieser heraus nochmals kurz aufwärts zu klettern (B). Man erreicht die Geröllschulter der Cima Molveno und steigt drüben über letzte gesicherte Stufen bis zum Rand der Vedretta dei Sfúlmini ab. Von dort rasch zu den flachen Steinbänken, auf denen das Rifugio Alimonta platziert ist.

Abstieg: Ein etwaiger Talabstieg führt über einen Fels- und Schuttsteig hinab zum Rifugio Brentèi (2182 m) und anschließend über den viel begangenen Sentiero Bogani (Nr. 318) und das Rifugio Casinei zurück nach Vallesinella.

Kühne Leiterpassage.

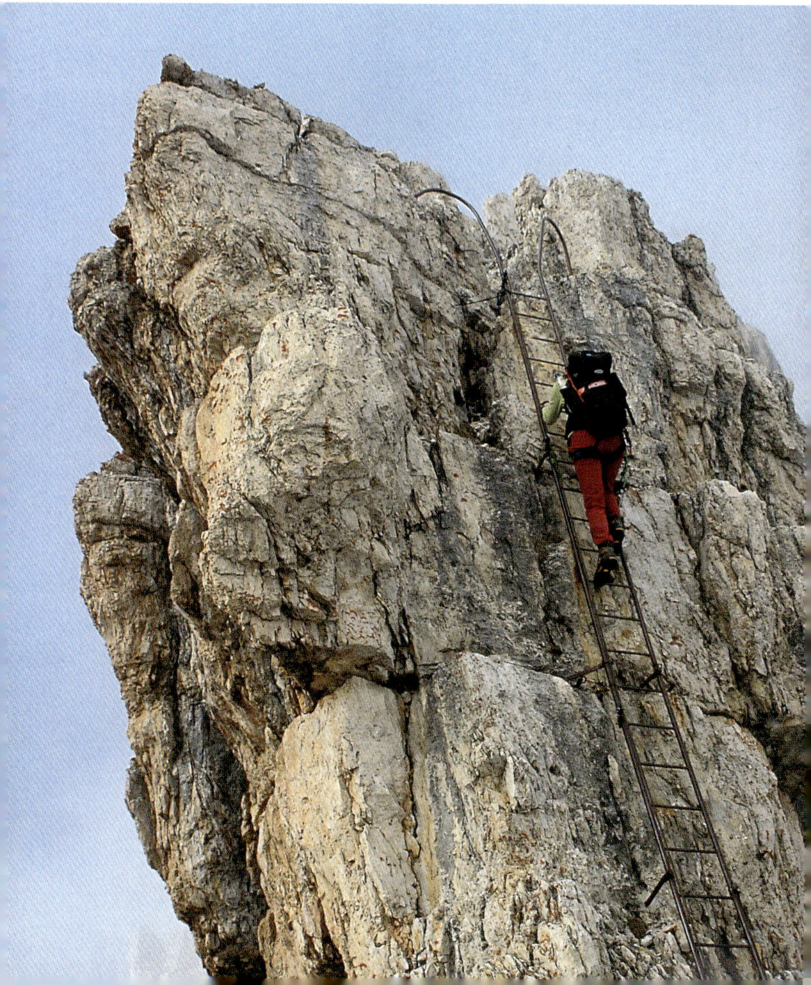

TOP 67 Sentiero SOSAT

3.00 Std.

Leichtere Variante durchs Mittelgeschoss

Nicht immer sind die Bedingungen wirklich tauglich für eine Begehung des Sentiero Bocchette Alte. Auch mag dessen Anspruch den einen oder anderen abschrecken. Für solche Fälle kommt die Variante des Sentiero SOSAT wie gerufen. Dieser Weg quert den Komplex der Cima Brenta westseitig auf halber Höhe und geizt ebenfalls nicht mit packenden Landschaftsbildern. Zur Adamellogruppe ist der Horizont weit offen. Klettersteigtechnisch ist vor allem die verwickelte Traverse einer gewaltigen Schlucht bemerkenswert.

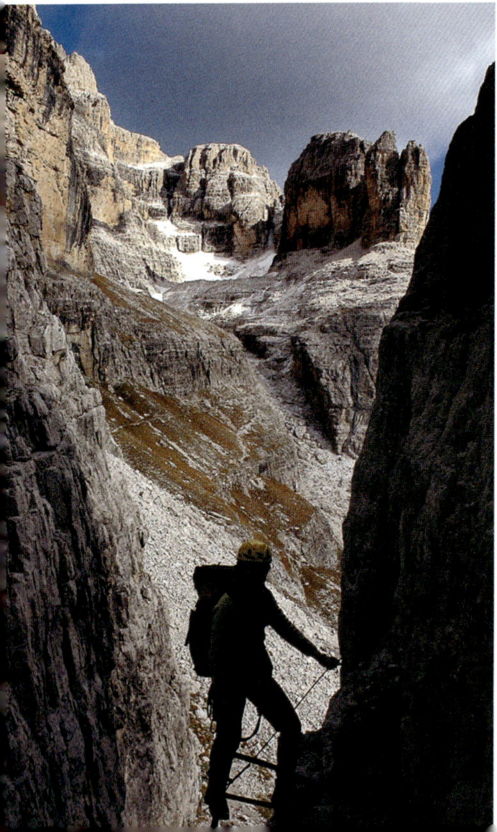

Ausgangspunkt: Rifugio Tuckett (2272 m).
Endpunkt: Rifugio Alimonta (2580 m).
Gehzeiten: Rifugio Tuckett – Rifugio Alimonta 3 Std.
Charakter: Hüttenverbindung mit etlichen mäßig, kurz auch ziemlich schwierigen Klettersteigeinlagen, z. B. einigen durchaus exponierten Leitern, aber auch Gehgelände zwischendurch.
Schwierigkeit: C, meist leichter.
Höhenunterschied: Etwa 500 Hm Aufstieg, 200 Hm Abstieg.
Höchster Punkt: Rifugio Alimonta (2580 m).
Exposition: Verschieden.
Stützpunkte: Rifugio Tuckett (2272 m), Tel. +39 0465 441226; Rifugio Alimonta (2580 m), Tel. +39 0465 440366.
Hinweis: Die Tagestour Vallesinella – Rifugio Tuckett – Sentiero SOSAT – Rifugio Brentèi – Vallesinella dauert ca. 6.30 Std.

Mit einem Kamin schließt der Sentiero SOSAT ab.

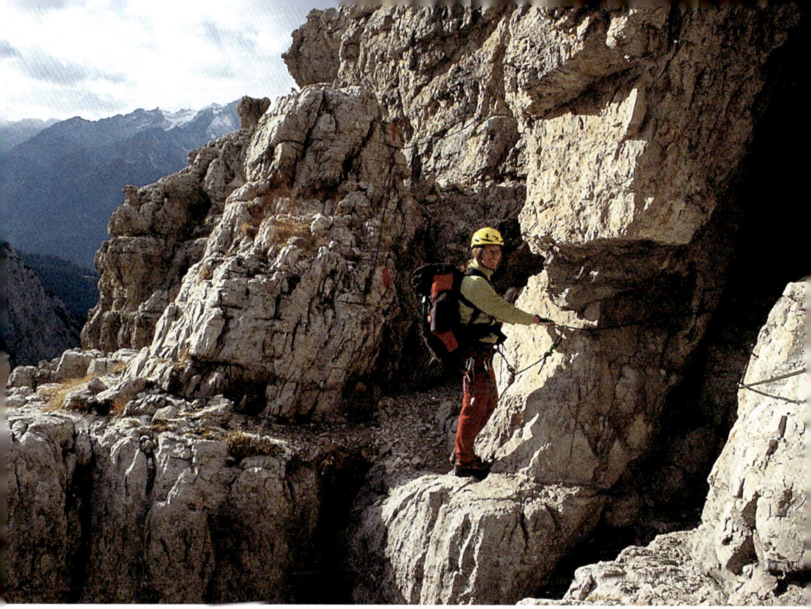

Der Sentiero SOSAT ist die leichtere Variante zum Sentiero Bocchette Alte.

Route: Beim Rifugio Tuckett blickt man schon auf den gegenüberliegenden Nordhang, wo der Sentiero SOSAT entlangzieht, doch muss man zunächst einen weiten Bogen taleinwärts schlagen, um auf die andere Seite des Einschnitts zu kommen. An plattigen Felsen (stellenweise A/B) wird dort nach rechts gequert, bevor man um den Hang auf eine Terrasse mit großen Felsbrocken gelangt. Problemlos laviert der Pfad durch das Bergsturzareal. In südliche Richtung eindrehend geht es ein Weilchen sanft dahin, bis der eigentliche Klettersteigabschnitt beginnt. Wir schlüpfen unter einem Klemmblock hindurch und bewältigen im Bergab eine unterhaltsame Abfolge von Felsstufen und Querungen mit mehreren kurzen Leitern (B und leichter). Dann wird der tief eingeschnittene Schluchtwinkel gekreuzt, um gegenüber eine steile Wand bis auf ein Band zu überwinden (bis C; die lange Leiter wurde ersetzt). Um ein markantes Eck zu einer Kriechstelle (A) und weiter auf einem teilweise gesicherten Band. Eine mit Leitern bestückte kaminartige Rinne im Abstieg bildet den Schlusspunkt der Sicherungen, bevor man zu einer wichtigen Gabelung kommt: Während rechts der Abstieg zum Rifugio Brentèi leitet, wird im Gegenanstieg das Rifugio Alimonta angepeilt. Man ersteigt den Abhang zur Verflachung am Fuße der Gemelli und erreicht in Kürze die Hütte.

TOP 68 Sentiero Bocchette Centrale

3.15 Std.

Das legendäre Kernstück des Bocchetteweges – einfach atemberaubend

Die faszinierenden Brenta-Impressionen finden im zentralen Teilstück des Bocchetteweges (der hier schon in den 1930er-Jahren ausgebaut wurde) neue Höhepunkte. In bemerkenswert komfortabler Linie schneidet er die Felsmassen zwischen Torre di Brenta und Brenta Alta, kommt ganz nah an der viel bewunderten »Guglia« vorbei, nutzt abermals die »Jahrmillionenringe« horizontaler Bänder über gähnenden Abgründen, taucht dabei immer wieder in enge Felsnischen und Verschneidungen ein und durchmisst im Ganzen eine Felsarena von beispielloser Architektur. Ein Fest für Augen und Gemüt, und dabei nirgends übermäßig schwierig!

Enge Felsnische am Sentiero Bocchette Centrale.

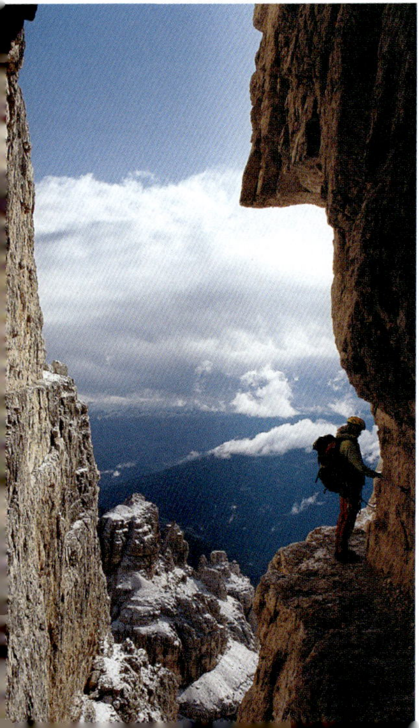

Ausgangspunkt: Rifugio Alimonta (2580 m).
Endpunkt: Rifugio Pedrotti (2491 m).
Gehzeiten: Rifugio Alimonta – Einstieg/Bocca degli Armi 0.30 Std. – Ausstieg/Bocca di Brenta 2.30 Std. – Rifugio Pedrotti 0.15 Std.; insgesamt 3.15 Std.
Charakter: Oft sehr luftige, technisch jedoch nur mäßig schwierige Bänderroute in hochalpinem Terrain. Im Wesentlichen gut gesichert, allerdings nicht durchgehend an allen abschüssigen Stellen. Bei Vereisung kritisch.
Schwierigkeit: B und A.
Höhenunterschied: Rund 300 Hm Aufstieg, 400 Hm Abstieg.
Höchster Punkt: Etwa 2800 m.
Exposition: Verschieden.
Stützpunkte: Rifugio Alimonta (2580 m), Tel. +39 0465 440366; Rifugio Pedrotti (2491 m), Tel. +39 0461 948115.
Hinweise: 1) Als Tagestour von Vallesinella (vgl. Hinweis zu Tour 66) dauert der Sentiero Bocchette Centrale fast 9 Std.
2) An der Bocca degli Armi zweigt die brandneue Via ferrata Felice Spellini ab. Sie führt über teils mit Leitern entschärfte Steilstufen und Bänder abwärts in die Busa dei Sfúlmini (maximal B/C) und erlaubt gemeinsam mit dem Sentiero Bocchette Centrale eine fünfstündige Rundtour von der Pedrottihütte aus.

Zustieg: Ein allfälliger Hüttenzustieg führt vom Rifugio Vallesinella über das Rifugio Casinei (1825 m) und den herrlichen Sentiero Bogani (Nr. 318) Richtung Rifugio Brentèi (2182 m), dort links hinauf in eine Bergkehle und auf die plattigen Karren beim Rifugio Alimonta. Über Felsplatten und Schutt zur spaltenlosen Vedretta dei Sfúlmini (selten Steigeisen erforderlich) und schräg hinauf zum Einstieg bei der Bocca degli Armi (2749 m).

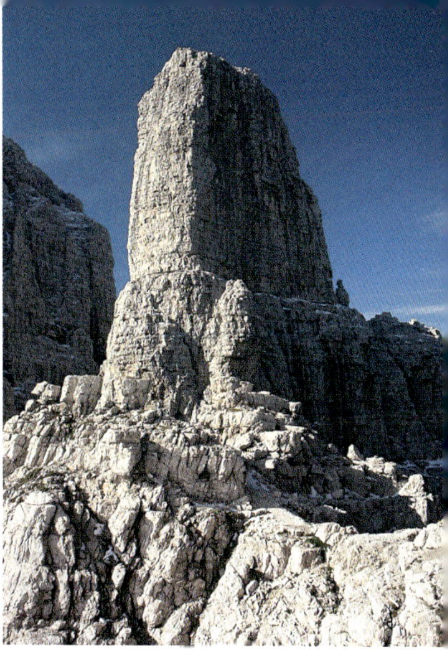

Die Turmgestalt des Campanile Basso.

Klettersteig: Den Auftakt macht hier eine Serie steiler, aber kurzer Leitern (B), die bereits auf das erste charakteristische Felsband führt. Dieses läuft am Torre di Brenta um mehrere Ecken, zumeist vom Drahtseil begleitet. Verblüfft stehen wir plötzlich im Angesicht der Guglia di Brenta, jener unglaublich schlanken Turmgestalt, die eigentlich Campanile Basso heißt. Wir gehen eine tiefe, überdachte Nische aus und verbleiben noch eine ganze Zeit auf den Horizontalbändern im Ostabbruch der Sfúlmini und des Campanile Alto – unterbrochen nur durch kleinere Stufen (A und selten B). Nach einem Durchschlupf wird nahe einer Rippe mit skurrilem Felsgebilde (»La Sentinella«) die längere Abstiegspassage Richtung Bocchetta di Campanile Basso (2620 m) eingeleitet. Nur abschnittsweise gesichertes Felsterrain (A/B) mit einer überdachten Rampe bringt uns hinab in die enge Bresche am Fuß der Guglia. Dort tritt man in die Westwand der Brenta Alta über, quert recht luftig auf und ab (zwischendurch eine Leiter im Abstieg, maximal B) und schwenkt immer weiter um den massigen Bergkörper herum auf herrliche, teils überdachte Felsbänder (A). Nach einer winzigen gefassten Quelle, die direkt aus der Wand sprudelt, geht es mit einer letzten Leiter (B) hinunter zum südlichen Einstieg des Sentiero Bocchette Centrale, wenige Schritte unterhalb der Bocca di Brenta (2552 m). Wir überschreiten diese wichtige Scharte im Hauptkamm der Gruppe und treffen kurz darauf beim Rifugio Pedrotti ein.

Abstieg: Möchte man die Durchquerung nicht fortsetzen, steigt man über einige Felsstufen ins Val Brenta Alta ab, folgt dort der guten Spur zum Rifugio Brentèi (2182 m) und anschließend dem Sentiero Bogani zurück nach Vallesinella.

TOP 69 Sentiero Osvaldo Orsi

4.00 Std.

Leichtere Variante zur »Via Alta«

Ein Füllhorn packender Landschaftsbilder findet man nicht nur auf den spektakulären Brentasteigen der oberen Etage. Auch der Sentiero Orsi hat viel zu bieten, obgleich er nicht unbedingt die eingefleischten Ferratisti anlockt. Die Kraxelei am Drahtseil ist hier eher Randnotiz – was zählt, sind die facettenreichen Perspektiven auf all die massigen Türme und filigranen Zacken, die von weiter unten natürlich enorm an Dominanz gewinnen. Als Verbindung zwischen Tuckett- und Pedrottihütte ist der Sentiero Orsi eine Alternative zur Kombination Sentiero Bocchette Alte/Centrale.

Ausgangspunkt: Rifugio Tuckett (2272 m).
Endpunkt: Rifugio Pedrotti (2491 m).
Gehzeiten: Rifugio Tuckett – Bocca del Tuckett 1.15 Std. – Naso dei Massodi 1.15 Std. – Rifugio Pedrotti 1.30 Std.; insges. 4 Std.
Charakter: Mehr Wanderweg als Klettersteig (nur wenige Sicherungen), ebenfalls in unvergleichlichem Brenta-Ambiente.
Schwierigkeit: A/B.
Höhenunterschied: 700 Hm Aufstieg und 500 Hm Abstieg.
Höchster Punkt: Bocca del Tuckett (2648 m).
Exposition: Ost.
Stützpunkte: Rifugio Tuckett (2272 m), Tel. +39 0465 441226; Rifugio Pedrotti (2491 m), Tel. +39 0461 948115.
Hinweis: Gesamtgehzeit vom Rifugio Vallesinella 8.30 Std.

Der Sentiero Orsi quert das Massiv der Cima Brenta im unteren Stockwerk.

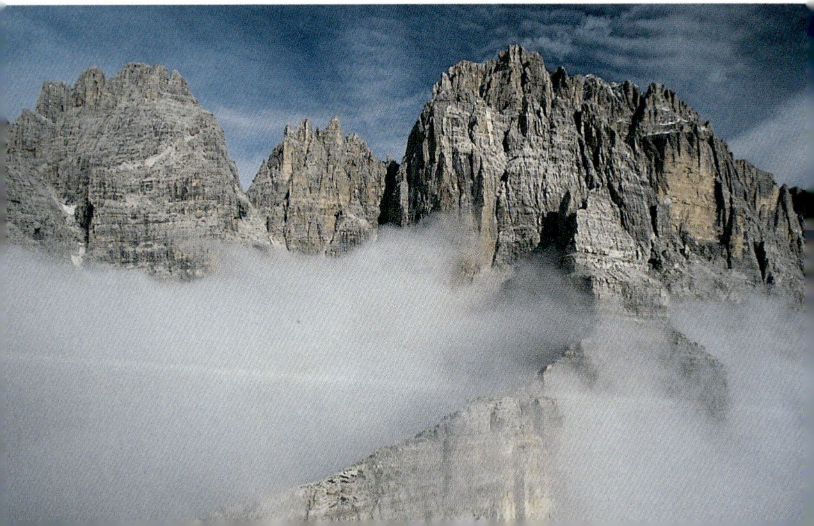

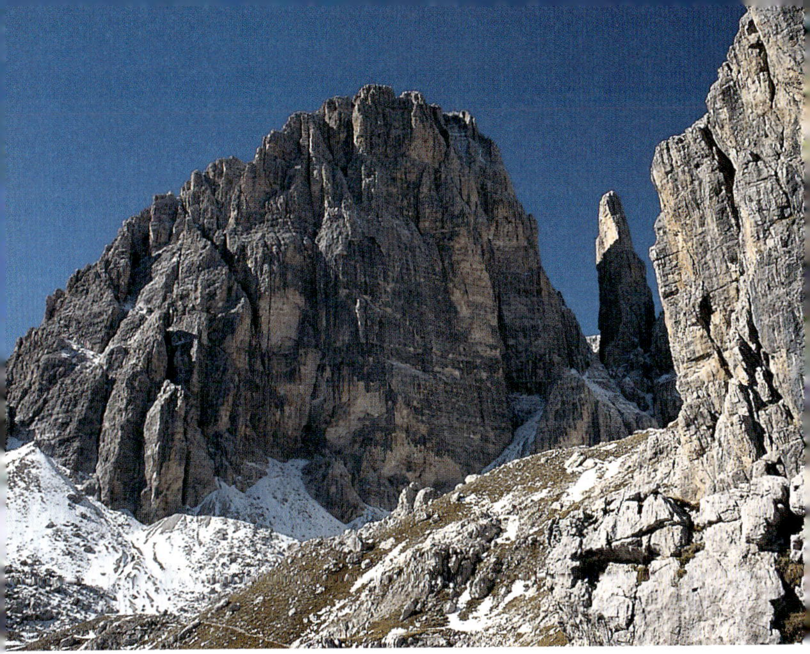

Die wuchtige Brenta Alta und der schlanke Campanile Basso.

Zustieg: Wie bei Tour 66 beschrieben geht es zunächst zur Bocca del Tuckett hinauf. Man überschreitet die Scharte auf die Ostseite und befindet sich damit auf dem Sentiero Orsi.
Sentiero Orsi: Man hält sich an die linksseitigen Sicherungen und steigt steil auf die Schuttreißen im oberen Val Perse ab. Dort scharf rechts und am Ostwandsockel der Cima Brenta entlang im Bogen zu einem gestuften Felshang, der auf das Band der Sega Alta leitet. Dieses bildet nun den reizvollsten Teil des Höhenwegs. Es führt sehr aussichtsreich durch die verwinkelte Ostwand zum Vorsprung des Naso dei Massodi (2510 m). Wer einen besonders eindrucksvollen Ausblick erhaschen möchte, kann auch noch bis zum südostwärts herausgeschobenen Sporn (P. 2527) vortreten. Ansonsten um das Eck herum und jetzt nicht mehr gesichert in die Karbucht der Busa dei Armi hinab. Weiter unter einem Felssporn hindurch in die benachbarte Busa dei Sfúlmini. Oberhalb stellt sich eine sagenhafte Felskulisse zur Schau: Brenta Alta, Campanile Basso und Alto sowie die Sfúlmini-Zacken.
Nachdem auch der Felssockel der Brenta Alta passiert ist, folgt noch eine Gegensteigung von etwa 200 Hm bis zum Rifugio Pedrotti.

TOP 70 Sentiero Livio Brentari und Sentiero dell'Ideale

4.15 Std.

Südliche Brentasteige in Fels und Eis

Mit dem Sentiero Brentari führt die Brenta-Durchquerung in den verwinkelten Südteil der Gruppe, wo man entweder beim Rifugio Agostini im oberen Val d'Ambiez Zwischenstation macht oder aus dem Gletscherkar gleich die Überschreitung der Bocca d'Ambiez (Sentiero dell'Ideale) aufs Korn nimmt. Eis und Eisen kombiniert lauten wesentliche Merkmale dieses strengen Übergangs, der im Ursprung übrigens der älteste aller Brenta-Klettersteige ist. Die Szenerien am Südabbruch der alles überragenden Cima Tosa gehören in jedem Fall zum ausdrucksstärksten, was dieses Gebirge zu bieten hat.

Ausgangspunkt: Rifugio Pedrotti (2491 m).
Endpunkt: Rifugio XII Apostoli (2489 m).
Gehzeiten: Rifugio Pedrotti – Sella di Tosa/Einstieg Brentari 1.30 Std. – Vedretta d'Ambiez 1 Std. – Bocca dei Camosci 1 Std. – Rifugio XII Apostoli 0.45 Std.; insges. 4.15 Std.; bis Rifugio Agostini 3.15 Std.
Charakter: Hochalpiner Übergang mit einigen mittel- bis ziemlich schwierigen Klettersteigstrecken sowie Gletschertraversen (eventuell Eisausrüstung nötig). Im Fels recht großzügig gesichert. Allround-Bergerfahrung unerlässlich.
Schwierigkeit: Sentiero Brentari bis C (im Abstieg!), über die Bocca d'Ambiez max. B/C.
Höhenunterschied: 600 Hm Auf- und Abstieg.
Höchster Punkt: Bocca d'Ambiez (2870 m) bzw. Sella della Tosa (2860 m).
Exposition: Verschieden.
Stützpunkte: Rifugio Pedrotti (2491 m), Tel. +39 0461 948115; Rifugio Agostini (2410 m), Tel. +39 0465 734138; Rifugio XII Apostoli (2489 m), Tel. +39 0465 501309.
Hinweis: Diese Steige entfalten sich am besten im größeren Kontext, weil die Zustiege sehr lang sind. Der Routenverlauf Vallesinella – Rifugio Pedrotti – Sentiero Brentari-Ideale – Sentiero Martinazzi – Vallesinella verschlingt über 11 Std.

Zustieg: Zum Rifugio Pedrotti gelangt man über den Sentiero Bocchette Centrale (Tour 66), den Sentiero Orsi (Tour 69) oder via Rifugio Brentèi und Bocca di Brenta, alternativ auch von Molveno her. Bei der Hütte schlagen wir Nr. 304/358 ein, gehen ein Stück über flache Platten und schwenken um den Südsockel der Brenta Bassa herum. Weiter in Richtung Oberes Tosakar, wo man unterhalb der Cima Margherita links abdreht. Über Schutt- und Schneefelder teilweise aufsteilend bis in die Nähe der Tosa-Normalroute (Kamin am Wandsockel sichtbar) und im Linksbogen nur noch wenig ansteigend hinüber zur Schulter der Sella della Tosa (2860 m). Kurz darauf setzen in der Südflanke Sicherungen ein.
Sentiero Brentari: Ein kleiner Steg macht den Anfang, dann über ein Band zu einer Leiter. Etwas höher über weitere Bänder zu zwei kurzen Abwärtsleitern, die in die enge Bocca della Tosa führen (lediglich A/B in diesem Abschnitt). Auf der Westseite geht es über schuttdurchsetzte felsige Rampen und Absätze bergab (B), zwischendurch wieder mit einer Leiter. Vorsicht bei Eis und Schneefeldern, die tückisch sein können (morgens Schattseite). Ge-

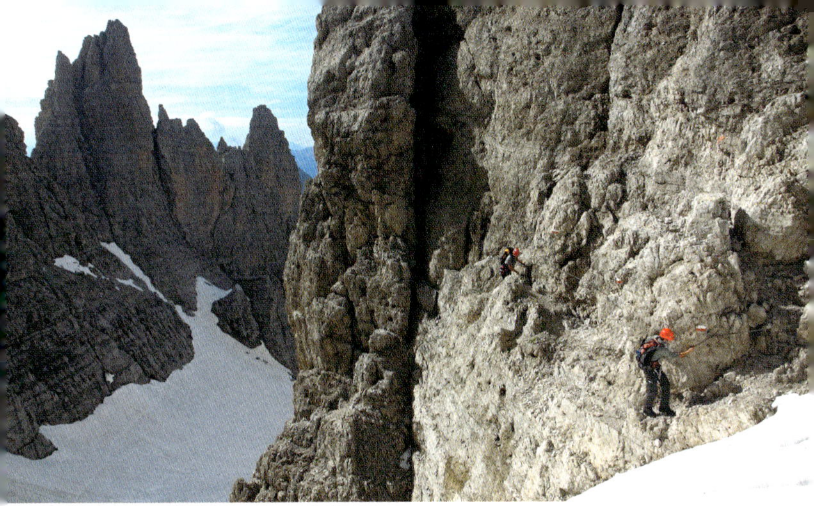

Ausgesetzte Passage kurz vor der Bocca d'Ambiez.

gen die Vedretta d'Ambiez wird es nun immer steiler. Eine längere Leiternpassage sowie eine Diagonale an glatten Wänden (C) führen schließlich zum Rand des Gletschers hinab; der Übertritt aufs Eis ist je nach Verhältnissen unkritisch oder etwas heikel. Wer zum Rifugio Agostini möchte, zieht zunächst auf die rechte Seite hinüber und dann karauswärts. Man trifft im Gletschervorfeld auf den Steig Nr. 358 und folgt ihm bis zur Hütte.

Sentiero dell'Ideale: Die andere Möglichkeit besteht darin, sich mit Nr. 304 über den Gletscher wieder aufwärts zu orientieren. Gegen die Bocca d'Ambiez (2870 m) begeben wir uns am Ende an die Felsbegrenzung zur Linken, wo Sicherungen auftauchen (auch »Sentiero Cege« genannt). Mit einem Wechsel aus gestuften Aufschwüngen und Traversen (meist um B) gewinnt man letztlich die Scharte. Auch jenseits nutzen wir die guten Sicherungen des Sentiero Cege, und zwar an der Wand der Cima Tosa (rechts). Wieder wechseln Quergänge mit Steilstufen, luftige Sprossen inbegriffen (B/C und B). Auch der letzte Quergang ist noch ausgesetzt, bevor man das Eis der Vedretta dei Camosci betritt. In der oberen Gletscherbucht teilt sich normalerweise die Spur: Zum einen zieht der ruppige Sentiero Martinazzi auf der rechten Seite des Karschlauchs tiefer (viel Geröll, Schneefelder und eine Passage B), um später um die Nordkante des Crozzon di Brenta herum das Rifugio Brentèi anzusteuern (2.30 Std. ab Bocca d'Ambiez). Zum anderen können wir links hinüber zur Bocca dei Camosci (2784 m) queren und auf der anderen Seite den Sentiero dell'Ideale (Nr. 304) fortsetzen. Er führt über die Seitenmoräne der Vedretta di Val d'Agola Richtung Rifugio XII Apostoli.

TOP 71 Sentiero Ettore Castiglioni

2.30 Std.

Beeindruckende Leiternserie am Ende der Brenta-Durchquerung

Wer ein paar Tage lang auf Brenta-Klettersteigen unterwegs gewesen ist, wird sich mittlerweile womöglich als »Leiterspezialist« fühlen. Diese Erfahrungen lassen sich auf dem Sentiero Castiglioni, der die Verbindung zwischen Agostini- und Zwölf-Apostel-Hütte herstellt und eine Variante zum Sentiero dell'Ideale bietet, gut anwenden. Gleich im Dutzend bezwingen die kühnen Sprossenreihen eine 200 Meter hohe Steilwand in der Ambiez-Kette und übertreffen in puncto Ausgesetztheit wohl sogar die bisherigen Abschnitte. Mit diesem Steig setzt unsere Brenta-Durchquerung ihren fulminanten Schlussakzent. Bei Start am Passo del Grostè wird man insgesamt etwa vier Tage veranschlagen.

Ausgangspunkt: Rifugio Agostini (2410 m).
Endpunkt: Rifugio XII Apostoli (2489 m) bzw. Doss del Sabbion (2101 m) als bester Endpunkt der Gesamtdurchquerung. Von dort per Sessellift und Gondelbahn nach Pinzolo.
Gehzeiten: Rifugio Agostini – Einstieg 0.40 Std. – Bocchetta dei Due Denti 0.50 Std. – Rifugio XII Apostoli 1 Std.; insgesamt 2.30 Std. Weiterer Abstieg zum Dos del Sabbion 2.30 Std.
Charakter: Sehr ausgesetzter Durchstieg einer Steilwand, fast ausschließlich auf Leitern, die mehrfach in die Vertikale gehen. Klettertechnisch eher unkompliziert, kaum Felskontakt.
Schwierigkeit: C.
Höhenunterschied: 450 Hm Aufstieg, 370 Hm Abstieg zwischen den Hütten.
Höchster Punkt: Bocchetta dei Due Denti (2859 m).
Exposition: Ost.
Stützpunkte: Rifugio Agostini (2410 m), Tel. +39 0465 734138; Rifugio XII Apostoli (2489 m), Tel. +39 0465 501309.
Tipps: 1) Von der Bocchetta dei Due Denti kurzer lohnender Abstecher auf die Cima SUSAT (2888 m).
2) Alternativer Schlussabstieg über die vergletscherte Bocca dei Camosci und den Sentiero Martinazzi zum Rifugio Brentèi, von dort weiter nach Vallesinella; mindestens 5 Std.

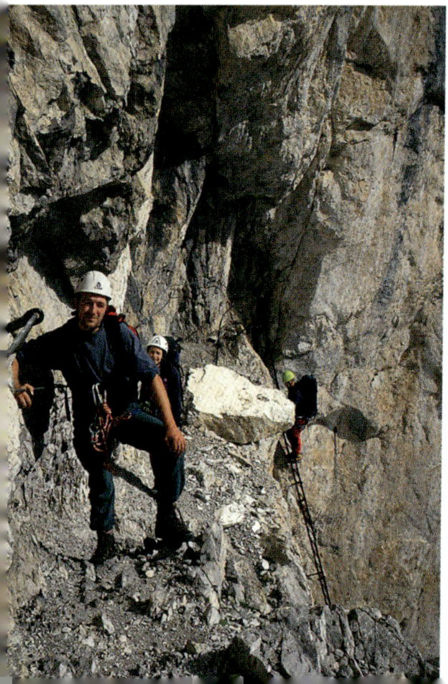

Absatz zwischen den Leitern am Sentiero Ettore Castiglioni.

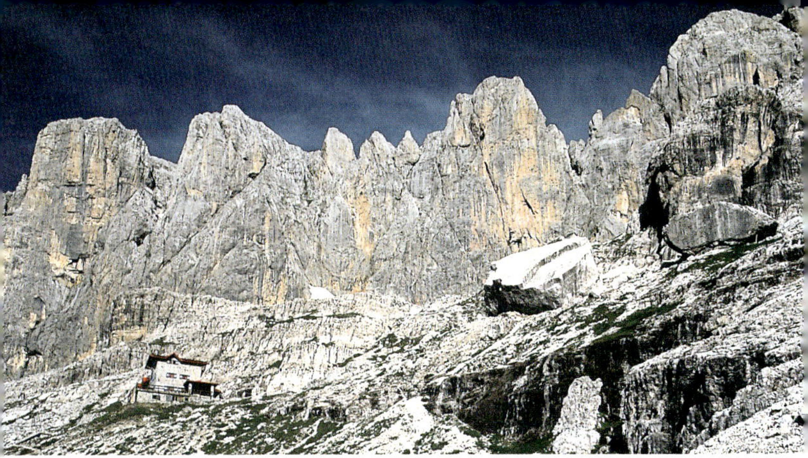

Die Ostwände über dem Rifugio Agostini mit der Bocchetta dei Due Denti.

Zustieg: Ein Stück oberhalb des Rifugio Agostini biegen wir nach links ab, überwinden eine kleine Stufe und nähern uns am Südsporn der Cima d'Ambicz vorbei der Ostwand der Cima di Val d'Agola. In Falllinie der Bocchetta dei Due Denti ist bereits das verschachtelte Leiternsystem des Sentiero Castiglioni auszumachen.
Klettersteig: Die Route kommt unvermittelt zur Sache. Wie bei einer Feuerwehrübung ersteigt man eine Leiter nach der anderen, nur kurzzeitig von bandartigen Absätzen unterbrochen. Für die anstrengendsten Passagen in der Vertikale darf Grad C gelten. Mit leichtem Linksdrall gelangen wir in die Ausstiegsrinne mit den letzten Leitern zur Bocchetta dei Due Denti und gewahren jenseits ein weniger spektakuläres Gelände, aber auch den majestätischen Adamello am westlichen Horizont.
Abstieg: Nach einer kurzen Drahtseilpassage geht es auf der rechten Seite der Karbucht über Firn, Geröllmoränen sowie durch eine schwache Senke hinunter zum Rifugio XII Apostoli, das an der Schwelle zum Val Nardis liegt. In der Nähe befindet sich eine sehenswerte Felsenkapelle.
Der weitere Abstieg (Nr. 307) führt zuerst nordwärts an der Kante entlang und taucht dann links in den Schrofentrichter ab. Ziemlich weit rechts ausholend in eine Schottermulde und im Bereich des Tovo Randolan abermals steiler und teils rutschig bis auf die Böden im Val Nardis hinab. Bei der Verzweigung geht man links und quert damit über dem Talschluss des Val d'Agola entlang fast höhengleich zum Passo Bregn de l'Ors (1836 m). Zuletzt im Gegenanstieg über den grasigen Südrücken zur Bergstation auf dem Dos del Sabbion, von wo über 1300 Höhenmeter knieschonend mithilfe der Technik »vernichtet« werden.

72 Via ferrata Giulio Segata

5.30 Std.

Kurze Extrem-Ferrata am Gipfelkamm des Monte Bondone

Der mittlere Gipfel der Tre Cime del Monte Bondone, Dos d'Abramo, weist einen kuriosen, einem Tafelberg nicht unähnlichen Gipfelblock auf. In dessen senkrechter Südwand bietet die Via ferrata Giulio Segata eine sehr knackige und spektakuläre Turnübung inmitten einer aussichts- und abwechslungsreichen Berglandschaft hoch über dem Etschtal. Mit Zustieg über den Monte Cornetto und Abstieg über die Cima Verde ergibt sich eine wunderschöne Überschreitung des »Hufeisens« der Tre Cime del Monte Bondone.

Ausgangspunkt: Parkplätze auf dem Viotepass (1554 m) zwischen den Tre Cime del Monte Bondone und Il Palon; Zufahrt von Aldeno im Etschtal, von Trento über die Monte-Bondone-Straße oder von Vezzano im Sarcatal.
Gehzeiten: Viote – Monte Cornetto 2 Std. – Einstieg 0.30 Std. – Dos d'Abramo 0.45 Std. – Cima Verde – Viote 2.15 Std.; insgesamt 5.30 Std.
Charakter: Kurzer, aber sehr schwieriger und kraftraubender Klettersteig, mit originellem Start und Ausstieg durch einen senkrechten Felsschacht. Je nach Wahl des Zustiegs lässt er sich zu einer üppigen Ganztagsunternehmung in alpiner Umgebung ausdehnen.
Schwierigkeit: Schwierigste Stellen D/E und D, kaum leichter als C.
Höhenunterschied: In Summe 770 Hm, davon 100 Hm Klettersteig.
Höchster Punkt: Monte Cornetto (2180 m).
Exposition: Süd.
Tipps: 1) Alternativ lässt sich der Klettersteig auch von der Malga Albi (1264 m, Fahrweg von Garniga Terme) über den Sentiero Sparavei zur Cima Verde erreichen, der mit einigen gesicherten Passagen (A/B) und einem schönen Grat zum Abschluss aufwartet.
2) Für Abenteuerlustige ist der verwegene und teilweise gesicherte Sentiero Coraza (A/B) interessant: Von Covelo geht es durch die wilde, von Spornen und Rinnen zergliederte Südostflanke des Monte Bondone direkt zum Einstieg des Klettersteigs unter dem Dos d'Abramo. Diese beiden Routen lassen sich sogar verbinden.

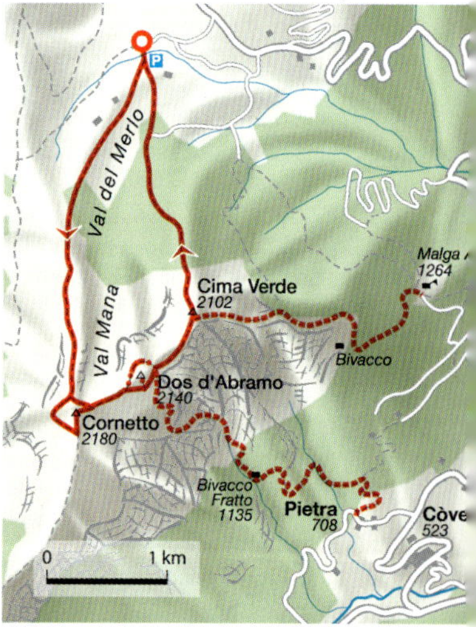

Zustieg: Vom Parkplatz am Viotepass Nr. 607 nach Süden auf den Kamm Costa di Cavai, dem westlichen Bogen des Hufeisens. Zunächst durch Wald und Buschwerk, später über einen aussichtsreichen

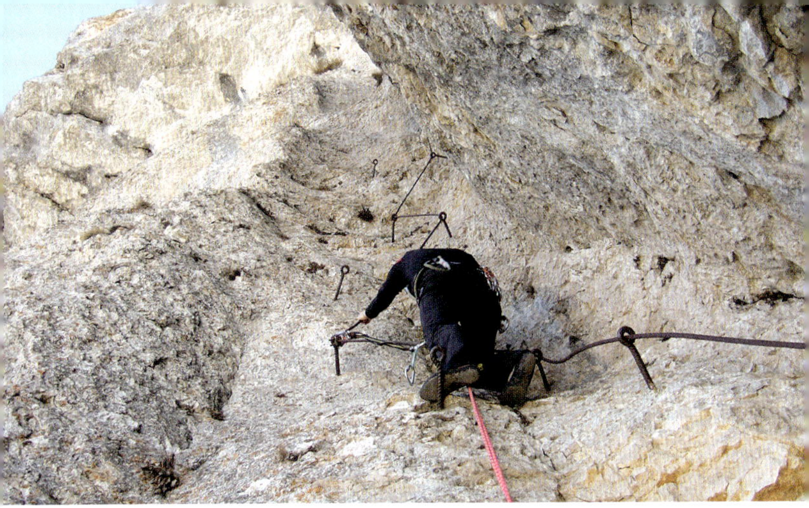

Sportliche Linienführung zeichnet die Ferrata Segata aus.

Grasrücken aufwärts zum felsigen Aufbau des Monte Cornetto. Nun entweder links unter dem Gipfel hindurch in die Scharte zwischen Monte Cornetto und Dos d'Abramo oder – schöner – den Gipfel direkt überschreiten. Von der Scharte (ca. 2100 m) führt ein Pfad rechts abwärts zum Einstieg.

Klettersteig: Durch den senkrechten Einstiegsschacht hinauf und anschließend über eine steile Wand auf ein Band (bis D). Eine Querung nach rechts (A) führt zum oberen Teil des Klettersteigs. Wen der untere Teil bereits an die Leistungsgrenzen bringt, sollte jetzt über das Band weiter nach rechts queren und den Gipfel des Dos d'Abramo (2140 m) über eine teils gesicherte Rinne (A/B) besteigen. Der weitere Klettersteig verläuft durch eine senkrechte Hohlkehle bis unter eine glatte Platte (C/D, oben ein Zug D/E). Am linken Rand der Platte hinauf (D), zum Schluss mithilfe einiger Eisenstifte, bis zu einem bequemen Stand am Beginn des Schachts durch das weit ausladende Felsdach am Ende der Wand. Im Schacht anfangs anstrengend (D), dann etwas leichter (C) aufwärts ans Licht. Eine kurze Querung führt zum Ende des Drahtseils zwischen den beiden Gipfelkuppen.

Abstieg: Vom Gipfelkreuz den Markierungen folgend nach rechts (Osten) in eine Rinne, durch sie teils gesichert (A/B) hinab auf das erwähnte Band. Auf diesem nach rechts unter dem Gipfelblock des Dos d'Abramo hindurch zum Grat, der aussichtsreich zur Cima Verde (2102 m) führt. Von dort mit Nr. 636 nordwärts durch Wiesen und Buschwerk und schließlich steiler durch den Wald in den Kessel zwischen den Tre Cime. Über weitläufige Wiesen zurück zum Parkplatz.

73 Via ferrata Rino Pisetta

5.00 Std.

Der Extrem-Klassiker über dem Sarcatal

Über dem Lago di Toblino zeigt der Dain Picol ein attraktives Profil, von dem passionierte Ferrata-Freaks ihren Blick kaum abwenden können, wissen sie doch um eine der kühnsten Führen, die es alpenweit gibt, und das noch mit dem Vorteil einer langen Saison. Das vertikale Abenteuer erreicht hier den höchsten Schwierigkeitsgrad und fordert Physis und Psyche gleichermaßen heraus. Doch bevor falscher Ehrgeiz geweckt wird: Für Anwärter ohne Klettererfahrung ist die Anfang der 1980er-Jahre eingebohrte »Pisetta« womöglich kein geeigneter Leistungsmesser! Ganz klar – Vortritt für die Extremeren …

Ausgangspunkt: Ausgeschilderter Parkplatz in Sarche (259 m).
Gehzeiten: Sarche – Einstieg 1 Std. – Dain Picol 2.30 Std. – Sarche 1.30 Std.; insgesamt 5 Std.
Charakter: Vom Einstieg weg außerordentlich steiler und ausgesetzter Kraftakt, einer der schwierigsten Sportklettersteige überhaupt. Keine Tritthilfen, daher ausgefeilte Klettertechnik angezeigt. Gute Felssubstanz, aber teils schon etwas poliert.
Schwierigkeit: Schlüsselstellen E und auch sonst häufig C bis D.
Höhenunterschied: 720 Hm, davon ca. 400 Hm am Klettersteig.
Höchster Punkt: Dain Picol (auch Cima Garzolet, 967 m).
Exposition: Südost.
Stützpunkt: Keiner, aber Einkehrmöglichkeit in Ranzo.
Tipp: Allzu heiße Tage und/oder feuchte Verhältnisse sollte man tunlichst meiden. Davon abgesehen ist der Steig aber fast das ganze Jahr über machbar und in der kühleren Jahreszeit oft sehr viel angenehmer zu gehen als im Sommer.

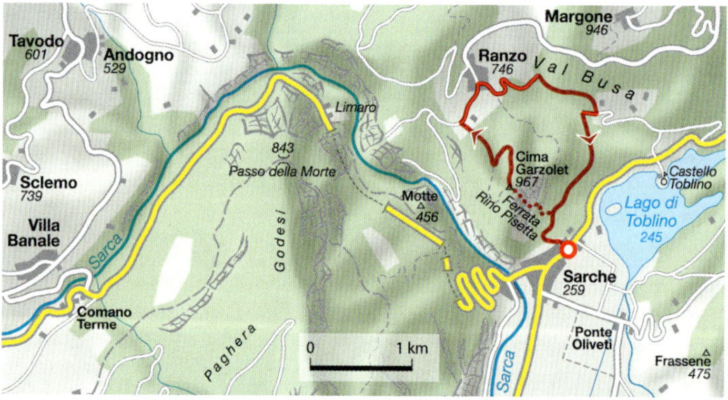

Zustieg: Von Sarche führt ein Steig zuerst durch Wald bergan, später wird über Geröll der Einstieg am Wandsockel (ca. 570 m) erreicht.

Klettersteig: Gleich der erste Aufschwung (D) gerät zum kraftraubenden Prüfstein, verschärft noch in der folgenden leicht überhängenden Wandstelle (E) – ein Vorgeschmack, der schon manch einen zum sofortigen Ausstieg über den »Rientro d'emergenza« (Fluchtweg nach rechts) bewogen hat. In teils glatten, mitunter von Rissen durchzogenen Plattenzonen kommt man anspruchsvoll weiter voran (meist C bis D), unterbrochen durch eine Linkstraverse über ein bewachsenes Band. Oberhalb eines Risskamins nehmen die Schwierigkeiten vorübergehend ab, Rinnen und blockbesetztes Terrain bieten hier nur B-Stellen. Doch die Route steilt wieder auf. Nach einer Wandstufe (C) links gegen eine Schlucht hinaus und nahe der Kante über glatten, extrem ausgesetzten Fels empor (bis E). Etwas rechts haltend über eine weitere sehr schwierige Passage (D) zu einem breiten Absatz, dann mit einigen C-Stellen, einmal durch einen engen Spalt, zum Steigbuch und weiter zum bewachsenen Gipfelhang. Man folgt der Pfadspur hinüber zum Schlussgrat, der noch ein paar harmlose gesicherte Passagen (A bis B) aufweist, ehe die Rastbank auf dem Dain Picol (967 m) erreicht ist.

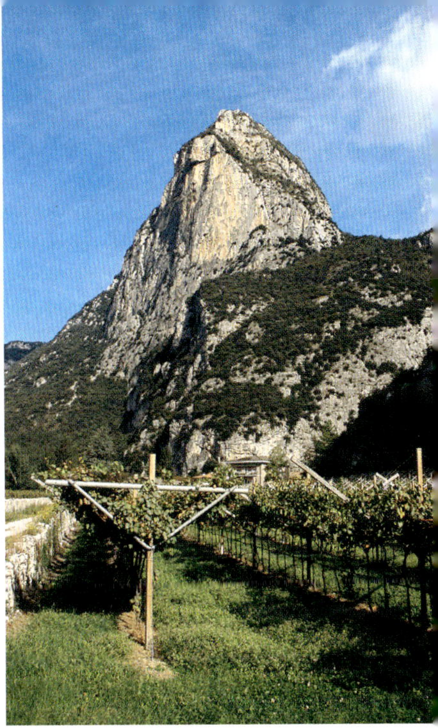

Ein steiler Zahn: der Dain Picol.

Abstieg: Ein markierter Weg zieht vom Gipfel nordwärts in Richtung Ranzo (739 m) hinab. Kurz vor dem Dorf geht es an der schön gelegenen Kapelle San Vigilio vorbei, ehe man rechts die breite Trasse nach Sarche einschlägt. Entweder man folgt dem Hauptweg bis zum Lago di Toblino hinunter und wandert dann am Uferweg zurück nach Sarche oder – wer etwas Zeit einsparen möchte – klinkt sich zwischendrin rechts aus und orientiert sich durch teilweise verstrauchtes Gelände zum bekannten Pisetta-Zustieg.

TOP 74 Via ferrata Ernesto »Che« Guevara

7.45 Std.

»Bigwall« über dem Sarcatal

Wie ein überdimensionaler Parabolspiegel fängt die erdrückend wirkende Wand des »Dain Alt« die Morgensonne ein. 1400 Höhenmeter bis zum Ausstieg auf die liebreizende Gipfelwiese des Monte Casale – die meisten davon am Drahtseil – verlangen gehörigen Tribut in Form von Schweiß, der selbst an frischen nordföhnigen Spätherbsttagen (ideal!) noch ganz schön fließen kann. Im Hochsommer ist das konkave Gemäuer der reinste Glutofen. Doch abgesehen von den konditionellen Anforderungen sind die technischen erstaunlich moderat. Wir haben hier eine lange, anregende Plattenkletterei vor uns, die immer, wenn es richtig steil wird, durch solide Klammern unterstützt wird. Und mit jedem Meter wachsen die Tiefblicke! Der Rang des attraktivsten Klettersteigs in der Gardaseeregion – wenn man nicht nach Schwierigkeitssuperlativen, sondern nach der Ausgewogenheit zwischen sportiven Elementen und szenischem Rahmen urteilt – gebührt eindeutig der Via ferrata »Che« Guevara.

Die Tiefe über dem Sarcatal …

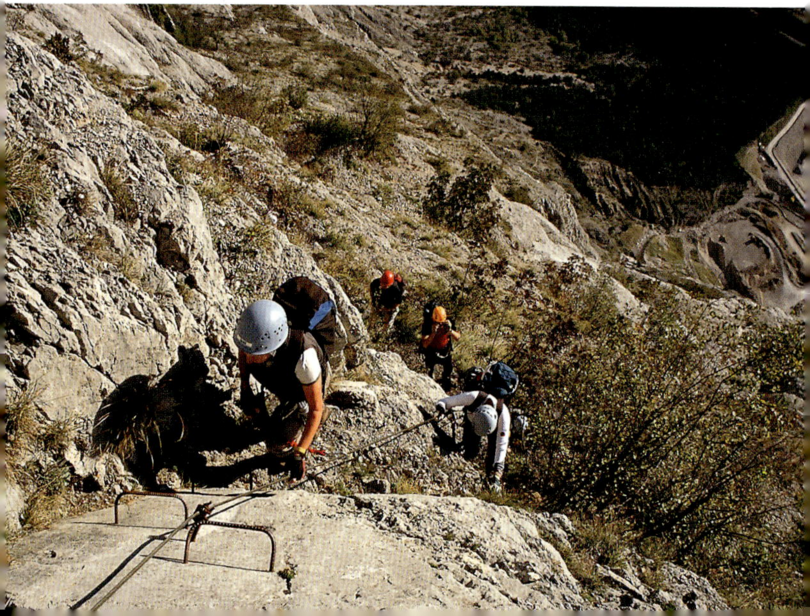

Ausgangspunkt: Pietramurata (248 m) im Sarcatal, ausgeschilderter Parkplatz im Gewerbegebiet am nördlichen Ortseingang, gegenüber der Firma Ewotex.
Gehzeiten: Pietramurata – Einstieg 0.20 Std. – Monte Casale 4.10 Std. – Sarche 2.45 Std. – Pietramurata 0.30 Std.; insgesamt 7.45 Std.
Charakter: Sehr langer, sonnenexponierter Klettersteig mittlerer Schwierigkeit. Solide mit Drahtseilen und Trittbügeln ausgestattet, aber auch vereinzelte Kletterstellen I. Erstklassige Kondition notwendig, im Sommer oft eine Hitzeschlacht! Abstieg phasenweise ruppig und bei Nässe unerquicklich.
Schwierigkeit: Kurze Passagen C, meist B und A.
Höhenunterschied: Fast 1400 Hm, größtenteils am Klettersteig.
Höchster Punkt: Monte Casale (1632 m).
Exposition: Ost.
Stützpunkt: Rifugio Don Zio Pisoni (1610 m), an Wochenenden.
Hinweis: Alternativer Abstieg über die Via ferrata del Rampin (Nr. 426) möglich; kürzer, aber anspruchsvoller.

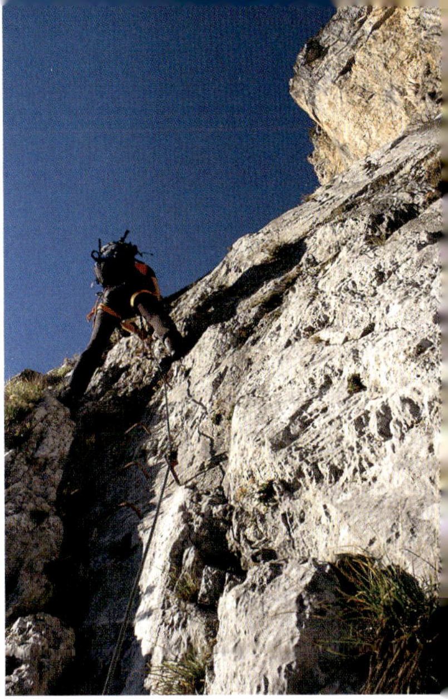
Akrobatische »Turnübung«.

Zustieg: Im Industriegebiet von Pietramurata dem Hinweis »Ferrata« folgen und links von der großen Kiesgrube in den Pinienwald. Hier aufwärts und rechts haltend zum baldigen Einstieg.
Klettersteig: Nach anfänglichen Querungen bildet ein Aufschwung mit Riss (C) die erste Prüfung. Danach etwas flacher über Platten (B) und nach rechts ohne Sicherungen zu einer Schotterbucht in Falllinie der großen konkaven Wand. Nun wechseln B-Stellen und Gehgelände ab, bis man durch die Schrofen links auf einen breiten Absatz mit Pinienwäldchen gelangt. Hier nähern wir uns dem alten Einstieg (675 m) hinter einem kleinen Pfeiler (kurz I). Im nachfolgenden kompakten Plattenpanzer kommt man am straff gespannten Drahtseil gut voran (überwiegend B). Unterbrochen durch Bänderquerungen windet sich die Route aufwärts, hinter einer Minikanzel wieder aufsteilend zur Stelle »Tiramisu« (ca. 900 m). Nach einem weiteren Pfeileraufschwung (B/C) folgt ein längeres Band (A) nach links zu einer eindrucksvollen Klammerreihe an geneigter Plattenwand (B). Links haltend über gestufte Schrofen (A/B) weiter und dann ab gut 1100 m in Gehgelände, wo der Pfad durch Bäume und Buschwerk laviert. Unter einer Wand befindet sich das Steigbuch. Dem senkrecht aufstrebenden Gipfelaufbau wird weiterhin

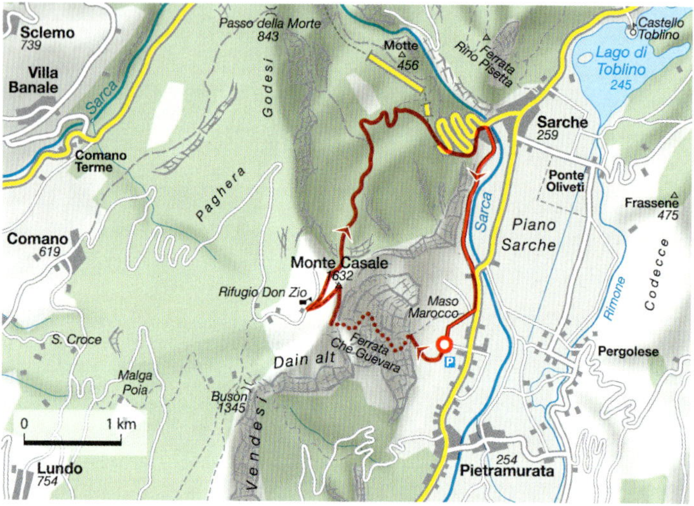

links ausgewichen, wobei eine breite Geröllrinne mit Drahtseilhilfe zu queren ist (A). Über eine herrliche Aussichtskanzel mit Blick nach Süden zum Gardasee steigt man zu zwei letzten, relativ anspruchsvollen, aber nur mehr kurzen und nicht sonderlich ausgesetzten Felsstufen (bis C) an. Am Schluss muss noch eine erdige Rampe zwischen Bäumen bewältigt werden, ehe man auf das überraschend weitläufige Wiesenplateau des Monte Casale aussteigt. Hier zum Kreuz an der Abbruchkante und natürlich auch zum allerhöchsten Punkt mit Rastbank.

Abstieg: Quer über die Wiesen zum nahen Rifugio Don Zio Pisoni (1610 m) und dort mit Nr. 427 nordwärts. Über Lichtungen geht es allmählich in den steileren Bergwald hinunter, wo uns ein etwas unangenehmer Zickzackkurs erwartet. Bei Dorsale Godesi (1305 m) wählen wir den rechten Abzweig und queren in den bewaldeten Nordhang hinein. Dann wieder recht steil, später in Schleifen flacher abwärts, wobei man vorübergehend auch eine breitere Trasse nutzt. Stets den Wegweisern nach Sarche folgend geht es am Casino forestiale (große Lichtung) vorbei und zu einem Parkplatz an der SS 237. Vorsicht beim Überqueren der viel befahrenen Straße in der Kehre! Ein steiniger Pfad leitet schließlich hinunter nach Sarche (259 m). Man geht aber nicht bis in den Ortskern, sondern dreht gleich vorn in den Weinarealen südwärts ab und läuft noch ca. 2 km zurück nach Pietramurata (zuletzt an der Straße).

Die Via ferrata Guevara ist auch landschaftlich große Klasse.

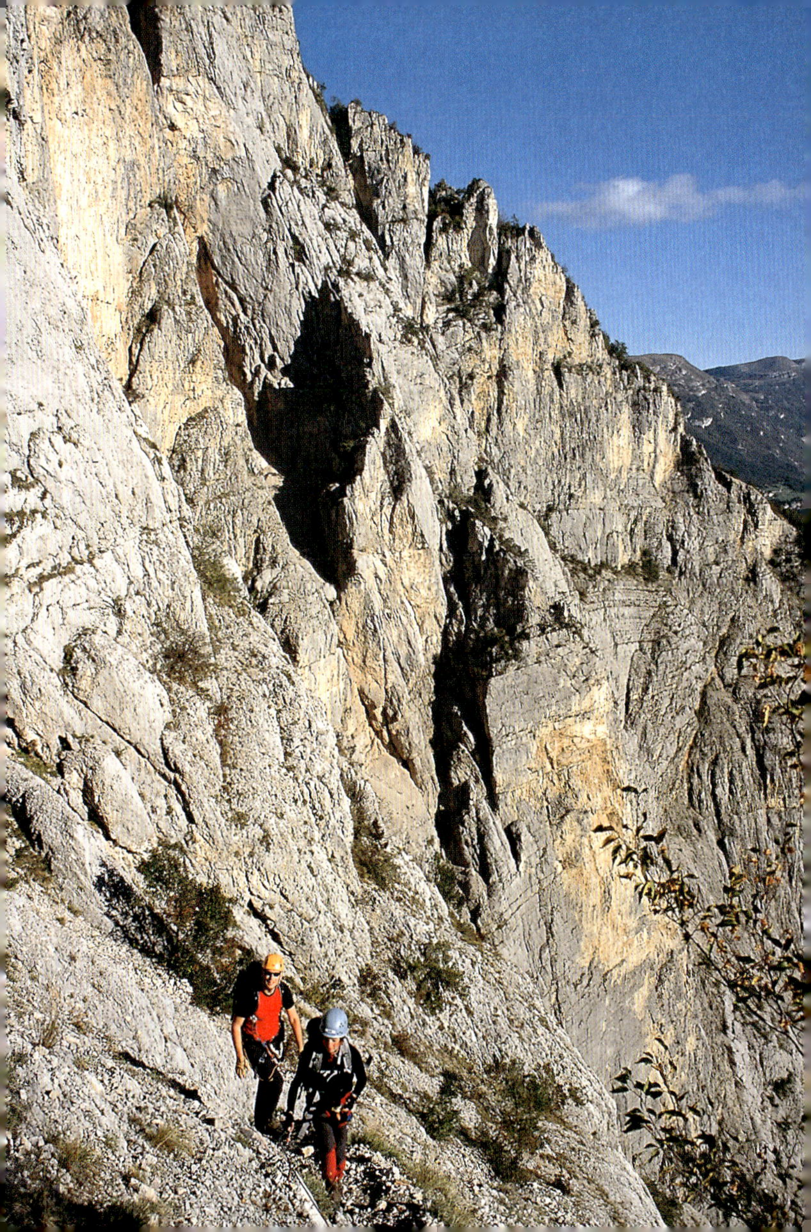

75 Via ferrata Torrente Sallagoni

2.00 Std.

Kurzweiliger Sportklettersteig-Spaß in wildromantischer Klamm

Der beliebte Fun-Klettersteig durch die Klamm des Torrente Sallagoni unterhalb des Castel Drena punktet mit zahlreichen netten, spielerisch-abenteuerlichen Passagen. Mit Drahtseil und Eisenkrampen großzügig abgesichert windet er sich zunächst durch eine schattige, enge Schlucht mit einigen teils überhängenden Quergängen. Im offeneren, bewaldeten oberen Teil warten dann neben kurzen Kletterpassagen noch zwei originelle Dreiseilbrücken auf die Begeher. Besonders an heißen Sommerwochenenden zieht es sehr viel Publikum in die schattige Klamm.

Ausgangspunkt: Parkplatz (ca. 220 m) nach der ersten Steilstufe der Straße von Dro nach Drena, auf der rechten Seite hinter einem Sportplatz.
Gehzeiten: Parkplatz – Einstieg 0.10 Std. – Castello di Drena 1.20 Std. – Parkplatz 0.30 Std.; insgesamt 2 Std.
Charakter: Im Allgemeinen sehr gut und aufwendig abgesicherter, stellenweise ziemlich schwieriger Abenteuerklettersteig mit zahlreichen sportlichen Einlagen. Im optionalen obersten Teil allerdings nur Klammern, keine Drahtseile.
Schwierigkeit: Maximal C im unteren Teil, oben mit B und A leichter.
Höhenunterschied: 150 Hm.
Höchster Punkt: Castello di Drena (ca. 375 m).
Exposition: West.

Zustieg: Vom Parkplatz nach Osten durch den Olivenhain auf einen geschotterten Weg, diesem nach rechts (Süden) folgend bis zu einem Platz vor einem Tunneleingang. Dort leicht rechts haltend den absteigenden Weg hinunter und links über einen Pfad zum Klammausgang.

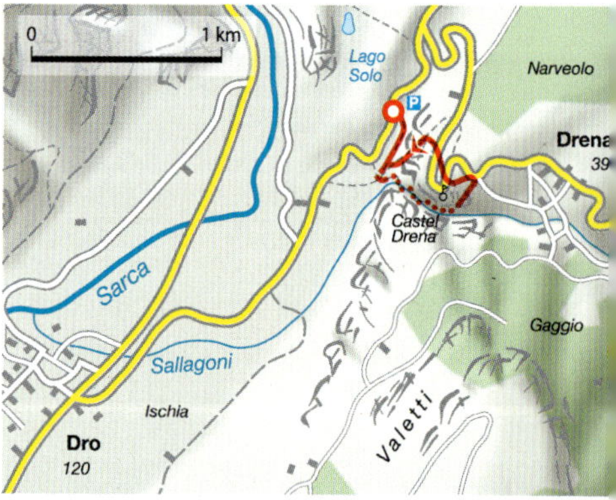

Klettersteig: An Eisenkrampen im Bogen durch die erste ausgewaschene Kaverne und über eine Steilstufe zur ersten überhängenden Querung (C). Diese endet unter einem Klemmblock (dahinter Notausstieg aus der Klamm). Nun kurz leicht weiter zur zweiten, teils überhängenden Querung entlang der linken

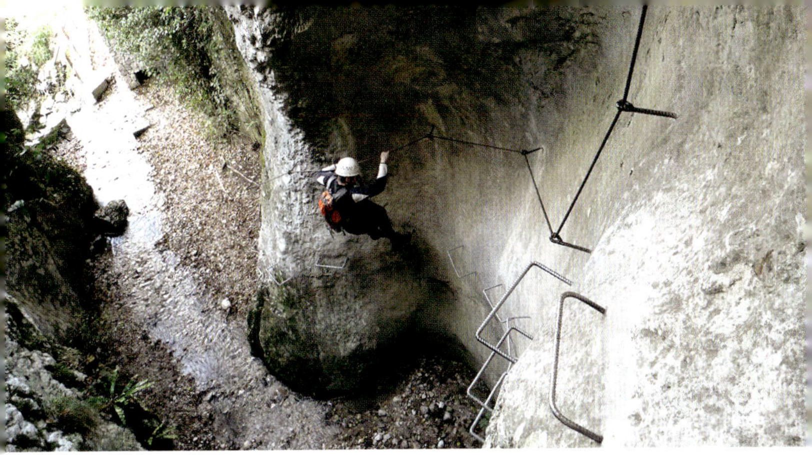

Tolle Action an den glatten Wänden der Sallagoni-Klamm.

Klammwand (C). Mit einem Spreizschritt an die rechte Wand und an ihr etwas leichter durch eine Höhle unter einem Klemmblock bis zum Ende des ersten Teils. Auf der linken Seite des offenen Kessels führt ein Pfad hinauf zur ersten Dreiseilbrücke (A/B), über die man zurück auf die rechte Klammseite wechselt. Es folgt eine Bügelreihe (A). Über einen Pfad und einige kurze gesicherte Passagen (A) bis zu einem engen Durchschlupf zwischen Klammwand und einem freistehenden Felsturm. Vor dem Durchschlupf kann man auf der linken Seite eine kurze, originelle Kletterstelle durch einen mit Ketten gesicherten Kamin und ein Schlupfloch (B/C) »mitnehmen«. Dahinter über den Bach und links zu einer Wandstufe, die mithilfe einiger Griff- und Trittösen erstiegen wird (B). Dann folgt ein kurzer Quergang nach rechts zur zweiten Dreiseilbrücke (A/B). Anschließend auf einem Pfad zu einer Bachbrücke und links über den anfangs steilen Steig aus der Schlucht hinaus zur Straße unterhalb der Burg.
Es ist auch möglich, von der Brücke die Schlucht weiterzuverfolgen. Sie weist dann keine Drahtseile mehr auf, einige kurze Kletterstellen (B und A) sind mit Klammern versehen. Dieser oberste Abschnitt wird weniger begangen, ist daher relativ unberührt und wild, aber aufgrund der nahen Kläranlage oft verdreckt und »geruchsintensiv«. Zuletzt war er behördlich gesperrt!
Abstieg: Kurz der Straße nach links zur Burg folgen. Bei einem kleinen Brunnen mit Bank auf den markierten, anfangs gepflasterten Abstiegsweg. Wo dieser die Straße quert, muss man wieder ein kurzes Stück nach links aufsteigen, um auf der anderen Straßenseite die Fortsetzung zu finden. Dann im Zickzack durch den Wald bis hinunter auf den geschotterten Weg zum Einstieg, auf diesem nach rechts zurück zum Parkplatz.

76 Sentiero attrezzato Colodri

2.00 Std.

Übungsferrata am Hausberg von Arco

Neben dem Burgfelsen gehört der Colodri zur unverwechselbaren Nahkulisse von Arco und zieht vor allem Sportkletterer an. Es gibt freilich auch einen kurzweiligen Eisenweg, der sich prima als Anfängertour oder kurzentschlossen für einen Ausflug ins Felsterrain eignet – und das fast das ganze Jahr über. Obwohl der Berg nur 400 Meter hoch ist, hat man einen schönen Rundblick, vor allem auf den fjordartigen Gardasee zwischen Monte Baldo und Rocchetta sowie auf den massigen Monte Stivo.

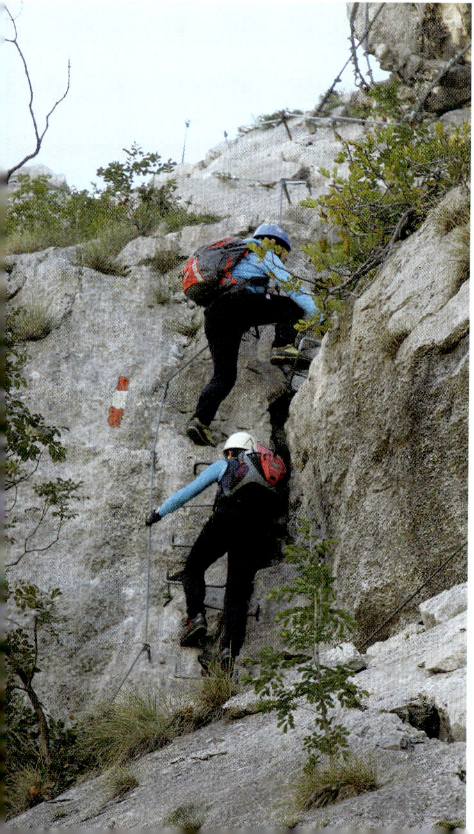

Ausgangspunkt: Parkplatz beim Schwimmbad bzw. Campingplatz in Arco (ca. 100 m); Abzweig der Zufahrt direkt bei der Brücke über die Sarca.
Gehzeiten: Schwimmbad Arco – Einstieg 0.15 Std. – Colodri 0.45 Std. – Arco 1 Std.; insgesamt 2 Std.
Charakter: Talnaher Klettersteig mäßiger Schwierigkeit, gut und recht aufwendig gesichert.
Schwierigkeit: B, häufig auch A.
Höhenunterschied: 300 Hm.
Höchster Punkt: Colodri (400 m).
Exposition: Ost.

Zustieg: Vom Parkplatz geht man auf dem Fitnessparcours durch Wald zwischen Felsblöcken hindurch und erreicht in Kürze den Beginn des Klettersteigs.
Klettersteig: Kleine Stufen prägen den Auftakt, ehe diagonal nach rechts angestiegen wird (meist A). Mit ei-

Die Schlüsselstelle kurz vor dem Ausstieg.

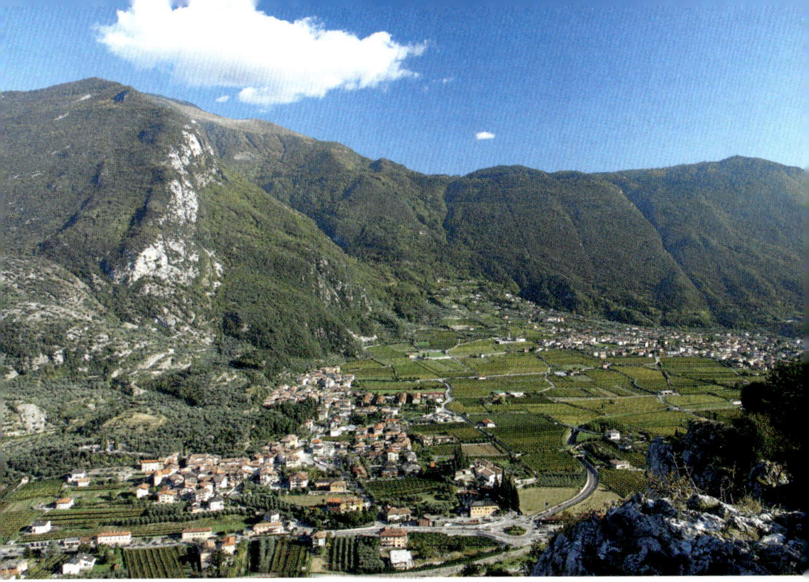

Herrlicher Blick über das Sarcatal bei Arco.

nem scharfen Knick in die entgegengesetzte Richtung, also schräg links, dabei über Bänder queren und allmählich häufiger über plattige Passagen. Wo diese direkt erstiegen werden, ist auch mal eine B-Stelle dabei (meist zusätzliche Tritte). Die Linksdiagonale führt am Ende zu einer mit etlichen Klammern bestückten Wandstufe (Schlüsselstelle, B) und über die letzte Rampe zum Ausstieg. Auf dem felsig-karstigen, gebietstypisch bewachsenen Geländerücken folgen wir den Markierungen bis zum Kreuz auf dem Colodri.

Abstieg: Bei nicht zu hohem Verkehrsaufkommen können wir ohne Weiteres wieder über den Klettersteig absteigen. Ansonsten geht es auf der Westseite nach Santa Maria di Laghel hinab und im Bogen durch Arco zurück zum Ausgangspunkt.

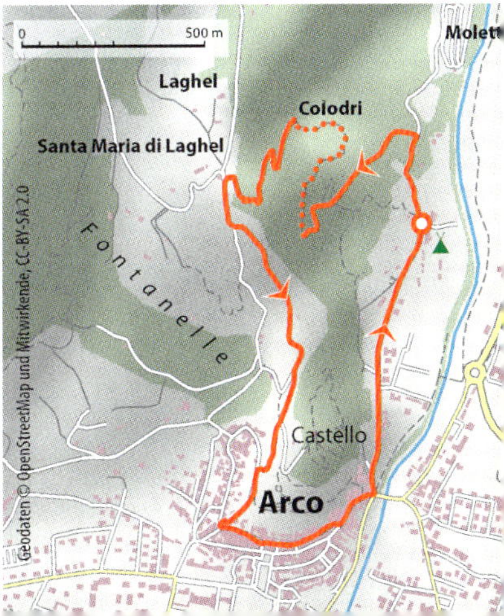

77 Via dell'Amicizia

5.45 Std.

Die berühmte Leitern-Direttissima über den Dächern von Riva

Unmittelbar über dem Nordufer des Gardasees finden wir mit der Via dell'Amicizia einen der populärsten Eisenwege (sic!) überhaupt. Verwegene Leitern haben ihn neben seiner fantastischen Lage berühmt gemacht. Heute würde man die Ferrata vermutlich anders bauen, geht der Felskontakt doch zuweilen gänzlich verloren, aber vor 50 Jahren empfand man Turnübungen in Feuerwehrmanier durchaus als legitimes Stilmittel. Die Zunft scheint es nicht zu stören, zu sehr lockt der Klassiker-Status der Via dell'Amicizia, für die man in erster Linie eine gehörige Portion Mut und zum anderen eine ganz solide Kondition braucht. Im Sommer kann die Sache den Schweiß schon arg fließen lassen. Freilich, die Ausblicke vom Rocchetta-Massiv, dessen vorgelagerter Zacken namens Cima SAT Ziel des Aufstiegs ist, gehören zum Feinsten. Zug um Zug wächst die Tiefe über dem Gardasee, und am Ende ist man fast geneigt, auf die Dächer von Riva zu spucken.

Ausgangspunkt: Riva del Garda (66 m), am nördlichen Ende des Gardasees.
Gehzeiten: Riva – Einstieg 1.30 Std. – Cima SAT 2 Std. – Sentiero dei Crazidei – Riva 2.15 Std.; insgesamt 5.45 Std.
Charakter: Technisch mittelschwerer Klettersteig mit berüchtigt langen, sehr exponierten Leitern, ziemlich anstrengend in einer hohen, sonnenbeschienenen Bergflanke.
Schwierigkeit: Maximal C, meist leichter.
Höhenunterschied: Etwa 1200 Hm, davon 650 Hm am Klettersteig.
Höchster Punkt: Cima SAT (1246 m).
Exposition: Ost.
Stützpunkt: An Wochenenden Einkehr in der Capanna Barbara (560 m), keine Übernachtung.
Tipps: 1) Im Anschluss an den Klettersteig kann der Hauptgipfel der Rocchetta (Cima Giochello, 1540 m) bestiegen werden, hin und zurück 1.30 Std.
2) Der Abstieg kann auch über die Wege Nr. 413 und 404 erfolgen (zwei gesicherte Passagen inklusive Leiter), etwa gleicher Zeitbedarf.

Zustieg: In Riva beginnt der Aufstieg (Nr. 404) an der südlichen Ausfallstraße, wo sich auch ein (oft überfüllter) Parkplatz befindet. Anfangs gepflastert in vielen angenehmen Serpentinen hinauf zur berühmten Festung des Bastione (210 m), dann etwas steiniger weiter zur Capanna Barbara. Noch unterhalb der Kapelle Santa Barbara zweigt man mit Nr. 404B rechts ab und gelangt zum Einstieg (ca. 600 m).
Klettersteig: Am gestuften Vorbau im Hin und Her über Bänder und Absätze (A bis B, dazwischen unschwierige Passagen). Ein längeres Gehstück über eine mit Buschwald bestandene Geländeterrasse bringt uns zum ersten langen Leiternaufschwung von rund 40 m Höhe. Die erste Hälfte der Sprossen-

Hoch über dem Gardasee und den Dächern von Riva.

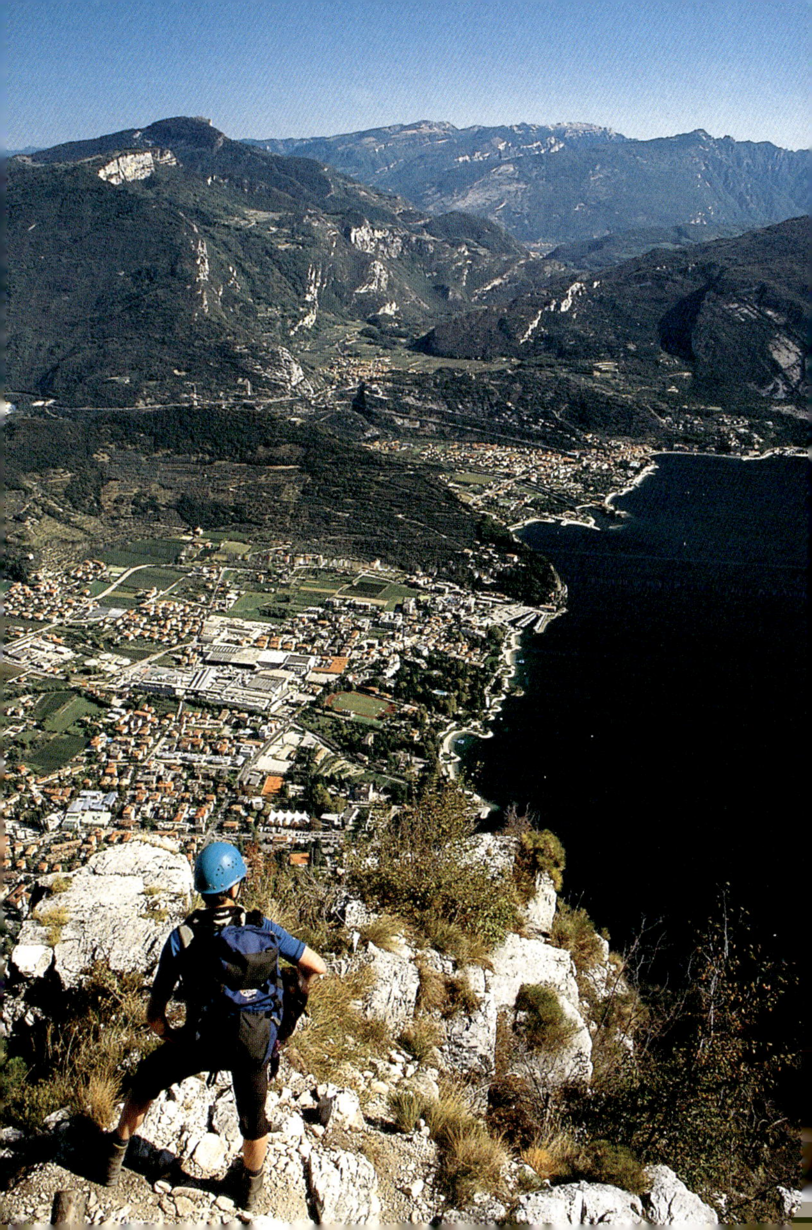

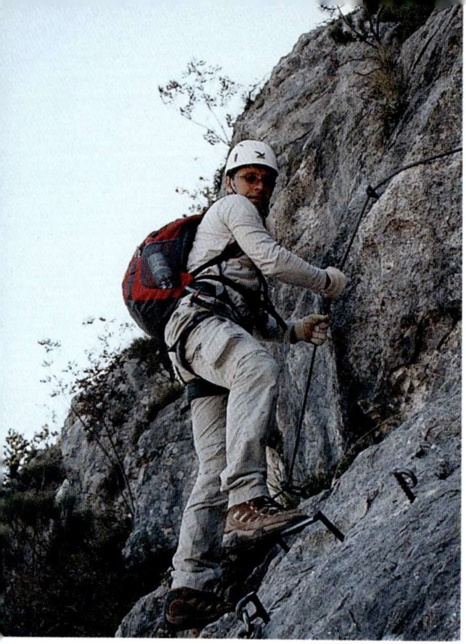

Im unteren Teil der Via dell'Amicizia.

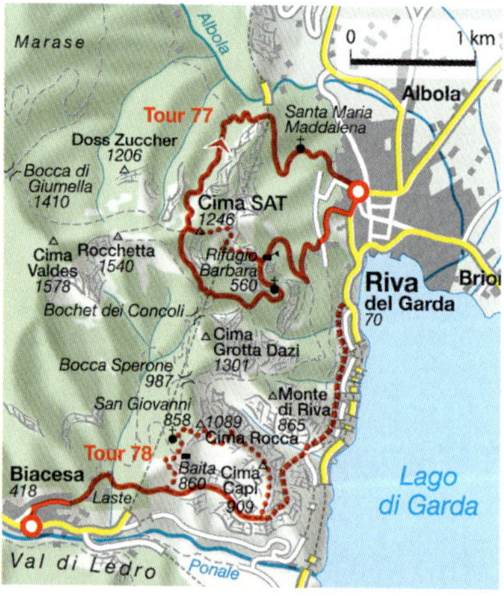

reihe ist noch leicht angelehnt (B), die zweite nach dem Zwischenpodest dann absolut senkrecht (C). An ihrem Ende über eine flache Platte auf die zweite bewaldete Böschung und damit erneut in Gehgelände. Durch einige Blöcke zum nächsten Steilaufschwung, der mit einer kurzen Leiter einsetzt. Schräg rechts durch ein Wändchen (B/C) und um ein Eck auf die ultralange Leiter (B), die nach oben hin sogar deutlich aufsteilt. Das Ding zieht sich! Abermals wird auf eine Terrasse mit Buschwerk ausgestiegen. Der finale Aufschwung wartet dann noch mit einigen kürzeren Leitern am luftigen Grat auf (maximal B/C), ehe man genau am Gipfel der Cima SAT herauskommt. In seinem Rücken muss noch über eine Wandstufe (B/C) diagonal abgeklettert werden, um zum nahen Abstiegsweg zu gelangen.

Abstieg: Dieser wird in den meisten Fällen über den Sentiero dei Crazidei gewählt. Mit Nr. 418 geht es in den steilen, bewaldeten Nordhang hinein. Hier in anhaltendem Zickzack tiefer bis auf eine Forststraße (Nr. 402). Wir folgen dieser nach rechts über Santa Maria Maddalena und stoßen knapp unterhalb des Bastione auf den Anstiegsweg von Riva.

5.15 Std.

Sentieri Fausto Susatti, Mario Foletti, dei Camminamenti und delle Laste

78

Genussvolle Rundtour an den Südausläufern der Rocchetta

Touren mit Gardasee-Blick genießen stets einen besonderen Stellenwert. Im südlichen Bereich des ausgedehnten Rocchetta-Massivs werden mit der Cima Rocca und der Cima Capi zwei interessante Nebengipfel aufgeworfen, die von nicht weniger als vier gesicherten Steigen überspannt werden – jeder für sich keine große Angelegenheit, aber in Summe doch eine recht eisenhaltige Runde, die man am besten vom schmucken Dörfchen Biacesa aus angeht. Nach dem Zustieg über den Sentèr dei Bech bietet der Sentiero Susatti am Südgrat der Cima Capi gleich die am meisten anregende Kletterübung. Die Querverbindung zum Fuß der Cima Rocca stellt anschließend der Sentiero Foletti her, ehe wir uns oberhalb des Bergkirchleins San Giovanni dem »Schützengräbensteig« (Sentiero dei Camminamenti oder auch Sentiero attrezzato delle Gallerie di Guerra genannt) zuwenden. Mit seinen zwei Varianten – über den Gipfel hinweg und durch den düsteren Stollen retour – offenbart er die kriegshistorische Herkunft am deutlichsten. Nur noch wenige Sicherungen braucht es dann am Sentiero delle Laste, der im Bergab den Kreis schließt.

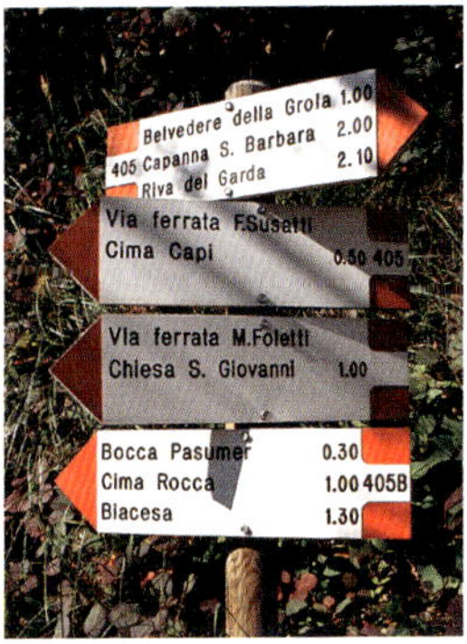

Diverse Möglichkeiten der Routengestaltung.

Ausgangspunkt: Biacesa (418 m) im Valle di Ledro; Zufahrt von Riva auf der SS 240 bis hinter den langen Tunnel.
Gehzeiten: Biacesa – Einstieg Susatti 1.30 Std. – Cima Capi 0.45 Std. – San Giovanni 0.45 Std. – Cima Rocca 0.45 Std. – Biacesa 1.30 Std.; insgesamt 5.15 Std.
Charakter: Kombination mehrerer leichterer, gesicherter Steige auf mäßigem Höhenniveau, aber immerhin bis zu 1000 m über dem Gardasee. Oft auch Gehgelände, Klettersteigcharakter am stärksten ausgeprägt beim Sentiero Susatti. Alle Sicherungen sind bestens in Schuss. Typisch ist das mit Buschwerk und Gehölz durchsetzte Fels- und Schrofengelände.
Schwierigkeit: Schwierigste Stellen B, oft auch A.
Höhenunterschied: In Summe ca. 850 Hm.
Höchster Punkt: Cima Rocca (1089 m).
Exposition: Überwiegend Süd.
Stützpunkt: Bivacco Arcioni (858 m), nicht bewirtschaftet.
Hinweise: 1) Für die Stollenstrecke am Sentiero dei Camminamenti Lampe notwendig.
2) Man kann auch von Riva aus zusteigen und später von der Cima Rocca über die Bocca d'Enzima dorthin zurückkehren; Gesamtgehzeit etwa 6.30 Std.

Zustieg: In Biacesa der Beschilderung folgend in den hinteren Ortsteil und dort auf den Sentèr dei Bech (Nr. 470), der leicht auf und ab die niedrig bewaldete Südflanke durchläuft. Nach Passieren einer Aussichtskanzel geht es unter einer Felswand entlang und zur Vereinigung mit Route Nr. 405, die von der alten Ponalestraße durchs Valle Sperone heraufkommt. Nahe einem Gratrücken mit ersten Sicherungen an Stellungen vorbei und zum eigentlichen Einstieg des Sentiero Susatti (ca. 720 m) am Südgrat der Cima Capi.
Sentiero Susatti: Man windet sich nun durchgängig bestens gesichert am angenehm gestuften, da und dort von Buschwerk bedrängten Grat empor. Das straff gespannte Drahtseil mit ein paar zusätzlichen Tritthilfen hält die Schwierigkeiten auch für weniger Geübte im Rahmen (meist A, einige Stellen B). Über den zuletzt abflachenden Gratkamm erreichen wir die italienische Flagge auf der luftigen Cima Capi (909 m). Anschließend den Gipfel gen Nordwesten überschreiten und nach kurzem Abstieg am Kamm entlang zu einer Gabelung. Hier biegen wir links in den Sentiero Foletti ein.
Sentiero Foletti: Dieser beginnt mit einer Querung glatter Platten (A). Die alten Trittschienen wurden inzwischen durch solide Krampen ersetzt. Am Sockel der Felswände geht es an einer Rampe hoch, ehe eine zweite Traverse an Klammern in eine Abstiegsrinne (teilweise B) mündet. Danach endet der gesicherte Abschnitt bereits; ein Waldpfad führt weiter zum Bivacco Arcioni (858 m) und zum nahen Kirchlein San Giovanni. Hier befindet sich auch die Kreuzung der Sentieri Camminamenti und Laste.

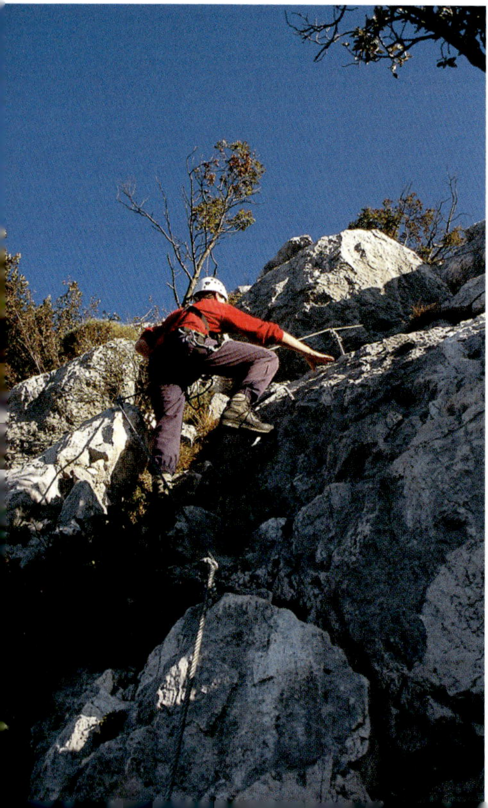

Aufschwung am Sentiero Susatti.

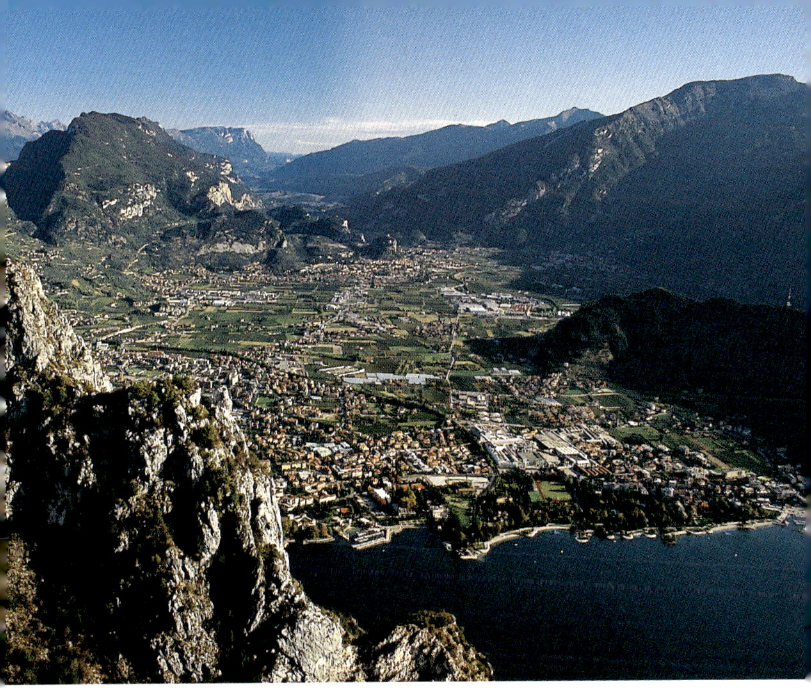

Blick von der Cima Capi zum Nordufer des Gardasees.

Sentiero dei Camminamenti: Jetzt mit Nr. 471 der Cima Rocca entgegen. In besonders steilen Partien ist der zunächst durchs Gehölz leitende Steig gesichert (A), zweimal taucht die Route ins Berginnere ein, wobei man dem ersten Stollen über eine steile Leiter entkommt (A/B). Bevor wir auch den dritten, langen Tunnel erkunden (Lampe!), überschreiten wir jedoch den Gipfel der Cima Rocca (1089 m) durch die charakteristischen Schützengräben von der Süd- auf die Nordseite (A). Nach rechts stürzt der wilde Trichter des Valle Sperone ab. Noch ein gutes Stück oberhalb der Bocca Pasumèr (= Bocca Sperone) biegen wir zur erwähnten Galleria di Guerra ab und unterqueren die Cima Rocca damit zurück auf die Ausgangsseite.
Sentiero delle Laste: Ab San Giovanni wird der Abstieg durch den steilen Buschwald mit Nr. 471 fortgesetzt. Sanierte Sicherungen helfen auch am Sentiero delle Laste über felsige Stellen hinweg (A), doch besitzt die Sache hier eher Wanderwegcharakter – besonders nach unten hin, wo anspruchslose Schleifen durch die Flanke ziehen. Zuletzt auf den bekannten Sentèr dei Bech einmündend zurück nach Biacesa.

79 Via attrezzata Ottorino Marangoni am Monte Albano

3.00 Std.

Talnaher Sportklettersteig-Klassiker bei Mori

Der »Mori-Klettersteig«, auch unter dem Namen Monte Albano oder offiziell eigentlich als »Via attrezzata Ottorino Marangoni« geläufig, zieht durch den südseitigen, im Sommer brütend heißen Felsabbruch über den Dächern von Mori und galt lange als Prototyp eines sehr anspruchsvollen Sportklettersteigs. Es wurde in der Szene nicht unbedingt wohlwollend aufgenommen, dass man ihm 2014 eine Menge Trittbügel verpasst und den ursprünglichen Charakter damit verwässert hat. Mitauschlaggebend dafür war aber sicher auch, dass sich der natürliche Fels aufgrund unzähliger Begehungen seit 1976 schon ziemlich glatt präsentiert. Freilich bewegt man sich nach wie vor in einer sehr exponierten Steilwand, sodass die hohen psychischen Anforderungen – etwa in den legendären Quergängen – geblieben sind. Speziell der verlegte Ausstieg ist sogar etwas schwieriger geworden und hält das nach wie vor hohe Niveau bis zum Schluss aufrecht.

Ausgangspunkt: Parkplätze in Mori (201 m).
Gehzeiten: Mori – Einstieg 0.20 Std. – Monte Albano 1.50 Std. – Mori 0.50 Std.; insgesamt 3 Std.
Charakter: Konzentrierte Klettersteig-Action mit einigen sehr schwierigen und sehr ausgesetzten Passagen, die großzügig mit künstlichen Tritten versehen sind (Kletterschuhe sind eher nachteilig). Aufgrund der ausgesprochenen Beliebtheit schon sehr glatt polierter Fels.
Schwierigkeit: Mehrere Stellen D, überwiegend C, selten leichter.
Höhenunterschied: Gut 400 Hm, davon 210 Hm am Klettersteig.
Höchster Punkt: Gipfelplateau am Monte Albano (ca. 610 m).
Exposition: Süd.
Hinweis: Der Steig ist mittlerweile saniert und 2014 wiedereröffnet worden. Mitunter ist die Routenführung etwas verlegt, der Fels aufgeraut und mit zusätzlichen Tritthilfen versehen. Der »Rientro attrezzato« ist zurzeit weiterhin gesperrt.

Zustieg: Von den Parkplätzen in Mori den Hinweisschildern zur Wallfahrtskirche Santa Maria di Monte Albano folgen. Von der Wiese vor der Kirche auf einem Steig durch den Wald nach Norden zum Einstieg.
Klettersteig: Ungesichert 3 m durch den Einstiegsriss (II) zum Beginn der Drahtseile. Glatte Querung nach rechts (C/D), dann leichter schräg nach links (B) und durch einen Kamin mit abschließendem Überhang (C/D) auf eine Terrasse. Hier besteht die Möglichkeit eines Notabstiegs nach rechts. Von der Terrasse links über eine senkrechte Wand (C/D) zum Beginn des »Eulenquergangs«. Dieser leitet horizontal nach rechts (C) zum Beginn einer senkrechten Kaminverschneidung. Durch diese anstrengend an zahlreichen künstlichen Tritten empor (bis D). Vom erdigen Ausstieg des Kamins nach links in die lotrechte Wand und über die äußerst ausgesetzte »Engelstraver-

se« (C) auf Trittstiften nach links bis auf eine Eisenbrücke. Nun über eine pfeilerartige Wandstufe (maximal C) zum Beginn des großen Bandes in Wandmitte. Auf dem Band 150 m teils gesichert (A) nach links zu einem Kamin zwischen der Wand und einem Pfeiler. In den Kamin, dann links über die Pfeilerwand (C) auf ein weiteres Band. Hinter einem Felsen vorbei und über Blockwerk zu einem ausgesetzten Plattenband (A/B), um ein Eck herum und über eine Platte mit Eisenstiften (C) zu einem weiteren ausgesetzten Band, das horizontal zum Stand unter der Ausstiegsverschneidung führt (Wandbuch). Weiter über eine senkrechte Wandstufe (D) anstrengend in die Verschneidung und durch sie an guten Eisenstiften herrlich luftig hinaufspreizen. An ihrem Ende nach links in eine steile Plattenrampe mit künstlichen Tritten (C) und mit einer kurzen exponierten Rechtsquerung (C) zur Aussichtsplattform am Ausstieg. Nach rechts über einen Weg Richtung Gipfelplateau des Monte Albano bis zu einer Tafel.

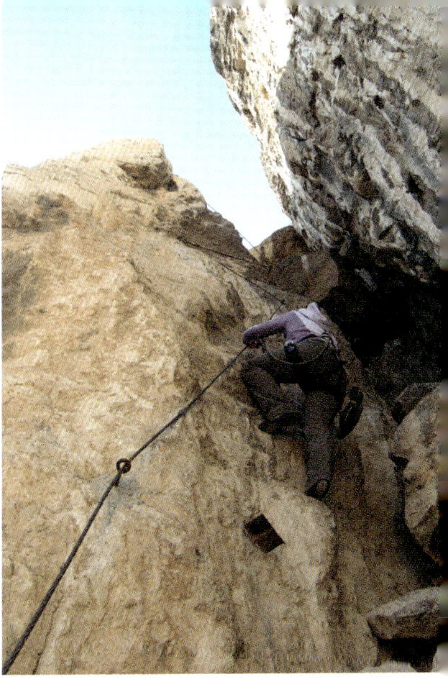

Immer wieder geht es in die Vertikale!

Abstieg: Entweder nach rechts zum Beginn des Abstiegsklettersteigs »Rientro attrezzato«, der relativ anspruchsvoll über eine Plattenquerung, eine Steilwand (C), einen Grat und weitere kurze Steilstufen (B/C) die Wand des Monte Albano in ihrem rechten Teil überwindet. Dann vom Wandfuß über einen markierten Steig zurück zur Wiese vor der Wallfahrtskirche. Alternativ kann man nach links im Bogen über das Gipfelplateau und am Rand der Wand steil hinab zur Wiese (ebenfalls markiert) gehen. Über den Zustiegsweg zurück nach Mori.

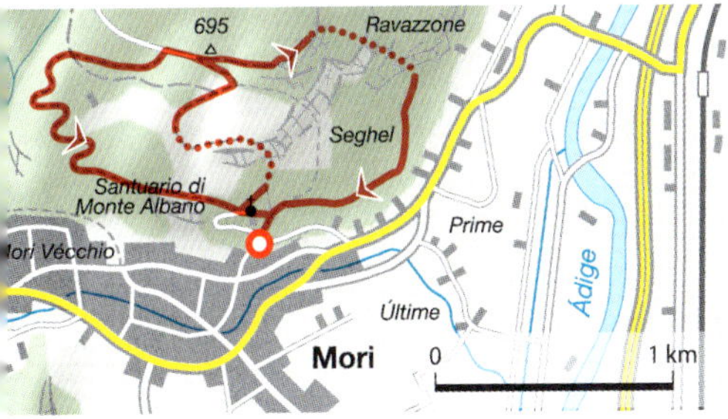

80 Sentiero attrezzato Gerardo Sega

4.00 Std.

Verschlungener Abenteuerpfad im Vorland des Monte Baldo

In den verwinkelten Geländefalten auf der Ostabdachung des Monte-Baldo-Massivs, genauer gesagt am Corno Gallina oberhalb von Avio, versteckt sich ein wahrhaft wilder Weg. Die Rede ist vom Sentiero Gerardo Sega, der mit guten Sicherungen an allen wichtigen Stellen einen gefinkelten Durchschlupf in dieser schluchtenreichen, urwaldähnlichen Welt findet. Ein gewaltiger Überhang wird auf einer unvermuteten Bändertraverse passiert – welch ein Szenario! Etwas gewöhnungsbedürftig, aber trotzdem vorteilhaft ist der Zustieg von oben. Insgesamt eher eine Tour für Entdeckungsfreudige als für passionierte Klettersteigler.

Ausgangspunkt: Unterhalb des Passo Pozza della Cola (1287 m); Zufahrt von Avio im Etschtal über eine kurvenreiche Bergstraße (Gebiet der Monte-Baldo-Höhenstraße). Parken nach eigenem Dafürhalten im Bereich der abfallenden Forststraße (Weg Nr. 653 mit späterem Abzweig von Nr. 685).
Gehzeiten: Forststraße (Nr. 653) – Einstieg 2.15 Std. – Ausstieg 1.30 Std. – Forststraße 0.15 Std.; insgesamt 4 Std.
Charakter: Anspruchsvoller Bergsteig mit wiederholten, allenfalls mittelschweren Klettersteigelementen und recht abenteuerlichem Anstrich. Oft bewaldetes, wildromantisches Terrain, immer wieder dienen auch Wurzeln etc. als Griffe.
Schwierigkeit: Kurze Stellen B/C, sonst B in den Steilstücken und A auf den Bändern.
Höhenunterschied: Rund 650 Hm.
Höchster Punkt: Etwa 1200 m am Ende des Klettersteigs.
Exposition: Ost.
Hinweis: Man kann auch im Valle dei Molini starten (Parkplatz, ca. 300 m, vor der Kehrenstrecke). Die Gesamtgehzeit erhöht sich auf 5.30 Std.

Zustieg: Auf der Forststraße (Nr. 653) teils abwärts, teils horizontal – hinter dem Valle dei Rii auch kurz bergauf – nach Madonna delle Neve und bei der Villa Arvedi (1067 m) links. Mit Nr. 652 steigt man über den Ponte Balanzà und weiter durch das Waldtal ab, bis man bei Preafessa (ca. 700 m) auf den Abzweig zum Sentiero Sega (Nr. 685) stößt. Am Preafessa-Wasserfall (kurzer Abstecher) vorbei durch die dicht bewachsenen Steilflanken queren, ehe ein Band zum Einstieg (ca. 840 m) unter dem großen Felsenamphitheater führt.

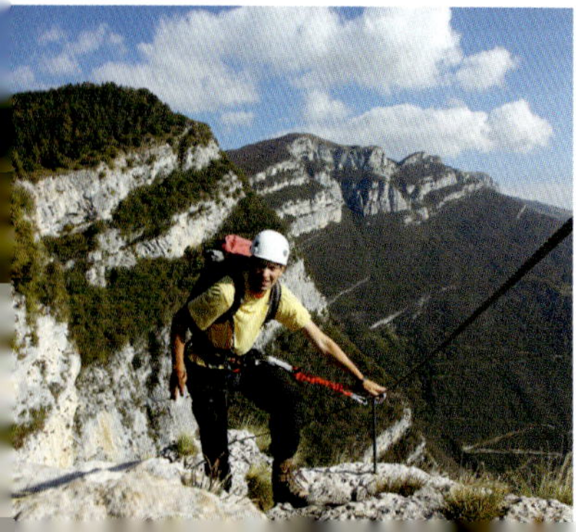

Die letzten Schritte am Sentiero Gerardo Sega.

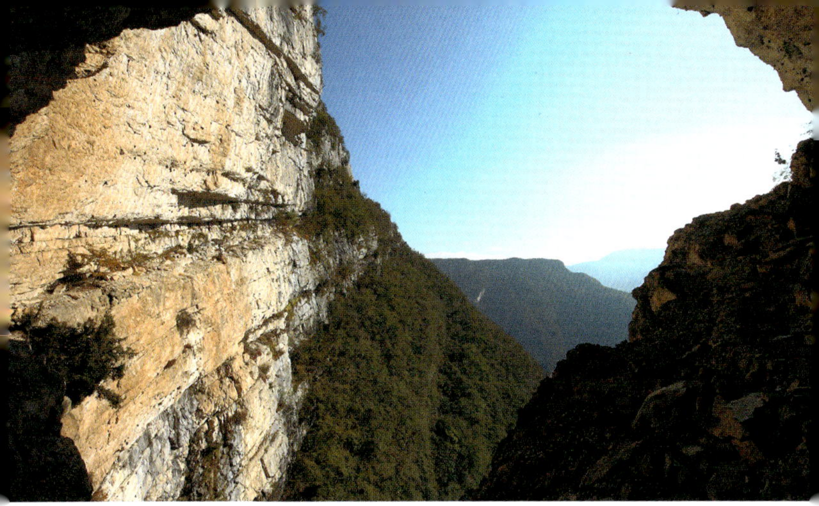

Inmitten der großen Felsenapsis.

Klettersteig: Nach der ersten sandigen Stufe folgen eine Leiter (B) sowie ein paar Drahtseile unter die senkrechte Wandbucht. Scharf links auf ein ansteigendes Band (A) und hinter einer Ecke in waldigem Terrain über einige gestufte Stellen (A bis B) empor. Ein höheres Band leitet nach rechts zurück um die Kante (A) und führt im Bogen quer durch die eindrucksvolle Apsis (hier ohne Sicherungen, aber breit genug). Weiter im Wald queren. Die nächsten Drahtseilpassagen schließen zu einer ungesicherten, unangenehm erdigen Rinne auf, mit der man eine Kanzel erreicht. Rechts haltend folgen noch zwei Steilstufen (B/C), unterbrochen durch einen Gehabschnitt, bevor am Ende der zweiten Stufe mit einem Spreizschritt der Ausstieg gewonnen wird.

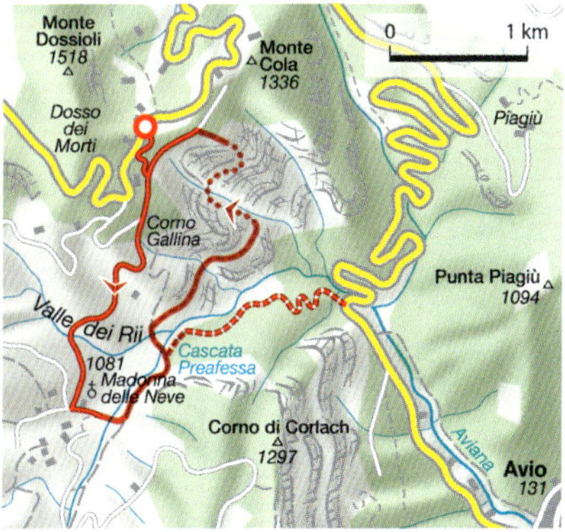

Abstieg: Wir folgen dem Pfad zu einer Forststraße und gelangen dann mit dem Hinweis »ritorno« zurück zum Ausgangspunkt unterhalb des Passo Pozza della Cola.

Stichwortverzeichnis

Umschlagbild:
Im oberen Teil der Via ferrata Giovanni Lipella (Tour 22).

Bild im Innentitel:
An der Via ferrata Cesare Piazzetta in der Sella (Tour 44).

Alle 179 Fotos stammen vom Autor,
ausgenommen die Bilder der Touren 63, 72, 75 und 79
(Jochen Hemmleb).

Kartografie:
55 Wanderkärtchen im Maßstab 1:25.000, 1:50.000 und 1:75.000
© Freytag & Berndt, Wien,
Wanderkärtchen der Touren 64 sowie 72 bis 80
www.rolle-kartografie.de,
zwei Übersichtskarten im Maßstab 1:500.000
und eine Übersichtskarte im Maßstab 1:1.250.000
© Freytag & Berndt, Wien

Werk.-Nr.: 3096

9., aktualisierte Auflage 2023

ISBN 978-3-7633-4730-8

FSC www.fsc.org
MIX
Papier | Fördert gute Waldnutzung
FSC® C147178

Wir freuen uns über jeden Korrekturhinweis zu diesem Klettersteigführer!
Bitte per E-Mail an: leserzuschrift@rother.de

ROTHER BERGVERLAG · München
D-82041 Oberhaching · Keltenring 17 · Tel. +49 89 608669-0 · rother.de